Klartext

Für Uschi, meine Frau.
Fünf Jahre Wuppertal hatte ich ihr
versprochen, als wir 1967 hierher kamen.
Jetzt sind es bald fünfunddreißig geworden
und wir bleiben immer noch hier.
Dieses Buch beschreibt einige der Gründe.

Heinz Theodor Jüchter

Wuppertal entdecken

17 Rundgänge

Mit Beiträgen von:
Bundespräsident Johannes Rau,
Oberbürgermeister Hans Kremendahl
sowie Will Baltzer, Uwe Eckardt, Sabine
Fehlemann, Christian Heuter,
Michael Knieriem, Günter Konrad,
Michael Malicke, Hella Nußbaum,
Paul Reising, Reiner Rhefus, Hermann
Schleich und Ulrich Schürer

Autor und Verlag danken dem Historischen Zentrum und dem Stadtarchiv Wuppertal, die einen großen Teil der Abbildungen zur Verfügung gestellt hat.
Weitere Abbildungen verdanken wir u.a. dem Von der Heydt-Museum, dem Fuhlrott-Museum, dem Uhrenmuseum, dem Zoologischen Garten und den Wuppertaler Stadtwerken. Neuere Fotos hat der Autor auf seinen Rundgängen selbst gemacht.
Der Abdruck der Kartenausschnitte erfolgt mit freundlicher Genehmigung der Stadt Wuppertal, Fachbereich Vermessung und Kartografie.

Die Umschlagabbildung zeigt die Wuppertaler Schwebebahn
(Foto: Wuppertaler Stadtwerke).

Künstlerische Umschlagbearbeitung: Klaus D. Schiemann, Mülheim

CIP-Titelaufnahme der Deutschen Bibliothek

Heinz Theodor Jüchter:
Wuppertal entdecken. 17 Rundgänge /
Heinz Theodor Jüchter –
1. Aufl. – Essen : Klartext-Verl., 2001
ISBN 3-89861-010-1

1. Auflage Dezember 2001
Satz und Gestaltung: Achim Nöllenheidt
Druck: Fuldaer Verlagsagentur, Fulda

ISBN 3-89861-010-1

Inhalt

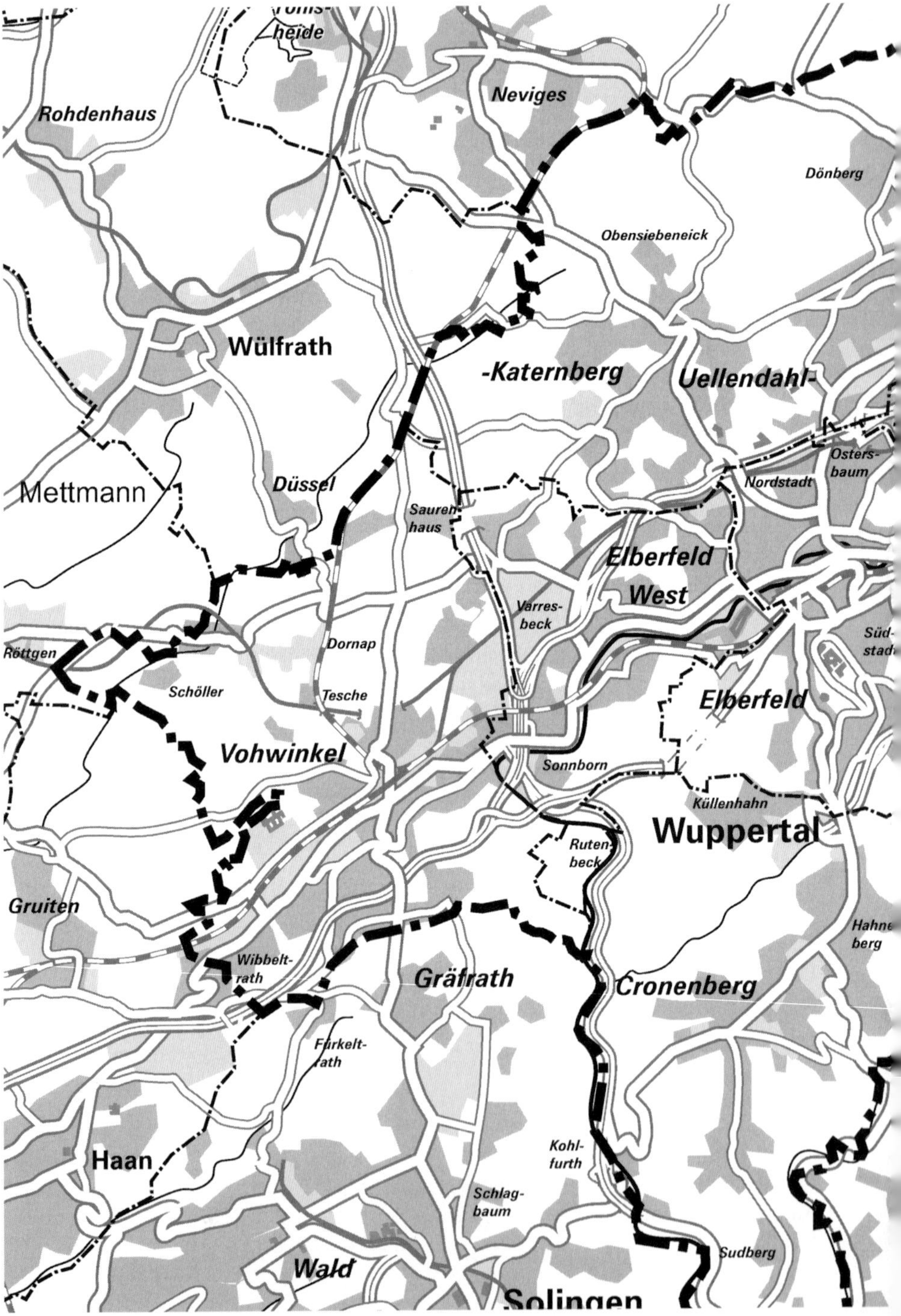

heide
Rohdenhaus
Neviges
Dönberg
Obensiebeneick
Wülfrath
-Katernberg
Uellendahl-
Ostersbaum
Nordstadt
Mettmann
Düssel
Saurenhaus
Elberfeld West
Varresbeck
Röttgen
Dornap
Schöller
Tesche
Elberfeld
Vohwinkel
Sonnborn
Küllenhahn
Wuppertal
Rutenbeck
Gruiten
Wibbeltrath
Gräfrath
Cronenberg
Furkeltrath
Haan
Kohlfurth
Schlagbaum
Sudberg
Wald
Solingen

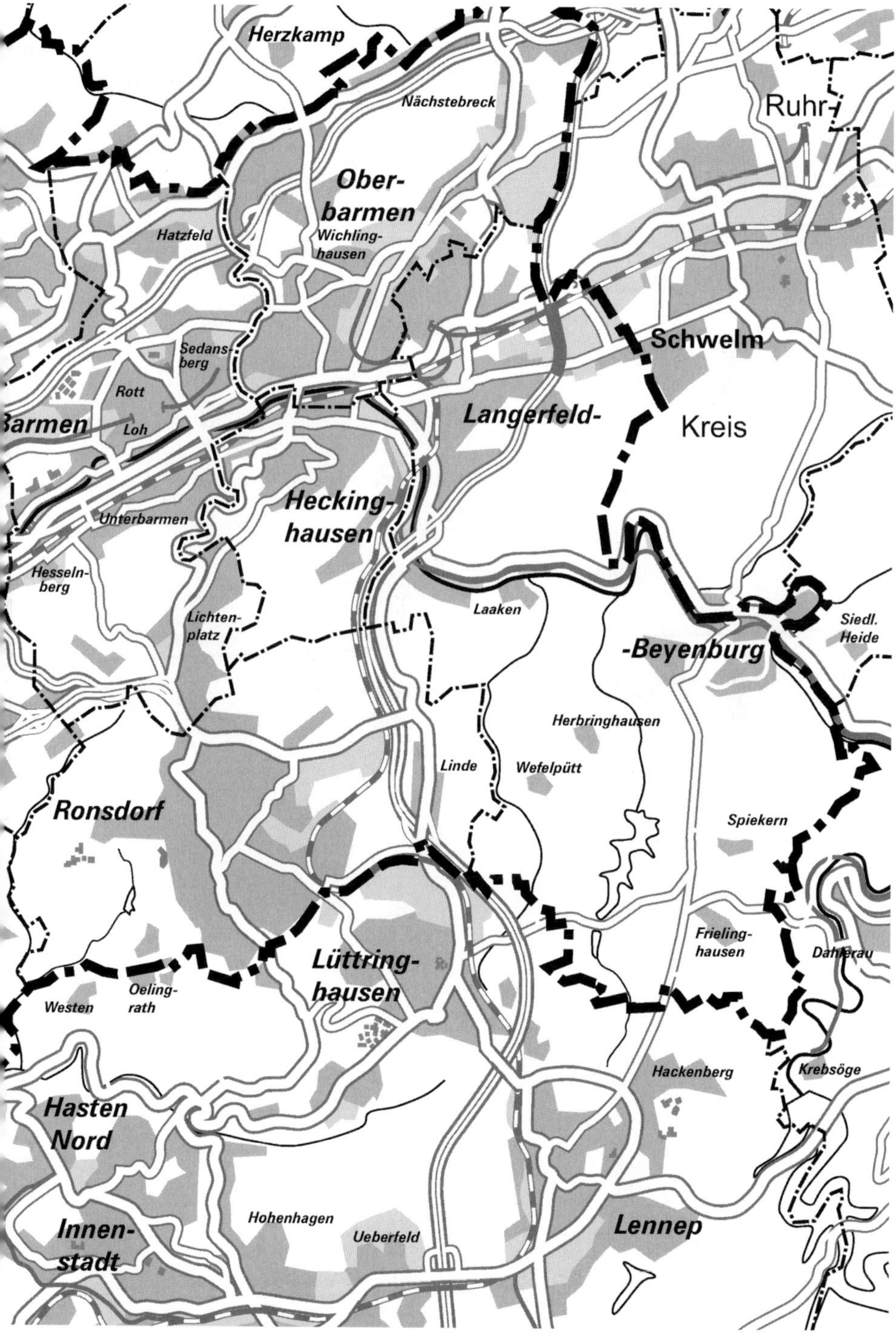
Herzkamp
Nächstebreck
Ruhr-
Ober-
barmen
Hatzfeld
Wichling-
hausen
Sedans-
berg
Rott
Schwelm
Barmen
Loh
Langerfeld-
Kreis
Hecking-
hausen
Unterbarmen
Hesseln-
berg
Laaken
Lichten-
platz
Siedl.
Heide
-Beyenburg
Herbringhausen
Linde
Wefelpütt
Ronsdorf
Spiekern
Frieling-
hausen
Lüttring-
hausen
Dahlerau
Oeling-
rath
Westen
Hackenberg
Krebsöge
Hasten
Nord
Hohenhagen
Innen-
stadt
Ueberfeld
Lennep

Auf den ersten Blick ...

Eine Einladung, sich Wuppertal erzählen zu lassen. Über eine Stadt von „umständlicher Schönheit“

Wuppertal sei „eine Stadt auf den zweiten Blick“, hat der junge Filmregisseur Tom Tykwer gesagt: „zuerst ist es schroff, aber wenn man es näher kennenlernt, ist es verwunschen und geheimnisvoll.“ Er muß es wissen, er kennt jedenfalls auch den ersten Blick, denn er ist in Wuppertal geboren. Vielleicht muß man auch für eine Stadt mehrere Anläufe nehmen (wie Lola in Tykwers Film „Lola rennt“, mit dem er inzwischen weltberühmt wurde).Für seinen Film „Der Krieger und die Kaiserin“ kam er in seine Heimatstadt zurück. Die Stadt spielt dort sogar mit. Eine hochintensive und zugleich etwas geheimnisvolle Liebesgeschichte wird erzählt. Unsere Stadt paßt dazu, in ihrer „umständlichen Schönheit“, wie Tykwer es nennt: mit dunkelnassen Straßen, bei hektischem Verkehr, vor lichtbrechenden Fassaden, mit merkwürdig verschlossen wirkenden Menschen. Wuppertal „versteckt sich in einem Tal und pflegt seine Geheimnisse“ meint Tom Tykwer, aber zugleich erinnere ihn die Kulisse dieser Stadt mit ihren Hügeln und Treppen, steilen Straßen und dem bestimmenden Verkehrsband der Schwebebahn an San Francisco. Das wird natürlich von den Wuppertalern gerne zitiert, selten redet man so gut über Wuppertal, ist selbst eher unfreundlich zur eigenen Stadt. „Auf den zweiten Blick“ mag ja doch etwas daran sein, man ist schließlich hiergeblieben, viele jedenfalls, oder man kommt zurück, immer wieder. Und das wird gute Gründe haben.

Hiergeblieben: Komplimente und Anhänglichkeiten. Der Wahrheit einer Stadt wird man über Komplimente kaum näherkommen, auch Marketingbroschüren sind nie ganz ehrlich, aber auf Zeichen von Anhänglichkeit sollte man durchaus achten. Am ehesten erhält man Sympathiebeweise über Wuppertal erstaunlicherweise von Zugereisten. Pina Bausch zum Beispiel, die in Wuppertal seit über fünfundzwanzig Jahren das inzwischen weltberühmte Tanztheater leitet, allerdings in Solingen geboren ist, hat vermutet, daß es gerade der Alltag ist, der Wuppertal reizvoll macht. An dieser Stadt könne man sich reiben, weil sie immer wieder „voller Überraschungen“ stecke. Das Tanztheater (und damit ist zugleich das international zusammengesetzte Ensemble gemeint) ist immerhin ebenfalls hiergeblieben.

Es gibt viele Zitate über diese Stadt, „ein ansehnlicher Marktflecken“, meinte Herr von Goethe, „eine grausig interessante Stadt“ dagegen Hermann Hesse, in der, wie Günter Grass ergänzt, die Schwebebahn „eine Vielzahl wundergläubiger Sekten unfallfrei verbindet“. Von Wuppertalern selbst hört man freundlich-schnurrige (von Robert Wolfgang Schnell etwa), traurig-verliebte (von Else Lasker-Schüler), liebevolltreue Komplimente (natürlich vom Bundespräsidenten), nur Friedrich Engels schrieb bereits als 18jähriger eher böse „Briefe aus dem Wuppertal“. Heinrich Böll sprach mit Erstaunen von einer Stadt, „die sich nicht schminkt“. Er muß es wissen, kommt er doch aus einer Stadt, die sich gerne putzt, und daher schneller auffällt. Aber auch dort fand Böll die zwölf romanischen Kirchen allerdings schöner als den hohen Dom. Die meisten Wuppertaler Kirchen sind eher neogotisch und bergisch-barock, aber sie leuchten al-

Bild links: Graf Engelbert von Berg, Erzbischof zu Köln (auf Schloß Burg)

Johann Wolfgang von Goethe

Friedrich Engels

Else Lasker-Schüler

Johannes Rau

lein schon dadurch, daß sie meistens im Tal stehen, man also auf sie herunterblicken kann. Das bringt sie näher.

In diesem Buch soll Wuppertal weder geschminkt noch herausgeputzt werden. Sie sollen unsere Stadt entdecken, dürfen sie lernen, können an mancher Stelle auch überrascht werden. Dieses Buch will „Stadtgeschichten" erzählen und das am besten vor Ort, also in den Straßen und Quartieren auf Plätzen, in Gebäuden, auf den Hängen des Tals. Danach wird man manche Komplimente ebenso verstehen können wie manche Scheu, sich zur Stadt zu bekennen.

Lisa Kristwaldt hat diese „Widersprüche" ratlos gemacht: *„Keine der vielen Städte, in denen ich schon gelebt habe, hat mich je so fasziniert, so aufgeregt und so abgestoßen wie Wuppertal. Die Widersprüche der Stadt sind meine Widersprüche im Verhältnis zu ihr geworden ...Über die Stadt wurde viel geschrieben. Fertig geworden ist keiner mit ihr. Ich mache keine Ausnahme."*

Kirche im Wuppertal

Pina Bausch

Günter Grass und Heinrich Böll

Tom Tykwer

Auch viele Wuppertaler/innen sind mit ihrer Stadt noch nicht „fertig geworden“. Sie sind zwar anhänglich, aber sie vertreten die Stadt eher zurückhaltend, ängstlich, zumindest unsicher. Mancher Auswärtige, wenn er Wuppertal denn kennt, urteilt positiver als es sich die Wuppertaler selbst zutrauen. Im „Städte-Ranking“ traut man Wuppertal Lebensqualität und Servicequalität, auch Wohnwert und Kulturwert zu, aber man weiß selten, daß es sich um eine Großstadt mit rd. 370.000 Einwohner handelt. Sie liegt im Tal, im Windschatten von Rhein und Ruhr, „in der Nähe von Düsseldorf“. Es lohnt sich demnach, auch für die Wuppertaler/innen, diese Stadt endlich zu entdecken.

Wuppertal: Die Melodie der Stadt und ihre Masken

Was in unserem Buch auf siebzehn Rundgänge (und die z.T. noch in Etappen) aufgeteilt wird, läßt sich schwer in einem Gesamtblick erfassen, schon garnicht „auf den ersten Blick“. Das liegt an der vielfältigen Struktur der Stadt, an der unterschiedlichen Geschichte der Einzelstädte, die bis 1929 noch selbständig waren. Die besondere Lage wird gerne betont, ihre „Topographie“, und das sei nicht nur landschaftlich gemeint, sondern ebenso historisch, gesellschaftlich und gar psychologisch. Bevor wir uns aber in die vielen Details der Stadt verlieren, sollen Sie Geschmack an dieser Stadt finden. Was sind die Essentials, was sieht man vor allem, wenn man in diese Stadt kommt, was sollte man wenigstens wissen? Welches ist die „Melodie“ der Stadt?

Zunächst: trauen Sie nicht Ihren Vorurteilen, nicht dem herben Vorwurf der Elberfelder und Barmer, Cronenberger oder Ronsdorfer etc., daß diese Stadt „kein Gesicht“ habe, keine wirkliche Geschichte, keine richtige Stadt sei, außerdem schmutzig und wenig attraktiv, daß es immer regne und überhaupt.

Zumindest stimmt nicht alles, was über Wuppertal erzählt wird und manches ist freundlicher gemeint als es klingt. Vielleicht wissen viele Wuppertaler/innen auch zu wenig über ihre Stadt oder sie trauen ihr nur nicht. Die „Melodie“ der Stadt ist jedenfalls farbiger als man zugeben will, ein „großes buntes Bilderbuch mit Farben“ würde Else Lasker-Schüler sagen.

Erstens: eine Stadt mit Geschichte. Wuppertal ist älter als man denkt, hat eine frühe und kraftvolle Industriegeschichte (von den Bleichern bis zu den Werkzeugmachern, von Bandwirkern bis zu frühen Chemieköchen). Im 19. Jahrhundert waren Elberfeld und Barmen voller ökonomischer Dynamik, hatten große Wachstumsraten, gehörten zu den größten Städten Deutschlands. Ein reiches und selbstbewußtes Bürgertum hat starke Spuren

Gründerzeitfassaden am Ölberg

hinterlassen, soziale Bewegungen haben Fackeln abgebrannt, der „deutsche Michel“ ist hier erwacht. Rhein und Ruhr hatten ihre industriellen Impulse später.

Zweitens: die Stadt ist dennoch jung. Die Städte des Wuppertals sind als gemeinsame Stadt erst 1929 vereint. Und man merkt es immer noch, traut sich kaum, Großstadt zu sein, betont die Vielfalt und die Unterschiede, mischt Rheinland und Westfalen, bleibt gerne kleinstädtisch in den Quartieren und ängstlich auf der Suche nach einem Zentrum, nach Plätzen, mit denen man sich gerne identifiziert (das Buch wird zeigen, das es sie gibt). Diese Jugend der Stadt und die oft flüchtige Heimatbindung ihrer Bürger lassen den Halt vermissen, das Selbstbewußtsein eines langen gemeinsamen Lebens fehlt.

Drittens: mittelständische Bescheidenheit. Wuppertal ist bescheiden geworden, ist zwar ökonomisch (und ebenso kulturell) mit der ganzen Welt verbunden, aber zu den großen Zentren an Rhein und Ruhr hält sie gebührenden Abstand. Wuppertal pflegt in seinem engen Tal und berggeschützten „Zwischenraum“ eine durchaus kreative Perspektive, aber nicht unbedingt mutig, mit viel Kultur und auch Gründergeist, aber als „Tüfteln“ gebändigt. Immer noch herrscht eine merkwürdige Mischung aus „Kirche und Handel“, ein anhaltender Hang zum Sektiererischen und zu „bergisch Pepita“. Zumindest kuscheln sich Wuppertaler gerne in Vereinen und Nachbarschaften, in kleineren und mittleren Betriebsformen, pflegen Strategien der Vorsicht, der mittleren Reichweite, des „einkennigen“

Lebens (Rainer Gruenter). Man möchte nicht zu viel auf einmal, verkehrt am liebsten mit sich selbst. Man freut sich auf die Welt, aber zum Abendessen möchte man wieder zuhause sein.

Viertens: bunte Gründerzeit-Fassaden. Die Gründerzeit hat im Wuppertal starke Spuren hinterlassen, mit großer Freude an Fassaden: zwischen Klassizismus und Jugendstil, mit Villenvierteln an den Talhängen, bunt dekorierten Mietshäusern und bergischem Fachwerk an Fabrikgebäuden. Das Mittelalter ist abgebrannt, von früheren Jahrhunderten pflegt man Kopien, vieles Alte ist durch Kriege und raschen Neuaufbau zerstört worden. Auch in den ärmeren Quartieren (etwa in den Nordstädten von Elberfeld und Barmen) liebt man Fassaden, grüne Wohn- und Hinterhöfe, Kleingärten erst recht. Eine neue attraktive Bauwelt hat es schwer, der Platz für neue Architektur ist eng im Tal. Den Gründern ist noch wenig neuer Geist gefolgt, auch manche soziale Impulse wurden wieder versteckt, die Stadtpolitik ist wieder müde geworden.

Fünftens: ein kleiner Fluß in engem Tal. Die Wupper bestimmt durchaus das Gesicht der Stadt und hat früh die Industriegeschichte geprägt, als Arbeitsfluß, der zur „Lebensader" wurde – und das erst recht, weil über dem Fluß seit hundert Jahren die Schwebebahn das Tal

Frühling im Nachbartal

Stolzes Bürgertum

durchfährt und sein markantes Profil täglich von vielen Menschen besichtigen läßt: arbeitsame Hinterhöfe, Werkstätten, Bürgerwohnungen und immer den Blick auf die Hänge. Der überzeugende „Aufbruch" in diesen Talraum steht aber noch aus, an zu wenigen Stellen ist die Wupper „zugänglich" geworden, es fehlen urbane Plätze an der Wupper, Wege, Corsi.

Sechstens: die grüne Nähe. Bei jeder Schwebebahnfahrt (und jedem Wochenendausflug) sieht man, wie farbig das natürliche Umfeld das Gesicht der Stadt bestimmt: viele kleine Parks und Plätze, Blicke von den Talhängen und Bergen, Täler und Wälder im Norden und Süden, das nahe bergische Land. Die Wupperta-

„Ehre Gott der dich Erhoben", Stadt seit 1610

ler/innen leben mit viel Natur und genießen sie auch, man ist aus der Stadt schnell im Grünen und und ebenso schnell an Rhein und Ruhr.

In einer einwöchigen Stadtwanderung kommt man auf grünen Wegen rund um Wuppertal und in ein bis zwei Stunden ist man im Sauerland und Münsterland, in der Eifel und an der Mosel, aber auch in den Niederlanden und Belgien.

Siebentens: die kulturelle Melodie. Die Stadt klingt in vielen Tönen: man singt hier viel, macht Musik und hört Musik, von der Klassik bis zum Free Jazz, hat reiche Kunstsammlungen, eine durchaus aufregende Theatertradition, bereits vor Pina Bausch aber mit ihr erst recht, begegnet Literatur auf den Spuren der Else Lasker-Schüler, pflegt auch die Kleinkunst. In alten Fabriken und Lofts gibt es noch viel Platz für kulturelle Gründer und kreative Werkstätten, viel Gelegenheit auch zu interkulturellen Begegnungen.

Das ist wahrscheinlich der melodische Grundklang Wuppertals: diese Stadt hat im engen Tal der Wupper und zwischen grünen Hängen mehr Quartiere als Zentren, wie eine unvollendete Sinfonie mit vielen Sätzen. Es gibt viele Intermezzi, aber das harmonische Finale steht noch aus.

Wuppertals Gesicht trägt viele Masken: prächtige Fassaden, aber auch graue Hinterhöfe, steile Straßen und Treppen, enge Plätze und idyllische Winkel, erstaunlich viele stille Orte und eine reichhaltige „Kultur der Leute". Manchmal putzt man sich (oder hat sich geputzt), oft ist es auch schmutzig in dieser Stadt. Erst wenn man sich als Freund erweist, wird man auch eingeladen. Aber nicht jede Tür öffnet sich von selbst. Also: zweimal anklopfen.

Eine Stadt aus vielen Städten: Historische Profile

Von jedem Stadtbezirk aus ist der Einstieg in die Stadt ein anderer. Man begegnet einer unterschiedlichen Stadt, ob man in Elberfeld oder Barmen beginnt, im westlichen Vohwinkel gar oder in Cronenberg auf den Südhöhen. Das hat seinen eigenen Reiz, ist aber auch eine Gründungsschwäche: ganz freiwillig war der Gründungsakt von 1929 nicht, voller Freude ebensowenig. Die Wuppertaler selbst gehen mit ihrer jungen Stadtgeschichte und ihrem „multipolaren“ Ergebnis keineswegs besonders souverän um. Man hat zwar kaum noch Berührungsängste (von einigen Cronenbergern und Ronsdorfern einmal abgesehen), aber auf Empfindlichkeiten bis hin zur Eifersucht (am häufigsten der Barmer auf die Elberfelder) sollte man sich einstellen. Manchmal kokettiert man auch nur mit solchem Eigensinn. Wenn es gut geht, wird daraus ein ehrgeiziger Wettbewerb.

Immerhin: das Stadtfest 1999 (also zum 70.Geburtstag) feierte man gemeinsam, mit Stolz sogar, bis an die Grenze der Ausgelassenheit. Einen Abend lang ging man durch die ganze Stadt spazieren, grüßte sich freundlich, blieb neugierig stehen, hörte gemeinsam Musik, setzte sich an lange Tische, trank Bier oder Wein (gar Sekt oder Prosecco), war mit der großen langen Stadt und ihren vielen

Altes Handelskontor

Historische Stadtidylle im 19. Jahrhundert

Klein- und Mittelstädten versöhnt. Nur die beiden, ebenfalls früher selbständigen, Stadtbezirke Cronenberg und Ronsdorf maulten, denn gefeiert wurde vorrangig im Tal und nicht auf den Höhen. Wenig später erinnerten die Cronenberger mit einem eigenen Fest daran, daß sie eigentlich die ältesten sind, schon um das Jahr 1040 wurde „cronberga“ urkundlich erwähnt („barmon“ erst 1070 und „elverfelde“ gar erst 1161).

Wuppertal ist tatsächlich älter als man denkt. Cronenberg auf den Südhöhen der Stadt wird also wohl im Jahre 2040 das tausendjährige Stadtjubiläum feiern, wenn die Urkunde des Klosters Werden Recht behält und den Elberfeldern nicht doch noch gelingt, auch die Gründung einer „ersten steinernen Kirche“ im Jahre 1000 als Stadtgeburtstag auszugeben. Aber diesen Termin hat man bereits ver-

Die Wuppertaler Garnnahrung. Das Privileg von 1527

Lt. Walter Dietz, IV.Band der Bergischen Forschungen, Bergischer Geschichtsverein (das Original ist verloren gegangen).

„Wir Johann von Gottes Gnaden Herzog, und wir Maria von derselben Gnaden Herzogin von Cleve, Jülich und Berg, Graf und Gräfin von der Mark und Ravensberg, tun kund, daß seit langer Zeit in unserem Fürstentum, nämlich in unserer Freiheit zu Elberfeld und in dem Barmen die Garn-Nahrung gewesen und gebraucht worden ist und

Verleihung des Garnnahrungsprivilegs an die Bürger von Elberfeld. (H. Tiedemann, um 1900)

noch gebraucht wird. Da nun unsere Untertanen in diesen beiden Plätzen unlängst zu großem Schaden, Last und Beschwernis gekommen sind, haben wir, um solchen ihren Schaden, Last und Beschwernis einigermaßen wiedergutzumachen, denselben unseren Eingesessenen und Untertanen unserer Freiheit und Kirchspiels zu Elberfeld und in dem Barmen für sie, ihre Erben und Nachkommen die Gnade und Gunst erwiesen und sie mit der Garnnahrung beschenkt, begnadet und privilegiert, beschenken begnaden und privilegieren sie fest und sicher kraft dieses Briefes in Maßen, Wesen und Manieren wie hier beschrieben und erklärt steht.

Zum ersten soll solche Garnnahrung, nämlich das Bleichen und Zwirnen, nirgends in unserem Lande geschehen, als in unseren beiden vorgenannten Flecken. Doch mag einer jeder sei eigen Garn, das zu seinem Haushalt gehört oder das er gemacht hat, selber bleichen, zwirnen oder damit tun, lassen und gebrauchen nach seinem Willen.

Sie sollen und vermögen auch vermittels unserer Amtleute zu Elberfeld und zu Beyenburg alle Jahre zu St. Margarethen Tag zwei Mann zu Elberfeld und zwei in dem Barmen wählen und die alten abzusetzen die Vollmacht haben. Und die genannten erwählten Männer sollen die Vollmacht haben, in der Garnnahrung und zum allgemeinen Besten außer Landes zu raten und Anordnungen zu treffen,und auch innerhalb des Landes soll der Rat ihrer beiden Amtmänner und der beiden gekorenen Männer in den beiden genannten Flecken gelten ...

Es soll niemand in unseren beiden vorgenannten Flecken mehr Garn machen als tausend Stück. Die vier Männer sollen Vollmacht haben, zu gelegener Zeit und wenn es notwendig ist, diese Zahl zu vermindern bis auf sechshundert, sie auch wieder auf tausend Stück zu erhöhen ...

Niemand soll in unseren beiden vorgenannten Flecken Garn auf der Bleiche naß machen vor dem nächsten Werktag nach dem Tag unserer lieben Frauen Verkündigung, und das Naßmachen soll dauern bis zum nächsten Werktag nach St.Servas Tag, und das gilt für alles bereitete Gut. Auch soll niemand in diesen unseren beiden Flecken Garn zum Trocknen aufhängen, es sei denn vier Wochen nach Pfingsten ...

Ein Bleicher soll in unseren beiden vorgenannten Flecken nicht mehr als achthundert Stück Garn im Jahre bleichen, damit das Bleichgut aufrichtig weiß, ehrlich und gut gemacht und gebleicht werde. Darüber sollen die vier gekorenen Männer Aufsicht führen, wenn es jemand von ihnen verlangt, auf daß der Kaufmann unbetrogen bleibt. Darüber hinaus soll kein Mann an eigenen Garn mehr bleichen als jährlich sechshundert Stück, und sonst kein Garn, damit die Allgemeinheit ihr Brot desto besser daran verdienen kann.

Wenn jemand in unseren beiden Flecken Verfehlungen gegen diese Vorschriften, es wären große oder kleine, einzelne oder mehrere, ohne Ausnahme, gewahr würde und solche Übertretungen nicht vor die vier Männer brächte, so soll er uns mit einer Strafe von zehn Goldgulden verfallen sein, und der Nahrung mit fünf. ...

Gegeben zu Düsseldorf in dem Jahre als man schrieb nach der Geburt unseres Herrn tausend fünfhundert sieben und zwanzig auf den nächsten Montag nach dem Sonntag Quasimodegeniti (29.April). Ausgefertigt auf Befehl meiner gnädigsten allerliebsten Herrn und Frauen Herzog und Herzogin wie vorgenannt, und unter Mitwirkung zahlreicher Räte von Cleve, Jülich, Berg und Mark."

paßt (und die Sonnborner sogar den frühestmöglichen Termin, denn schon 870 gab es dort Eintragungen ins „Steuerregister"). Für Elberfeld und Barmen werden die früheren Tafelgüter des Kölner Erzbischofs im 12. Jahrhundert als erste Siedlungsgründungen anerkannt und das wichtigste Stadtgründungsdokument bleibt immer noch das „Garnnahrungsprivileg" von 1527, jenes Gesetz des Herzogs Johann III., in dem er den Bleichern von Elberfeld und Barmen das Vorrecht einräumte, in seinem Lande allein Garn bleichen und zwirnen zu dürfen (s. Stadtgeschichten). Bis zum 500. Jahrestag dieses „Privilegs" im Jahre 2027 wird vielleicht gemeinsames Stadtbewußtsein durchzusetzen sein. Ein Theaterstück von Karl Otto Mühl hatte immerhin bereits im Jahre 2001 Premiere, ein regelmäßiges Festspiel bzw. „Garnfest" ist geplant. Jede gute Geschichte braucht immer mehrere Generationen.

Produktionsort vs. Handelskontor oder: der Hut der Kaiserin. Die spannendsten Jahrhunderte der Wuppertaler Stadtgeschichte werden die beiden letzten. Über den frühen Weg in die „Modernität", die aufregende Industrie-, Sozial- und Kulturgeschichte des 19.Jahrhunderts und die blühenden (und damals großen) Städte Elberfeld und Barmen, das „deutsche Manchester", gibt es vieles zu erzählen und ist auch heute noch manches zu sehen. Im Wuppertal war man selbstbewußt preußisch, nur verhalten liberal, die „Revolution" blieb zunächst nur Episode, das städtische Bürgertum arrangierte sich mit den Entwicklungen der Macht in Deutschland. Es hatte schon seinen Grund, daß zur Jahrhundertwende Kaiser Wilhelm II. mit seinem „Talent zur Feierlichkeit" (Alfred Kerr) im Wuppertal erschien. Anlaß waren die Einweihung der Barmer „Ruhmeshalle" und des neuen Rathauses in Elberfeld. Eine Probefahrt mit der neuen Schwebebahn (wenigstens von Döppersberg nach Vohwinkel) stand ebenfalls im kaiserlichen Programm – und entsprechend fährt noch heute ein „Kaiserwagen" wochenends Kaffeefahrten.

Von Barmen nach Elberfeld war der Kaiser damals noch traditionell mit einer Pferdekutsche gefahren und an der Stadtgrenze am Haspel soll er zur Kaiserin gesagt haben: „Auguste, setz den Hut auf, wir kommen in die Stadt." Das war unfair gegenüber Barmen. Als traditionsreiche bergische Industriestadt war Barmen mindestens ebenso erfolgreich wie Elberfeld, hatte bereits eine bedeutsame Stadtgeschichte erlebt, erst recht eine folgenreiche und nachhaltige Industriegeschichte. Das Barmer Bürgertum demonstrierte sowohl im Stadtzentrum als auch am Toelleturm Stil und Reichtum ebenso gerne wie die Elberfelder Großbürger am Brill. Die Stadtpolitik war in Barmen wenigstens so sozial wie in Elberfeld, hatte wohl auch die größeren Probleme und Friedrich Engels war deren kritischster Chronist gewesen. Vielleicht mag sich der Kaiser schon deshalb in Elberfeld wohler gefühlt haben.

Dennoch,auch ohne den Hinweis auf den Hut der Kaiserin, hatte Elberfeld immer schon den Ruf, die wirkliche Großstadt im Wuppertal zu sein oder wenigstens das entsprechende „Marketing" zu besitzen. Elberfeld und Barmen waren in ihrer ökonomisch-gesellschaftlichen Struktur sehr unterschiedlich. Barmen war und blieb vorrangig Produktionsort, bestimmt durch frühindustrielles Gewerbe der Bleicher und Bandwirker, später

Stadtfest Elberfeld, 1910

auch der Färber und Leineweber, während sich die frühe Werkzeugindustrie vor allem in den Städten der Südhöhen entwickelte. Elberfeld dagegen wurde bald ein Ort des Handels, vorrangig des Textilhandels, aber auch ein reger Finanzmarkt mit mehreren Banken entstand dort. Elberfeld war zudem offensichtlich eher rheinisch-geschäftig als westfälisch-bodenständig. Barmen produzierte „Barmer Artikel“, Litzen und Bänder, Alltagsgegenstände, auch Hausindustrie und Verlagswesen hielten sich lange. In Elberfeld entstanden frühe Handelsnetze in die ganze Welt und ein berühmter Elberfelder Bankier wurde sogar preußischer Staatsminister für Handel und Transport.

Das rheinische Elberfeld und das eher westfälische Barmen prägen in ihrer Unterschiedlichkeit das frühere und heutige Wuppertal. Die weitere Stadtentwicklung wird noch beweisen müssen, wo die Zukunftschancen größer sind. Als Einkaufszentren haben es beide Stadtbezirke schwer, überregionale Kaufkraft zu binden, als Wirtschaftsstandorte haben beide Stadtteile Stärken und Schwächen. Das Zentrum der Stadtpolitik ist eher Barmen (dort sind Rathaus und Rat), das Zentrum der Kultur ist inzwischen eher Elberfeld. Vielleicht lassen sich rheinische Leichtigkeit und westfälische Solidität doch noch zu einer gemeinsamen Stadtmelodie verbinden. Vor hundert Jahren hat man immerhin schon einmal gemeinsam die Schwebebahn gebaut.

Über Stadtrundgänge: Urbanität auf Zeitreisen

Das bleibt die Schwierigkeit bei Stadtrundgängen: eine Stadt ist kein historisches Museum. Aus der Geschichte einer Stadt ist selten viel vorhanden, Kriege und Neubauten haben manches alte Haus zerstört, Plätze und Straßen ebenso. Der Besucher ist auf Erzählungen angewiesen, auf schriftliche Dokumente, auf Bücher, auf alte Bilder. Der Nichthistoriker braucht für die historische Spurensuche reichlich Phantasie, die Gegenwart hat manches Stadtbild blind werden lassen, ohne Information geht der Besucher (aber auch der Einheimische) an manchem wichtigen Ort ahnungslos vorbei. Erfreulicherweise gehen dennoch viele Menschen gerne auf Zeitreisen, aus der Gegenwart in die Vergangenheit, aus der Gegenwart gelegentlich auch in die Zukunft. „Grabe wo du stehst“ ist das Motto. Viele glauben auch an die Lehren aus der Geschichte: „Das, was wir sind, ist das, was wir waren.“

Zeitreisen in die Geschichte einer Stadt machen diese lebendig, erzählen von der „Kultur der Leute“ hinter den Fassaden. Manche historischen Fotos (auch in diesem Buch) machen wehmütig, weil sie von einer sehr kraftvollen und dichten Stadt erzählen, die heute nicht mehr erkennbar, jedenfalls anders geworden ist. Vielleicht lernt man dadurch zugleich, auch heute genauer hinzusehen, auf Details zu achten, Augenzeugen zu befragen. Man sollte auch ergänzende Literatur lesen (s. Literaturliste im Anhang), andere kluge Bücher zu historischen und kulturellen „Zeitreisen“, etwa Roland Günters wunderbare Bücher über das „Tal der Könige“ (die Industriekultur des Ruhrgebiets) oder die „Besichtigung unseres Zeitalters“ (über Industriekultur in NRW mit besonders vielen aufregenden Geschichten aus dem Bergischen Land).

Zur urbanen Qualität einer Stadt hat der Stadtsoziologe Hans Paul Bahrdt einmal gesagt, daß sie sich dann zeige, wenn eine „relative Distanz“ zwischen Privatheit und Öffentlichkeit erkennbar und möglich sei. Viele Menschen ziehen deshalb lieber in eine Großstadt als in kleinere Städte, weil hier die Anonymität eher gewahrt bleibt, weil man privat sein kann, wenn man es will. Andererseits wünschen sich Menschen Chance und Gele-

Stadtpanorama Döppersberg

genheit zur öffentlichen Kommunikation, wollen andere Menschen mit gleichen Interessen finden, genügend Qualität auch im Kultur-, Bildungs- und Freizeitbereich oder bei öffentlichen Dienstleistungen.

Urbanität ist immer beides: Kontakt und Rückzug, „Spielraum“ für Leben und Schonraum für den Einzelnen. Keiner will (wie oft in der Kleinstadt) täglich kontrolliert und beobachtet werden, aber wünscht zugleich „eine ganze Menge Leben“, wie Konstantin Wecker einmal gesungen hat, will „Wirklichkeiten an sich vorbeiziehen lassen“. Man will gut wohnen können, möchte gut (zwischen exklusiv und preiswert) einkaufen können, wünscht sich ein ausreichend gutes Kultur- und Freizeitangebot, ein vielfältiges und qualifiziertes Bildungsangebot, öffentliche und soziale Dienstleistungen. Ganz entscheidend sind Beschäftigungsmöglichkeiten, ein mobiler Arbeitsmarkt, gute Transportwege. Der Katalog der Wünsche an eine Stadt ist lang. Neben dem Nützlichen zeigt sich die urbane Qualität einer Stadt allerdings auch im Beiläufigen, im Klimatischen, Emotionalen: jeder will Menschen treffen können, die er mag, an Gesprächen teilnehmen, die ihn interessieren, viele wollen geistig und kulturell herausgefordert werden, andere wenigstens Anteilnahme finden, wenn es erforderlich ist. Zur „Melodie“ oder Farbe einer urbanen Stadt gehört auch, daß es Spaß macht, durch die Stadt zu flanieren, in ihr Freizeit zu verbringen, ohne tägliche Hetze, in Ruhe.

Wenn manche Wuppertaler sagen, daß sie dann lieber gleich nach Düsseldorf oder Köln fahren, wirkt unsere Stadt vielleicht zu eng und zu grau, zu schmutzig im Zweifelsfalle immer. Oder sie kennen sie selbst noch viel zu wenig und pflegen daher ihre Vorurteile? Dann ist es allerdings erst recht wünschenswert, daß sie Wuppertal entdecken, neu entdecken. Das nimmt sich dieses Buch vor. Wuppertal muß dafür nicht geschminkt oder besonders herausgeputzt werden. Lassen Sie sich auf die Rundgänge ein, lassen Sie die Stadt erzählen, öffnen Sie Ihre Augen und Ohren.

Ein erster Überblick: Siebzehn Rundgänge

Der Auswahl der siebzehn Rundgänge durch Wuppertal (und gelegentlich auch darüber hinaus) liegt ein Plan zugrunde, vielleicht sogar eine (stadtpädagogische) Strategie des Autors:er ist kein Stadthistoriker, sondern von Haus aus Erwachsenenpädagoge und Soziologe, er ist auch kein geborener Wuppertaler, mußte also die Stadt selbst erst lernen, über dreißig Jahre lang.

Erst das Buch hat mir geholfen, die Stadt wirklich zu entdecken. Ich habe mich nicht „verliebt in diese Stadt" (wie Else Lasker-Schüler), aber bin anhänglich geworden – und auch hiergeblieben, als meine „Wuppertaler Dienstzeit" zu Ende war. Deshalb lade ich Sie gerne ein, sich Wuppertal erzählen zu lassen.

Wir werden in Elberfeld beginnen. Darüber kann man zwar historisch streiten, aber das „Handelskontor" der Stadt bietet den besten Einstieg, die Stadtgeschichte der „alten Freiheit" ebenso. In Elberfeld liegen der Hauptbahnhof, das attraktivste Einkaufszentrum, das lebendigste Kulturzentrum. Der erste Rundgang führt durch die Elberfelder City, auf historischen Spuren, vom Döppersberg bis zum Laurentiusplatz und darüber hinaus.

Schon der zweite Rundgang führt nach Barmen. Diesen beginnen wir ebenfalls historisch: an einer Wiege der Frühindustrialisierung, der „Brucher Rotte" am heutigen Historischen Zentrum der Stadt. Die Industrie- und Sozialgeschichte ist in Barmen reichhaltig, die Kulturtradition ist durchaus fortschrittlich. Und außerdem wird die Stadt hier regiert, im Rathaus.

Das Tal der Wupper muß man besonders erleben, wenn man die „Melodie" der Stadt hören will. Daher führen zwei weitere Rundgänge längst durchs Tal, schildern die Verbindung der Wuppertaler Städte, keineswegs nur zwischen Elberfeld und Barmen: entlang der „Le-

Verkehrsknoten Elberfeld, abendlich

bensader“ Wupper und bei einer Fahrt mit der Schwebebahn, die fast alle Stadtbezirke im Tal täglich vielfach durchfährt und interessante, oft merkwürdige Einblicke gewährt. Man sieht mehr Rück- als Vorderseiten, Wuppertal schminkt sich wirklich nicht. Man erlebt zugleich einen noch zurückhaltenden, aber erkennbaren „Aufbruch“ in den Talraum, der Elberfeld und Barmen verbindet, vielleicht vernachlässigt wurde.

Ein Corso und eine Promenade mit Kunst. Die besondere Stadtkultur Elberfelds erfährt man nicht nur auf den verschiedenen Stadtplätzen. Jeder Besucher (und die Wuppertaler erst recht) sollte sich, will er Wuppertal wirklich entdecken, die Zeit für einzelne Kulturorte nehmen: das kann man gut mit einem „Corso“ zwischen Johannisberg und Kluse (zugleich zwischen historischer Stadthalle und Schauspielhaus) verbinden und die weltberühmte Kunstsammlung des Von der Heydt-Museum ist eine eigene Kulturpromenade wert.

Zwei Elberfelder Bergtouren und ein Besuch im Zoo. Rundgänge durch Wuppertal führen zwangsläufig immer wieder den Berg hinauf, z.T. über steile Straßen und Wege und oft auch über hohe Treppen: ein bißchen San Francisco“ eben. Von der „Kaiserhöhe“ durchs reichere Briller Viertel in die ärmeren Stadtquartiere Nordstadt und Ostersbaum führt der eine Weg. Durch die Südstadt führt ein weiterer Weg über Berg und Tal zwischen Grifflenberg und Königshöhe. Mit einem Rundgang durch den schönen Zoo kann er enden.

Zwei Barmer Bergtouren und alte Stadtquartiere. Neben den wuppernahen Wegen durchs Tal (inclusive Schwebebahn) erreicht man Barmen von Elberfeld aus ebenso über die Hardt und den „heiligen Berg“, trifft auf besondere Wohnviertel und alte Stadtquartiere: Loh und Rott, Wichlinghausen, dann bis Oberbarmen und Langerfeld und sogar noch ins idyllische Beyenburg. Für diese Stadtreise braucht man aber schon einige Zeit. Mit einer weiteren „Bergtour“ kann man bis auf die Barmer Südhöhen gelangen: durch die schönen Barmer Anlagen, hinauf ins wohlhabende Wohnviertel rund um den Toelleturm. Früher gab es hier sogar eine eigene Bergbahn. Aber nicht nur sie wurde zerstört bzw. aufgegeben, der Krieg brachte viele Verluste.

Die beiden Bergstädte. Bis 1929 waren auch Ronsdorf und Cronenberg selbständige Städte und ihr Selbstbewußtsein als Stadtbezirk ist noch heute groß. Zugleich haben diese beiden Stadtbezirke eigenes zu erzählen: von religiösen und politischen Kämpfern, von Bandwirkern und Werkzeugmachern, von Schleifkotten und Hammerwerken. Auf jede dieser kleinen „Städte“ muß man sich einlassen und einlassen wollen. Beide Rundgänge enden in den Tälern der frühen Eisenindustrie.

Das Tor zum Westen und ein Wanderweg rund um Wuppertal. In Vohwinkel im Westen der Stadt überrascht nicht nur die Schwebebahn über der Straße (mit einem riesigen jährlichen Flohmarkt darunter), sondern auch viel Jugendstil und ein idyllisches Schloß. Und in Vohwinkel soll am Schluß noch ein besonderes Abenteuer beginnen, jedenfalls für diejenigen, die sich dafür die Zeit nehmen wollen: ein herrlicher Wanderweg rund um die ganze Stadt und auch dieser führt zu Stadt-, Wirtschafts- und Naturgeschichte zugleich. Es gibt noch mehr als zwei Blicke auf diese Stadt. Man beginnt immer wieder neu.

Rundgänge und ihre „Ausläufe“. Sie werden es merken, die wenigsten Rundgänge sind wirklich „rund“, kommen wieder zum Ausgangspunkt zurück.

Das ist zwar jedesmal möglich (und wird gezeigt). Aber nach dem Rundgang durch Elberfeld werden Sie bewußt noch durch die Luisenstraße geführt, nach dem Rundgang durch Barmen auf den Sedansberg, der Bergrundgang in Elberfelds

Norden landet in Ostersbaum, der über die Südhöhen am Zoo, von Langerfeld müssen Sie nach Beyenburg, von Ronsdorf sollen Sie ins Gelpetal (und bis Clemenshammer in Remscheid) wandern und von Cronenberg in die Kohlfurth (oder sogar nach Solingen-Gräfrath), von Vohwinkel geht es natürlich nach Lüntenbeck – und über den Wupperwanderweg mindestens noch bis Schöller. Dies „Ausläufe" geben Sinn und oft sind sie auch gut begründet, historisch zum Beispiel. Aber sie verlängern die Rundgänge, und das ist Absicht: Wuppertal ist eine Stadt „auf den zweiten Blick", von „umständlicher Schönheit".

Wie man in Wuppertal ankommt: Nächtlich & täglich

Der Autor erinnert sich noch an die Zeit, als man in Wuppertal nicht nur ankam, sondern auch durchfuhr. Das war mühsam, die „B7" (die berühmte alte Bundesstraße reicht von der niederländischen Grenze bis nach Sachsen) war ein Engpaß mit regelmäßigen Staus, man mußte durch das langgestreckte Wuppertal fahren, eine südliche oder nördliche Umgehung gab es zwar, sie war aber kaum einfacher, ging „über die Dörfer". Oder man kam mit der Bahn, Bahnhöfe gab es genug.

Wuppertal, eine Nachtschönheit? Tatsächlich leuchtet Wuppertal bei Nacht und in der Dunkelheit intensiv, fast festlich. Ein früherer Oberstadtdirektor hat behauptet, Wuppertal sei eine „Nachtschönheit". Das ist vielleicht übertrieben (oder auch etwas bösartig), aber wenn man auf der Stadtautobahn mitten durch die Stadt fährt, vielleicht in den „blauen Stunden" des Tages, dann ist der Blick ins Tal faszinierend, ein buntes Lichtermeer

„Hansalinie" mit Blombachtalbrücke

Über Wege nach Wuppertal

Erzbischof Engelbert, zugleich Graf von Berg, ging im Mittelalter den (für ihn lebensgefährlichen) Weg von Köln nach Soest (über Schloß Burg und Beyenburg) mit Pferd und Wagen und auch Herr von Goethe ritt fünfhundertfünfzig Jahre später immer noch mit dem Pferd von Düsseldorf nach Elberfeld, hätte aber auch die Postkutsche über Schöller nehmen können. Die alten Reise-, Handels- und Kohlewege waren mühsam. Heute reist man komfortabler an.

Drei Flugplätze (Düsseldorf, Köln/Bonn, Dortmund/Unna) sind von Wuppertal schneller zu erreichen als der neue Münchner Flugplatz vom Marienplatz und auch die meisten Flughäfen in den Metropolen der Welt.

Der Hauptbahnhof (in Elberfeld) ist wie weitere Bahnhöfe an der Talstrecke durch Bundesbahn und S-Bahn zu erreichen, am Hauptbahnhof auch für ICE und EC/IC. Die Bahn kommt vom Rhein oder Dortmund, schafft aber auch Verbindungen zum Bergischen Land, z.B. über den bergischen Bahnring, der über die Müngstener Brücke fährt. Von Vohwinkel erreicht man Essen.

Zwei Autobahnen versorgen Wuppertal mit zehn Anschlüssen rund um die Stadt: die „Hansalinie" A1 führt vom Rhein nach Norddeutschland, die „Stadtautobahn" A46 verbindet Düsseldorf mit Wuppertal und in Wuppertal-Nord auch mit Hansalinie und A 43 (ins Ruhrgebiet und nach Münster). Bald führt ab Sonnborner Kreuz eine vollständige Autobahn nach Essen und die Landstraßen ins Bergische und Niederbergische Land gibt es ohnedies.

Die großen Abfahrten. Wenn man von der „Hansalinie" kommt, in Wuppertal-Süd abfährt, danach über die hohe Blombachtal-Brücke, am neuen Lichtscheider Wasserturm nach Barmen in die Obere Lichtenplatzer Straße fährt, sollte man spätestens am Restaurant „Futterplatz" anhalten und den Blick ins lange Tal genießen. Nachts, abends und erst recht bei Tag ist diese Abfahrt mehrere Haltepunkte wert, wenn die Sonne scheint, nach einem Regentag ebenso. Die Luft brodelt, brennt und strahlt. Sie sehen Barmen und Elberfeld zugleich, die Hardt mitten im Tal, die Konturen der nördlichen Hänge mit ihren hohen Häusern, aber auch die grünen Ausläufer der nördlichen Täler des Niederbergischen. Sie sehen eine Skyline der Türme (vom „Ata-Dösken" bis zum Bismarckturm), können wichtige Gebäude erkennen,Teile der Bergischen Universität, viele Kirchen, bereits Gründerzeit-Fassaden, allerdings auch manches Betonbauwerk der Nachkriegszeit. Die Stadt liegt Ihnen zu Füßen.

Am Lichtscheider Wasserturm führt eine kürzere Talabfahrt links nach Elberfeld, man passiert das hohe Gebäude der Barmer Ersatzkasse und sieht links die „Bergische Sonne" (als Freizeitbad in bergischer Landschaft) und erreicht über die Ronsdorfer Straße und die Straße „Kleeblatt" das Zentrum Elberfelds, zwischen historischer Stadthalle und moderner Stadtsparkasse.

Zwei große Bogenbrücken symbolisieren den Autoweg nach Wuppertal, jedenfalls wenn man von Westen kommt: die hohe Blombachtalbrücke auf der „Hansalinie" und die ebenfalls recht hohe „Ehrenhainbrücke" kurz vor der Stadteinfahrt auf der A 46 von Düsseldorf. Jeweils wirken sie wie große Stadttore und auf der A 46 sieht man die Wuppertal als Häusermeer im Grünen.

Kommt man von Düsseldorf, kann man mit der Abfahrt „Cronenberg/Ronsdorf" den doppelstöckigen Kiesbergtunnel nach Elberfeld und ab „Sonnborn" Zoo und Stadion erreichen, über die Abfahrten „Varresbeck" und „Katernberg" kommt man ebenfalls nach Elberfeld, hinunter durch zwei Gründerzeitalleen, der Katernberger und Briller Straße. Weitere Abfahrten der A46 führen nach Elberfeld- und Barmen-Mitte, nach Wichlinghausen und Oberbarmen.

Das sind die wichtigsten Wege nach Wuppertal für Autofahrer. Radfahrer und Fernwanderer finden viele schöne Routen und Wege im bergischen und niederbergischen Land, aber recht anstrengend sind sie alle.

vor den Hügeln des Bergischen Landes. Noch spektakulärer ist die An- und Abfahrt vom Süden, auch tagsüber, vor allem nach Barmen hinunter.

Immer wieder neu entdecken: Mit diesem Buch durch die Stadt

Für jede Stadt, die man entdecken will, muß man sich genügend Zeit nehmen, muß auch wiederkommen, einige Hinweise zur Methode dieses Buches sollen das erleichtern. Zunächst: der Autor ist nicht neutral, sondern meint die Einladungen persönlich, spricht Sie daher auch meistens persönlich an. Sie sollen mit mir gehen, mir (und auch dem, was ich gesehen habe) folgen.

Über Pausen. Der Erwachsenenpädagoge hat es gelernt: die Aufnahmefähigkeit der Menschen ist begrenzt, zu viel Informationen können satt (und müde) machen. Unser Kurzzeitgedächtnis ist hungriger als das Langzeitgedächtnis, erst Wiederholungen und Verstärkungen (durch visuelle Erlebnisse etwa) machen Informationen haltbar, verknüpfen sie mit dem, was man schon weiß. Daher brauchen Sie Pausen bei unseren Rundgängen. Ich mache Sie oft genug auf geeignete Plätze aufmerksam, Sie können aber auch weitergehen.

Über Bilder. Man muß eine Stadt sehen lernen, vor allem genau hinsehen, Fotos helfen dabei. Es sind aktuelle und historische Fotos, dadurch werden Veränderungen deutlich, werden frühere Schönheiten gezeigt, das Stadtbild, alte Gebäude und Straßenszenen, historische Ereignisse. Ebenso schärft den Blick des Stadtbesuchers, wenn er selbst fotografiert, sich eigene Blicke, Ausschnitte, Durchblicke, Perspektiven gönnt. Auch ich hatte bei meinen Rundgängen die Kamera dabei. Einige meiner „Augenblicke" sind im Buch zu finden, wenn auch nur in Schwarz-Weiß.

Geschichte und Gegenwart. Kein wichtiges Gebäude mit Geschichte soll versäumt werden, weil es vergessene Geschichten erzählen kann, Stadtkultur deutlich macht, gesellschaftliche Entwicklungen demonstriert. Gebäude, Straßen und Plätze sind gewachsene Orte, auch wenn ihre Geschichte nicht immer sichtbar geblieben ist. Allerdings ist Geschichte auch nicht alles, was es in einer Stadt zu erzählen gibt. Zeitreisen führen nicht nur in die Vergangenheit. Die Kultur der Gegenwart, die Kultur des Alltags kann genau so wichtig sein. Wir leben heute in dieser Stadt, wollen sie heute „entdecken". Diese Spannung müssen Sie aushalten: „Das, was wir sind, ist das, was wir waren".

Die Stadt erleben. Will man eine Stadt erleben, wird man auch mit den Menschen reden müssen, denen man begegnet, die sich auf den Straßen bewegen, sich auf Plätzen und in den Lokalen aufhalten, Menschen von unterschiedlicher Farbe und Sprache, eine bunte Vielfalt. Sprechen Sie mit Ihnen, fragen Sie

Wuppertal bei Regen

Eine Ermunterung

Die Meteorologen lassen uns nicht allzuviel Hoffnung: das Bergische Land ist feucht,das bestätigen sowohl ihre Zahlen als auch ihre fachliche Begründung.

Die nahen großen Flüsse, die eigenen vielen Bäche und das hochgelegene hügelige Land ziehen die Wolken an, man ist ihnen näher, sie öffnen sich rascher. Das ist, so trösten sie, im Salzkammergut genauso, in Norwegen und Schottland ebenfalls, vom Nordwesten Amerikas um Seattle ganz zu schweigen. Außerdem hat der Regen im Bergischen Land den historischen Vorzug, daß es ohne ihn jene vielen Wasserräder und Hammerkotten nicht gegeben hätte, die im frühen 19.Jahrhundert den industriellen Impuls der Eisen- und Werkstoffindustrie befördert haben. Auch die noch frühere Textilwirtschaft wäre wohl kaum entstanden, wenn die Bleicher und Färber keine feuchten Wiesen und kein Wasser gehabt hätten.

Das tröstet wenig, wenn unsere Rundgänge dadurch an Charme und Farbe verlieren, wenn man die Stadtplätze nicht nutzen kann, wenn der Blick ins Tal durch Wolken und Dunst verstellt ist, wenn man durch die Straßen eilen muß, um nicht durchnäßt zu werden. Gute Fotografen schwärmen zwar von der Stimmung und dem Licht nach Regenfällen, von den Spiegelungen auf nassen Straßen, aber ebenso vermissen sie das Schattenspiel des Sonnenscheins, die Intensität der Farbgebung, die offenen Lebendigkeit der Straßenszenen bei trockenem Wetter. Nachweisbar gibt es auch in Wuppertal immer wieder schöne Tage, man redet nur weniger von ihnen. Eine Stadt muß man auch zu wechselnden Tages- und Jahreszeiten erleben, um sich ein wirkliches Bild von der Atmosphäre und ihrem Gesicht machen zu können. Entdecken kann man Städte wie Wuppertal zu jeder Zeit, erst im Wechsel des Stadtbildes werden sie interessant. Die Melodie der Stadt klingt in unterschiedlichen Tönen, auch die Töne in Moll gehören zur Wirklichkeit.

Hinter die Fassaden der historischen Ensembles in den Zentren unserer Stadt kann man auch bei Regenwetter blicken, die Stadtgeschichten lassen sich in der Regel wetterneutral erzählen. Es ist eher wahrscheinlich, daß es auch in der Vergangenheit oft geregnet hat, von starken Überschwemmungen der Wupper wissen wir, die Schwüle im Tal bei allzu heißem Wetter kennen wir auch. Die Wege über die Berge (und Treppen) sind eher Rundgänge, die bei sonnigem Wetter mehr zeigen können, aber schon die Stadtwanderung rund um Wuppertal ist auch bei feuchtem Wetter schön. Die Pflanzen und Wälder brauchen den Regen, die Tierwelt stört sich wenig daran. Ein Rundgang durch den Zoo zeigt bei feuchterem (und vielleicht auch kaltem) Wetter oft eine größere Lebendigkeit als bei drückender sonniger Hitze. Der „Elberfelder Corso“ lädt zwar bei Regen weniger zum Flanieren ein, aber das reiche Angebot der Kultur ist dadurch nicht beeinträchtigt. Das gilt natürlich gleichermaßen für die Museen: wenn es denn sein muß, ist Regenwetter immer noch eine gute Begründung, sich für die Sammlung des Von der Heydt-Museums genauer zu interessieren, sich die Versteinerungen im Fuhlrott-Museum anzusehen, die geschichtlichen Quellen im Historischen Zentrum zu studieren, das Uhrenmuseum nach neuesten (oder ältesten) Zeitmessern abzusuchen. Man kann sich auch auf die Wuppertaler Literatur konzentrieren, sich mit Gedichten von Else Lasker-Schüler ins Café zurückziehen, das Gespräch mit Menschen in Wuppertal suchen (das Wetter ist immer noch ein gutes Eröffnungsthema).

Auch bei Regen kann man Wuppertal entdecken. Im Informationszentrum gibt es im Zweifelsfall einen schönen blauen Schirm (mit dem zuversichtlichen gelben Aufdruck „und über uns die Sonne"). Man kann zu weiteren literarischen Entdeckungsreisen aufbrechen, die Literaturliste über Wuppertal und das Bergische Land ist lang (s. Anhang). Das Motto der stadthistorischen Zeitreisen ist ein ausdrückliche Ermunterung: „Grabe, wo du stehst ...". Das geht auch, wenn man im Regen steht.

sie, nehmen Sie Kontakt auf. Erst durch Gespräche mit anderen wird eine Stadt lebendig. Aber es geht nicht nur über den Kopf, man muß die Stadt auch „erschnüffeln", auf Gerüche und Geräusche achten, auf den Klang, auf die Melodie der Stadt. Zu jeder Stadt, erst recht zur eigenen, entwickelt man Gefühle, anmutende und abweisende, liebevolle und kritische. Auch deshalb sind Pausen wichtig. Jede Jahreszeit ist anders, jede Tageszeit auch.

Sie und ich reagieren unterschiedlich auf das, was Sie sehen und erfahren. Manches werden Sie weniger interessant finden als ich. Eine Stadt muß man im besten Sinne wechselhaft erleben. Erlebnisse können sehr flüchtig sein, es kostet aber Zeit, eine Stadt ernst zu nehmen. Wuppertal hat es verdient.

Die Rundgänge in diesem Buch führen zwar durch die ganze Vielfalt Wuppertals, in jeden Stadtbezirk, in viele Quartiere. Das ist unterschiedlich interessant, man wird seine Entdeckungsreisen auch sortieren können. Es wird keine Auswahl, aber

Wieder ein schöner Blick ins Tal

eine Reihenfolge angeboten, zwingend ist sie nicht. Nutzen Sie Seitenwege, machen Sie Umwege, gehen Sie Sonderwege. Blicken Sie nach oben und nach unten, durch Häuserzeilen und über Dächer hinweg, von Treppen und Hängen herunter, hinter Tore, Fenster und Fassaden. Um Wuppertal wirklich zu entdecken, müssen Sie den „zweiten Blick" riskieren, zu unterschiedlichen Tages- und Jahreszeiten, auch bei Regen.

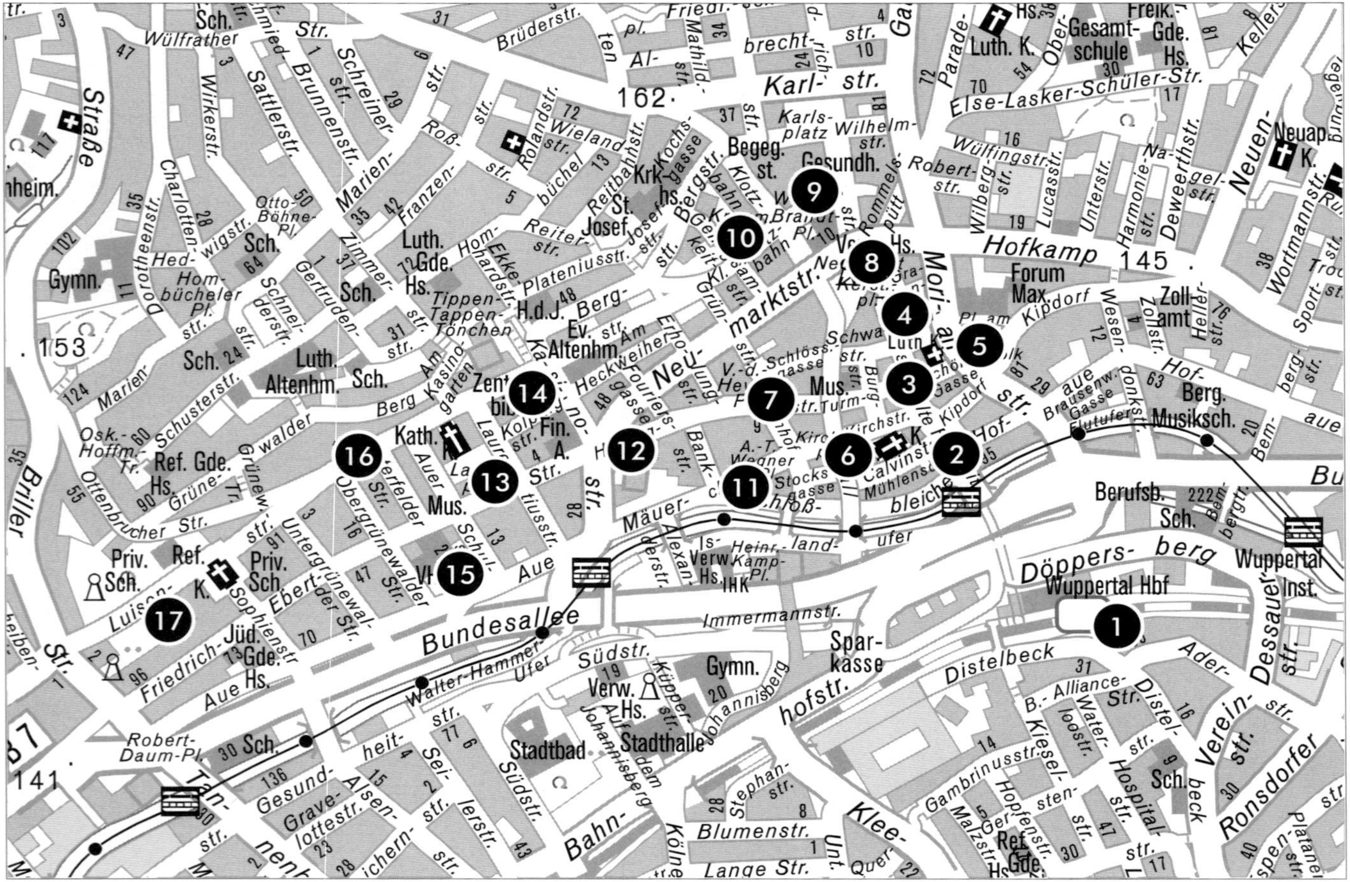

1
2
3
4
5
6
7
8
9
10
11
12
13
14
15
16
17
Wuppertal Hbf
Döppersberg
Wuppertal Inst.
Dessauer Str.
Vereinstr.
Ronsdorfer
Distelbeck
Kieselstr.
Hospitalstr.
Sparkasse
Immermannstr.
Gymn.
Stadthalle
Auf dem Johannisberg
Stadtbad
Südstr.
Bahnhofstr.
Bundesallee
Walter-Hammer-Ufer
Robert-Daum-Pl.
Friedrich-Ebert-Str.
Briller Str.
Obergrünewalder Str.
Untergrünewalder Str.
Ottenbrucher Str.
Schusterstr.
Gertrudenstr.
Brunnenstr.
Sattlerstr.
Wirkerstr.
Charlottenstr.
Dorotheenstr.
Wülfrather Straße
Schreinerstr.
Marienstr.
Zimmerstr.
Kath. K.
Luth. Altenhm.
Luth. Gde. Hs.
Kasinogarten
Neumarktstr.
Karlstr.
Karlsplatz
Wilhelmstr.
Hofkamp
Forum Max
Zollamt
Zollstr.
Wesendonkstr.
Kipdorf
Wortmannstr.
Else-Lasker-Schüler-Str.
Gesamtschule
Mäuerstr.
Alexanderstr.
IHK
Bergstr.
St. Josef
Hofaue
Berufsb. Sch.
Berg. Musiksch.
Blumenstr.
Lange Str.
Kleestr.
145
162
153
141

Elberfeld: Treffpunkt Alte Freiheit

Ein erster Rundgang zwischen Döppersberg und Laurentiusplatz

Rundgang 1: *Schwebebahnhof Döppersberg/ Hauptbahnhof,*
Parkhäuser City-Arkaden, Stadtsparkasse u.a.
Dauer: *rd. 2 ½ Stunden*

Vom Ankommen in Wuppertal war bereits die Rede. Zwar findet man an keiner Autobahnabfahrt den Wegweiser „Zentrum", aber der Bahnhof Elberfeld heißt immerhin „Hauptbahnhof", wenn auch noch nicht sehr lange. Der erste Blick auf diese Stadt ist eher kompliziert, der erste Eindruck undeutlich. Immerhin ist die Schwebebahn vielen Menschen auch außerhalb Wuppertals bekannt, Sie sehen sie bald, wenn Sie angekommen sind. Das macht vertraut.

Aber Sie werden sich noch wundern: diese Stadt „kann auch erzählen", man muß „diese etwas spröden, etwas rauhen Menschen" (Werner Eggerath) nur mögen, ihnen zuhören wollen, auch genau hinsehen, mehrfach am besten. Es lohnt nachzulesen, was über Wuppertal und seine Menschen aufgeschrieben wurde, Stadtgeschichten also. Damit können Sie in Elberfeld gut beginnen.

Vom Tafelhof zum Handelsplatz, vom Schulten zum Oberbürgermeister

Eine erste steinerne Kirche soll es schon um das Jahr 1000 gegeben haben, kaum verwunderlich in diesem kirchenmächtigen Tal, das später als besonders fromm und pietistisch gelten sollte. Die erste urkundliche Erwähnung Elberfelds ist zwar erst mit Datum von 1161 aufzufinden, aber „Elverfelde" war Tafelhof des Erzbischofs von Köln. Auf „Tafelhöfen" erhielten der Erzbischof und sein Gefolge Unterkunft und Nahrung, wenn sie den Weg von Köln nach Soest nahmen. Ein Tafelhof war noch keine Burg aus festem Stein, zunächst nur aus Holz gebaut, mit Palisaden einigermaßen gesichert. Die zum Bergischen Land gehörende Burg der Grafen von Berg steht bekanntlich in Solingen-Burg und sieht auch heute noch wie eine richtige Burg aus. Im Jahre 1176 wurde Hermann von Elverfeld vom Grafen von Berg mit der Herrschaft Elberfeld „belehnt", wie man es im Mittelalter nannte. Der Elberfelder Tafelhof hatte um sich herum eine Reihe von „Hofesgütern", die der Versorgung des Hofes dienten, d.h. sie mußten einen Teil ihrer Erträge an den Hof abgeben. Der „Schulte" dieser Güter war zugleich Vorsitzender des Hofesgerichts und hatte auch sonst großes Interesse, seinen Einfluß und Besitz im Umfeld der Hofes zu mehren. Die Bewirtschaftung der Tafelhöfe war keine einfache Aufgabe. Bei finanziellen Engpässen verpfändete man Tafelhöfe sogar, z.B. an die Grafen von Berg und diese taten ähnliches mit ihren anderen Höfen. Die Beziehungen von Erzbischof, Graf und Hofesschulten waren voller Abenteuer, die Reisen zwischen Köln und Soest nie ohne Gefahren (1225 wurde Engelbert auf einer dieser Reisen bei Gevelsberg ermordet). Über die mittelalterlichen Geschichten rund um Berg

Elberfelder Burg, 1536 abgebrannt

und Burg erfahren Sie im bergischen Schloß (und heutigem Museum) mehr. Sie können es auch gut und spannend in einem „bergischen Krimi" nachlesen (Edgar Noske, Der Bastard von Berg).

Aus dieser ersten Siedlung als bischöflicher Raststätte wurde in den folgenden Jahrhunderten mehr: die Schulten wurden selbstbewußter, aus dem Holzhaus wurde doch noch eine Wasserburg (wenigstens bis zum großen Brand 1536), Handwerk und Gewerbe siedelten sich an. Schon 1408 wurde die Siedlung als „Freiheit" privilegiert (mit entsprechenden Rechten, aber auch Pflichten gegenüber dem Landesherrn), erhielt wenig später Bürgermeister und Rat. Regelmäßig wurde hier Markt gehalten, denn erst Märkte prägen eine Stadt.

Stadtrechte für Elberfeld gab es erst 1610. An die frühe Selbständigkeit erinnert der Begriff „Alte Freiheit". Auch andere Straßennamen klingen aus der Vorgeschichte Elberfelds nach: eine Burgstraße gibt es immer noch, einen „Wall" ebenfalls, ein „Mäuerchen", den „Hofkamp", eine „Grabenstraße".

Zur Vorgeschichte Elberfelds reicht diese kurze Lektion in mittelalterlicher Geschichte, denn sehen kann man wenig davon, jedenfalls nicht hier. Die Geschichte der Stadt, die man noch sehen kann, ist in der Regel sehr viel jünger. Spannend, aufregend und folgenreich war das Elberfeld des 18. und 19. Jahrhunderts. Damals entwickelte sich die Stadt zur bedeutenden Industriestadt, bedeutsamer als die späteren großen Ruhrgebietsstädte,größer auch als Städte wie Düsseldorf. Die Wirtschaftsentwicklung Elberfelds ging mit einer rasanten Bevölkerungsentwicklung einher: innerhalb von hundert Jahren (1815-1915) stieg die Bevölkerungszahl von 19.000 auf 170.000 (!). Auch die Sozialentwicklung der Stadt und die Entwicklung zum Handelszentrum fällt in diese Zeit. Aber das soll anderer Stelle erzählt werden.

Bild links: Gründerzeitliches Rathaus Elberfeld

Die „Freiheit" der Stadt, um noch einmal den Namen des Standortes zu zitieren, hatte in diesem Zeitraum recht unterschiedliche Phasen: preußisch-absolutistische, napoleonisch-fremdbeherrschte, auch kurze revolutionäre, aber schließlich wieder sehr kaisertreue. Das Großbürgertum Elberfelds war nur begrenzt liberal, auch wenn Bismarck einmal eher verächtlich vom „rheinisch-französischen Liberalismus" des Herrn von der Heydt sprechen sollte. Hermann Herberts (in den Sechziger Jahren des 20.Jahrhunderts als engagierter Sozialdemokrat Oberbürgermeister Wuppertals, Vorgänger von Johannes Rau) hat in seiner Studie über Vormärz und Revolution in Wuppertal („Alles ist Kirche und Handel") von der „Dreieinigkeit von Thron, Altar und Wuppertaler Kauf- und Fabrikherren„ gesprochen. Liberalismus und die entsprechende Aufgeschlossenheit für die konstitutionellen Veränderungen im preußischen Deutschland waren vor allem im Elberfelder Mittelstand vorhanden, bei den akademischen Berufen, bei Juristen und Ärzten. Die Ar-

Alt und eng: frühes Elberfeld

Hauptbahnhof mit alten Säulen und ersten Autos

beiterschaft formierte sich in der ersten Hälfte des 19. Jahrhunderts, noch ohne Koalitionsrecht. Armut und Hausindustrie wirkten eher isolierend als solidarisierend. Alles weitere, so zitiert Herberts den Theologen K. I. -Nitzsch, „ist Kirche und Handel, Mission und Eisenbahn, Bibel und Dampfmaschine; nach Kunst und Wissenschaft fragt man wenig oder gar nicht, kaum nach Politik." Und „in Barmen war es nicht anders", fügt Herberts hinzu.

Die Nachfolger der Elberfelder „Hofschulten", Oberbürgermeister also, wußten der Stadt Bestes zu mehren. Das geschah zu Kaisers Zeiten oft in einer devoten Haltung, in „Treue und Gehorsam gegen die hohen verbündeten Mächten", wie Oberbürgermeister Johann Rütger Brüning 1814 ausdrücklich beeiden ließ. Gerade Brüning, der sein Amt 1806 übernahm und bis 1837 Oberbürgermeister blieb, ist ein guter Kronzeuge für die königstreue Politik in Elberfeld. Hermann Herberts hat diesen durchaus prägenden kommunalen „Hofschulten" fair, aber auch kritisch porträtiert: „Gewiß war er ein qualifizierter, bis zur Betriebsamkeit rühriger und auch geschickter Oberbürgermeister ... Die administrativen Fähigkeiten waren gepaart mit einer nicht eben ansprechenden Dienstbeflissenheit und einer Bereitschaft zur dienstlichen Willfährigkeit, die sehr weit ging. Bei ihm ist keine Spur von dem zu finden, was je länger je mehr im 19. Jahrhundert für weite Bevölkerungskreise in den Vordergrund rückte: ein Streben nach politischer und sozialer Emanzipation. So gut wie immer stand er weitgehend vorbehaltlos auf der Seite der Herrschenden gegen die Beherrschten. Er hat der Landsherrschaft der Pfälzer in gleicher Weise Lob gezollt, wie er in der napoleonischen Zeit den Franzosen und anschließend den Hohenzollern gefügig zur Seite stand." Das also war aus der „alten Freiheit" geworden, aber inzwischen explodierten frühe Industrien und neue Märkte und Elberfeld nutzte sie.

Am Bahnhof starten: Klassizismus als Stadtportal

Jetzt wollen wir allerdings in die Gegenwart einsteigen und bei unserem ersten Rundgang Elberfeld entdecken, die Geschichte wird uns dabei schnell wieder einholen. Die „Alte Freiheit" als Platz (im 19. Jahrhundert übrigens „Alter Markt"!) war noch vor wenigen Jahren großzügiger gestaltet (sogar mit Brunnen), wird aber jetzt durch die mächtige Glasfassade der neuen „City Arkaden" beherrscht, einer „Mall" nach amerikanischem Muster, inzwischen wie in vielen Städten Einkaufs- und Flanierzentrum zugleich. Das ist zumindest gleichgeblieben: es geht immer noch um Handel.

Auf den Spuren der sichtbaren Stadtgeschichte gehen Sie am besten zum **Hauptbahnhof (1)** zurück. Er stammt wirklich noch aus dem 19. Jahrhundert, wurde 1846-48 gebaut und war damals Endstation einer der ersten deutschen Eisenbahnstrecken, wenn auch in Elberfeld nicht die älteste. Diese (und es war eine der fünf frühesten in ganz Deutschland!) endete bereits 1841, von Erkrath/Düsseldorf kommend, im Sackbahnhof an der Steinbeck. Das mächtige Gebäude der „Königlichen Eisenbahndirektion" daneben entstand zwar erst ein Vierteljahrhundert später,aber noch heute ist die architektonische Einheit im Stil des Klassizismus unverkennbar.

Wenn Sie aus dem Bahnhof kommen und sich den Vorbau (und die parkenden Autos) wegdenken, ist das Bild durchaus eindrucksvoll: ein Portikus mit korinthischer Säulenordnung schmückt die Bahnhofsfassade, das inzwischen weiß angestrichene Gebäude der Bahndirektion hat dagegen ein eher ionisches Säulenportal mit umlaufender Attika, ganz im Sinne der Schule des Berliner Baumeisters Schinkel. Klassizismus und Anleihen der Renaissance werden Sie in Elberfeld noch häufiger entdecken, die stark vertretene Gründerzeit-Architektur fügt dann noch so manchen historisierenden Schnörkel hinzu. Wie in vielen vergleich-

Klassizistische Bahndirektion

baren Städten ohne eine wirklich große und alte Bautradition muß man sich mit gemischten Stilzitaten zufrieden geben. Dem Auge des Besuchers (und Einwohners) gefällt das meistens immer noch besser als funktionale Beton- und Glasarchitektur. Aber auch hier zeigen sich allerdings neue „Gründerzeiten", die sich weniger vergangenheits- als zukunftsorientiert darstellen, in Wuppertal erst selten.

Das inzwischen weiß strahlende Direktionsgebäude der früheren Eisenbahngesellschaft kann noch an eine wichtige Geschichte aus der deutschen Politik erinnern: im Februar 1919 fand hier die blutigste Auseinandersetzung der „Novemberrevolution“ in Wuppertal statt, nachdem Anhänger der Arbeiterräte das Gebäude besetzt und das Freicorps Niederrhein es in einer nächtlichen Aktion zurückerobert hatte, mit zwölf z.T. unbeteiligten Menschen als Opfern.

Der Döppersberg bestimmt den Raum zwischen Bahnhof und **„Alter Freiheit“ (2)**, ein Platz ist es noch nicht wieder. Auf alten Fotos aus der Vorkriegszeit sieht man den Döppersberg als urbanes Entree, mit altem Hotel Kaiserhof und schmuckvollem Theater am Brausenwerth. Ein Platz mit Reiterdenkmal unter Bäumen war damals eine grüne Oase und das trotz einer sehr viel dichteren Wohnbebauung von der Kluse bis zum Johannisberg. Das muß schön gewesen sein: statt breiter und lauter Autostraße konnte man im Café und Restaurant des Kaiserhofs speisen und trinken, sich auf eine Bank setzen,am Theater nachsehen, was abends auf dem Spielplan steht.

Etwas davon wünscht man sich zurück: im Rahmen des Landesprogramms „Regionale 2006“ ist die Neugestaltung des Döppersbergs zentrales Schlüsselprojekt, mit neuem Busbahnhof, oberirdischem „Boulevard“ in die Stadt (also ohne den schmuddeligen Tunnel), sogar mit schönen Wupperterrassen und einem neuen Stadtplatz, der die Besucher zum Flanieren einlädt. Sogar ein „Science-Center“ soll entstehen, wenn man dafür einen Investor findet. Immerhin hat das inzwischen weltberühmte **Wuppertal-Institut** für Klima und Energie bereits neben dem Bahnhof Platz gefunden (direkt gegenüber dem Intercity-Hotel). Hier wird über die „ökologischen Rucksäcke“ nachgedacht, die wir mit uns herumtragen, über ein doppeltes Wachstum, das man mit halbem Naturverbrauch erreichen kann („Faktor Vier“). Hier können bereits heute Zeitreisen in die Zukunft unternommen werden.

Döppersberg um 1900, festlich-urban

MIPS und unsere „ökologischen Rucksäcke“

Wie man am Wuppertal-Institut weniger Naturverbrauch propagiert

Im Rahmen des 1991 am Wuppertaler Döppersberg gegründeten „Wuppertal-Instituts für Klima, Umwelt, Energie“ (Wissenschaftszentrum NRW) werden zahlreiche Projekte zur Reduzierung des Naturverbrauchs in unserer Gesellschaft und Wirtschaft entwickelt. Prof. Ernst Ulrich v. Weizsäcker, der bisherige Präsident des Instituts, hat zu diesen Themen 1995(gemeinsam mit Amory B. und L. Hunter Lovins) einen „neuen Bericht an den Club of Rome“ herausgegeben. Schon der Titel ist die These: „Faktor Vier – doppelter Wohlstand bei halbiertem Naturverbrauch“ (Droemer Knaur). Prof. Friedrich Schmidt-Bleek, v. Weizsäckers Stellvertreter, ging 1998 noch einen Schritt weiter, sprach vom Faktor 10, erläuterte das Gewicht unserer „ökologischen Rucksäcke“ und erfand das MIPS-Konzept (Knaur Taschenbuch 2000). Auch ohne die beiden Präsidenten wird am Wuppertal-Institut weiter geforscht, werden neue Produktionsformen als Impulse für eine ökologische Wirtschaft entwickelt.

Ernst-Ulrich von Weizsäcker: „Unsere Gesellschaft leidet an einer ansteckenden Krankheit, die der Schwindsucht ähnelt, deren Opfer langsam dahinsiechen, wie von innen aufgezehrt. Die heutige wirtschaftliche Tuberkulose zehrt nur unsere Ressourcen, nicht unsere Körper auf. Doch auf Dauer ist das genauso tödlich und teuer. Krank geworden sind wir durch das, was uns den großen Erfolg gebracht hat. Gemeint ist der Erfolg der industriellen Revolution. Wir haben Maschinen entwickelt, die die Schätze der Erde immer schneller und effektiver in Bequemlichkeit und Wohlstand verwandeln. Aber wir waren ungeduldig und gierig. Die Schätze der Erde schienen zunächst so reichlich bemessen, daß sich unsere Zivilisation nicht die Zeit genommen hat, Maschinen und kulturelle Regeln zu entwickeln, um haushälterisch mit den Schätzen umzugehen. Die Maschinen haben uns gut zehnmal ‚besser‘ im Verschwenden von Ressourcen als in deren Nutzung werden lassen.“ (S.18f)

Friedrich Schmidt-Bleek: „Wenn es richtig ist, daß wir zu viele natürliche Ressourcen verbrauchen, um unseren Wohlstand zu schaffen, um Mausefallen und Musikpaläste, Autos und Autobahnen zu bauen, dann heißt das doch, daß alles, was produziert worden ist, einen großen Ballast mit sich herumschleppt, einen Berg von Natur, der für dieses Produkt in Bewegung gesetzt worden ist – eben einen großen ökologischen Rucksack. Es ist natürlich ein unsichtbarer Rucksack, denn ich kann dem Computer auf meinem Schreibtisch nicht ansehen, daß zu seiner Herstellung mehr als 14 Tonnen solide Natur umgeschaufelt und gründlich verändert wurden. .. Wer hätte gedacht, daß der Goldring am Finger des Familienvaters eigentlich mehr wiegt als der Kleinbus, in dem er seine Kinder spazierenfährt? Ökologisch gesehen, versteht sich. Denn Gold ist wegen der aufwendigen Abbaumethoden ein ökologisch besonders ‚teurer‘ Material. Im Durchschnitt schleppt jedes Kilogramm Industrieprodukt bei uns etwa 30 Kilogramm Natur mit ...“ (S.18f)

„MIPS ist die Abkürzung für Material-Input pro Einheit Service. Der Mate-

rial-Input umfaßt alles, was an natürlichen Rohmaterialien bewegt und eingesetzt wird, um Sachgüter herzustellen, zu gebrauchen, zu transportieren und auch zu entsorgen: Sand, Wasser, Kohle, Erde, Erze, Raps und Bäume, eben alles, was wir von der Ökosphäre brauchen. Dieser Materialaufwand wird nun auf den Nutzen bezogen, den wir davon haben ..." „Wir haben das MIPS-Konzept in Wuppertal im Laufe der vergangenen vier Jahre auf vieles angewandt. Dabei kamen einige Überraschungen zutage, die uns ‚Ökos' zunächst ziemlich mitnahmen. Ein Beispiel dafür ist, daß die Produktion von Baumwolle in einigen Teilen der Welt pro Kilogramm mehr als 40.000 (vierzigtausend) Liter Wasser verbraucht. Oder daß für ein Kilo Raps fast vier Kilo Erde durch Erosion verlorengehen. Oder daß der Transrapid dem ICE ökologisch deutlich überlegen ist. Oder daß die Wegwerfkamera für Gelegenheitsfotografen die ökologisch verträglichste Weise ist, Bilder mit nach Hause zu bringen. Oder daß der ökologische Rucksack von Einwickelpapier ein Vielfaches von dem der Kunststoffolie wiegt ..."(S.20)
Weitere Informationen über www.wupperinst.org

Vom Bahnhof kommend, sehen Sie am Ausgang des Fußgängertunnnels die schmale Wupper und darüber die Schwebebahn. Im Gegensatz zur Schwebebahn versteckt sich die Wupper gerne zwischen den Häusern. Die „Lebensader" der Stadt (wie die Wuppertaler Stadtplaner sie nennen) bedarf der Inszenierung, in Zukunft will man mehr Zugänge schaffen, das Flanieren an der Wupper fördern, die Wupper neu entdecken.

Informationszentrum. Rechts am Tunnelausgang können Sie sich im Informationszentrum der Stadt gut informieren („Bürgerberatung" steht an dem gläsernen Pavillon). Links lädt der innen neugestaltete Schwebebahnhof Döppersberg zu einem Besuch ein. Schon 1926 wurde der frühere Bahnhof in Eisenkonstruktion (mit schönen Jugendstilelementen) durch ein Steingebäude ersetzt, um in der Eingangspassage Geschäfte unterzubringen. Von hier kann man in die anderen Stadtteile fahren, kann im WSW-Kundenzentrum aber auch Theater- und Konzertkarten kaufen. „Top-Ticket" heißt der Kartenservice und mit dem Ticket können Sie auch kostenlos den Veranstaltungsort erreichen. Jetzt oder später sollten Sie hier eine Pause machen, sich für den weiteren Rundgang stärken oder später davon erholen, z.B. im Bistro „Thalia" einen Imbiß oder auch Kaffee nehmen, bei gutem Wetter sogar auf der Terrasse direkt unter der Schwebebahn und über der Wupper sitzen. Der Name „Thalia" verweist übrigens auf das frühere Varieté- und Revuetheater in der Nähe, das inzwischen durch den hohen Turm der Stadtsparkasse ersetzt wurde.

City Elberfeld: dralle „Mina" lädt uns ein

Die breite runde Glasfront der neuen „City-Arkaden" bestimmt inzwischen das Stadtbild am Eingang der Elberfelder City. Aber lassen Sie sich noch nicht ablenken, die Elberfelder City hat mehr zu bieten, vor allem noch wichtige Zeitreisen in die Geschichte Elberfelds. Sie sehen zwar nur wenige ältere Fassaden (der Krieg hat vieles zerstört), aber am Ende leuchtet bereits der märchenburgartige Turm des Elberfelder Rathauses herüber, abends hell durch Scheinwerfer bestrahlt, tagsüber durch die Sonne, wenn sie denn scheint. Rechts und links führen kleinere Straßen zu weiteren Läden und Gebäuden, zu Stadtplätzen und Kulturhäusern.

Am Anfang der **Poststraße (3)** trifft man eine mollige Dame in Bronze, sie steht mitten im Weg. Resolut und kraftvoll sieht sie die Besucher an, durchaus sympathisch zwar, aber auch unerschütterlich. Sie sollten versuchen, den Text in Elberfelder Platt zu lesen, der auf einer Bodenplatte geschrieben steht:

„Eck si an de Foahr ertrocken, mi Vader wor fuselkrank,
mi moder, die streckten Socken on spolden onger die Hank"
(sie ist also an der „Fuhr" erzogen, ein armes Wohnquartier an der Wupper, der Vater war Alkoholiker, die Mutter strickte Socken und spann Garn, nebenbei).

Mina Knallenfalls, so heißt die Frau (also nicht etwa „Minna"), war allerdings keine geschäftige Marktfrau, wie man annehmen könnte, sondern stammt aus dem Armenviertel der Stadt und verdiente sich den notwendigen Lebensinhalt für

Mina Knallenfalls: arm, aber drall

An der Wupper,ärmlich alte Fuhr

sich und ihre sieben Kinder mit Garnspulen, „unter der Hand" wohlbemerkt. Die Geschichte der inzwischen populären Mina hat zwar einen realen Hintergrund in den traurigen Wirtschaftsverhältnissen des 19. Jahrhunderts, aber sie ist eine literarische Figur, die von Otto Hausmann (1837-1916) erfunden und in einem „Bänkellied des Proletariats" (Köllmann) beschrieben wurde. Die ganze Mina-Ballade kann jeder in einem kleinen Buch nachlesen, allerdings in Elberfelder Platt, am besten bittet man alte Elberfelder um eine Übersetzung. Heute läßt sich mancher Besucher (und der Wuppertaler selbstverständlich auch) gerne mit ihr fotografieren oder klopft ihr wenigstens auf den prallen Po. Die Wuppertaler Künstlerin Ulle Hees hat Mina zu einer sehr sympathischen und entsprechend beliebten Figur des Stadt gemacht, zu einer Ikone des Einkaufsmarketings. Vergessen darf man dennoch nicht, daß Mina wohl kaum selbst viel einkaufen konnte, im schlimmsten Elendsquartier lebte, feucht und eng, in einer Nachbarschaft voller „Fusel" und Krankheiten, regelmäßige Prügeleien eingeschlossen. Die Obdachlosen, die in der Elberfelder City um Geld betteln, wären ihr vermutlich näher als so mancher, der sie liebevoll in den Arm nimmt. Das Foto sei Ihnen dennoch gegönnt.

Mina selbst schildert (im Text von Hausmann) ihre Lebensverhältnisse drastisch und durchaus herb:

„Dropp on draan dätt eck jetzt spolen, hä bleef op den Klodderbahn.
Jedes Johr, op Deuwelholen, komen bi us Blagen an"
(also etwa: sie muß viel spulen, weil ihr Karl auf schiefe Bahn geriet, jedes Jahr kam dennoch Nachwuchs, „sewen Stöck sind nu am Kreien").

Mina Knallenfalls ist eines der vier „Wuppertaler Originale", denen man als Skulptur oder in Anekdoten und Liedern begegnet. Die anderen drei, die allerdings tatsächlich gelebt haben, sind „Zuckerfritz" (als weitere Hees-Plastik am Neumarkt), „Husch-Husch" und August Kallenbach. Sie wären früher Narren bei Hofe gewesen,denen man manche Eigentümlichkeit und Schnurre der hier lebenden Menschen in den Mund legt. Ein schönes buntes Lesebuch ist über sie erschienen (im Born-Verlag). Nicht nur zu Karnevalszeiten begegnet man ihnen auch in Natura, nachgespielt, mit frechen Liedern und heftigen Texten zur Stadtpolitik („derblecken" würde man das in München nennen).

Beim weiteren Rundgang durch die Poststraße lohnt sich mehrfach der „zweite Blick", nach oben und nach unten, in Seitenwege ebenso.

Löwenwappen mit Rost und Garn

- Hinter der Fassade eines Uhrengeschäftes mit vollbelegten Schaufenstern versteckt sich ein aufregend zusammengestelltes privates **Uhrenmuseum (4)** z.T. in einem Gewölbekeller, der zur alten Elberfelder Burg gehört haben soll. Über tausend Zeitmesser und Uhren sind hier gesammelt und ausgestellt, auch gut beschrieben. Und an der Fassade entdeckt man eine große Pendeluhr und Weltzeituhren auf einer Mercator-Weltkarte. Ein Glockenspiel mit 37 Glocken spielt viermal täglich (10 und12, 16 und 18 Uhr), viertelstündlich laufen Figuren vorbei: „Chronos", der Gott der Zeit, der Tod (der die Stunden abschneidet) sowie die beiden Originale Zuckerfritz und Kallenbach.
- Sieht man auf den Boden der Poststraße, entdeckt man messingfarbige Platten, auf denen erzählt wird, welche Partnerstädte die Stadt hat. Das sind z.Zt.: South Tynside (Großbritannien), St. Etienne (Frankreich), Beer Sheva (Israel), Kosice (Slowakien), Schwerin (Mecklenburg), Legnica/Liegnitz (Polen), Matagalpa (Nicaragua) und Berlin-Schöneberg.
- An der Ecke Poststraße/Schwanenstraße weisen güldene Pfeile zu nahen Sehenswürdigkeiten: zur „Alten Reformierte Kirche" (1688) und zur „Kirche am Kolk" (1749), zum Von der Heydt-Museum (1831) und zum Jubiläumsbrunnen am Neumarkt (1901), zum Verwaltungshaus, zum Hauptbahnhof und zum Schwebebahnhof. Schließlich erfährt man auch noch Längen- und Breitengrad (7'10, 51'25), übrigens sind wir 147 m über Meeresspiegel.

Zum Elberfelder Wappen mit seinem Löwen mit „Grillrost" könnte man zwar einiges erzählen (bei St.Laurentius wird

Wasseruhren, Räderuhren und die „Longitudo zur See“

Zeitgeschichten im Wuppertaler Uhrenmuseum

Fünftausende Jahre Zeitmessung in etwa 1100 Objekten werden im „Wuppertaler Uhrenmuseum“ gezeigt, der Goldschmiedemeister und Uhrmacher Georg Abeler hat es gegründet,sein Sohn Jürgen führt es engagiert fort – und er entdeckt ständig neue, also alte Uhren. Oder alte Uhren werden nachgebaut.

Die ältesten Uhren im Museum sind Sonnen- und Wasseruhren. Schon in frühen ägyptischen Hieroglyphen (2800 v.Chr.) finden sich als Zeichen für den Begriff „Stunde“ einfache Winkel, die Seitenansicht einer primitiven Sonnenuhr.Um 1500v.Chr. wurde die Wasseruhr erfunden.Bei Sonnenuntergang wurde ein besonderer Behälter mit Wasser gefüllt, das dann während der Nacht aus einer Öffnung heraustropfte. Der Sinken des Wasserspiegels im Inneren zeigte die Zeit an. Neben Auslauf- gab es aber auch Einlauf-Wasseruhren. Bei den Sonnenuhren war die Ausrichtung des Schattenstabes wichtig, parallel zur Erdachse, ausgerichtet nach Norden (mit dem Kompaß) und eingestellt auf die geographische Breite. Es gibt (nach Anordnung des Zifferblattes) Horizontal- und Vertikalsonnenuhren. Alle Typen sind im Museum zu sehen. Besonders originell ist eine Pariser Kanonen-Sonnenuhr: genau um 12 Uhr konzentrieren sich die Sonnenstrahlen durch ein Brennglas auf das Zündloch einer kleinen Kanone, die dann mit lautem Knall zu Mittag ruft.

Räderuhren erscheinen in der ersten Hälfte des 14.Jahrhunderts, angetrieben von eisernen Gewichten. Bald werden Uhren gebaut, die mit Schlagwerk und Spindelhemmung arbeiten, als Wanduhren eine Verkleidung erhalten, zu Bodenstanduhren ausgebaut werden. Es folgen federgetriebene Uhren,im Museum sind eine ganze Reihe von „Renaissance-Uhren“ zu sehen.

Seechronometer, originalgetreu nachgebaut

Mit „Longitudo zur See“ wird eine der aufregendsten Uhrenentwicklungen dokumentiert, die Zeitmessung und Ortsbestimmung auf hoher See. Das Wuppertaler Uhrenmuseum hat 1983 zum 25jährigen Jubiläum des Museums den berühmten ersten Seechronometer „H1“ von John Harrison aus dem Jahre 1735 in eigener Werkstatt nachgebaut, nach dem Original im Maritime Museum in Greenwich. Schon der Vorgang ist ein eigenes Abenteuer, denn das Museum wollte den Wuppertaler Kollegen die Maße nicht freigeben. Die Abeler-Crew hatte sich aber nicht abhalten lassen, denn die Lösung der Longitudo-Probleme gehörte zu den schwierigsten Problemen in der Uhrengeschichte. Eine eigene Broschüre („Die Longitudo zur See") von Jürgen Abeler schildert das Problem, die Entwicklung und das komplizierte fachliche Abenteuer des Nachbaus. „Es erwies sich als eine nicht so leicht zu bewältigende Aufgabe, derartig genaue Uhren zu konstruieren, die selbst auf schwankenden Schiffen bei oft rasch und stark wechselnden Temperaturen exakte Gangergebnisse liefern konnten ..." Von John Harrisons Prototyp schwärmt der leidenschaftliche Uhrmacher und Uhrenforscher: „Beim Anblick dieser Seemaschine kann man wirklich ins Schwärmen geraten. Symmetrisch ist der Aufbau der Uhr und faszinierend das Spiel der Hemmung des Grashopperganges, das durch die offene Bauweise genau studiert werden kann ... Die schweren Balancen mit den Kugeln an den Enden der Träger schwingen oder besser gesagt atmen im Sekundentakt .." Er kann stundenlang davon erzählen.

Eine Cäsium-Atomuhr ist im Uhrenmuseum eine der modernsten Entwicklungen, sie wurde 1958/59 im Laboratoire Suisse de Recherches in Neuenburg/Schweiz hergestellt und verspricht, in 300.000 Jahren höchstens eine Fehlweisung von einer Sekunde anzuzeigen.

Daß das Museum auch viele Prunkuhren, manches origineller Uhrengehäuse und eine große Vielfalt von Hals- und Anhängeuhren, Armbanduhren, Taschenuhren u.a. zeigt, ist selbstverständlich.

Das Museum ist montags-freitags von 10-12 und 16-18 Uhr und Samstag von 10-13 Uhr geöffnet.

man ohnedies über das Rost reden müssen), aber zum vollständigen Wuppertaler Wappen kommt noch für Barmen ein Garnbündel hinzu. Warum der Bergische Löwe zwei Schwänze hat, wird man nie ganz klären können, wahrscheinlich, damit man darüber redet.

Die Poststraße endet am kleinen und (vor allem im Sommer) idyllischen Kerstenplatz mit Leuchtstele, Bistro „Extrablatt" sowie einem Durchgang („Carré") zum Neumarkt. Die Seitenstraßen Calvinstraße, Kirchstraße, Turmhof und Schwanenstraße führen zum Wall, der Parallelstraße zur Poststraße. Hier fahren die Stadtbusse (Haltestelle Wall/Museum), manchmal Autos, als „Anlieger" erlaubt. Autofahrer sollten aufpassen, sie könnten „Knöllchen„ kassieren, Fußgänger sollten ebenfalls Obacht geben, sie könnten angefahren werden.

Zwei Kirchen stehen rechts und links der Poststraße: an der Schwanenstraße rechts kommt man zur evangelisch-lutherischen **Kirche am Kolk (5)**, 1748-52 in barocken Formen gebaut. Schmale Rundbogenfenster sind der einzige Außenschmuck der Bruchsteinfassade, aber der Blick nach oben ist lohnenswert: ein schönes Zwiebeldach mit offener Laterne. Das findet man im Bergischen Land (und auch in Wuppertal) noch häufiger und nennt es daher auch gerne „bergischen Barock". Durch Brände und andere Zerstörungen ist allerdings der Innenraum inzwischen eher schmucklos. Die Morianstraße trennt zudem die räumliche Beziehung zum gegenüberliegenden Platz am Kolk, der ohnedies nur noch Parkplatz ist, schade eigentlich.

Geht man die Kirchstraße links zum Kirchplatz, sieht man die **Reformierte Kirche (6)**, 1688-90 erbaut, im Krieg weitgehend zerstört, 1956 wiederaufgebaut. Dieser Standort der Kirche hat eine längere Tradition, denn an dieser Stelle stand wohl die 1371 erstmals erwähnte Steinkirche, die dem heiligen Laurentius

Stadtkirche, reformiert (1690)

geweiht war. Einen historischen Rest kann man noch als kleine Seitenapsis entdecken, eine letzte Erinnerung an die alte Hofkapelle also. Ansonsten zeigt die Kirche den bergischen Zwiebelturm mit Laterne und als einzige Turmverzierung leicht vortretende Eckpilaster, die unter der Traufe in einen Rundbogen übergehen. In der Kirche selbst fällt der Kanzelaltar auf, eine weitere eher bergische Eigenart. Andere Besonderheiten aus der langen Kirchengeschichte sind zerstört, einiges soll wiederhergestellt, die Kirche wieder stärker zum alten Kirchplatz hin geöffnet werden. Dieser Kirchplatz ist reich an Sozialgeschichte: hier war schon früh reges Kirchenleben, man warb um rhetorisch attraktive Prediger (den Barmern gönnte man nie den besonders stimmgewaltigen Pastor Krummacher) und kümmerte sich früh um die Armenpflege. Wuppertaler Kaufleute und andere fromme Bürger pflegten zudem ihren differenzierten Kirchenstreit, bis hin zur Ausgründung einer eigenen niederländisch-reformierten Gemeinde (deren auffallend schlichten Friedhof man heute noch an der Katernberger Straße findet). Die großen Familien der Stadt, die Familie von der Heydt etwa, spielten in dieser Gemeinde und ebenso beim innerkirchlichen Streit eine durchaus energische Rolle.

„Alles ist Kirche und Handel“: Christenleute & Bankiers

Es ist kein Zufall, daß in der Elberfelder City von Bankiersgeschäften, Kirchen- und Sozialarbeit zugleich gesprochen werden muß. „Alles ist Kirche und Handel“ war das Leitthema für Wirtschaft und Gesellschaft des Wuppertals in der Mitte des 19.Jahrhunderts. Daraus entstanden zugleich revolutionäre, mindestens aber sozialpolitische Impulse, außerdem sehr nachhaltige kulturelle Engagements. Hier wie an mehreren anderen Stellen der Stadt findet man bis heute nachwirkende Spuren der Sozialpflege und frühen Sozialpolitik. Es ist gut, wenn man daran erinnert wird, daß das „freie Leben“ in Städten nie nur ein Leben von Wohlhabenden war. In den größeren Städten des 19.Jahrhunderts herrschte zu jener Zeit zugleich Armut und soziale Not und die davon betroffenen Menschen bedurften der Hilfe. Die Geschichte von Mina Knallenfalls erzählt davon (und an der Fuhr hielt man auch nicht viel von den „Kerkenbröders“), die „Briefe aus dem Wuppertal“ von Friedrich Engels ebenfalls („es herrscht ein schreckliches Elend unter den niederen Klassen“). In diesem „sozialen Brennpunkt des 19. Jahrhunderts“ haben allerdings Adolph Kolping und Johann Gregor Breuer engagierte kirchliche Sozialarbeit begonnen. Hier auf dem Kirchplatz stand bis vor dem

Uwe Eckardt

Das Elberfelder System: die Armenpflege

Für die Armen der Stadt sorgten – wie überall im Bergischen Land – auch in Elberfeld zunächst die Kirchen. Bereits 1677 richtete die reformierte Gemeinde ein Armenhaus ein. Die lutherische Gemeinde mietete 1771 Räume an, in denen arme „umhergehende junge Leute" zur Arbeit angehalten wurden. In der Folgezeit gewannen die städtischen Verwaltungen zunehmend größeren Einfluß. Dazu gehörte neben dem Schulwesen vor allem die Armenfürsorge, insbesondere die Bekämpfung des Bettelunwesens. Zeitweise wurden in der Stadt bis zu 400 Bettler, die sich zum Teil „berufsmäßig" mit einem Bettelvogt an der Spitze organisiert hatten, gezählt.

Nach Hamburger Vorbild gründete 1800 Bürgermeister Johann Jakob Aders (1768-1825) die „Allgemeine Armenanstalt", deren Leitung bei zwölf Vertretern aus der Bürgerschaft lag. Die Kirchen hatten nur noch beratende Funktion. Die neue Einrichtung erzielte zunächst beachtliche Erfolge. Die napoleonische Gesetzgebung, politisch bedingte Wirtschaftskrisen und nicht zuletzt die Verdoppelung der Einwohnerzahl Elberfelds 1820-1850 bereiteten jedoch erhebliche Probleme. Das Prinzip der Freiwilligkeit zur Finanzierung der Armenpflege wurde aufgegeben. Die 1841 eingeführte neue Armenordnung war nur noch durch eine zusätzliche Steuerumlage zu finanzieren.

Die schlechte Wirtschaftslage der Jahre 1846-1848 mit sehr hohen Arbeitslosenzahlen zeigte die Grenzen der Armenanstalt auf. Das Gespenst des „Pauperismus" ging um. Während der Revolution 1848/49 fürchtete das Bürgertum zeitweise den Verlust seines Besitzes. Die politischen Ereignisse verstärkten aber auch das Problembewußtsein im Hinblick auf die soziale Frage. Wegen des großen Defizits der städtischen Armenanstalt wurde der Plan, die kirchliche Armenpflege wiederherzustellen, diskutiert, schließlich jedoch verworfen. Der vom Bankier Daniel v. d. Heydt vorgelegte und von den Fabrikanten David Peters und Gustav Schlieper unterstützte Entwurf zur Neuorganisation der bürgerlichen Armenpflege setzte sich schließlich durch und trat nach langwierigen Verhandlungen im Gemeinderat am 1. Januar 1853 in Kraft.

Denkmalfest zur Armenpflege

Dieses Datum gilt in der Sozialgeschichte des Wuppertals als Geburtsstunde des „Elberfelder Systems“, in dem erstmals die soziale Fürsorge und die Sicherstellung des Gemeinwohls unter Heranziehung und Verantwortung ehrenamtlicher Mitarbeiter aus der Bürgerschaft institutionalisiert worden ist.

Die neue „Städtische Armenverwaltung“ leiteten unter dem Vorsitz Daniel von der Heydts, der später zum Beigeordneten gewählt wurde, vier Mitglieder des Gemeinderates und drei wahlberechtigte Bürger. In dem neuen Leitungsgremium war kein Mitglied der Kirchen mehr vertreten. Die Finanzierung erfolgte nun nicht mehr aus Sonderabgaben, sondern aus jährlich neu zu bewilligenden Mitteln des städtischen Haushalts. Die neue Ordnung sah die Aufteilung des Stadtgebietes in zehn Bezirke vor, an deren Spitze je ein Bezirksvorsteher stand. Die Bezirke wiederum wurden in 15 Quartiere unterteilt – seit 1855 bestanden 252 Quartiere! – für die jeweils ein Armenpfleger ehrenamtlich die Verantwortung trug. Konzentration des Apparates und Reduzierung der von einem Armenpfleger zu betreuenden Familien sowie das direkte Bewilligungsrecht vor Ort machten den Erfolg des „Elberfelder Systems“ aus.

1863 wurde das „Elberfelder System“ auch in Barmen und nach und nach in den meisten deutschen Großstädten und zahlreichen ausländischen Städten eingeführt – wenn auch mit zahlreichen Abwandlungen.

Literatur: Hilfe von Mensch zu Mensch. 100 Jahre Elberfelder Armenpflege-System 1853-1953 (Hg. Stadt Wuppertal, 1953).

Siehe auch: Barbara Lube, Mythos und Wirklichkeit der Elberfelder Systems, in: Gründerzeit, Versuch einer Grenzbestimmung im Wuppertal, Hrsg. Karl-H. Beeck, Köln 1984.

Herzogstraße, schon wieder friedlich

2. Weltkrieg ein Denkmal zur Armenpflege, heute noch erinnert eine bronzene Gedenktafel an die Begründer des „Elberfelder Systems“.

Barrikaden und andere Demonstrationen. Der in Barmen geborene Revolutionär Friedrich Engels (näheres beim Rundgang in Barmen) war selbstverständlich ebenfalls in Elberfeld präsent, erste „kommunistische Versammlungen“ fanden 1845 im Gasthaus „Zweibrücker Hof“ statt, gleich neben dem alten Elberfelder Rathaus (heute Von der Heydt-Museum) gelegen. Engels berichtete jedenfalls seinem Freund Karl Marx recht stolz über den Erfolg der dritten Versammlung: „Das Ding zieht ungeheuer. Man spricht von nichts als vom Kommunismus, und jeden Tag fallen uns neue Anhänger zu.“ Die vierte der Versammlungen wurde allerdings bereits verboten, nachdem sich zeigte, daß der Zulauf auch das Proletariat erfaßt hatte. Vier Jahre später gab es auf der anderen Seite des Walls am Eingang zur heutigen Herzogstraße Barrikaden der Revolution: Am 9.Mai 1849 starben hier drei Barrikadenkämpfer (ein Schuhmacher, ein Tagelöhner und ein Färber) im Kampf gegen das preußische Militär. Mit einem Text des Düsseldorfer Heinrich Heine wird auf bronzenen Bodenplatten daran erinnert:

„Doch fall ich unbesiegt
und meine Waffen
sind nicht gebrochen,
nur mein Herz brach.“

Das weitere politische Klima in Elberfeld im Vormärz und in den Jahren der Revolution eher durch das konservative Großbürgertum bestimmt, der Aufstand zeigte wenig Wirkung. Man demonstrierte in den Jahren danach auch gerne seine Königstreue. Im August 1848 waren auf Beschluß des Gemeinderates viele Elberfelder Bürger extra mit dem Zug nach Düsseldorf gefahren, um dort Friedrich Wilhelm IV zuzujubeln, dessen Empfang in Düsseldorf nicht so glücklich verlaufen war (erst später dankte man ihm dort durch die Benennung der „Königsallee“). Sein Empfang in Elberfeld einige Tage später war jedenfalls erfolgreicher: „Er (der König) kam, sah und siegte, das heißt, die schwarz und weißen Kokarden feierten ihren Triumph über die schwarz-rot-goldenen und die Töne der preußischen Nationalhymne verschlangen das Arndtsche deutsche Vaterland“ (so wurde sogar im Stuttgarter Morgenblatt berichtet). „Michels Erwachen“ hatte es schwer hierzulande.

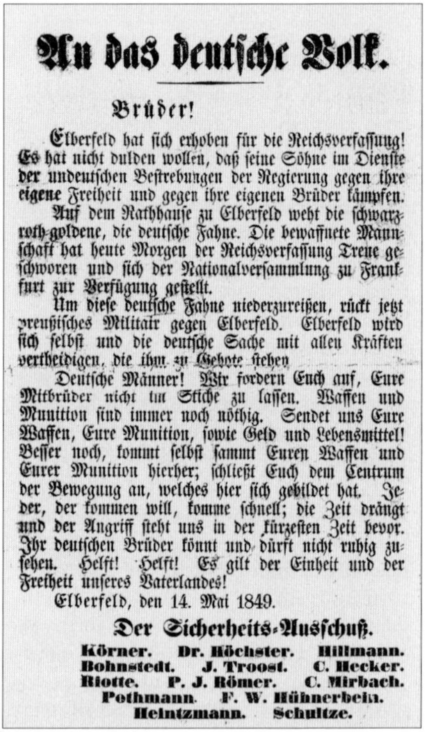

An das deutsche Volk.

Brüder!

Elberfeld hat sich erhoben für die Reichsverfassung! Es hat nicht dulden wollen, daß seine Söhne im Dienste der undeutschen Bestrebungen der Regierung gegen ihre eigene Freiheit und gegen ihre eigenen Brüder kämpfen.

Auf dem Rathhause zu Elberfeld weht die schwarz-roth-goldene, die deutsche Fahne. Die bewaffnete Mannschaft hat heute Morgen der Reichsverfassung Treue geschworen und sich der Nationalversammlung zu Frankfurt zur Verfügung gestellt.

Um diese deutsche Fahne niederzureißen, rückt jetzt preußisches Militair gegen Elberfeld. Elberfeld wird sich selbst und die deutsche Sache mit allen Kräften vertheidigen, die ihm zu Gebote stehen

Deutsche Männer! Wir fordern Euch auf, Eure Mitbrüder nicht im Stiche zu lassen. Waffen und Munition sind immer noch nöthig. Sendet uns Eure Waffen, Eure Munition, sowie Geld und Lebensmittel! Besser noch, kommt selbst sammt Euren Waffen und Eurer Munition hierher; schließt Euch dem Centrum der Bewegung an, welches hier sich gebildet hat. Jeder, der kommen will, komme schnell; die Zeit drängt und der Angriff steht uns in der kürzesten Zeit bevor. Ihr deutschen Brüder könnt und dürft nicht ruhig zusehen. Helft! Helft! Es gilt der Einheit und der Freiheit unseres Vaterlandes!

Elberfeld, den 14. Mai 1849.

Der Sicherheits-Ausschuß.

Körner. Dr. Höchster. Hillmann.
Bohnstedt. J. Troost. C. Hecker.
Riotte. P. J. Römer. C. Mirbach.
Pothmann. F. W. Hühnerbein.
Heintzmann. Schultze.

„Elberfeld hat sich erhoben ...“

Am Wall: ruhig und geschäftig

Michael Knieriem

Hinter den Elberfelder Barrikaden: Friedrich Engels

Ende 1848 hatte ein Elberfelder Arzt den „Politischen Club" gegründet, dessen Programme zunächst nur in der Forderung nach einer konstitutionellen Monarchie bestand. Die Mitglieder kamen aus dem Beamtenstand und der neu zugezogenen Bürgerschaft. Sehr rasch wurden in diesem Verein radikalere Stimmen laut: Der Ruf nach einer „unteilbaren deutschen Republik"! Schon einen Monat später bildete sich ein Gegenclub unter der Bezeichnung „Konstitutioneller Verein". Auch diese Neugründung wurde prompt beantwortet. Durch den Zusammenschluß kirchlich-konservativer Elemente des Tals entstand der „Verein für wahres Bürgerwohl". In diese drei Organisationen spaltete sich Elberfelds politisches Leben auf. Einzig der „Politische Club" stand in enger Verbindung zum „Frankfurter März-Verein", der auch in Iserlohn, Düsseldorf und Solingen Lokalvereine unterhielt. Mitglieder in diesem Club war einige Landwehrmänner, die am 3. Mai 1849 öffentlich erklärten, „sich der absoluten Krone entbunden zu halten und das die Krone umgebende Ministerium als volksfeindlich zu betrachten". Als dann in Köln am 8.Mai die Versammlung der Abgeordneten von 303 Gemeinden des Rheinlandes sich zugunsten der Frankfurter Nationalversammlung gegen die preußische Regierung aussprach, war die Elberfelder Landwehr entschlossen, der auf den 10. Mai angesetzten Einberufung nicht zu folgen; ja mit der Waffe in der Hand sich den anrückenden Ulanen aus Düsseldorf und einem Infanterie-Regiment aus Köln zu widersetzen.

In der Stadt werden Barrikaden errichtet, fortwährend erfolgen Zuzüge von Freischärlern aus benachbarten Städten. Die preußischen Truppen marschieren durch die enge Talsohle Richtung Rathaus. Hier postiert sich die

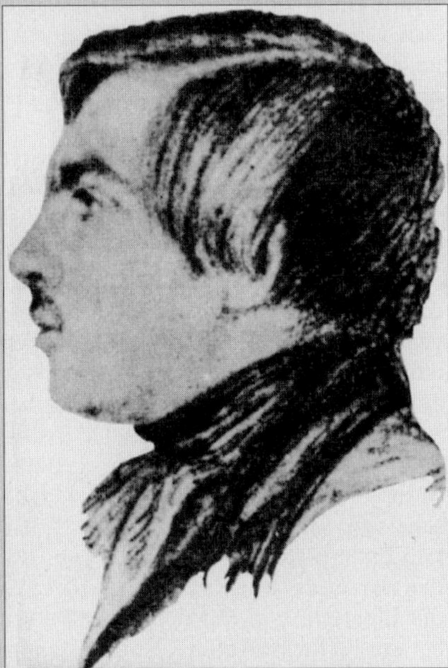

Der junge Engels, neunzehnjährig

Bürgerwehr, schwankend in ihrer politischen Haltung, eigentlich nur auf Ruhe und Ordnung bedacht. Die aufgewühlte Menge verlacht und beschimpft die eingekeilten Soldaten, einzelne Steine werden geworden. Wegen der Frauen und Kinder in dem dichten Gedränge vermag die Gruppe nicht vorzurücken. Verbrüderungsversuche finden statt, die

Bevölkerung erklärt, nur auf die Offiziere schießen zu wollen. Die Barrikaden signalisieren mehr als Widerstand: sie bedeuten Umschließung, Umzingelung der preußischen Truppen, denen es erst im letzten Augenblick gelingt, den Rückmarsch anzutreten. Die Aufständischen erschießen den Chef der angreifenden Kompanie, Hauptmann Johann von Uttenhoven (1806-1849), einige Soldaten werden verwundet. Herren der Stunde sind jetzt die Aufständischen. Aber allzu rasch machen sich Unsicherheit und Ratlosigkeit unter ihnen breit.Ungewißheit vor dem kommenden Tag, aber auch über die Zukunft jedes einzelnen.

Das ist die Stimmung, die Friedrich Engels bei seiner Ankunft am 10. Mai in Elberfeld vorfindet. Als „gelernter" preußischer Artillerist übernimmt er im Auftrage des „Sicherheitsausschusses" die Barrikadeninspektion. Aus zugezogenen Freischärlern formiert er eine Pionierabteilung, deren Tätigkeit zunächst im Errichten neuer und im Verbessern schon vorhandener Barrikaden besteht. Bei dieser Gelegenheit dürfen wir uns von Legende verabschieden, die der konservative Ernst von Eynern später zum Besten gab: auf der Barrikade an der Haspeler Brücke, die Elberfeld von Barmen scheidet, sei es zur schicksalhaften Konfrontation zwischen Vater und Sohn gekommen. Aus lange Zeit unbekannt gebliebenen Familienbriefen wissen wir nun, daß Friedrich und sein Bruder Hermann (1822-1905) auf der Brücke aufeinander zugegangen sind und sich umarmten. Dann sei jeder auf seinen Posten zurückgekehrt, der eine zur Barmer Bürgerwehr, der andere zu den Elberfelder Rebellen.

Engels' Betreiben ist es zuzuschreiben, daß die „Revolution" in Elberfeld eine neue kämpferische Wende nimmt. Von ihm herbeigerufen, erscheint der ehemalige preußische Offizier Otto von Mirbach (1804-1867), der bereits Revolutionserfahrungen in Polen gesammelt hatte. Er wird der militärische Führer des Aufstands. Dadurch verschärft sich natürlich die rechtliche Situation der Stadt Elberfeld in einer dem Bürgertum wenig angenehmen Weise. Obwohl die Freischärler an die 3.000 Mann stellen, besteht kein Zweifel, daß die Stadt kaum länger als zwei Tage zu halten ist: es fehlt an Geld, Waffen und Munition. Gutscheine für Geld und Waren werden in Umlauf gesetzt, Zwangsanleihen gemacht. Engels setzt alles daran, die Bewegung zu radikalisieren. Als durchsickert, daß Engels des Nachts die schwarz-rot-goldenen Fähnchen auf den Barrikaden durch rote ersetzt hat, wird es dem bürgerlichen Sicherheitsausschuß zu viel. Am 14.Mai erscheint folgenden Bekanntmachung:

„2. Der Bürger Friedrich Engels von Barmen, zuletzt in Köln wohnhaft, wird unter voller Anerkennung seiner bisherigen in dieser Stadt bewiesenen Tätigkeit ersucht, das Weichbild der städtischen Gemeinde noch heute zu verlassen, da seine Anwesenheit zu Mißverständnissen über den Charakter der Bewegung Anlaß geben könnte ..."

Noch am gleichen Tag verließ Engels Elberfeld. Er mochte an der kleinbürgerlich-demokratischen Revolution längst kein Interesse mehr haben, noch viel weniger konnte dem radikalen Kämpfer für eine „rote Republik" an einer kleinlauten Revolutionsverzagtheit gelegen gewesen sein. Engels begab sich vom Rheinland aus direkt in den Schlußakt der Revolution, nach Baden.

„Göthe war bey uns“. Unsere Zeitreise kann auch noch fast ein ganzes Jahrhundert zurückgehen, denn an gleicher Stelle besuchte im Jahre 1775, ein berühmter literarischer Gast Elberfeld. Johann Wolfgang von Goethe traf seinen Elberfelder Studienfreund Johann Heinrich Jung, genannt Stilling. Das war zwar wohl doch nicht im gleichen Gasthof, also im „Zweibrücker Hof“, sondern Goethe war offensichtlich in der „Krone“ am Alten Markt (also „Alte Freiheit“) abgestiegen. Es war auch nur ein Abstecher von einer der großen Rheintouren des Dichters. Von Düsseldorf aus war Goethe nach Elberfeld heraufgeritten, nur eine Nacht schlief er in der Stadt. Das reichte für ein Treffen mit Jung-Stilling, aber auch noch für ein offensichtlich angeregtes Gespräch mit Wuppertaler Pietisten und Literaten. Der 25jährige Goethe hatte zu dieser Zeit bereits den „Götz“ geschrieben, der „Werther“ war fertig, wurde aber erst im Herbst des Jahres veröffentlicht. Goethes Wirkung auf die Elberfelder war zwiespältig, die einen blieben skeptisch angesichts dieses ungestümen „Freygeistes“, die anderen bewunderten ihn: „Göthe war bey uns, ein schöner Junge von 25 Jahren, der vom Wirbel bis zur Zehe Genie und Kraft und Stärke ist; ein Herz voll Gefühl, ein Geist voll Feuer mit Adlerflügeln ... er reißt alles mit sich fort“ (Heinse).

Jung-Stilling, Goethes Freund

Altes Rathaus, preußisch-italienisch

Literarische Folgen für das frömmelnde Elberfeld hatte der kurze Goethe-Besuch nur insofern, als er Jung-Stilling den Weg in die deutsche Literatur ebnete (allein hätte er den Ausstieg aus dem „Muckertal“ gewiß nicht geschafft). In Elberfeld kam es ein Jahr nach Goethes Besuch immerhin zur Gründung einer Lesegesellschaft, die als „Mittwochsgesellschaft“ engagierte Kulturarbeit begann: „Verschiedene edle und aufgeklärte Männer errichteten eine geschlossene Gesellschaft, die sich Mittwochs Abends zu dem Ende versammelte, um sich durch Lesen nützlicher Schriften und Unterredung über mancherlei Materien wechselseitig zu vervollkommnen." Später kamen sogar Theatergruppen ins Tal und im „Zweibrücker Hof" gab es ab 1821 regelmäßige Aufführungen der Elberfeld-Düsseldorfer Bühnengemeinschaft. Theater hatte es aber weiterhin schwer im Tal, an der Hofaue und anderswo, schon damals und eigentlich immer noch (s. Stadtgeschichten).

In diesem Zentrum Elberfelds wurde dennoch für Kultur Platz gemacht. Theater etablierte sich zunächst in der Hofaue, Literatur pflegte man in den Bürgergesellschaften (im „Casino" etwa), Musik wurde vor allem auf dem Johannisberg gepielt, das schöne alte Rathaus wurde mit dem Neubau des Elberfelder Rathauses zum städtischen Kunstmuseum, allerdings erst kurz nach der Jahrhundertwende. Die großen bürgerlichen Familien Elberfelds gewannen an Wohlstand, gründeten aber auch die großen Bürgergesellschaften zur Förderung von Kultur, Kunstvereine etwa, Lesegesellschaften, Konzertgesellschaften. Kulturmäzene wurden tätig. Dem Namen Von der Heydt zum Beispiel begegnete man in Elberfeld meistens mehrfach: dazu gehörte der preußische Staatsminister um die Jahrhundertmitte genauso wie der Museumsgründer zur Jahrhundertwende (s. Rundgang Museum, „Unser August von der Heydt"). Die Von der Heydts waren wohlhabend, einflußreich und sehr am öffentlichen Wohl der Stadt interessiert. Ihr recht feudales Privathaus stand am heutigen Kerstenplatz (und wurde leider im zweiten Weltkrieg zerstört), die Von der Heydt-Kersten- Bank u. Söhne hatte am Neumarkt/ Kerstenplatz ein schönes großes Gebäude (das leider durch einen Betonbau ersetzt worden ist). Die Söhne Daniel und Carl von der Heydt haben sich neben ihren Geschäften (und den Problemen der Kirchen) vor allem für das Sozialsystem interessiert, ihr Bruder August ging in die Politik und wurde preußischer Staatsminister für Handel, Transport und öffentliche Einrichtungen (später sogar Finanzminister). Und dessen Enkel (der „dritte August") wurde dann zum berühmten Kunstmäzen und Museumsgründer. Daher trägt das städtische Museum mit den herrlichen Kunstsammlungen aus der Elberfelder Bürgerschaft, vor allem seinen eigenen Sammlungen, den Namen Von der Heydt. An dieser Stelle sind wir noch.

Das alte Elberfelder Rathaus (7) und heutige Von der Heydt-Museum am Turmhof, ist zweifellos das prächtigste Gebäude. Dort arbeiteten der Rat der Stadt, der Oberbürgermeister und auch seine Beigeordneten. Der große Quaderbau wurde 1829-42 von Johann P. Cremer in deutlicher Anlehnung an Formen italienischer Renaissancearchitektur errichtet: in drei Geschossen sieht man Reihen von Rundbogenfenstern, reich profilierte Fensterlaibungen, auch eine Arkadenreihe. Ein weit auskragendes Kranzgesims schließt das Gebäude nach oben ab, an den Ecken grüßen preußische Adler. Früher standen zwei bergische Löwen vor der Tür, inzwischen zeigen zwei moderne Skulpturen des in Wuppertal lebenden britischen Bildhauers Tony Cragg, daß das Museum auch die zeitgenössische Kunst pflegt, übrigens durchaus im Sinne des Namenspatrons, denn dieser hatte engen Kontakt zu den Künstler/innen seiner Zeit. Auf diese Weise kamen nicht nur wertvolle Kunstwerke des Impressionismus und Expressionismus in den Besitz des Museums, sondern auch die inzwischen klassische Moderne. Das Haus wurde zur Schwanenstraße hin erweitert. 1987-90 wurde das Museum durch einen „inneren Neubau" der Kölner Architekten Busmann und Haberer neu gestaltet. Seitdem ist es zweifellos eines der schönsten Museen im Lande mit einer der wertvollsten Kunstsammlungen Deutschlands. Für das Museum sollten Sie sich einen eigenen Rundgang gönnen (Rundgang Nr. 6).

Und noch ein kleiner historischer Hinweis an dieser mehrfach historischen Stelle in Elberfeld: es gibt alte Bilder, in denen ganze Straßenzüge unter Wasser standen. Die Wupper ist erst durch die Talsperren und andere Schutzbauten friedlich geworden. Noch im 19. Jahrhundert gab es einzelne größere Überschwemmungen. Am alten Rathaus wurden sie angezeigt, an der Hausecke des Museums sind die Zeichen noch zu sehen: die „Wupperhöhe" vom 24. November 1890 ist als Mahnung oder wenigstens Erinnerung in Stein gehauen, die darunterliegende vom März 1845 auch. Zum Schutz für die wertvollen Kunstbestände des Museums wurde übrigens noch 1988/90 das Kellerdepot mit einer Betonwanne umgeben. Man kann ja nie wissen.

Wallfassaden und Rathäuser

Marktleben um 1890

Gegenüber dem Museum ist erfreulicherweise ein markantes Gebäude von Emil Fahrenkamp wieder freigelegt worden, das Kaufhaus Michel, jetzt Textilhaus Sinn. Konsequent zeigt es die architektonischen Formen des „Neuen Bauens" aus den späten Zwanziger Jahren (1929/30). Statt einer häßlichen Blech-Verkleidung, über die sich gerade Museumsbesucher geärgert hatten, wenn sie aus dem schönen Haus am Turmhof kamen, gibt es wieder einen harmonisch-dynamischen Blickfang: eine glatte Außenhaut mit einem horizontalen Band von Fensterbänken und Brüstungen, an der Ecke zum Wall abgerundet. Leider wurde das frühere Dachcafé auf der Kaufhausterrasse nicht wieder hergerichtet.

Neumarkt: „Der, was die Welt erschafft und erhält ..."

Vom Museum im alten Rathaus kommen Sie über den Wall rasch zum **Neumarkt (8)** mit dem „neuen" Rathaus, auch die Poststraße endet dort. In der Regel herrscht auf dem Neumarkt reges Marktleben: an buntgedeckten Ständen wird an jedem Tag (außer sonntags) Wochenmarkt gehalten. Sie sehen Berge von Obst und Gemüse, morgens frisch gestapelt, Brot, Fleisch, Wurst, Käse werden angeboten, heißen Backfisch kann man essen und Hähnchenschenkel, koreanische Kost aus dem Wok und Eintopf aus dem Kessel. Man trifft sich im beliebten Eiscafé oder auch an der Fischtheke, bei größerem Appetit vielleicht zum argentinischen Steak im alten Ratskeller. Der Elberfelder Markt hat zwar nicht die Viktualien-Atmosphäre des Barmer Marktes, das müssen die Elberfelder neidlos zugeben, aber beliebt und belebt ist er allemal. Sie sollten eine Pause einplanen, wenigstens bei einem Espresso oder Eis, können am Neumarkt „Leute gucken", aber es gibt auch einiges zu erzählen.

Obwohl die Elberfelder schon im Jahre 1809 den früheren Friedhof als Ort für diesen Wochenmarkt erworben hatten, gab es hier nie nur Markttreiben. Auf dem Neumarkt traf man sich ebenso zu politischen Aktionen. Bereits 1813 war er Versammlungsort gegen die französische Fremdherrschaft, 1918 demonstrierte man zugunsten der Republik, 1920 gegen die Kapp-Putschisten. Heute ist als einzige Demonstration übriggeblieben, daß sich ausgeflippte junge Leute gelegentlich am Jubiläumsbrunnen treffen, woraus einige aufgeschreckte Bürger bereits einen „Treffpunkt der Drogenszene" gemacht haben. Das ist gewiß übertrieben, aber Drogenplätze wechseln gelegentlich und gehören zu jeder Großstadt. Die „Platte" am Döppersberg war jahrelang einziger Treffpunkt solcher Art.

Das bauliche Umfeld war früher attraktiver. Leider fehlen heute einige prächtige Fassaden: etwa die Jugendstilfassade des früheren Warenhauses Tietz, dem heutigen Kaufhof („Galleria"). Nur in der Neumarktstraße sehen Sie an der

Neugotisches Ambiente für Elberfelds Stadtverordnete

IHRE BANK:
SPARKASSE,
WAS SONST.

langgestreckten Front noch Erker, Pfeiler und Figuren, zum Neumarkt selbst hin hängt eine moderne Glasfassade. An der Front zur Neumarktstraße fallen fünf durchaus opulente Figuren auf Podesten auf, zwei kraftvolle Männer, muskelbepackt und stolz, und drei nicht weniger kräftig-runde Frauen, deren Auftritt durch zwei knufflige Kleinkinder (vielleicht sogar als mollige Engel gemeint) besänftigt wird. Am Neumarkt fehlt das schöne frühere Bankgebäude („Von der Heydt & Kersten"), immerhin ist der neue Betonbau inzwischen durchgängig gemacht und durch die „Carré"-Passage und mehrere gastliche Cafés belebt worden.

Das neue Rathaus als neugotische „Märchenburg". Die Nordseite des Neumarktes glänzt durch das Rathaus, etwas bescheiden „Verwaltungshaus" genannt, denn das Wuppertaler Rathaus steht inzwischen in Barmen. Aber Bescheidenheit war vor rd. 100 Jahren garnicht gemeint, damals wollte man kommunale Macht und Pracht zeigen, Selbstbewußtsein demonstrieren. Das Gebäude zeigt eine merkwürdige, aber stattlich wirkende Stilmischung: ein bißchen Märchenburg, zumindest neugotisch gemeint, gründerzeitliche Spätrenaissance mit vielformigen Details an Fassaden und Erkern, dunkler Basalt und heller Sandstein wechseln sich dabei ab. Das war die zur Jahrhundertwende beliebte romantisierende Gebäudepracht, früher sogar mit Standbildern von Kaisern und anderen Fürsten zu Fuß und zu Pferde zusätzlich garniert: Kaiser Barbarossa beispielsweise (zu seiner Zeit wurde Elberfeld erstmals benannt), Herzog Johannes III. von Jülich-Kleve-Berg, König Friedrich Wilhelm III von Preußen (mit langem Degen). Die Nische für den Kaiser sieht man an der Ecke zur Friedrichstraße, immerhin hat Wilhelm II im Jahre 1900 das Haus höchstselbst eingeweiht („Auguste, setz den Hut auf", s.o.).

Neptun als Kopie aus Trient

Der 80 m hohe Turm, abends beleuchtet, gibt dem öffentlichen Gebäude eine hohe Bedeutsamkeit, obwohl nur noch ein Teil der Stadtverwaltung (vor allem Soziales und Kultur) hier untergebracht ist. Auch im früheren Ratssaal (inzwischen modernisiert) tagen nur noch Ratsausschüsse und die Elberfelder Bezirksvertretung. Wenn man im Straßencafé am Neumarkt sitzt und auf die Fassade des Rathauses sieht, fällt ein wenig schwer, sich vorzustellen, daß hinter den bunten Formen der Fassade z.B. Personalausweise ausgestellt werden und über Sozialhilfeanträge entschieden wird. Zwei städtische Dezernenten (erstmals auch eine Dezernentin, u.a. für Kultur zuständig) haben hier ihre Büros, einmal in der Woche finden sogar standesamtliche Trauungen statt. Ein kurzer Besuch lohnt durchaus: die Gewölbe der Flure, das Treppenhaus und die Bilder der „Handwerkerstände" im Eingangsbereich machen Eindruck. Die Elberfelder sind immer noch stolz auf ihr prächtiges Rathaus, zumal sie (mit dem jetzigen Museumsgebäude) zwei davon haben, zugegeben mit noch größerer Tradition als in Barmen.

Neptun und „Zuckerfritz" als Marktbestücker. Der Neumarkt hat mindestens zwei ständige Bewohner:einen steinernen Wassergott und einen bronzenen Straßenhändler. Der prächtige Jubiläumsbrunnen mit der Neptunsfigur fällt sofort auf: „aus einem stark gegliederten Brunnenbecken erhebt sich eine Menge von Meerungeheuern, Tritonen, Putten, Muscheln in schwülstigen Barockformen" (Otto Schell). Der Brunnen war ein Geschenk des Elberfelder Verschönerungsvereins zum 25jährigen Jubiläum im Jahre 1895, wurde aber erst 1901 aufgestellt. Eigentlich stammt der Brunnen aus Italien, das Original des Bildhauers Francesco Antonio Giongo steht in Trient im Palazzo Thun (der Brunnen auf dem dortigen Domplatz ist auch nur eine Kopie), den Elberfelder Brunnen hat der Düsseldorfer Leo Müsch nachgebaut. Das Wasserspiel des mächtigen Neptun vermittelt jedenfalls italienische Atmosphäre,vor allem bei schönem Wetter. Dann sitzen auch viele (vor allem junge) Leute auf den Stufen –oder spritzen mit dem Wasser. Die Steinfiguren im Wasserbad sind prall gebaut, der Ausdruck der Gesichter ist heiter und sogar etwas verspielt, ein Wasserspiel eben. Die Elberfelder reagierten zunächst keineswegs lustig, sondern böse: den männlichen Figuren hatte man ihre Nacktheit übelgenommen, man legte Hand an und schon waren sie geschlechtslos. Das wiederum hat dann Gegenprotest hervorgerufen: „Himmeldonnerwetter! Der, was die Welt erschafft und erhält, abhackt und feig in die Ecke stellt", tobte der Schriftsteller Walter Bloem. Die abgeschlagenen Teile wurden wieder angebracht, die Kirchen protestierten weiter. Neptun stand mit seinem Dreizack über allem. Sein Gesichtsausdruck blieb etwas mürrisch, seiner stolzen Haltung tut das aber keinen Abbruch. Neptun und seine Brunnenfiguren sind jedenfalls inzwischen bei den Elberfeldern beliebt, nicht nur Hochzeitspaare lassen sich gerne vor dem Brunnen fotografieren. Und über die stolz gezeigte Männlichkeit regt sich niemand mehr auf, jedenfalls nicht in Elberfeld.

Ebenfalls aus der Zeit der vorletzten Jahrhundertwende stammt die Geschichte vom Wuppertaler Original „Zuckerfritz", dem die Bildhauerin Ulle Hees (neben der Mina) eine weitere Skulptur gewidmet hat. Fritz Poth hieß er in Wirklichkeit, lebte um die Jahrhundertwende (1830 geboren, auch noch in Barmen, 1906 gestorben, dann aber in Elberfeld). Mit seiner dürren Gestalt, umgekrempelter Hose mit „Hochwasser", eine alte Militärschirmmütze auf dem strubbeligen Haarschopf, und eine „Schuffkarr" in den Händen. Zwischen Daumen und Zeigefinger hielt er sein Markenzeichen, ein Stückchen Zucker. Mit der „Schuffkarr" transportierte er alles mögliche, machte Botengänge aller Art und ließ sich nicht selten vor allem mit Süßigkeiten belohnen, wenigstens als zusätzliches „Trinkgeld". Anekdoten werden über ihn erzählt, vor allem, wie er mit Karracho Leute in der „schuffkar" den Ölberg hinunterkarrte (oder auch schon einmal selbst von anderen gefahren wurde). Am Ende war er dennoch ein recht armer Schlucker, den vor allem die Elberfelder Kinder foppten.

Der Löwe vor der „Rathaus-Galerie" (9). Rund um das Elberfelder Rathaus findet man inzwischen ein reichhaltiges Ensemble von Geschäfts- und Servicegebäuden. Die moderne „Rathaus-Galerie" ist einen eigenen Shopping-Bummel wert, Sie finden auch Gaststätten, inklusive einer „Enotheka" für italienische Antipasti mit köstlichem Wein (und Sie

Die alte Synagoge, 1938 in Brand gesteckt

können dort wirklich an der Theke sitzen). In der hohen Mittelhalle trifft man sich zu Veranstaltungen oder zum Kaffee und mit einem gläsernen Fahrstuhl können Sie zur obersten Etage schweben und (vor allem nachmittags und gegen Abend) im gläsernen Studio des Westdeutschen Rundfunks/Lokalzeit Bergisch Land die Tagesnachrichten verfolgen oder einem „Wuppertalk" lauschen, Stadtkultur live. Auf dem Karlsplatz hinter der Galerie laden bei schönem Wetter Platzcafés ein, auf dem belebteren „Willy Brandt-Platz" zwischen Rathaus und Galerie ebenso. Auf diesem Platz steht inzwischen auch einer der Löwen von Christian Daniel Rauch, die früher vor dem alten Rathaus ihren Platz hatten, später im Salzberg eines Bauhofes wiedergefunden wurden, bis Bürger, Sparkasse und Westdeutsche Zeitung für die Wiederaufstellung an einem zentralen Platz sorgten (für 50 DM konnte jeder einen „Löwenanteil" kaufen). Jetzt spielen am liebsten Kinder mit ihm, warum auch nicht, er beißt ja nicht mehr.

Eine andere Skulptur sieht man erst, wenn man zwischen Löwen und Gasthausgarten auf den Boden sieht: eine Formation von Steinen mit Namen von Aids-Opfern („Namen und Steine", 1997). Sie wird leider noch wachsen. Und wenn Sie an der „Rathaus-Galerie" rechts zur Buchhandlung gehen, sehen Sie vor diesem Gebäude eine weitere Skulptur des in Wuppertal lebenden Bildhauers Tony Cragg, die wie ein vielverzweigter Baum aussieht, aber wohl einen Fluß mit vielen Nebenflüssen meint, vielleicht die Wupper.

Alte Synagoge: „Sie steckten in Brand dein Heiligtum ..."

Mitten im Zentrum Elberfelds stand bis zur „Kristallnacht" die Elberfelder Synagoge. Sie war ein markantes und stolzes Gebäude, 1865 gebaut, im „maurischen Stil" hat es später Alphons Silbermann genannt, ein bißchen romanisch, ein bißchen byzantinisch. Das Gebäude entsprach damals der gewachsenen Stellung der Juden in Deutschland. Die jüdische Gemeinde im Westen Wuppertals hatte in den dreißiger Jahren rund 2.800 Mitglieder. Am 9. November 1938 wurde die Synagoge wie andere in Deutschland (auch die in Barmen) in Brand gesteckt: „auf bisher unaufgeklärte Weise" behaupteten die Nazis, fügten aber hinzu, daß die Synagogen „schon seit langer Zeit für jeden ehrlichen und anständigen Volksgenossen eine Provokation bedeuteten".

An diese Schandtat der Nazis erinnerte in der Nachkriegszeit nur eine eher unscheinbare Tafel, erst in den Achtziger Jahren wurde in der Wuppertaler Öffentlichkeit nach einem „Mahnmal" gefragt, am besten sogar einer „Gedenkstätte".

Der Wiederaufbau einer Synagoge war von der wiedererstandenen jüdischen Gemeinde nicht gefragt (inzwischen wird in Barmen eine neue Synagoge geplant), auch gegen eine reine „Gedenkstätte" gab es aus den Kreisen der jüdischen Kultusgemeinde eher Bedenken. Die jüdische Gemeinde, beide christliche Kirchen und Vertreter von Jugendring und Hochschule verständigten sich mit Rat und Verwaltung schließlich auf eine aktive Form der Erinnerung: auf eine **„Begegnungsstätte" (10)**, wo man sich treffen kann, in der man Geschichte gemeinsam aufarbeitet, in Projekten (vor allem auch mit Jugendlichen) bessere Perspektiven für die Zukunft finden will. Dieses Projekt wurde ausgeschrieben, das in Wuppertal erfahrene Architekturbüro Busmann und Haberer aus Köln (sie haben auch das Von der Heydt-Museum neu gestaltet) gewann den Wettbewerb, das Land beteiligte sich an den Kosten, alle Kirchen am Trägerverein. Am 15. April 1994 wurde die Begegnungsstätte von Johannes Rau und Ignatz Bubis eingeweiht.

Das architektonisch hochgelobte (und inzwischen auch prämierte) Gebäudeensemble lohnt eine genauere Beschreibung und den Besuch erst recht, am besten anläßlich einer der zahlreichen Veranstaltungen (0202/5632843). Schon die Gestaltung des Standortes ist wichtig: an der Krugmannsgasse ist die alte Fassade nachgebaut worden, dahinter erheben sich vier miteinander verbundene Bauten, ein Seminarraum mit abgeschrägtem Dach, ein schlichter Betonkubus mit Versorgungsräumen, ein bleibeschlagener Zylinderbau als Übergang zum quaderartigen „Haus" in Ziegelbausweise, der eigentlichen Begegnungsstätte. Etwas verkantet stehen die Gebäude auf dem durch eine Platte aus schwarzem Naturstein (20x12m) deutlich gemachten Grundriß der ehemaligen Synagoge (als „Grabplatte für die umgebrachte Synagoge", schreibt der Architekt dazu), Mauerreste sind wieder freigelegt worden und als besondere Anlage entstand **ein Obstgarten** als „nicht betretbarer Raum", belegt aus einem Traktat des Talmud. Zehn Apfelbäume sind symmetrisch angeordnet, wachsen allerdings schräg, dazwischen rieselt ein künstlicher Wassergraben. Der übrige Außenraum ist schmucklos, man sieht einen einzigen Baum, daneben einen Natursteinquader, die Bodenplatte und ansonsten Kies, eine Mauer mit Metallgitter schließt den Platz ab. Der zentrale Raum der Begegnungsstätte ist betont einfach, sollte bewußt nicht sakral sein, hell und auch hoch, er hallt, man hört seine Stimme. Die Wände sind weiß, auf dem Boden fällt ein einziger dunkler Steinblock besonders auf. Durch einfache Lichtfenster und Türöffnungen sieht man nach draußen, direkt auf den Obstgarten, aber auch auf die Stadt, sieht die Laurentiuskirche. Ein weiteres Fenster durchschneidet schräg das flache Dach, parallel zu den Begrenzungen der früheren Synagoge. Das hereintretende Licht schmückt den Raum ohne zusätzliche Farbe, wirft Schatten, beleuchtet den Boden, fällt zeitweise auch auf den einzigen Schmuck, die Inschrift in hebräischer und deutscher Sprache, ziemlich hoch als Fries an der Wand: „Sie steckten in Brand Dein Heiligtum,entweihten die Woh-

Begegnungsstätte mit „nicht begehbarem Raum"

nung Deines Namens bis auf den Grund" (Psalm 74).

„Meinwärts": Literarische Erinnerungen

Geht man von der Begegnungsstätte durch die weitere City, über die Neumarktstraße zur Fußgängerzone, wird man zwei kleinere Stadtplätze passieren: den Von der Heydt-Platz mit Brunnen und den **Armin T. Wegner-Platz (11)** „am Mäuerchen". Hier sollten Sie innehalten. Der Platz (im Sommer bewirtschaftet) erinnert an den 1886 in Elberfeld geborenen Dichter, bekannt als Lyriker („Das Antlitz der Städte"), aber auch als Reiseautor, er schrieb Erzählungen und den Roman „Das Geständnis", sein letztes in Deutschland erschienenes Buch trägt den beziehungsreichen Titel „Jagd durch das tausendjährige Land". Zwei Monate nach der Machtergreifung mahnt er Adolf Hitler in einem offenen Brief zur beginnenden Judenverfolgung:

Die alte Reichsbank als „italienischer Palazzo"

„Herr Reichskanzler,
es geht nicht um das Schicksal unserer jüdischen Brüder allein,
es geht um das Schicksal Deutschlands! Im Namen des Volkes,
für das zu sprechen ich nicht weniger das Recht habe als die Pflicht,
wie jeder, der aus seinem Blut hervorging, als ein Deutscher,
dem die Gabe der Rede nicht geschenkt wurde,
um sich durch Schweigen zum Mitschuldigen zu machen,
wenn sein Herz sich vor Entrüstung zusammenzieht,
wende ich mich an Sie: Gebieten Sie diesem Treiben Einhalt! ...
Hundert Jahre nach Goethe, nach Lessing kehren wir zu dem härtesten
Leid aller Zeiten, zu dem blinden Eifer des Aberglaubens zurück. ...
Setzt nicht ein mächtiges Volk sich selbst herab, wenn es Wehrlose
dem Haß Enttäuschter preisgibt? ...
Schützen Sie Deutschland, indem Sie die Juden schützen ...
wahren Sie die Würde des deutschen Volkes!"

Armin T. Wegner wurde der Empfang des Briefes bestätigt, danach erhielt er den Besuch der Gestapo, wurde verhaftet, verhört, geprügelt, er kam ins Gefängnis

Else in Mosaik, Stephan Hubers Denkmal

und ins KZ Oranienburg, 1934 kam er wieder frei und verließ Deutschland: nach England, in die Schweiz, nach Italien, lebte zuletzt in Positano, ist 1978 in Rom gestorben.

Die Erinnerung an die beiden berühmtesten Dichter Elberfelds liegt hier nahe beieinander. Auf dem Weg zurück ins Fußgängerzentrum, in die Herzogstraße, kommen Sie aber auch noch an einem bemerkenswerten Gebäude vorbei, das nicht selbstverständlich auffällt. Das Gebäude der früheren „Preußischen Reichsbank" (heute Landeszentralbank) an der Bankstraße lohnt einen „zweiten Blick", es wurde 1891/92 von Maximilian Hasak gebaut, ist wieder ein bauliches Zitat aus der italienischen Renaissance-Architektur, ein alter Palazzo in Oberitalien könnte ähnlich aussehen: ausgeglichene Proportionen, große Arkaden mit Balustraden, ein doppelt umlaufendes, reich profiliertes Gesims, ein klassisches Kranzgesims. Eigentlich ist schade, daß dieses Gebäude heute eher am Rande steht und keinem Ensemble seine Pracht verleiht. Früher war Elberfeld an dieser Stelle dichter, architektonisch geschlossener. Fährt man mit der Schwebebahn vorbei (oder flaniert an der Wupper), empfindet man die bauliche Qualität als harmonisch und auch beruhigend.

Dieser Teil der Elberfelder City hat eine bedeutsame kulturelle Tradition: im Haus Von der Heydt am Mäuerchen trafen sich Künstler/innen (Paula Modersohn-Becker beispielsweise), im früheren Kasinogebäude fanden Literaturabende statt und in einem Haus (das im Krieg zerstört wurde) an der Ecke Herzog-/ Bankstraße wurde am 11. Februar 1869 die Dichterin Else Lasker-Schüler geboren, eine Bronzetafel erinnert daran. Einige Schritte weiter steht Stephan Hubers **Else Lasker-Schüler-Denkmal (12)**: zwei Stelen aus schwarzem Granit zeigen in Mosaiksteinen (es sind 2 x 28.000 Steine!) spiegelbildlich ein berühmtes Porträtfoto der Dichterin von 1920/21. Mit „Meinwärts", dem Titel des schönen Denkmals, endet eines ihrer berühmten Gedichte:

„Ich will das Grenzenlose
Zu mir zurück,
Schon blüht die Herbstzeitlose
Meiner Seele,
Vielleicht ists schon zu spät zurück.
O, ich sterbe unter euch!
Da ihr mich erstickt mit euch.
Fäden möchte ich um mich ziehen
Wirrwarr endend!
Beirrend,
Euch verwirrend,
Zu entfliehn
Meinwärts."

Aus den Gedichten der Else Lasker-Schüler läßt sich stundenlang zitieren, man kann sie immer wieder lesen, erfreulicherweise tun das immer noch viele Menschen in der ganzen Welt, erstaunlich oft Jugendliche, deren Gefühle diese Worte auch heute noch treffen: Liebe und Träume, Gefährdungen und Traurigkeit („Es ist ein Weinen in der Welt, als ob der liebe Gott gestorben wär ...“).

Wer Wuppertal besucht, sollte ihre Lyrik und auch manches aus ihrer Prosa wahrnehmen und nachempfinden (ihre Stücke werden leider viel zu selten aufgeführt, auch in Wuppertal nicht häufiger).

Lasker Schüler, Prinz Jussuf reitet

Am besten kaufen Sie sich eines der (bei Suhrkamp erschienenen)Taschenbücher mit ihren Werken, setzen sich neben das Denkmal und lesen die Texte. Else Lasker-Schüler hat ihre Heimatstadt geliebt, die Atmosphäre im Tal vielfach beschrieben: in Gedichten und in Prosa, erst recht in ihrem großen Drama „Die Wupper“ mit seinen unterschiedlichen Lebenswelten (zwischen Brill und Nordstadt) und den Beziehungen zwischen der reichen Familie Sonntag und der ärmeren Familie Pius, mit wunderbaren Familientypen, etwa dem herrlichen Großvater Wallbrecker, mit Kirmestreiben und skurrilen Traumfiguren wie „Pendelfrederech“, „Lange Anna“ und „Gläserner Amadeus“. Sie selbst hat sich als Traumfigur den Namen Jussuf oder auch „Prinz von Theben“ gegeben. 1894 ging sie nach Berlin, als Ehefrau des Arztes Berthold Lasker, später heiratete sie Herwarth Walden vom „Sturm“, aber auch diese Ehe hielt nicht lange. Sie führte ein unstetes Künstlerleben, man traf sich im Café des Westens („Café Größenwahn“), aber sie schrieb (1909 „Die Wupper“ „in einer einzigen Nacht“). 1933 floh sie als Jüdin zunächst in die Schweiz, ab 1939 blieb sie in Israel, wo sie 1945 starb, auf dem Ölberg wurde sie begraben. Geboren war sie als Enkelin eines Oberrabbiners und Tochter eines Elberfelder Bankiers, in der Nähe (an der Aue) ist sie auch zur Schule gegangen. Beide Elberfelder Dichter von Ruhm, also Armin T. Wegner und Else Lasker- Schüler, sind allerdings am Brill aufgewachsen, dem „Rieken“-Viertel etwas oberhalb der Elberfelder City. Dahin kommen wir bei einem anderen Rundgang (Nr.7).

Else Lasker-Schüler:

„Ich bin verliebt in meine zahnbröckelnde Stadt ...“

Ich bin in Elberfeld an der Wupper, in der Stadt der Schieferdächer
Hohe Ziegelschornsteine steigen, rote Schlangen, herrisch zur Höhe,
ihr Hauch vergiftet die Luft. Den Atem mußte wir anhalten, kamen wir
an den chemischen Fabriken vorbei,allerlei scharfe Arzneien und
Farbstoffe färben die Wasser, eine Soße für den Teufel ..

Aber ich bin verliebt in meine zahnbröckelnde Stadt,
wo brüchige Treppen so hoch aufsteigen,
man kommt in einen süßen Garten oder geheinmisvoll
in ein dunkleres Viertel der Stadt ..
Ich liebte die Stadt, weil ich sie vom Schoß meiner Mutter aus sah.
Von jeder Höhe der vielen Hügel schwebt noch ihr stolzer Blick ...

Das verwilderte Jahrmarktgesindel rings um mich schwenkt meine
Kindheit immer wieder von neuem wie in einer vielseitigen Luftschaukel
auf und nieder.
Das Geklingel der Karussellmusik, begleitet von Flüchen rauher Mäuler
Und kreischender, frivoler Weibsbilder, ist zärtlich meinem Ohr.
Denn ich bin verliebt in die Stadt der Messen und Karussells ...
Aber schon muß ich Abschied nehmen ...

Bevor Sie über den „Kasinokreisel" (hier endet die Neumarktstraße mit Blumen und Verkehrsampeln, der Name erinnert an eine berühmte frühere Elberfelder Bürgergesellschaft mit eigenem „Festhaus") in die Friedrich Ebert-Straße kommen, sehen Sie hinter dem Else-Denkmal ein repräsentatives Hochhaus aus den 50er Jahren: es gehörte den früheren Vereinigten Glanzstoff-Fabriken, später Enka, heute Accordis. Es ist (neben dem Sparkassen-Hochhaus) eines der wenigen Hochhäuser in Wuppertal, in durchaus klassischer Formensprache, mit vertikal gegliederter Fassade, verkleidet mit Naturstein in unterschiedlicher Farbigkeit (Architekt Hanns Dustmann).

Marktleben am Laurentiusplatz

Eine urbane Siesta auf der Piazza des Hl. Laurentius

Unser erster Rundgang durch Elberfeld endet (fast) auf dem gewiß schönsten Platz der Stadt, dem **Laurentiusplatz (13)**. Else Lasker-Schüler hätte uns hierher gut begleiten können, der Platz war ihr angemessen, über St. Laurentius schrieb sie ein Gedicht, hier fände man auch Zeit und Gelegenheit, ihren Träumen nachzugehen. Man trifft hier täglich viele, recht unterschiedliche Leute oder kann sich mit ihnen treffen. Dazu laden Cafés und kleine Restaurants ein, Buchhandlungen, der Platz selbst. Das nahe Haus der Erwachsenenbildung hat hohen Publikumsverkehr, die Stadtbibliothek nebenan ebenso, das unterhaltsame Luisenviertel lockt, über Treppen kommt man schnell in die Elberfelder Nordstadt.

„Piazza" mit Pavillon

Die Friedrich Ebert-Straße ist eine beliebte Einkaufsstraße, weil man mit dem Auto durchfahren kann.

Elberfeld ist hier dicht und lebendig, öffentlich und privat zugleich, kulinarisch und besinnlich, einladend und sympathisch. Man kann in jeder Stadt Plätze lieb gewinnen, am Laurentiusplatz fällt das leicht. Wollen Sie diesen Ort als Stadtplatz erleben, werden Sie sich ein wenig Zeit nehmen müssen. Dann empfiehlt sich eine Siesta, z.B. im Café Engel, bei Mandolito, im Café Laurenz oder sonstwo. Dem Café Engel sieht man seine Geschichte an (es war auch schon eine Apotheke), der Glaspavillon hat den Vorteil,daß Sie mitten auf dem Platz sitzen, den Überblick behalten. Sie können ja wechseln.

Trotz der dominierenden Laurentiuskirche in ocker-orange (abends schön beleuchtet) ist der Platz nie nur ein Kirchplatz gewesen, bis 1938 hieß er sogar Königsplatz. Früher gab es ein fulminantes Kriegerdenkmal (mit „Beutekanonen"), nach dem Kriege standen reichlich Bäume auf dem Platz, erst in den Siebziger Jahren erhielt der Platz wieder seine strenge, fast klassisch auf die Kirche ausgerichtete Form. Die Pavillons wurden restauriert und modernisiert, z.B. durch Glasanbauten. Vor den seitlichen Lokalen entstehen schon im Frühling Bier- und Kaffeegärten, die Eiscafés an der Straße möblieren auch die Bürgersteige. Nur einmal in der Woche gibt es ein kleines Marktangebot, gelegentlich ist Kirmes, häufiger finden größere und kleinere Veranstaltungen statt. Aber auch ohne zusätzliches Entertainment lebt dieser Platz, trifft man sich hier, liebt man den Laurentiusplatz. Das liegt gewiß an der imposanten Kirche, ebenso an den „toskanischen Pallazzi", den bürgerlichen Stadthäusern, an der schönen Geschlossenheit und Klarheit des Platzes.

Alte Königsstraße mit Stadtpalais

Der Bau von St. Laurentius war das Ergebnis eines Grundstückgeschäfts zwischen katholischer Kirche und der Stadt Elberfeld. Am alten Standort hatte man Grundstück, Kirche St. Laurentius und Pfarrhaus an die Stadt verkauft, weil dort das Elberfelder Rathaus (heute Von der Heydt-Museum) entstehen sollte. Der Hl. Laurentius war der „Stadtpatron": nach der Legende im Jahre 258 n.Chr. in Rom als Märtyrer verbrannt, nein, schlimmer noch, auf einem eisernen Rost zu Tode geröstet (jenem Rost, das auch das Elberfelder Wappen ziert). Das Martyrium des Laurentius ist vielfach in der Kunst dargestellt worden, u.a. von Tizian und Donatello, am berühmtesten wohl in den Fresken von Fra Angelico im Vatikan. Seine Grabkirche (S. Lorenzo fuori le mura) ist eine der sieben Hauptkirchen Roms. Der Hl. Laurentius war zudem Patron der Bibliothekare. Das lädt ein, auf dem Platz auch ein Buch zu lesen.

Ein Besuch von St. Laurentius lohnt sich: eine dreischiffige Halle in klaren klassizistischen Formen,1828-1835 nach Plänen des Schinkel-Schülers Adolf von Vagades erbaut, im Krieg leider durch Brandbomben zerstört, in zwei Etappen wieder aufgebaut, auffallend der schöne Hochaltar und die Kanzel, beide vom Ingolstädter Franziskaner Servilius Berger (aber erst 1962 erworben).

Else Lasker-Schüler hat aus ihrer Schulzeit erzählt, daß sich in Elberfeld am Laurentiustag (es wird der 10. August, der Todestag des Heiligen, gewesen sein) die katholischen Kinder auf dem Platz zur Prozession versammelten: mit der zweitürmigen Kirche *„hinter den rauschenden Kastanienbäumen. Einer blühte fromm, der andere stets ein bißchen stürmisch in den Spätsommer hinein, bis die soliden Kastanien kamen, die ab und zu dem wohlwollend lächelnden Kaplan auf die Schultern fielen. ...*

Die ganze Stadt war im Grunde an der Prozession beteiligt, und die Lutherischen schienen zu Laurentius die Katholischen ganz gern zu haben; genau wie uns Juden am Passahfest wegen der Matzen. Alle Einwohner unserer Stadt Elberfeld machten sich auf die Beine ...

Die Prozessionskinder trugen alle weiße Rosenkränzchen im Haar, und die erwachsenen Engel lange weiße Schleier vom heiligen Gesicht bis zu den Füßen. Auch Nonnen kamen gewallfahret vom Kloster Neviges im Morgen nach Elberfeld zur Laurentiusfeier. Die katholischen Kinder flüsterten es sich geheimnisvoll gegenseitig ins Ohr. Die lutherische Religion hatte nämlich in meiner Heimat über die katholische Religion das Übergewicht gewonnen, und immer gab es Streitigkeiten zwischen den Lutherischen und Katholischen, zumal in Wuppertal die lutherische Sekte der Mucker lebte. Doch immer mußten es die Juden am Ende ausfressen, da sie,die kleinste Gemeinde zwischen den Christen, sehr inzüchtig lebten. Nur ming Papa hat nömmes wat gemerkt, ewwer wenn et tum Krawall twischen den Religionen kam, hat er eenfach mitgehauen."

Soviel zu den Kastanien auf dem Laurentiusplatz, zur Prozession mit weißen Rosenkränzchen und zum „Krawall" zwischen den Religionen in Elberfeld.Die Laurentiuskirche strahlt klassizistisch und stolz über den Platz, der Architekt Vagedes war erkennbar ein Schüler des Berliner Baumeisters Schinkel. Die Doppelturmfassade bestimmt das Bild des Kirchenbaus, das dreischiffige Langhaus hat ein Satteldach, große Rundbogenfenster gliedern das Kirchenschiff in drei Fensterachsen, ein hoher Portikus an der Kirchenfront (mit flachem Giebelfeld) überhöht den Eingang, ein umlaufendes Kranzgesims betont die klare Stabilität. Ähnlich klare Formen zeigt das Pfarrhaus, das ebenfalls in den Jahren 1829-1837 entstand. Die Kirche wurde 1943 durch Brandbomben zerstört und bis 1974 in zwei Etappen wieder aufgebaut.

Am Pfarrhaus hängt eine Gedenktafel für Adolf Kolping 1813-1865 („Dem Gesellenvater u. grossen christl. Standesreformer"), am Kolpinghaus (heute Seniorenwohnheim, gegenüber dem Ostportal der Kirche) auch eine Gedenktafel für Johann Gregor Breuer 1820-1897 („Gründer vieler beispielhafter Vereine und Einrichtungen“, „geistiger Vater des katholischen Gesellenvereins“).

Gebäude & Ambiente. Außer der Kirche mit Nebengebäuden stehen am Laurentiusplatz einige mehr oder weniger bedeutsame „Stadthäuser“, in Italien wären es „Palazzi“, einige sehen tatsächlich wie toskanische Villen aus. Das gibt dem Gesamtensemble ein klassisches Ambiente. Zu den besonders bemerkenswerten Gebäuden gehören bestimmt die beiden Häuser Nr. 13 und 15. Das heutige „Café Engel“ wurde 1842 als Stadtvilla für Daniel von der Heydt gebaut, außen eine strenge Fassade aus werkgerechten Sandsteinquadern, Hauseingang und Balkon mit schmiedeeisernen Geländer, innen mit hervorragender Ausstattung des 1. Obergeschosses. Das Stadtpalais des Seidenfabrikanten Kaspar Wilhelm Meckel (Nr. 15) wurde 1840 erbaut, auch hier bestechen die klare Fassade,das gußeiserne Geländer, ein schönes Walmdach. Und gelegentlich öffnet der Hausherr, die Kirchengemeinde, die herrlichen Innenräume: Stuckdecken, Wand- und Deckenmalereien, hervorragende Parkettfußböden, Holztüren und Beschläge. Gut essen kann man im ebenfalls klassizistisch anmutenden „La Lanterna“, früher das Kutscherhaus des Stadtpalais. Auch ohne den früheren Garten paßt die italienische Küche durchaus in dieses toskanische Ambiente. Der Blick in die Hügel ist allerdings verstellt.

Zur Stadtbibliothek

Die frühere Königsstraße hatte im alten „Osterfeld“ den repräsentativen Charakter einer städtischen Promenade, an der die Elberfelder Fabrikanten und Bankiers ihre Gäste und Kunden empfingen. Heute sieht man noch das frühere repräsentative Gesellschaftshaus der Fa. Glanzstoff AG (inzwischen „Senioren-Residenz“) und das neuere Haus der katholischen Caritas. Die Namen haben gewechselt: der König wurde einerseits durch den hl. Laurentius und im Straßennamen durch den Reichspräsidenten ersetzt. Friedrich Ebert war immerhin Elberfelder Abgeordneter im preußischen Landtag gewesen.

Laurentiusfeste. Volkstümlich war der Platz immer schon, der jährliche „Laurentiustag“ lud die Elberfelder Bürger/innen (und ihre Gäste von nah und fern) regelmäßig zum Feiern ein – und keineswegs nur zu feierlichen Prozessionen. Es waren fröhliche rheinische Feste, das bergische „Koffeedrenken“ gehörte dazu, ebenso das abendliche Walzertanzen. Diese Tradition beginnt bereits 1672, bis 1770 war der Tag im Herzogtum Berg kirchlicher und gesetzlicher Feiertag, nach 1770 wurde am Sonntag nach dem

10. August gefeiert, ab 1900 am letzten Sonntag vor den Sommerferien, die Prozession führte durch die ganze Stadt. Sie findet inzwischen an Fronleichnam statt, auf das damit verbundene Volksfest ist man leider bis heute nicht zurückgekommen. Regelmäßige Musik-, Kultur- und Tanzfeste auf dem Laurentiusplatz würden sich anbieten, internationale Feste hat man bereits versucht. Ein literarisches Fest mit Büchermarkt würde dem bibliothekarischen Patron gut gefallen. Der Platz hätte mehrere jährliche Feste verdient, Tradition verpflichtet.

Vom Bücherschiff zum Bildungssurfen

Die **Stadtbibliothek (14)** steht ganz in der Nähe (in der Calvinstraße), gegenüber dem Evangelischen Vereinshaus an der Kasinostraße (1912 im Jugendstil erbaut), heute Alten- und Pflegeheim. Dieses Haus hat übrigens eine pikante politische Erinnerung: hier hielt Adolf Hitler bereits 1922 eine kämpferische Rede, von der Öffentlichkeit kaum beachtet, nur die Kommunisten warnten: „Die Wuppertaler Arbeiterschaft wird gut tun, dem Treiben der Faschisten allerernsteste Aufmerksamkeit zu widmen."

„Zur Förderung der sittlichen und wissenschaftlichen Bildung der Bürgerschaft" gab es schon seit 1852 eine erste Bibliothek in Elberfeld, noch im Rathaus, später in der Neumarktstraße, ein „Allgemeiner Bildungsverein" pflegte sie. 1927 beschloß die Stadtverordnetenversammlung den Neubau an der Kasinostraße, der 1929 eingeweiht wurde – und bereits wenige Jahre später (im April 1933) hatte sich Hitlers Kampf „gegen das verjudete Preußen" (so hatte er 1922 im Nachbarhaus geredet) zu Aktionen gegen „undeutsches und schädliches Schrifttum" entwickelt, zu Bücherverbrennungen, auch in Wuppertal. Im kleinen „Kasinogarten" neben der Bibliothek (der Name verweist auf das frühere „Kasino" als Gesellschaftshaus) steht eine Plastik der altrömischen Kriegsgöttin „Bellona", 1915 vom berühmten Bildhauer Georg Kolbe geschaffen. Am Hang zur Elberfelder Nordstadt sieht man in Beton ein Jugendzentrum mit beliebter Kinder- und Jugendbibliothek „Das Bücherschiff". Oberhalb an der Bergstraße wurde nach

Kriegsgöttin „Bellona", Georg Kolbes Skulptur

dem Krieg auch Theater gespielt.

Die heutige Stadtbibliothek zu besuchen lohnt sich: man findet fast eine Million Bücher und andere Medien, u.a. eine umfangreiche Musikbibliothek, aber auch einen Lesesaal (mit einem Wandgemälde von Otto F. Weber) und das „Armin T. Wegner-Zimmer". Die Einrichtung stammt aus dem römischen Arbeitszimmer des mutigen Autors, Teile seiner Handbibliothek sind ausgestellt,seine Veröffentlichungen, auch Autographen.

Zum Else Lasker-Schüler-Archiv gehören natürlich alle ihre Werke, z.T. in Erstdrucken, Gesamt- und Auswahlausgaben, Übersetzungen. In- und ausländische Sekundärliteratur werden ebenso aufgenommen wie Diplom- und Examensarbeiten über Leben und Werk der Dichterin, eine umfangreiche Autographensammlung kommt hinzu. Deutsche Germanisten und ausländische Wissenschaftler kommen häufig ins Wuppertaler Autorenarchiv (auch mit Sammlungen zu Paul Zech und Paul Pörtner und anderen Autoren) und arbeiten im „Armin T. Wegner-Zimmer".

Ein anderes Bildungszentrum erreichen Sie, wenn Sie den Laurentiusplatz überqueren, also an der Friedrich Ebert/ Ecke Auer Schulstraße. Das 1972 errichtete Gebäude wird als **„Haus der Erwachsenenbildung" (15)** bezeichnet, weil es neben der Volkshochschule auch das städtische Medienzentrum und das Fuhlrott-Museum aufnimmt. Die Volkshochschule (im „Stadtbetrieb Weiterbildung") bietet ein umfangreiches und auch sehr vielfältiges Weiterbildungsangebot (nicht nur an diesem Ort, sondern über die ganze Stadt verteilt): Grundbildung wird vermittelt, Schulabschlüsse können nachgeholt werden, Familienbildung ist ein eigenes Programmangebot, Sprachen zu lernen in mehr als 20 Fremdsprachen das größte („mit Worten, Herz und Hand"). Berufliche Weiterbildung spielt eine große Rolle, aber kulturelles und kreatives Lernen ebenso, für Fitness und Gesundheit wird gesorgt („für Körper, Geist und Seele"), aber auch für internationale Begegnungen, für die politische und historische Bildung. Man kann als junger und älterer Erwachsener im Feld der Weiterbildung „surfen", jeder kann dieses Haus täglich besuchen, denn keiner lernt bekanntlich aus. Neue Medien, Internet inklusive, werden für das Lernen mit Erwachsenen eingesetzt. Das Medienzentrum im Hause stellt zwar vor allem Medien für den Schulunterricht bereit, aber dokumentiert auch Stadtgeschichte: interessante Filme und Videokassetten, Berichte über aktuelle kommunale Ereignisse und Interviews mit „Zeitzeugen".

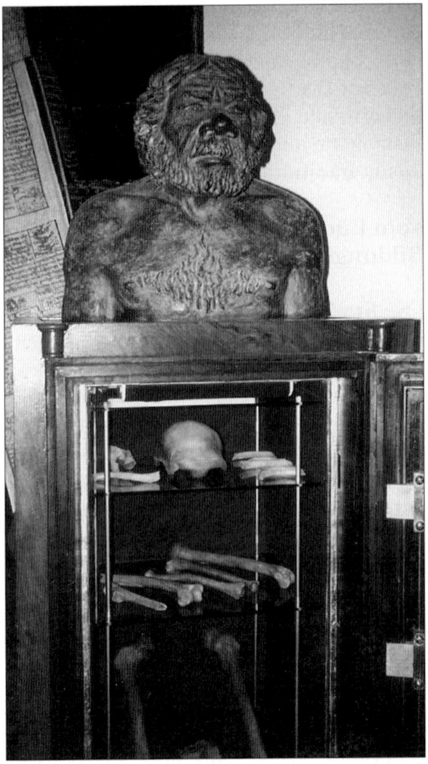

Neandertaler mit seinen Knochen im Safe

„Strandgüter" der Erd- und Menschengeschichte. Das Wuppertaler Fuhlrott-Museum ist das „Naturkundemuseum des Rheinlandes" und trägt den Namen des Entdeckers des Neandertalmenschen, Prof. Dr. Johann Carl Fuhlrott. Er war 47 Jahre lang Lehrer der Mathematik und Naturwissenschaften in Elberfeld und Gründer des Naturwissenschaftlichen Vereins. Er ist 1803 in Leinefelde geboren und 1877 in Elberfeld gestorben, sein Wohnhaus (mit Gedenktafel) steht in der Laurentiusstraße Nr. 22. Im Jahre 1856 machte Fuhlrott im nahen Neandertal bei Mettmann einen sensationellen Fund: Reste eines menschlichen Skeletts aus der Eiszeit. Diese alten Knochen kann man in der Regel im Original nur im Rheinischen Landesmuseum in Bonn besichtigen, aber im Fuhlrott-Museum (und ebenso im sehr interessanten Neandertalmuseum in Mettmann, also am Fundort selbst) findet man authentische Kopien.

Am 4. September 1856 stand es so im „Barmer Bürgerblatt“:

„Im benachbarten Neanderthale, dem sogenannten Gesteins, ist in den jüngsten Tagen ein überraschender Fund gemacht worden. Durch das Wegbrechen der Kalkfelsen ... gelangte man an eine Höhle, welche im Lauf der Jahrhunderte durch Thonschlamm gefüllt worden war. Bei dem Hinwegräumen dieses Thons fand man ein menschliches Gerippe, das zweifelsohne unberücksichtigt und verloren gegangen, wenn nicht glücklicherweise Dr. Fuhlrott von Elberfeld den Fund gesichert und untersucht hätte. Nach Untersuchung dieses Gerippes, nämlich des Schädels, gehörte das menschliche Wesen zu dem geschlechte der Flachköpfe, deren ... noch heute im amerikanischen Westen wohnen ... Vielleicht trägt dieser Fund zur Erörterung der Frage bei: ob diese Gerippe einem mitteleuropäischen Urvolke oder blos einer (mit Attilla?) streifenden Horde angehört haben.“

Die Abstammungsforschung ist nicht mehr so sicher, ob die Neandertaler wirklich unsere direkten Vorfahren waren. „Flachköpfe“ oder Hunnenhorden waren sie jedenfalls nicht. Während der letzten 30.000 bis 300.000 Jahre Existenz der Neandertaler lebten diese wenigstens zum Ende ihres Vorkommens mit dem modernen Menschen Homo sapiens zusammen. Im Neandertal sorgten gerade wieder neue Funde für Aufsehen, man fand im Abraum der Feldhofer Grotte (der ursprünglichen Fundstelle) ein Skelett-Knochenteil und andere Begleitreste. Fuhlrott hatte Recht:der Neandertaler besaß ebensolche Geschicklichkeit und Fähigkeit wie moderne Menschen, auch im rekonstruierten Hirnbereich sind keine Unterschiede festzustellen.

Johann Carl Fuhlrott begrüßt die Besucher/innen des Museums inzwischen gleich im ersten Raum, an einem Schreibtisch stehend, man sieht ihm den Lehrer an. Er hat in Elberfeld siebenvierzig Jahre gelebt, seinen ständigen Streit mit der Schulbürokratie gehabt (in Veröffentlichungen aus dem Fuhlrott-Museum dokumentiert), hat geforscht und ebenso viel für die naturwissenschaftliche Bildung getan. Das Fuhlrott-Museum erinnert entsprechend nicht nur an die Menschheitsgeschichte (dazu gibt es das eigene, gerade vorzüglich modernisierte Neandertal-Museum vor Ort, also im Kreis Mettmann), sondern ebenso an die frühe Erdgeschichte des nördlichen Rheinlandes, informiert über Flora und Fauna vor allem des Bergischen Landes. Die reichen Sammlungen des Museums werden z.Zt. neu aufbereitet. Im Publikumslabor kann man selbst auf Entdeckungsreise gehen, gentechnische „Täter-Analysen“ erlernen (die Fa. Bayer hat die Modernisierung des Labors ermöglicht). Andere Entdeckungsreisen führen in die ganze Welt, auch in exotische Lebenswelten. Das geschieht in der Regel in interessanten Wechselausstellungen, aber inzwischen ebenso in einer ständigen Ausstellung (etwa über Nepal). Das Ausstellungs- und Veranstaltungsprogramm des Fuhlrott-Museums ist für Naturfreunde aufregend, macht aber auch neugierig auf die Welt.

Die Ausstellungsthemen des Fuhlrott-Museums sind z.Zt.

- Fossilien und Mineralien der Region und des Landes. Ein Gang durch die Erdgeschichte. Natur- und Lebens-

Hermann Schleich

Der Wuppertaler Urlurch

Versteinerungen im Fuhlrott-Museum

Das Fuhlrott-Museum ist als „Naturkundemuseum für das Rheinland" ausgewiesen. Nach und nach sollen die Ausstellungsräume und die reichen Sammlungen des Museums entsprechend gestaltet, wissenschaftlich fundiert, pädagogisch anregend, mit interessanten Anschauungsobjekten, mit modernen Medien (vielleicht auch einmal in größeren Räumen) präsentabel gemacht werden. Die Natur- und Erdgeschichte des Rheinlandes ist bereits aufregend, aber der Blick in andere Länder (z.B. Nepal, Bhutan, China oder auch Spanien) kommt hinzu, um Verwandtes zu zeigen, aber auch exotisch anderes. Die Ausstellung „Fossile Schätze Chinas" (und die Resonanz darauf) hat es bewiesen: mit sensationellen Versteinerungen von Urzeittieren und Urvögeln, erstmalig in Europa.

Aber gerade das macht uns neugierig. Denn auch aus unserem Raum, aus dem Bergischen Land, aus dem Rheinland, lassen sich „fossile Schätze" anbieten, z.T. bislang ganz unbekannte.Wir haben im Museum dafür einen Raum neugestaltet, mit einer „Urlibelle" als Blick-

Der „Urlurch", versteinert

fang. Zu den wertvollen Versteinerungen gehört auch der „Wuppertaler Urlurch", das Vorbild für das neue Museumslogo. Man wußte von ihm bisher wenig. Er stammt ursprünglich aus Haßlinghausen und trägt den wissenschaftlicher Namen „Brukterterpeton fiebigi BOY, 1973" Im Frühjahr 1964 wurde im Steinbruch der Ziegelei an der Schmiedestraße (also in Oberbarmen) eine Grabung nach Pflanzenfossilien betrieben. Der Bereich ist allerdings heute nicht mehr zugänglich. Die relative Altersdatierung der „Hagener Schichten" stellen die Paläontologen ins Namur B, einer geologischen Zeitstufe im Oberkarbon,also vor ca. 300 Millionen Jahren (!). Mit dem Wuppertaler Urlurch ist der älteste Vierfüßer Deutschlands bekannt geworden, und er hat vielleicht eine vermittelnde Stellung vom Übergang Lurch zu Reptil inne. Wahrscheinlich war unser Fossil zum Zeitpunkt seines Todes noch nicht ausgewachsen. Man nimmt an, daß er am Ufer eines Flusses oder in sumpfiger Landschaft der Subtropen lebte und in das Mündungsdelta eines Flusses gespült wurde, wo er dann starb.

Auch an anderen versteinerten Beispielen im Museum kann man auf interessante Entdeckungsreisen gehen.

räume des Rheinlandes. Waldausstellung.
- Das andere Nepal. Die ewig Verdammten – Wissenswertes aus der Welt der Amphibien und Reptilien. Die wahren Herrscher – Wissenswertes aus der Welt der wirbellosen Tiere. Johann Carl Fuhlrott – der Entdecker des Neandertalers.
- Der Fuhlrott „Kunstpfad".
- Fische im „Wupperland"..
- Außerdem gibt es eine Lernstation „Schule im Museum", das Publikumslabor, ein Besucherkino und einen Museumsshop.

Öffnungszeiten: dienstags-donnerstags 10-18 Uhr, freitags-sonntags 11-16 Uhr, Tel. 0202/ 563 2845, internet: www.fuhlrott-museum.de

Blick auf die Hänge und die Szene im „Luisenviertel"

Eine beliebte Ausrede in Wuppertal ist regelmäßig „die topographische Lage", es ginge oft bergauf und bergab, man könne sich im Tal nicht beliebig ausbreiten, es herrsche schweres Talklima, oft sei es naß, man blicke ständig auf Hänge oder auch auf die Stadt herab. Dem kann kaum widersprochen werden und manche unserer Rundgänge werden es mühsam bestätigen. Eigentlich ist das aber zugleich ein besonderer Reiz und wenn man auf dem Laurentiusplatz sitzt oder flaniert, können Sie diesen Reiz spüren, durch die Straßenfluchten sehen. Gegen Norden blicken Sie nah auf die Elberfelder Nordstadt, die Sie über hohe Treppen erreichen können. Bei unseren „Bergtouren" werden Sie einige der rd. 200 Treppen steigen müssen. Auf den Südhöhen erkennen Sie die aus der Ferne eindrucksvolle Silhouette der Bergischen Universität auf dem Grifflenberg, aber auch die „Königshöhe" und manchen Wald. König und Kaiser sind in solchen Namen immer noch präsent, denn westlich blickt man auf die „Kaiserhöhe" mit den leuchtenden Villen des Briller Viertels, auch modern durch gläserne Eigentumsresidenzen ergänzt. Nur nach Osten versperrt die Elberfelder Innenstadt die

Eingang zur „Szene" Luisenstraße

Aussicht auf die Hardt, den Elberfelder Stadtpark mitten in der Stadt. Sie werden also die besondere Lage Wuppertals kaum entdecken, wenn Sie nicht auch auf die Höhen steigen, von dort ins Tal sehen. Das Tal der Wupper ist zwar nur an wenigen Stellen ein enger Kessel, aber die Stadt lebt von beidem, vom dunkleren Tal und von den hellen, meist grünen Hängen. Das gibt auch der Siesta auf dem schönen Laurentiusplatz eine Perspektive, weckt Erwartungen.

Nach der Siesta auf dem Laurentiusplatz sollten Sie sich noch den Weg bis zum Robert-Daum-Platz gönnen, denn dort treffen Sie wieder auf die Schwebebahn. Die Friedrich-Ebert-Straße ist eine beliebte Einkaufsstraße, aber nehmen Sie am besten den Weg durch die „Elberfelder Altstadt", die **Luisenstraße (16)**, direkt am Hang zur Elberfelder Nordstadt und mit dieser auch durch steile Straßen und mehrere Treppen verbunden. Die berühmteste beginnt gleich am Anfang hinter der Kirche: sie heißt „Tippen-Tappen-Tönchen" und klingt auch so, wenn man mit hohen Absätzen oder schweren Jugendstiefeln die Treppe nutzt, rauf oder runter. In der Luisenstraße gibt es nicht nur viele kleine Läden, sondern in z.T. alten Gebäuden gemütliche Restaurants oder Kneipen, manche mit schönen Innenhöfen und bei gutem Wetter Tischen und Stühlen auf der Straße. Die Küche ist multikulturell, das Publikum auch.

Sie passieren die reformierte „Sophienkirche", 1852-1858 vom Kölner Dombaumeister Ernst Friedrich Zwirner geplant, aus Sandsteinquadern errichtet, mit halb eingebautem Westturm und doppelreihigen Rundbogenfenstern. Am Ende der Luisenstraße kommen Sie zum **Deweerthschen Garten (17)**, einem gepflegten kleinen Stadtgarten mit einigen Lokalen am Rande, einer schönen Brunnenskulptur und dem Mahnmal für die Opfer des Nationalsozialismus mit einer Skulptur des Bildhauers Herbert Volwahsen, einen Häftling darstellend („Der Mensch sei Mensch"). Der mächtige Sockel hat eine eigene Geschichte: auf dem Brausenwerther Platz am Döppersberg stand ein Reiterstandbild Kaiser Wilhelm I., dort bis 1936, danach an diesem Platz.

Die Geschichte des eindrucksvollen Gebäudes an der Briller Straße ist noch wechselhafter: Auf dem Grundstück der Familie Deweerth ließ Kommerzienrat

Spätklassizismus: Villa Frowein

Blick bergab ins „Luisenviertel“

Rudolf Frowein 1871 eine Privatvilla in spätklassizistischem Stil errichten, die Pilaster wirken toskanisch, bekrönte Giebelfelder mit schönem figürlichen Schmuck fallen auf, auch die Innengestaltung ist entsprechend festlich und repräsentativ. Einige Zeit lang (wahrscheinlich zu den hohen Zeiten der „Bürgergesellschaften“) wurde das Haus auch als Lesehalle „Die Brücke“ genutzt. Nach dem Verkauf an die Stadt Elberfeld saß hier in der NS-Zeit die NSDAP-Kreisleitung mit dem Kreisleiter Alfred Straßweg. Nach dem Krieg wurde sie wieder zum Kulturort: für das Bergische Konservatorium und die städtische Musikschule. Jahrelang wurde hier Musik gelehrt, klangen klassische Klänge aus den Fenstern (aber auch Rock und Jazz aus dem Kellerstudio). Seit einiger Zeit ist das Haus wieder zur privaten Nutzung verkauft worden (und die Musikschule ist in die Hofaue gezogen). Von hier aus kommen Sie rasch zum Schwebebahnhof Robert-Daum-Platz, direkt neben dem alten Gymnasium Aue.

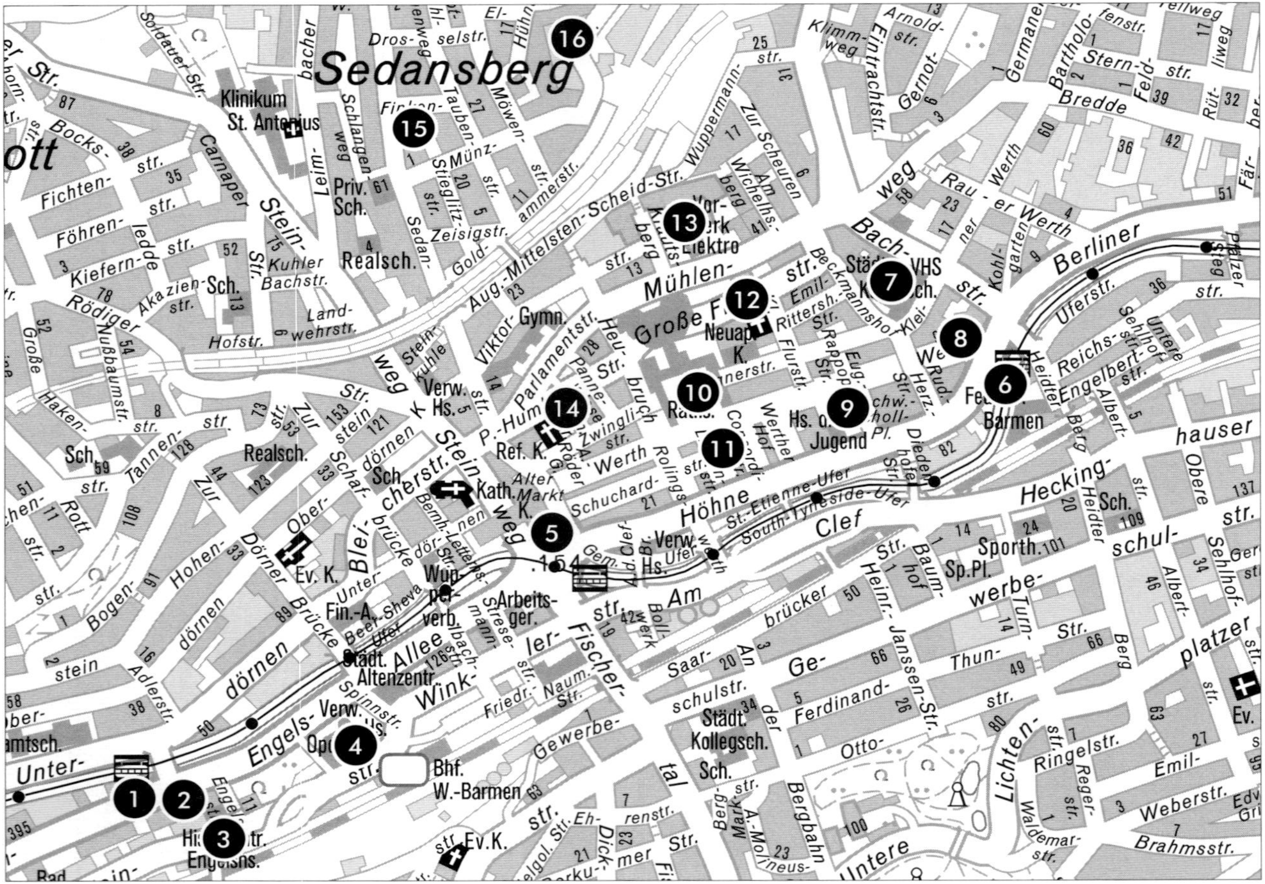

1
2
3
4
5
6
7
8
9
10
11
12
13
14
15
16
Sedansberg
Berliner Str.
Pfälzer Steg
Uferstr.
Heidter Berg
Hecking-hauser Str.
Obere Sehlhof-Str.
Albert-Str.
Gewerbeschulstr.
Lichtenplatzer Str.
Bergbahn
Heinr.-Janssen-Str.
Ferdinand-Str.
Otto-Str.
Am Clef
Höhne
Clef
Jugend
Werther Hof
Große Flurstr.
Mühlenweg
Bach-Str.
VHS
Städt. Kollegsch.
Am Wichelhs.-berg
Zur Scheuren
Wuppermann-Str.
Alter Markt
Kath. K.
Steinweg
Fischertal
Bollwerk
Stresemann-Str.
Bleicher-Str.
Sch.
Ev. K.
Dörner Brücke
Unterdörnen
Engels-Str.
Bhf. W.-Barmen
Friedr.-Engels-Allee
Altenzentr.
Adlerstr.
Zur Rott
Große Hakenstr.
Nußbaumstr.
Rödiger Str.
Hofstr.
Landwehrstr.
Carnaper Str.
Soldauer Str.
Klinikum St. Antonius
Stein-Str.
Realsch.
Priv. Sch.
Schlangenweg
Sedan-Str.
Zeisigstr.
Stieglitz-Str.
Möwen-Str.
Gold-Str.
Viktor-Str.
Gymn.
Parlamentstr.
Heubruch
Föhrenstr.
Kiefernstr.
Fichtenstr.
Bocksledde
Eintrachtstr.
Arnoldstr.
Germanenstr.
Bredde
Stern-Str.
Werth
Rau
Kohlgarten

Barmen: Treffpunkt Brucher Rotte

Der zweite Rundgang führt vom Engelsgarten zum Sedansberg, quer durch die zweite City im Tal

Rundgang 2: *Start am Schwebebahnhof Adlerbrücke, Endpunkt Werther Brücke. Parkplatz am Opernhaus oder Barmer Bahnhof*
Dauer: *2 1/2 Stunden*

Unser Stadtrundgang durch das zweite Zentrum Wuppertals, der bis zum Jahre 1929 selbständigen Stadt Barmen, beginnt nicht in der eigentlichen City, am Rathaus etwa oder wenigstens am Barmer „Alten Markt". Barmen ist vor allem ein Ort früher Industriegeschichte und wir treffen uns an einem historischen Platz dieser frühen Industrie: an der „Brucher Rotte", jedenfalls am Modell dieses Ortes im „Museum für Frühindustrialisierung" des Historischen Zentrums der Stadt, in einer alten Fabrik hinter dem „Engelshaus".

Vom Schwebebahnhof Adler-Brücke (1) aus, einer jüngst mit viel Glas erneuerten modernen Station, überqueren Sie die Friedrich-Engels-Allee (die Elberfeld mit Barmen verbindet, mitten durch Unterbarmen) und gehen links bis zu einem Ensemble alter bergischer Häuser neben einem kleinen Park: mit hohen mächtigen Bäumen, bunten Blumenbeeten und einer Marmor-Skulptur.

Noch an der vielbefahrenen Straße sehen Sie ein schmuckes Haus, das dort eigentlich nicht hingehört, sondern erst 1963 von der Berliner Straße in Oberbarmen hierher verpflanzt wurde. Dort wurde es 1790 für den Fabrikanten Philipp Barthels gebaut und heute ist das **Barthels-Haus (2)** typisch für bergische Patrizierhäuser des 18. und vor allem 19.

„Bergisch Barock": für die Patrizier-Familie Barthels

Jahrhunderts. Vor den Kriegszerstörungen gab es sie hier vielfach, vor allem auch auf der anderen Wupperseite. Auffallend waren die geschmückten Portale mit herrlichen Holztüren, die Freitreppen und Eingangsloggien, die Mittelgiebel, die Dachgauben, die schönen Fenstereinfassungen in den mit Schiefer bedeckten Fachwerkwänden auf steinernem Sockel. Man sprach vom „bergischen Barock" und meinte damit nicht nur den Baustil, sondern auch Lebenslust und Wohnkultur in den Häusern. Die ebenfalls als „Patrizierhäuser" ausgewiesenen Wohnhäuser der Familie Engels wirken etwas bescheidener, zumal sie Bestandteil einer „Fabrikkolonie" waren, rund um eine eher triste Bleicherwiese, die allein durch das gebleichte Garn leuchtete. Auch die heutige Blumenpracht des Engelsgartens hätte nicht recht dazu gepaßt.

Über Bleicher, Färber und die Familie Engels

Das historische Zentrum (3) besteht aus dem Engelshaus (Engelsstraße 10) und zwei dahinterliegenden früheren Fabrikgebäuden: der „Kannegießerschen Fabrik" und der „Reddehaseschen Remise". Die Remise wird erst 2002 /2003 als Museumserweiterung eröffnet, in der früheren Bänder- und Litzenfabrik (später auch Kaffeerösterei) ist das kleine, aber museumspädagogisch feine (als Museumskonzept vielgelobte) Museum für Frühindustrialisierung untergebracht. Im Engelshaus (1775) lebten die Großeltern von Friedrich Engels jr., sein Vater wurde hier geboren, er selbst in einem Haus, an das nur noch ein Gedenkstein am Opernhaus erinnert. Das zweite Wohnhaus (Nr. 6) gehörte Benjamin Engels, dem Großonkel von Friedrich. Beide Häuser zeigen verzierte Portale und Empiregiebel, typisch für den Übergang vom Barock zum Klassizismus, innen z.T. mit handgemachtem Deckenstuck. Den äußeren Grundton geben der bergische Schiefer und die grünen Fensterläden an.

Bild links: Hrdlicka-Faust in Ketten, vor dem Familienhaus Engels

Historisches Zentrum mit Wohnhaus und Fabrik

Aber diese bürgerlichen Wohnhäuser sind eigentlich nicht das Besondere in der „Fabrikkolonie" der Familienfirma Engels, zu seiner Zeit eines der führenden Textilunternehmen der Stadt. Hier vor Ort an der „Brucher Rotte" wird im Museum vor allem von der Zeit der Frühindustrialisierung im Wuppertal erzählt. Dafür sollten Sie sich einige Zeit nehmen,die Zeit war aufregend genug.

Wir steigen (etwas anders als beim Museumsrundgang vorgesehen) am be-

Vor Ort (im Modell), die Brucher Rotte 1825

sten erst ins 3. Obergeschoß, gehen vorher über den Innenhof in das an die Fabrik angebaute Treppenhaus (oder nutzen dort auch den Fahrstuhl). Auf dieser Museumsetage werden Infrastruktur, soziale Verhältnisse und Produktionsbedingungen der Frühindustrialisierung erläutert, in Turmvitrinen sehen Sie verschiedene Typen von Kraftmaschinen (von der Windmühle bis zur Dampfmaschine). Von den religiösen Verhältnissen im Tal der Wupper wird erzählt, von der dezentralen Manufaktur der Weber. Dann aber stehen Sie vor einem Modell unter Plexiglas und Ihr Blick führt Sie an den Ort, an dem Sie sich auch heute befinden, in die heutige Engelsstraße mit den beiden (oder damals drei) Engels-Häusern, unmittelbar vor sich die Wupper, dahinter eine Wohn- und Arbeitssiedlung, rund um eine Wiese, die **„Brucher Rotte"**.

Auf Ihrer Zeitreise in die Barmer Frühindustrialisierung müssen Sie allerdings fast zweihundert Jahre zurückdenken, denn das Modell zeigt die Situation um 1825. Sie sehen jene „Fabrikkolonie", die Caspar Engels angelegt hat, der Großvater von Friedrich Engels jr. Und denken Sie am besten noch fast ein weiteres Jahrhundert zurück: schon 1747 war die spätere Firma Caspar Engels Söhne gegründet worden, zunächst in kleinem Rahmen, bald aber immer größer werdend. Der Begriff „Brucher Rotte" meinte eine sumpfige Niederung im Tal der Wupper, also den „Bruch", und „Rotte" nannte man damals einen Verwaltungsbezirk. Es hatte durchaus noch „Hofescharakter" (wie früher in Barmen üblich), war ein eher dörfliches Ensemble rund um die große Wiese, die zum Bleichen des Garns genutzt wurde. Neben den beiden Wohnhäusern sind aus diesem Ensemble noch die Remise (für Kutschen und Fuhrwerke) zu sehen und ein Doppelhaus der Arbeiter der Fa. Engels (an der Wittensteinstraße vor der Brückenrampe). Bereits der Eisenbahnbau um 1840 hat das Ensemble zerstört. Eine eigene Schule gehörte dazu, eine Schmiede und die Bleich- und Kochhäuser am Wupperufer ebenso, allerdings kein zentrales Fabrikgebäude, denn gearbeitet wurde in den Wohnungen.

Die „Brucher Rotte“ hatte 1834 bereits 3.550 Einwohner, verteilt auf 159 Häuser (durchschnittlich 22 je Haus, 1.6 qm je Bewohner). Ein Hausquerschnitt eines der Arbeiterhäuser zeigt die Enge des Lebens (und Arbeitens) zu dieser Zeit. Das dezentral organisierte „Verlagswesen“ regelte die Beziehung zwischen Unternehmer und Heimarbeiter. Die Fa. Engels beschäftigte rd. 300 Heimarbeiter, an die es die Häuser am Bruch vermietete. Man lebte hier zwar nicht im Elend, aber der Lohn war karg, manchmal reichte ein Wochenlohn gerade für einen Zentner Kartoffeln. Das Rezept der „Rumford’schen Suppe“ können Sie nachlesen, sie war eine Armensuppe, aber kalorienreich.

Bevölkerungsentwicklung. Im Museum wird auch die Gesamtentwicklung der Stadt dokumentiert: die Elendsviertel,

Häuser für die Heimarbeiter am Bruch

die ersten Mietskasernen („die Langen Häuser“), die sozialen Entwicklungen. Viele Menschen mußten untergebracht werden: zwischen 1800 und 1900 verzehnfachte (!) sich die Bevölkerungszahl in beiden Wupperstädten. Die Lebenserwartung war allerdings sehr viel geringer als heute (durchschnittlich nur 24 Jahre), die Kindersterblichkeit hoch (ein Drittel starb vor dem 6. Lebensjahr!). Dennoch: in Rheinland/ Westfalen war Elberfeld (49.000) größer als Düsseldorf oder die Ruhrstädte und nur noch Aachen und Krefeld waren größer als Barmen (36.000), sogar Ronsdorf war größer als z.B. Bochum. Um 1800 hatten Elberfeld erst 17.000 und Barmen 12.000 Einwohner gehabt, das Wachstum explodierte im 19. Jahrhundert. Und das hatte ökonomische Gründe und soziale Konsequenzen.

Die ökonomische Entwicklung begann mit der Textilindustrie, später kamen Werkzeugindustrie und auch chemische Industrie hinzu. Bereits zu Beginn des 16. Jahrhundert war der historische Grundstein für die frühe Textilindustrie im Wuppertal gelegt worden: mit dem „Garnnahrungsprivileg“ von 1527 (s. Eingangskapitel). An Orten wie hier, also unmittelbar an der Wupper, konnte dieses Privileg genutzt werden: mit „Güten“ (Wasserschaufeln) schütteten die Bleicher das Wupperwasser über das ausgelegte Garn, das dann gebleicht weiter verarbeitet wurde, gezwirnt und gefärbt, gewirkt und gewebt.

Es kam sehr bald zu einem Wettbewerb zwischen einfacher Handarbeit (auch von Frauen und Kindern) und dem vermehrten Einsatz von Maschinen, zunehmend eingeführt aus England, Frankreich und Belgien. Diese historische Entwicklung beschreibt unser Museum, einschl. der sozialen und politischen Folgen. Gehen Sie dazu am besten in die erste Etage zurück und beginnen dort den pädagogisch gut durchdachten Rundgang: an der Stechuhr vorbei, die deutlich macht,wie streng die zeitliche Organisation der Arbeitsprozesse war, werfen Sie einen Blick in das Kontor eines Textilunternehmers um 1840, lesen Sie in den alten Fabrikordnungen (mit der Androhung drakonischer Strafen und Lohnverlust beim Zuspätkommen). Damals wurden Kinder wie Erwachsene behandelt. Ein Multivisionsprogramm zeigt den Wandel der Stellung des Kindes im Laufe der Zeit. Hören Sie eine nachgestellte Reportage von einer Debatte zum Thema Kinderarbeit im Rheinischen Provinziallandtag im Jahre 1837: man war sich keineswegs einig, ob man Kinderarbeit als unmenschlich abschaffen sollte oder auf sie wegen des Konkurrenzdrucks aus England nicht verzichten könne. Immerhin setzte sich die Gesetzesinitiative des Barmer Landtagsabgeordneten Schuchard durch und Fabrikarbeit für Kinder unter neun Jahren wurde verboten.

In der weiteren Ausstellung werden u.a. die Anfänge der Bleicherei erläutert, die Baumwollverarbeitung, aber ebenso der übrige gewerblich-industrielle Zustand des Wuppertales um 1760: mit Hammerwerken und Schleifereien, die Auswirkungen auf die Landwirtschaft. Der ökonomische, technologische und auch gesellschaftlich-kulturelle Umbruch in dieser Zeit ist enorm.

Bänder, Spitzen, Kordeln und Litzen. Mit der zunehmenden Technisierung, die vor allem in der zweiten Museumsetage an ausgewählten Maschinen demonstriert wird, ist zugleich eine Verfeinerung der textilen Produkte verbunden: jetzt können die wunderbaren „Barmer Artikel“ entstehen, die Bänder und Spitzen, Kordeln und Litzen. Sie können sehen, wie sie aus den z.T. noch einfachen, dann aber komplizierter werdenden Webstühlen wachsen, in schönen Farben und Mustern, nach „Musterbüchern“ durch Lochkarten gesteuert.

Schon in der ersten Etage war eine Original-Spinnmaschine aus England zu besichtigen, ein „Selfaktor“, über eine Dampfmaschine angetrieben. Die kontinuierliche Entwicklung der Textiltechnologie zeigt in der zweiten Etage Maschinen, mit denen gesponnen wurde, Webstühle, auf denen man aus den gesponnenen Fäden Schmalgewebe bzw. Bänder

Jacquard-Webstuhl, lochkartengesteuert

herstellte und Flechtmaschinen („Riemengänge") für die Herstellung von Litzen. Sie sehen einen Trittwebstuhl des 18.Jahrhunderts, ein Handspinnrad und ein Flügelspinnrad mit Tretantrieb. 1764 baut James Hargreaves dann die erste „Spinning Jenny", vor allem in der Heimindustrie eingesetzt, 1769 läßt sich Richard Arkwright die „Water Frame" patentieren, den Drosselspinnstuhl, bei dem eine fast beliebige Anzahl von Spindeln gleichzeitig in Bewegung gehalten werden. 1779 entwickelte Samuel Crompton die „Mule Jenny", mit der alle Garnsorten gesponnen werden können. In den 1890er Jahren arbeiteten in Wuppertal bereits über vierzig Spinnereien nach englischen Vorbildern. Auf dem Hof des Museums steht auch noch eine alte Dampfmaschine, sie belegt den maschinellen Fortschritt und ist zugleich der Hinweis, daß Wuppertal einmal der drittgrößte Standort für den Bau von Dampfmaschinen war (nach Chemnitz und Berlin): auf der anderen Wupperseite am Oberdörnen baute z.B. die Firma Korzert/Attin Dampfmaschinen für die Textil-Industrie, aber auch für die Ruhrindustrie. Mit diesen Maschinen konnte man auch im Wuppertal den entstandenen „Garnhunger" endlich befriedigen.

In der Weberei gab es eine entsprechende Bewegung zu expansiver Bandwirkerei. Der Lochkarten-gesteuerte Jacquard-Webstuhl (Jacquard stammte aus einer Seidenweberfamilie in Lyon) wurde 1805 vorgestellt, 1821 auch in Wuppertal eingeführt, natürlich bereits verbunden mit Personaleinsparungen, die Betroffenen rebellierten entsprechend. Hinzu kamen Flecht- und Klöppelmaschinen, im Museum sehen Sie u.a. zwei Gänge eines Wuppertaler „Riementisches". Das ist eine Wuppertaler Spezialität und die „Barmer Artikel" sind weltberühmte Produkte dieser „Riemendreherei". Der „Riemen", also die Litze und Kordel, rechtfertigt den komplizierten Vorgang mit sich überkreuzenden Spulen. Höhepunkte sind allerdings das Klöppeln von Spitzen.

Das Museum, das vieles selbst erklärt, aber durch eine Führung noch lehrreicher wird, soll in den nächsten Jahren um Räume in der alten Pferderemise erweitert werden. Dort wird man nicht nur die Pflasterstein-Rampe bewundern können, die Pferde auf die erste Etage führen konnte (man mußte einen großen Bedarf an Fuhrwerken gehabt haben). In moderner didaktischer Gestaltung, gar in Computersimulationen, wird man einiges mehr über die ökonomische, gesellschaftliche und geistige Entwicklung im Wuppertal erfahren: über das Fabrikwesen, die Anwendung der Dampfkraft, über Fabriken und die dezentrale Wirtschaft, über die weitere Besiedlung. Die Unternehmermentalität im Bergischen soll darge-

Michael Knieriem

Michels Erwachen – Emanzipation durch Aufstand?

Hundertfünfzig Jahre nach der Revolution von 1848/49 hat eine Ausstellung im Barmer Haus der Jugend gezeigt, daß sich hier im Wuppertal (und im weiteren Rheinland) alle großen Fragen der Revolution, alle politisch-sozialen Richtungen, alle entscheidenden Auseinandersetzungen und auch die Ergebnisse der Jahre 1848/49 wie in einem Brennspiegel wiederfinden. Der Elberfelder Maler Richard Seel (1819-1875), der seit 1842 mit einer Serie von Karikaturen zum „Deutschen Michel“ hervortrat und der in Berlin in Verbindung stand zum „Kreis der Freien“, einem junghegelianischen Debattierklub, dessen Sprecher Friedrich Engels war. Bei Richard Seel war aus des Deutschen Michels Schlafmütze eine kämpferische Pickelhaube geworden.

Der Deutsche Michel erwacht und wird stark

Doch war aus dem Deutschen Michel bereits ein echter Revolutionär mit blutiger Hand geworden? Keineswegs, schlug man doch nach der Märzbewegung recht bald einen Weg auf gesetzlichem Boden ein. Um was ging es im Jahre 1848? Was zur Entscheidung stand, hatte trotz aller flammenden Aufrufe im März 1848 im Grund eine durchaus gemäßigte Vereinbarung zwischen Regierung und öffentlicher Meinung zum Ziel, nämlich den liberalen Gedanken einer Teilung der Souveränität zwischen Krone und Volksvertretung. Daß zur Durchsetzung dieses gemäßigt-bürgerlichen Kompromisses revolutionäre Mittel angewandt werden mußten, lag an der vollkommenen Stagnation des politischen Lebens im Vormärz. Die Mittelmäßigkeit und daraus resultierende Unsicherheit bornierter preußischer Beamter hatten den Schwung der Reformer zu Beginn des Jahrhunderts gestoppt und den Staat seit 1820 in Bewegungslosigkeit erstarren lasen. Kleinste Regungen und jeder Wunsch nach Mitsprache wurden als revolutionäre Umtriebe unterdrückt. Doch auf Dauer ließ sich das Rad der Geschichte nicht anhalten. Mit den Methoden des ancien regime ließ sich kein an der Schwelle zur Industrialisierung stehender Großstaat mehr steuern Eine freiheitliche Verfassung für die Deutschen war Gebot der Stunde.

stellt werde, die Rolle der Religionen. Das Museum wird „Erlebnisräume" erhalten. Aber bis 2005 wird man noch warten müssen, die Vorbereitung mit kleinstem Stab dauert ihre Zeit.
Das Museum ist dienstags-sonntags von 10-13 und 15-17 Uhr geöffnet.
Telefon 0202/5636498/5298.
Internet: http://www.wuppertal.de

Im Krimi „Der Bastard von Berg" wurde die bergische Geschichte des Mittelalters lebendig, ein weiterer bergischer Krimi erzählt Geschichte und Milieu der „Brucher Rotte„: „Türkisch Rot" von Christiane Gibiec (Emons Verlag Köln, 1999). Im Anhang sind zudem Engels' „Briefe aus dem Wuppertal" und als Prolog ein Brief von Engels an Marx aus dem Jahre 1844 abgedruckt: *„Hier breitet sich ein prächtiger Boden für unser Prinzip vor, und wenn wir erst unsere wilden, heißblütigen Färber und Bleicher in Bewegung setzen können, so sollst Du Dich über das Wuppertal noch wundern". Verwundert war man bald über den berühmten Sohn dieser „Rotte", auf dem Gedenkstein steht sogar „berühmter Sohn unserer Stadt".* Das ist wohl wahr.

Wuppertaler Protestanten, orthodox und klerikal

„Die Morgenröte einer neuen und besseren Gesellschaft"

Die Geschichte der früheren „Brucher Rotte" ist zweiffelos schon deshalb aufregend, weil Friedrich Engels jr., Mitbegründer des „wissenschaftlichen Sozialismus", hier am 28.November 1820 geboren wurde und aufgewachsen ist, in einer „radikal-christlich-preußischen" Familie, wie er es selbst später genannt hat. Sein Elternhaus war zwar durchaus literarisch-musisch geprägt (das „Musikzimmer" im Engelshaus bestätigt es), aber zugleich durch den militanten Pietismus in dieser Stadt beeinflußt. „Frech und widerwärtig" wird er diese Geistes- und Lebenswelt nennen, als er 18jährig für den Hamburger „Telegraph für Deutschland" seine „Briefe aus dem Wuppertal" schreibt. Der religiöse Mystizismus durchdringt, wie er bald empfinden muß, alle Bereiche des Lebens, erstickt ein frisches und tüchtiges Volksleben, „es herrscht ein schreckliches Elend" urteilt er hart und deutlich. Seine Jugend war dennoch vergleichsweise unbeschwert, die Eltern sahen ihren Wohlstand als gerechten Lohn für ihr gottgefälliges Leben (während Armut selbstverständlich als Strafe für ein „sündhaftes Leben" galt). Friedrich ging zunächst in Barmen, dann in Elberfeld zur Schule, mit seinen Schulleistungen war Vater Friedrich keineswegs zufrieden, er beklagte sich über „mittelmäßige Zeugnisse" und schreibt seiner Frau sorgenvoll: *„Im Äußeren ist er, wie Du weißt, manierlicher geworden, aber trotz der früheren strengen Züchtigungen scheint er, selbst aus Furcht vor Strafe, keinen* *unbedingten Gehorsam zu lernen. Gott wolle sein Gemüt bewahren, oft wird mir bange um den trefflichen Jungen.“*

Als dann allerdings seine schulische Karriere günstiger verlief, Friedrich seinen Gefallen an humanistischen, literarischen und philosophischen Lehren gefunden hatte, er sogar „ein rühmliches Interesse an den Tag“ legte, wie ihm schriftlich bestätigt wurde, nahm ihn der gleiche Vater mit 16 Jahren plötzlich von der Schule. Jetzt sollte er Kaufmann werden, sich auf den Familienbetrieb vorbereiten. Wahrscheinlich war dem Vater die gymnasiale Bildung zu riskant geworden. Denn gerade hatte Friedrich einen Lehrer gefunden, „der den Sinn für Poesie in den Schülern zu wecken“ wußte, „den Sinn, der sonst elendlich verkümmern mußte unter den Philistern des Wuppertales“. Engels hatte sich die humanistischen Helden der deutschen Nationalliteratur zu Vorbildern gemacht, vom Faust bis Wilhelm Tell, hatte Zugang gefunden zu den philosophischen Erklärungsmustern der griechischen Klassik und der französischen Literatur. Es half nichts, sein Vater schickte ihn nach Bremen in die Lehre und danach auch ins englische Manchester, eine der Wiegen der Industrialisierung im damaligen Europa. Aber Friedrich war schon infiziert, im weltoffenen Klima Norddeutschlands (jedenfalls im Vergleich zu Wuppertal), beschäftigte er sich weiterhin mit Literatur, Philosophie, lernte Sprachen, lebte sich aus, schrieb es auch nach Hause: „ganz liberale Ideen, ganz herrlich“.

Nach seiner Rückkehr aus Bremen (1841) und dem einjährigen Militärdienst in Berlin nimmt er seine kaufmännische Ausbildung wieder auf: in der Spinnerei Ermen & Engels in Manchester, läßt sich also durchaus noch einige Zeit auf das Familienunternehmen ein, lebt ein Doppelleben, spielt den gutbürgerlichen Unternehmer (mit Reitpferd und Fuchsjagd). Inzwischen hat er bei der „Rheinischen

Die Ketten des Proletariats (Hrdlicka)

Zeitung“ Karl Marx getroffen, in England die sozialen und politischen Verhältnisse ebenso studiert wie die Schriften der Klassiker von Ökonomie und Sozialismus, besucht Karl Marx in Paris. 1844/45 schreibt er (in Barmen!) an seinem Buch „Die Lage der arbeitenden Klasse in England“, das im Mai 1845 in Leipzig erscheint, im Februar hatte er bereits (mit Marx) „Die Heilige Familie oder Kritik der kritischen Kritik“ veröffentlicht. 1845/46 gab Engels gemeinsam mit dem damals in Barmen lebenden Moses Hess die Monatszeitschrift „Gesellschaftsspiegel“ heraus, als „Organ zur Vertretung der besitzlosen Volksmassen und zur Beleuchtung der gesellschaftlichen Zustände der Gegenwart“. Dann zieht Friedrich Engels allerdings zu Karl Marx nach Brüssel (später lebt er in Paris), beide schreiben gemeinsam den Hauptteil der „Deutschen Ideologie“, gründen den „Deutschen Arbeiterverein“. Im Februar 1848 erscheint in London das kommunistische Manifest: „Proletarier aller Länder, vereinigt Euch!“

Die deutsche Revolution 1848/49 sieht Friedrich Engels auch auf den Elberfelder Barrikaden (s. Elberfeld-Kapitel), aber seine Anwesenheit gibt Anlaß „zu Mißverständnissen über den Charakter der Bewegung“ und Engels muß die Stadt verlassen. Mit Marx reiste er zunächst nach Süddeutschland, später nach England, arbeitete in Manchester wieder bei der Familienfirma. Aber die kommunistische Revolution nahm ihren Fortgang und Karl Marx und Friedrich Engels blieben ihre geistigen Väter: mit 73 Jahren (ein Jahr vor seinem Tod am 5.August 1895) formulierte Engels seine Botschaft als Gruß an die Sozialisten Siziliens:

„Die Morgenröte einer neuen und besseren Gesellschaft
steigt für die unterdrückten Klassen aller Länder leuchtend empor.“

An der „Brucher Rotte“ hatte alles begonnen, im Engelshaus, dem bürgerlichen Haus des Großvaters, kann man noch den Lebensstil sehen: keineswegs protzig, durchaus mit Wohnkultur, „Musikzimmer“ und „Gemäldezimmer“ zeigen eine Stilmischung zwischen Barock

Engels’ Garten mit Geburtshaus

und Biedermeier. In den obersten Etagen wird heute immer noch mit großer historischer Neugierde und hohem Anspruch Engelsforschung betrieben (wenn auch die früheren hochqualifizierten Partner an den Universitäten und Instituten des Ostblocks rar geworden sind), die Geschichte der Frühindustrialisierung bleibt ebenso spannend wie die weitere Stadtgeschichte. Eine kleine Ausstellung mit gut ausgewählten Text- und Bilddokumenten zeigt die Entwicklung des Sozialismus und die Rolle von Friedrich Engels. Man kann sich in den Räumen zu Seminaren treffen, der frühere Vorratskeller wird aber ebenso als städtische Gaststube genutzt. Politische Gäste (auch Erich Honecker) haben das Haus offiziell besucht, vor der politischen Wende war das Engelshaus (wie das Marx-Haus in Trier) gerne Wallfahrtsort von Delegationen aus der gesamten kommunistischen Welt (von Kuba bis China). Das ist verständlicherweise weniger geworden. Aber, wie gesagt, „der Geschichte kann man nicht ausweichen“.

Und gegenüber das „Blendwerk des Teufels“

Nach Ihren Rundgängen durch das Historische Zentrum treffen Sie vor dem Engelshaus auf die kraftvolle „Engels-Skulptur“, keineswegs ein Porträt des berühmten Friedrich (er war bekanntlich schmächtiger), sondern eine muskelstrotzende Figur aus mehreren Männerkörper zugleich, die Manneskraft soll auffallen, überstarke Beine und Hände, die ganze Figur scheint mit schweren Ketten zu kämpfen. Die Figur ist aus einem großen, inzwischen etwas angegrautem Marmorblock (aus Carrara) gehauen, dreieinhalb Meter hoch, acht Tonnen schwer und steht auf einem Granitsockel (übrigens mit eigenem Gewicht, nicht gesondert verankert). Der berühmte Wiener Bildhauer Alfred Hrdlicka (geboren 1929) hat

Barmer Stadttheater, in den zwanziger Jahren

die Skulptur geschaffen und sie ist ganz zweifellos eines seiner großen Meisterwerke. Im Juli 1981 wurde sie aufgestellt, die Vorgeschichte ist lang und kontrovers. Nach Vorentwürfen des Künstlers hatte die Stadt eigentlich ein marmornes Buch als „Metamorphose des Geschriebenen in die Realität“ erwartet. Nach einigem Ärger mit dem Marmorblock hat der Künstler Motiv und Thema verändert und (zudem mit Verzögerung und für mehr als den doppelten Preis) eine Skulptur geschaffen, die den vorletzten Satz des kommunistischen Manifestes visuell zitiert: „Die Proletarier haben nichts in ihr (der Revolution) zu verlieren als ihre Ketten.“ Der kommunalpolitische Streit um Auftrag und Preis gefiel dem Künstler durchaus: dadurch fehle der Skulptur „diese falsche Feierlichkeit, dieser Gips, der uns vorgesetzt wird, damit wir ihn anbeten und nicht denken ...“. Das muß man von „Kunst im öffentlichen Raum“ wohl auch erwarten. In Wuppertal gibt es glücklicherweise noch einige Beispiele, in denen zeitgenössische Kunst nicht nur der Dekoration dient, sondern zum Nachdenken anregt, den Blick für die Sprache von künstlerischen Formen schärft. Kunst gehört nicht nur in Museen.

„Blendwerke des Teufels“ hätten wahrscheinlich die früheren Pietisten und Philister im Wuppertal gesagt, über die sich Friedrich Engels in seinen „Briefen“ so aufgeregt hat. Das könnte dann auch für das **Opernhaus (4)** gelten, dem zu Beginn des letzten Jahrhunderts Engels Geburtshaus weichen mußte. Seit 1874 hatte es im Fischertal, einige Straßen weiter, bereits ein Theater gegeben, mehrfach durch Brand zerstört. 1907 war dann der historistische Theaterbau an der Spinnstraße eröffnet worden, 1939 bereits verändert und nach der Zerstörung durch Bomben im Jahre 1943 erst 1956 wiedereröffnet worden: jetzt im typischen Stil der Fünfziger Jahre vereinfacht, im Innenraum der Zeit entsprechend ausgestaltet (mit Stuckreliefs und Wandbildern und einem Teppichboden von Ernst Oberhoff). Der Zuschauerraum mit drei Rängen und einfachen konstruktiven Säulen, aber ansonsten wenig Schmuck, wirkt atmosphärisch intim und hat ein sehr direktes Verhältnis zur Bühne. Das kommt dem Musiktheater entgegen und auch das weltberühmte Tanztheater von Pina Bausch hat sich in seinen „Stücken" immer gerne auf dieses Haus eingestellt, sie wirken hier besonders authentisch, das Publikum fühlt sich einbezogen. Das Haus ist allerdings dringend renovierungsbedürftig und noch ist keinesfalls sicher, ob sich Wuppertal diese Investitionen leisten kann, ob überhaupt ein Dreispartentheater mit zwei Häusern finanzierbar bleibt.

Theater als „Blendwerk des Teufels" hatte es in beiden Wuppertaler Städten zwar nie leicht, aber es gibt mindestens seit dem 18. Jahrhundert eine längere Theatertradition, wenn auch heftig befeindet. Im Barmer Theater wurde spätestens ab 1907, der Eröffnung des neuen Hauses mit „Tannhäuser", ein Musikleben von hoher Qualität gepflegt. So dirigierte hier im Jahre 1914 der berühmte Otto Klemperer den endlich freigegebenen „Parsifal" von Richard Wagner (das gleiche „Bühnenweihfestspiel" dirigierte im gleichen Jahr in Elberfeld Hans Knappertsbusch, berühmter Sohn einer Elberfelder Schnapsfabrik). Bereits 1919 (also zehn Jahre vor der Vereinigung der Städte) verbanden sich beide Häuser zum „Vereinigten Stadttheater Barmen-Elberfeld", beide Orchester kurz darauf ebenfalls. Erich Kleiber wurde „Theaterkapellmeister" (ging aber bald als Operndirektor nach Düsseldorf), Franz von Hoesslin erster Generalmusikdirektor. Auch in der NS- und Kriegszeit gab es festliche Oper in Barmen, u.a. 1942/43 Wagners „Ring„ unter Leitung von Knappertsbusch (er war damals geschäftsführender Direktor der Wiener Oper und hielt nicht viel von den „brunen Beestern"). Schon während des Krieges war Fritz Lehmann Operndirektor in Barmen, nach dem Kriege auch Generalmusikdirektor. Wegen der Zerstörung des Barmer Hauses 1943 durch Bombenangriffe wurde Oper nur noch in der Elberfelder Stadthalle gespielt. 1956 wurde dann das Barmer Haus mit Hindemiths „Mathis der Maler" wiedereröffnet, Intendant war inzwischen Helmut Henrichs, Generalmusikdirektor Hans-Georg Ratjen (aus Oldenburg). Und 1958 begann die Ära des Intendanten Grischa Barfuß, dessen Nachfolger 1964 Arno Wüstenhöfer wurde. Das Barmer Haus errang unter Barfuß großen Ruhm (mit Ratjen als Musikchef, Georg Reinhardt als Operndirektor, Erich Walter als Ballettchef und Heinrich Wendel als Bühnenbildner). Arno Wüstenhöfer holte Kurt Horres und Janos Kulka als Opernches, deren zeitgenössisches Opernpro-

Heutiges Opernhaus

Barmen vor dem Krieg, mit Kirchen und rheinischer Strecke

gramm den Barmer Ruhm fortsetzte, und 1973 wurde Pina Bausch Leiterin des „Tanztheaters Wuppertal“. Unter Helmuth Mathiasek, Jürgen Fabritius und Holk Freytag war es vor allem Operndirektor Friedrich Meyer-Oertel, der den guten Ruf des Musiktheaters in den nächsten Jahren pflegte (mit Hanns-Martin Schneidt und Peter Gülke als Musikschefs). Das Opernhaus hat also eine große Tradition an diesem Platz, seine Zukunft ist allerdings offen.

An der Wupper entlang und dann zum Werth

Das Opernhaus leidet an seinem Standort darunter, daß sein kulturell-gesellschaftliches Umfeld weitgehend zerstört wurde: aus dem „Wuppertaler Hof“, früher Hotel und Gaststätte, ist ein Altenheim geworden, der Barmer Bahnhof (1912-14 erbaut), eigentlich repräsentativ (mit zwei großen Portiken mit Giebelfeldern und stilisierten ionischen Säulen) hat jeden historischen Glanz verloren, den früheren „Platz der Republik“ gibt es nicht mehr. Am besten ist es, wenn Sie ab Opernhaus entweder an der Wupper entlang oder auf direktem Wege zum „Alten Markt“ gehen. Der Stadtverkehr läßt wenig Ruhe zu.

Zu Barmens Geschichte vor der frühen Industrialisierung müßte man vorrangig auf die andere Wupperseite wechseln, denn dort hatten im 14. Jahrhundert die Barmer Bauern- und Herrenhöfe gestanden, am Unter- und Oberdörnen, am „Mühlengraben“, später mit dem Zentrum Gemarke, etwas weiter östlich. In der „Barmer Hofesrolle“ von 1555 waren alle Höfe aufgelistet, in den Dörnen trafen sich die Hofesgenossen „zur Versammlung und zum Gerichtstag, empfangen ihre Lehenhand, liefern ihre Abgaben und leisten dort ihre Dienste“ (so stand es in der „Hofesrolle“). Nur noch Straßennamen erinnern an diese Zeit. 1070 gab es die erste Erwähnung von „Barmon“ (im Heberegister des Klosters Werden), 1244 gingen die Höfe in den Besitz des Grafen von Berg über, wurden später vom Amt Beyenburg aus verwaltet. Bereits 1579 gab es eine erste „Amtsschule“ (am heutigen Standort der Gemarker Kirche), erst 1728 ein eigenes Amts- und Rathaus (am späteren „Alten Markt“). 1808 erhielt Barmen Stadtrechte, 1815 wurde es preußisch.

Am „Alten Markt“ (5). Von dem früheren dichten Stadtbild an dieser Stelle sieht man nichts mehr, der Krieg und der Verkehr haben es weitgehend zerstört. Man muß viel Phantasie aufwenden, um sich jene Urbanität vorstellen zu können, die alte Fotos dieses zentralen Platzes in Barmen belegen. Auf der anderen Straßenseite der großen Kreuzung kann noch ein Teilstück der heutigen Commerzbank zeigen, daß hier seit 1909 ein stolzes Gebäude des Barmer Bankvereins stand. Die Fassade im Renaissancestil läßt ahnen, wie das vollständige Ensemble ausgesehen haben muß, auch vom Alten Markt aus gab es prachtvolle Häuserpassagen, bürgerliche Patrizierhäuser, altbergisches Fachwerk. Leider hat auch neuere Architektur keinen Ersatz geschaffen oder nur selten (etwa dem Neubau hinter dem Kaufhof).

Noch festlich: Bahnhof Barmen

Von der Schwebebahnstation aus sollten Sie sich zunächst an die Wupper halten, die unter dem Verkehrskreuz durchfließt und hinter der Station wieder auftaucht. Gehen Sie an der Wupper entlang, zwischen Schwebebahnhof und Mc-Do-

Noch urban: der Alte Markt

nalds, am Gemarker Ufer. Die Fast-Food-Station ist eigentlich ein altes Kino, die „Lichtburg“. Hinter ihrer Fassade, von Werbung verdeckt, verbirgt sich Bedeutsames: hier entstehen die berühmten Tanzabende der Pina Bausch, hier stellt sie den Mitgliedern ihres Ensembles jene Fragen, aus deren tänzerischen Antworten ihre jeweils neuen Stücke wachsen, hier wird geprobt, „was die Menschen bewegt“, wird das umfangreiche Repertoire gepflegt, das unser Tanztheater Wuppertal in die ganze Welt führt.

Man kann an der Wupper noch etwas weitergehen, durch kleine Uferanlagen, am South Tyneside- und St.-Etienne-Ufer (nach der englischen und französischen Partnerstadt Wuppertals), direkt neben und unter der Schwebebahn, an einer Stelle kann einem auch ein schneller Intercity begegnen. An der großen Talstraße entlang (hier mit dem Namen

„Höhne“) gelangen Sie zum auffallend dekorativen, 1903 entstandenen (und 1984 originalgetreu restaurierten) Jugendstil-Bahnhof **Werther Brücke (6)**. Gehen Sie dort über die Berliner Straße, noch nicht in die Fußgängerstraße Werth, sondern zunächst in die Bachstraße, wenigstens bis zur **Volkshochschule (7)**, räumlich verbunden mit dem „Berufskolleg“. Das Barmer VHS-Gebäude steht unter Denkmalschutz, gehörte im 19.Jahrhundert zum ersten Barmer Krankenhaus, 1841 am Kleinen Werth eröffnet, 1894 erweitert. Ab 1911 wurde das Gebäude für Büros und Polizei genutzt, im Jahre 1920 hatte hier wahrscheinlich der „Zentralrat“ der Vollzugsräte von Rheinland-Westfalen seinen Sitz, dieser sollte nach dem Kapp-Putsch wieder „geordnete Zustände“ herstellen, später amtierte hier auch die „Sicherheitspolizei“. Für die VHS wurde das Gebäude ab 1992 mit Landesmitteln restauriert und nach langer und teurer Baugeschichte im April 1997 als modernes Weiterbildungszentrum in Betrieb genommen.

Von der Bachstraße gehen Sie zur Fußgängerstraße Werth zurück, dem Barmer Einkaufszentrum. Am Anfang steht der **Werther Brunnen (8)**, eine Wasserskulptur von Friedrich Werthmann. Die gespaltene Kugel ist nicht nur wegen des Spiels mit dem Wasser eindrucksvoll (und auch populär), sondern zugleich das

Ein Brunnen als „Sonne“

Ausgangssymbol für einen lehrreichen **„Astropfad“**, den Schüler des Gymnasiums an der Sedanstraße (unter Anleitung eines engagierten Lehrers) errichtet haben: das Sonnensystem wird auf zehn Bronzeplatten dargestellt, die von hier bis Vohwinkel, also fast durch die ganze Stadt führen. Die neun Planeten von Merkur bis Pluto werden in ihren Größenverhältnissen auf die Sonne bezogen und die Brunnenkugel ist die Sonne: entsprechend entdeckt man den vergleichsweise kleinen Merkur nach 104.8 m, die Venus bei 195.8 m, die Erde bei 270,7 m und den Mars erst bei 412,4 m, dann sind wir aber schon in der Höhe des Rathauses. Den nächsten Planeten Jupiter finden Sie, wenn Sie wollen, an der Adlerbrücke, also in der Friedrich-Engels-Allee und für den neunten Planeten Pluto müssen Sie bis zum Ende der Schwebebahn nach

Nach 270,7 m Astropfad: die Erde

Vohwinkel fahren. Die Schüler des Barmer Gymnasiums haben sich inzwischen noch um die geologische (und Menschheits-Geschichte) im Wuppertal gekümmert und einen „Geopfad" angelegt, der am Gymnasium beginnt und am Wupperwanderweg im Hölker Feld in Oberbarmen endet (wir werden ihm an beiden Stellen begegnen).

Auf dem Werth kommt man ansonsten bald, wenn man sich nicht durch Shopping aufhalten läßt, zum **Geschwister Scholl-Platz (9)** mit dem „Haus der Jugend", der früheren „Ruhmeshalle". Mit großer, ausladender Freitreppe, attisch-ionischen Säulen eines festlichen Portikus und mit Relief-Szenen aus dem Deutsch-Französischen Krieg kann es trotz demonstrativ anderer Nutzung (Jugendhaus, Bibliothek und Kunsthalle) den pompösen Ruhmeszweck noch immer nicht verleugnen: im „Drei Kaiser-Jahr" 1888 hatten die Barmer den Beschluß gefaßt („zum ehrenden Andenken an unseren unvergeßlichen glorreichen Kaiser Wilhelm"), 1897 wurde der Grundstein gelegt („Gott zur Ehre, den Kaisern zum Ruhme, der Stadt Barmen zum Segen") und 1900 hatte Kaiser Wilhelm II. die Halle höchstselbst eingeweiht, um danach mit Gattin und Kutsche nach Elberfeld zu fahren, „in die Stadt", wie er gesagt haben soll. Die Bausumme von 475.000 Mark hatte übrigens die Stadt allein gar nicht aufbringen können, der (offensichtlich wohlhabende) Barmer Kunstverein hatte zusätzliche Geldquellen erschlossen, weil dort seine reichen und bereits vielgerühmten Sammlungen untergebracht werden sollten. 1943 wurde die „Ruhmeshalle" durch die Bomben des zweiten Weltkrieges zerstört, das endgültige Ende des preußischen Ruhms. Jetzt sollte hier demokratische Jugendarbeit betrieben werden (bald ergänzt durch ein vielfältiges Musikangebot, heute im „Life Club Barmen/ LCB„ im Keller des Hauses, und andere Angebote der Jugendkulturarbeit), die Stadtbibliothek blieb (wie von Beginn an) im Hause, die Bergische Kunstgenossenschaft erhielt eigene Räume, die „Kunsthalle" wurde Ausstellungsort des Von der Heydt-Museums. Inzwischen werden neue Nut-

Kaiserlicher Ruhm ab 1900 (Innenraum)

Alte Postkarte der Barmer Ruhmeshalle

zungsergänzungen beraten, um die „Ökonomie" des Hauses zu verbessern.

Aus dem „Carlsplatz" ist außerdem der „Geschwister Scholl-Platz" geworden, Stadtarchitekten haben ihn etwas modernistisch gestaltet, ein Straßencafé lädt sommerlich ein. Der alte Bismarck steht aber immer noch da, sieht etwas herrisch-mürrisch aus, als passe er nicht hierher, dabei steht er hier zu recht: 1867 hatte er im Wahlkreis Barmen-Elberfeld zum Reichstag kandidiert, war auch mit 60% gewählt worden, allerdings erst im zweiten Wahlgang und hatte daher lieber seinen alten Wahlkreis behalten (in Jerichow bei Magdeburg). 1895 wurde Bismarck immerhin Ehrenbürger der Stadt Elberfeld und sein Barmer Denkmal stand zunächst vor dem Rathaus, der Kaiser (der ihn 1890 zum Rücktritt gezwungen hatte), mußte also bei seinem Besuch den Ruhm nicht mit dem alten Kanzler teilen. Die Dame in wallendem Gewand zu Bismarcks Füßen könnte die historischen Vorgänge noch viel angemessener kommentieren: es ist Klio, die Muse der Geschichte. Klio wäre es gewiß auch

Fürst Bismarck und Klio, die Muse

recht gewesen, daß die Barmer die Geschichte kritisch fortgeschrieben haben, denn der heutige Name des Platzes erinnert an die Geschwister Sophie und Hans Scholl, deren Flugblatt-Protest („Die

Rathausgesims mit aufstehenden „Beigeordneten"

Das Tal der Wupper

Brunnen am Rathausplatz

Der 1935 in Düsseldorf geborene Gert Gerresheim hat mit dem „Stadtbrunnen" auf dem Barmer Rathausplatz das Moment des fließenden Wassers und die ins Tuch eingewebten großen und kleinen „Stadtgeschichten" miteinander verbunden. Zwei große Bleicherschaufeln spenden das Wasser, eine große Webspule spritzt es über das ausladende und gefaltete Tuch über mehrere Plateaus. Gerresheim selbst spricht von einer „plätschernden Bilderbibel der Geschichte der Stadt". Richtig, auch eine Bibel muß man öfter lesen ...

Napoleon zertritt die Bleichergüte

In sechsundzwanzig Einzelreliefs wird von rund vierzig Ereignissen erzählt:

I Sonnborn. Mit ihren Zehnteinnahmen hatte nach 870 die Sonnborner Kirche und der Hof Lüntenbeck das Kloster Gerresheim zu versorgen. Ob es aber wirklich einen „Sonnenbrunnen" gab, kann nicht belegt werden.

II Elberfeld. Der Schulte von Elberfeld „regiert" Tafelhof und Burg. Reinhard von Dassel, Erzbischof von Köln und Kanzler des Kaisers Barbarossa sorgen für die Rückerstattung des Zehnten, die sich der Schulte und Priester Konrad sichern wollten (Veruntreuung). Für den hl. Laurentius (mit Geldsäckel) wird eine Kirche gebaut.Laurentiusrost, Märtyrerpalme.Drei Adlige liegen in Baumsärgen. 1536 brennen Burg und Freiheit bis auf die Grundmauern nieder.

III Beyenburg. Graf Adolf von Berg baut die „Beyenburgh" (auf dem Bienenberg) und gründet ein Kloster für die Kreuzherren (mit Kirche). Papst Johannes XXII. mit Schutzbrief und Kardinalskollegium. Steinhaus.

IV Vohwinkel. Füchse im Winkel und Stadtwappen.

V Bergisch Land. Erzbischof Engelbert II, Graf von Berg, wird 1225 bei Gevelsberg erschlagen. Stammsitz der Grafen ist Schloß Burg. Wappen.

VI Cronenberg. Sensen werden geschmiedet: Eisenschmelzhütte, Rennfeuerofen, Wasserhammer. Stadtwappen.

VII Garnnahrung. Herzog Johann II. gewährt 1527 das Bleichmonopol. Scheffensiegel für Barmen und Elberfeld mit Garnmeistern und Amtmännern.

VIII Bleicher. Bei der Arbeit. Garnbleicherei. Garnkästen.
IX Reformation I. Hus' Verbrennung, Luthers Thesen, Ulrich von Hutten. Bauernaufstand, Calvin, Zwingli, Melanchton, Erasmus von Rotterdam.
X Pest. Pest und Tod (als Pieta), zerbrochene Güte,Hl.Antonius mit Kreuz und Sau (als Zeichen des Ordensprivilegs). Pestlandschaft.
XI Ronsdorf. 1737 ziehen Elias Eller und die Zioniten nach Ronsdorf. Kreuzvison Anne von Büchel. Ronsdorfer Kirchen. Ronsdorfer Stadtprivileg.
XII/XIII Franzosen im Tal. 1805 fällt Herzogtum Berg an Napoleon, die Städte erhalten eine neue Verwaltung. Napoleon hebt auch die Garnahrung auf (tritt auf die „Güte"). 1813 Aufstand der „Klöppelrussen". Peter Merten, einer der Aufständischen, wird am Neumarkt erschossen.
XIV Reformation II. Bereits 1527 predigt Adolf Clarenbach die neue Lehre und wird verbrannt. Vor allem Calvins Lehre setzt sich durch. Als Reformator Wuppertals gilt Peter Lo. Das Waldecker Grafenhaus schützt die Protestanten und stiftet die die erste „Barmer Amtsschule" (1596). Pastor Krummacher.
XV Eisenbahn. 1826 wird im „Casino"-Garten Harkots Probeeisenbahn aufgebaut. 1841 wird die Strecke Steinbeck-Düsseldorf freigegeben.
XVI Elberfelder Barrikaden. Im Mai 1849 kommt es zum Barrikadenkampf in Elberfeld, Friedrich Engels wird „Barrikadeninspektor". Freiheitsgruppe.
XVII Weber. Jacquardwebstuhl, Dampfmaschine. Tod am Webstuhl.
XVIII Arbeiterelend. Verelendung der Arbeiterfamilien. Kinderarbeit.
XIX Ferdinand Lassalle. Arbeiterführer Lassalle redet 1864 in Ronsdorf.
XX Streik. 1868 kommt es zum ersten allgemeinen Streik in Wuppertal.
XXI Waldecker Zuwanderung. Starkes Bevölkerungswachstum, Menschenzug aus Waldeck. Schlösser Waldeck und Arolsen.
XXII Beginn 20. Jahrhundert. Der Kaiser weiht Ruhmeshalle, Rathaus und Schwebebahn ein. Mobilmachung im 1. Weltkrieg. Revolution: Arbeiterräte.
XXIII Städtevereinigung. Das neue Wappen. Zwei Löwen streben in zwei Richtungen, ihre Schwänze sind verknotet. Liebesherz am Baum: E&B.
XXIV 2. Weltkrieg. KZ Kemna. Wuppertal in Trümmern.
XXV Wiederaufbau. Schwimmoper. Kiesbergtunnel. Uni. Schauspielhaus.
XXVI Persönlichkeiten, Architektur (am Brunnenrand). Marx/Engels, Heß/Freiligrath, Brüning/Bredt/ Carnap, A.von der Heydt/D.von der Heydt, Peters/Schlieper, F. W. Dörpfeld/W. Dörpfeld, Duisberg/Bayer, Fuhlrott, Sauerbruch, Domagk. Blank-Schornstein, v. Marées, Köttgen, Lasker-Schüler, Hausmann, Knappertsbusch, Breuer/Kolping, Sonnenschein, Präses Held, Niemöller, Gräber.Lange Häuser, Elberfelder/Barmer Bahnhof, Bayerwerke, Vorwerk, Theater Elberfeld/Barmen, Kasino, Barmer Hauptkirche, Laurentiuskirche, Ruhmeshalle, Rathaus Elberfeld/Barmen, Landgericht, Türme, Treppen.

Eine von der Stadt und vom Stifter Vorwerk&Co herausgegebene Broschüre zum Brunnen (mit Text von Michael Knieriem) ist z.Zt. vergriffen.

Weiße Rose") gegen die Nazis im Februar 1943 (in München) zum Todesurteil durch den Volksgerichtshof geführt hatte. Der Kaiserruhm hat einen bösen Nachgeschmack.

Geht man auf dem Werth weiter, kommt man bald zum **Rathaus (10)**. Hier tagt der Rat der Stadt Wuppertal wirklich und regelmäßig, auch der Oberbürgermeister und mehrere Beigeordnete haben hier ihren Sitz, die zentralen Ämter der Stadt ebenso. Die „acht Beigeordneten„ auf dem Gesims des Rathauses versinnbildlichten alle Arbeitsbereiche einer großen Stadt: Wohlfahrtspflege, allgemeine Verwaltung,Tiefbau, Rechtspflege, Gesundheitswesen, Hochbau, Finanzverwaltung, Schulverwaltung, Kultur erstaunlicherweise nicht. Das in den Zwanziger Jahren (vom Darmstädter Architekten Carl Roth) errichtete Haus mit Arkadenflügeln um einen großen Vorplatz zeigt einen eher gemäßigten Klassizismus, nur der Portikus mit seinen kräftigen Säulen, gerne mit bunten Blumen geschmückt, betont die Potenz des zentralen Regierungsgebäudes. Der inzwischen modernisierte Ratssaal hinter den Säulen ist durch gläserne Wappen für die einzelnen Wuppertaler Stadtteile und der acht Partnerstädte geschmückt. In der Mitte hängt das zusammengefaßte Wuppertaler Wappen: der Bergische Löwe mit Laurentiusrost und Garnstrang, der Löwe wohl bemerkt mit zwei Schwänzen.

Auf dem geräumigen Rathausvorplatz fallen zwei Frauenfiguren des Bildhauers Richard Guhr („Rhenania" und „Barmenia"), zwei Fahnenmasten mit eisernen Sockelfiguren von Paul Wynand und natürlich der Brunnen auf: „Das Tal der Wupper", geschaffen vom Düsseldorfer Bildhauer Bert Gerresheim, gestiftet von der Fa. Vorwerk & Co. Der Rathausplatz war während der NS-Zeit Ort von Demonstrationen: als am 30. Januar 1933 Hitler Reichskanzler wurde, demonstrierte die Wuppertaler Arbeiterschaft bereits drei Stunden später gegen die Nazi-Diktatur. Aufzuhalten war sie nicht mehr, wenige Monate später brannten hier Bücher großer Dichter, auch Kinderliteratur übrigens. Heute ist die Nutzung friedlich: Kundgebungen gelegentlich, Kirmes und andere Feste öfter.

Urbanität zwischen Privatheit und Öffentlichkeit kennzeichnet die lebendige Stadt. Das jedenfalls war eine Behauptung in der Einleitung zu diesem Buch. Was bedeutete dieser Anspruch in der frühen Bürgergesellschaft, was bedeutet er in der heutigen „Erlebnisgesellschaft" (einige sagen auch „Spaßgesellschaft")? In der Barmer City trifft man (zufällig?) auf zwei Häuser, die urbane Erlebniswelten in Vergangenheit und Gegenwart anbieten.

Gegenüber dem Rathaus sieht man am Werth Nr. 48 das Gesellschaftshaus **„Concordia" (11)**, 1898 errichtet. Seine Festlichkeit sieht man schon von außen: ein repräsentatives Portal mit einem mächtigen schmiedeeisernen Balkon, getragen von einer Atlasfigur und von einer weiblichen Figur in langem Gewand, einer „Karyatyde" (also eines der Mädchen von Karyä bei Sparta, die zu Ehren der Artemis tanzten, so war es in der griechischen Götterwelt). Beide zusammen tragen den Balkon und das Schild „Concordia", also Eintracht. Vielleicht ist aber auch Friedrich von Schiller der eigentliche Namenspate: *„Concordia soll ihr Name seyn. Zur Eintracht, zum herzinnigen Vereine versammle sie die liebende Gemeinde"*, so heißt es in Schillers „Glocke." Wie auch immer, klassische Bildung wird in jedem Fall eingefordert, Geselligkeit mit Niveau. Bereits 1801 ist die „Concordia" als „erste Gesellschaft zu Gemarke" gegründet worden, „um da in freundschaftlichem Zirkel die der Erholung gewidmeten Abendstunden zu genießen". Die entsprechende Elberfelder Gesellschaft folgte vier Jahre später, als „Schützengesellschaft am Brill".

Das Kulturbürgertum traf sich in der „Concordia"

Die „Concordia" war im 19.Jahrhundert das Zentrum des geistigen, kulturellen und politischen Lebens in Barmen, gewiß preußisch gesinnt. König Friedrich Wilhelm war 1833 bereits als Kronprinz Gast, als König 1842 sogar Gastgeber. Später wurden „Freiheitsschwärmer in Zucht und Ordnung gehalten", der junge Dichter Ferdinand Freiligrath wurde 1837 zwar Mitglied, aber hatte nach zwei Jahren bereits die Nase voll: „In diesem Tale können die Musen nicht heimisch werden – ich gehe." Das war voreilig, denn immerhin entstanden in der „Concordia" wichtige Kulturvereine: die spätere Konzertgesellschaft etwa (mit eigenem Konzertsaal!), der engagierte Barmer Kunstverein, der heute noch tätige Barmer Verschönerungsverein, der Naturwissenschaftliche Verein und der Bergische Geschichtsverein. Auch einen „Verein für wissenschaftliche Vorlesungen" gab es bald: „an der Spitze frisch zu schreiten, wo ein edles Werk geschah, Ehrenpflicht zu allen Zeiten war es der Concordia" (so hatte es der Concordia-„Barde" Emil Rittershaus gereimt). Exklusiv ging es in diesem Club zu und die Aufnahmeregeln für „Concorden" waren streng, nur auf Dreiervorschlag konnte man Mitglied werden.

„Concordia" war eine Herrengesellschaft, Frauen durften nur nach- oder gelegentlich mitkommen. Hier traf sich die Barmer Führungselite, hier wurde Stadtpolitik gemacht und wenn sich heute die Rotarier immer noch regelmäßig in den „Concordia"-Räumen treffen, mag es sein, daß es so geblieben ist. Das ist dann politische Geselligkeit, Beziehungspflege, „herzinnigstes Vereintsein". „Geselligkeit in modernem Stil" wird versucht, Dienstleistungen für andere Clubs (neben den Rotariern auch Lions, Soroptimisten, Offiziersverein), Familienfeste und „ein gutes Weinangebot", auch noch Kegel- und Bridge-Clubs, das eine für

Herren, das andere für Damen. *„Concordia parvae res crescunt!" meint wohl „Eintracht läßt die kleinen Dinge wachsen" oder, wenn schon, dann auch: „discordia vel maximae dilabuntur", laut Kurt Frowein frei übersetzt „während durch Uneinigkeit selbst die größten Gedanken vor die Hunde gehen ...".* Das sieht man im Rathaus gegenüber auch so.

„Bobos" im Brauhaus, Obst und Gemüse vom Markt. Wie wirksam solche Bürgergesellschaft in exklusiven Clubs heute noch ist, weiß niemand genau. In anderen Gesellschaften herrschen inzwischen eher die „Bobos", die „bourgeoisen Bohemiens", gesellig zwar ebenfalls, aber offener, öffentlicher auch. Geselligkeit hat neue Formen gefunden, flüchtige Erlebniskulturen, mit weniger Bindung und Verpflichtung, weder kulturell noch politisch besonders engagiert. Man trifft sich eher hinter dem Rathaus, im **Barmer Brauhaus (12)**, einträchtig durchaus, demokratischer gemischt in jedem Fall. Hier können Sie süffiges, hausgebrautes Bier in Hell und Dunkel trinken, deftig essen und sich mit vielen Leuten treffen, zu warmen Jahreszeiten auch in einem geräumigen Biergarten. An der riesigen Rundtheke in der Brauhaushalle sieht man die Braukessel, aber auch einige Badefiguren und das hat seinen Grund: noch vor wenigen Jahren war das Brauhaus das älteste Wuppertaler Hallenbad (an der Kleinen Flurstraße), 1881/1882 erbaut. Die Renovierung hätte sich nicht mehr gelohnt, unter Protest war das Bad geschlossen worden. Heute hat das Haus am Tag mehr Besucher als früher in der ganzen Woche. Sie sollten hier eine Pause machen, ein Bier trinken, etwas essen – oder auch abends wiederkommen. Eine höchst urbane Atmosphäre herrscht an sommerlichen oder herbstlichen Samstagvormittagen im überfüllten Biergarten, mit Blick auf den gut sortierten Barmer Wochenmarkt, die Erinnerung an den Münchner Viktualienmarkt ist nicht weit hergeholt. Na ja, Weißwürste gibt es nicht immer, die „Brotzeit" ist bergischer sortiert. Umso vielfältiger ist das Obst- und Gemüseangebot aus bergischen Landen: selbstgebackenes Brot gehört dazu, ein schönes Glas Marmelade, kräftige Schinken und dazwischen durchaus mediterrane Gewürz- und Olivenstände, pikanten Käse ebenfalls (meistens

Neuer Treffpunkt Brauhaus

ist auch mindestens ein Holländer Käse- oder Blumenstand da). Blumengestecke kann man kaufen, Rosen und Tulpen aus dem Bauerngarten, Sträucher für die große Bodenvase, Kartoffeln jeder Sorte natürlich auch. Man kann es genießen, urbane Stadt.

Hinter Rathaus und Brauhaus blickt man auf den Rand des Sedansbergs. Hohe Wohnblöcke fallen auf, aber auch ein großes Verwaltungsgebäude mit einem (nicht nur in Wuppertal) bekannten

Ein „Kobold“ unter den Barmer Artikeln

Über die Geschichte einer Idee

„Zu meinen frühesten Kindheitserinnerungen gehört das Bild unserer Haushaltshilfe, Eleonore Frech, die in meinem Kinderzimmer mit einem merkwürdigen Gerät, den Fußboden behandelte. Mit kreisförmigen Bewegungen sauste eine ‚heulende‘ grün-weiße Apparatur über den Linoleumbelag, ‚zum Bohnern‘, wie mir später erklärt wurde. Frau Frech verwendete den Kobold nicht nur zur Pflege der Böden, auch die Teppichläufer wurden unter Zuhilfenahme der Elektroteppichbürste vom Schmutz befreit. Zum Staubentfernen in Ecken, auf Stühlen und sogar auf den Gardinen steckte sie eine lange Schlange vors Gerät. Ein ‚schwertfischartiger‘ Aufsatz wurde zum Reinigen der Heizkörper verwendet. Als ich einmal krank war und Atembeschwerden hatte, diente der Kobold mit seinem aufgesetzten Wassertank als Luftbefeuchter.“

Kobolde werben für Kobolde

Wahrscheinlich sind diese Erinnerungen des Berliner Verlegers Detlev von Oppeln recht verbreitet in Deutschland, viele kennen jedenfalls solche „Kobold“-Geschichten aus ihren Familien. Der Verleger erzählt von ihnen im Vorwort eines Buches, das Dr. Beate Battenfeld, Archivarin bei Vorwerk & Co., mit vielen weiteren technischen, ökonomischen und kulturell-privaten Geschichten angefüllt hat („Kultstaubsauger Kobold, der mit der Trockenhaube, Tescher Verlag Berlin, 1998).

Ingenieur Engelbert Gorissen, „technischer Kopf“ von Vorwerk & Co. hatte 1929 die Idee: er konstruierte um den Motor eines Grammophon-Laufwerkes ein Gehäuse mit Saug- und Blasstutzen, steckte auf die Achse ein Gebläserad und machte ihn damit zum Herzen eines kleinen, handlichen und vielseitigen Staubsaugers – ohne sperriges Gehäuse, reduziert auf Motor, Staubbeutel, Stiel, leistungsstark und preiswert zugleich. Im Mai 1930 wurde die Erfindung patentiert. Der Verkaufserfolg über Fachmärkte war allerdings mager (obwohl der Kobold nur 56 Reichsmark kostete). Er stand in den Schaufenstern und der Kunde bekam ihn nicht in die Hand. Also änderte man das Vertriebssystem, die zweite geniale Idee: der Kobold kam in die Wohnung, die Hausfrau konnte ihren „Hausgeist“ selbst ausprobieren.

Spätestens seit Ende des Zweiten Weltkrieges bzw. seit 1948 begann dann der „Siegeszug“ des Kobold: aus dem Ur-Kobold Modell 30 war das Modell S entstanden. Die vielen Zusatzgeräte hatten die Verwendungsmöglichkeiten vervielfacht: vom Bohnern bis zur Heißluftdusche, vom Zerstäuber (gegen Fliegen und Schnaken) bis zur berühmten Trockenhaube, aus hygienischen Gründen sind die Verwendungsmöglichkeiten allerdings schon länger eingeschränkt. Bereits 1973 wird der zehnmillionste Kobold verkauft, inzwischen hat man wohl die dreißig Millionen überschritten. Die Zählung hat inzwischen die Ziffer „Kobold 131“ erreicht. Die Kobold-Verkäufer wurden zu Fachberatern und Servicemen und das inzwischen international. Im Vorwerk-Haus ist die tägliche Dienstsprache mittlerweile Englisch, man produziert in der ganzen Welt.

Der Kobold als „Barmer Artikel“ (der erfolgreichste „Elberfelder Artikel“, das Aspirin, wird ja dort nicht mehr produziert) hat inzwischen den Welterfolg der „Barmer Bänder“ weit übertroffen. Kobolde machen ja auch anhänglich, man wird sie kaum noch los, wenn sie einmal ins Haus gekommen sind. Beate Battenfeld zitiert in ihrem Buch viele alte Kobold-Kunden, vor allem Kundinnen:

Frau Wunderlich aus Leipzig bedankte sich im Oktober 1988 (ein Jahr vor der Wende) für den „kleinen Kerl“, der heute noch Freude bereitet. Sie hatte sogar die Rechnung gefunden: für 81 Reichsmark (gezahlt in drei Raten zu 27 RM) hatte sie den Kobold Modell S im März 1940 gekauft!

Namen: **Vorwerk & Co. (13)**. Der Produktionsort ist zwar inzwischen nach Laaken im Tal nach Beyenburg verlegt worden, aber die Tradition eines der ältesten Wuppertaler Großunternehmen begann im Zentrum Barmens und die Fa. Vorwerk wird heute auch hier noch gesteuert. 1883 war die Teppichfabrik Vorwerk & Co durch die Brüder Carl und Adolf Vorwerk gegründet worden, 1907 war August Mittelsten Scheid, Schwiegersohn von Carl, alleiniger Firmeninhaber geworden. Das international tätige Unternehmen in Familienbesitz hat heute vier Sparten: Direktvertrieb mit Raumpflegegeräten, Thermonix und Einbauküchen, Teppiche für den Einzelhandel sowie gewerbliche Dienstleistungen (u.a. Gebäudedienste). Wie in Elberfeld dem Namen Von der Heydt begegnet man in der Barmer Wirtschafts- und Stadtgeschichte immer wieder den Namen Vorwerk und Mittelsten Scheid. Die Geschichte des bereits in den Dreißiger Jahren entwickelten Staubsaugers „Kobold“ ist mehr als eine erfolgreiche Produktgeschichte, sie ist zur „Kultgeschichte“ geworden, zum neuen „Barmer Artikel„ (wie früher nur Bänder und Litzen), weltweit bekannt und vertrieben.

„Des Herren Wort bleibt in Ewigkeit“: Von der Gemarke hinauf zum Sedansberg

Wenn das frühe Barmen eigentlich „Gemarke“ war, dann war das Zentrum der Platz der **Gemarker Kirche (14)** in der Zwingli-Straße, parallel zum Werth. Im frühen Barmen stand hier die erste (natürlich reformierte) „Amtsschule“, 1579 gegründet. Eine erste Kirche stand hier von 1710-1888. Im Osteingang der Kirche hängt noch ein „Dankmonument“ aus dem Jahr 1718 aus schwarzem Schiefer zur Erinnerung an die Geldsammlung in England zum Aufbau dieser ersten Gemarker Kirche: für „mehr als 2.000 Pfund

Die alten Türme von St. Antonius und Gemarke

in englischer Münze mit großer Freigebigkeit zugewandt und uns zugesandt". Im Mai 1888 wurde der Grundstein zur neuen Kirche gelegt, deren alte Pracht nur noch auf Fotos zu sehen ist, den Grundstein findet man allerdings noch (im Eine-Welt-Laden). Bei den Bombenangriffen im Mai 1943 wurde die Kirche weitgehend zerstört. Während der NS-Zeit war sie zu einem berühmten kirchenpolitischen Ort geworden. Hier wurde 1934 die „Barmer Theologische Erklärung" verabschiedet. Schon auf dem Werth wird mit einem kleinen Mahnmal (von Ulle Hees) auf Ort und Ereignis aufmerksam gemacht: eine Menschengruppe hat die Arme zum Hitlergruß erhoben, eine andere wendet sich demonstrativ ab und vertieft sich in die Bibel. Auf zwei Bronzetafeln wird die Geschichte kurz zusammengefaßt: „Am 31. Mai 1934 beschloß die erste Bekenntnissynode der Deutschen Evangelischen Kirche die Barmer Theologische Erklärung in der Gemarker Kirche. Sie bekannte sich damals zu den in 6 Thesen ausgesprochenen biblischen Wahrheiten und wies mit dieser Erklärung ‚angesichts der die Kirche verwüstenden Irrtümer' einen klaren Weg."

Der Kirchenkampf war eine Reaktion auf den massiven Versuch der Nazis, mit den „Deutschen Christen" auch die Kirchen gleichzuschalten. In Barmen hatte die bekenntnistreue Liste „Für Christus und die Gemeinde" bei den Kirchenwahlen die Mehrheit behalten, die Pfarrer der Gemeinde (wie Karl Immer und Paul Humburg) blieben standhaft im Glauben, trotz Schikanen und Verfolgungen hielt die Gemeinde zusammen. Die Barmer Synode aus achtzehn reformierten, lutherischen und unierten Landeskirchen hatte 139 Synodale und offensichtlich waren die Nazis nicht von einer Einigung ausgegangen. Der Bonner Theologieprofessor

Karl Barth hatte die Thesen vorformuliert, die erste Bekenntnisthese machte den Anspruch der Kirchen klar: „Jesus Christus, wie er uns in der Heiligen Schrift bezeugt wird, ist das eine Wort Gottes, das wir zu hören, dem wir im Leben und im Sterben zu vertrauen und zu gehorchen haben." Das war keine Kampfansage, aber ein eindeutiges Bekenntnis.

Durch das Projekt „City Kirche" (mit Café) und den Eine-Welt-Laden ist die Gemarker Kirche in der Barmer Innenstadt auch heute offen und ansprechbar, auch außerhalb der Gottesdienste soll die „Gastfreundschaft Gottes" erfahren werden. Bemerkenswert ist darüber hinaus der Neubau der Synagoge Bergisch-Land direkt neben der Kirche: nirgendwo sonst in Deutschland kommen sich beide Gemeinden so nah. Zu diesem Neubau für die wieder stark gewachsene jüdische Gemeinde haben alle anderen Kirchen und andere bergische Städte beigetragen. Die frühere Synagoge, am 9. November 1938 „ein Opfer des Rassenwahns", stand etwas weiter nördlich am Rande des Sedansbergs. Im Jahre 2002 soll die neue Synagoge fertig werden.

An der Gemarker Kirche steht eine Bronzefigur des Wuppertaler Bildhauers Ernst Gerd Jentgens mit trauernd niedergeschlagenem Kopf. Geht man einige Schritte weiter durch die Zwinglistraße, überquert dann den breiten Steinweg in die Straße Unterdörnen, findet man vor einer weiteren Kirche eine weitere Jentgens-Figur. Die katholische Kirche St. Antonius lohnt einen Besuch, aber er soll erst am Ende des zehnten Stadtrundgangs erfolgen.

Zum Sedansberg. Von der Gemarker Kirche sollten Sie am Alten Markt am modernen Büro- und Geschäftshaus entlang zum Sedansberg hinaufgehen. Die Architekten Rhode, Kellermann, Wawrowsky und Partner/RKW haben das moderne Gebäude auf ein lange brach liegendes schwieriges Innenstadtgelände ge-

Trauernd: Jentgens-Skulptur

baut, die Dächer begrünt und gestaffelt, die Wände durch eine warmgetönte Natursteinfassade geschmückt, abgeschlossen durch einen leicht wirkenden hohen gläsernen Turm, wie ein Eingangstor zur Barmer Innenstadt. Auf dem Sedansberg können Sie einiges über Barmer Kultur- und Sozialgeschichte erfahren. Der Weg führt über den Steinweg zur Sedansstraße hoch. Man sieht von weitem das große steinerne Viadukt der „Rheinischen Bahn" (nicht mehr benutzt). Am Jugendstilbau des Gymnasiums gleichen Namens gibt uns Seneca einen lehrreichen Spruch auf den weiteren Weg mit: „Wahre Freude ist eine ernste Sache". Eine ernste und zugleich lehrreiche Sache ist der hier beginnende **„Geopfad"**, den (wie den

Johannes Rau

Mein Sedansberg

Dr. h.c. Johannes Rau, Bundespräsident, 1978-1998 NRW-Ministerpräsident, 1969/70 Oberbürgermeister Wuppertal, 1931 in Barmen geboren

Der Sedansberg – für uns Kinder aus der Riescheider Straße war der Sedansberg so etwas wie ein Zentrum und eine bedeutende Stadt. Wie viele Schulen gab es da – in der Viktorstraße und am Fuße des Berges selber (ein Gymnasium!), in der Leimbacher Straße gleich nebenan und in der Schützenstraße auch. Bis die „Konfessionalisierung" die eine schloß und wir in die andere gingen ... – aber die Schule war ja nicht der Mittelpunkt des Lebens!

Aus dem Springen waren meine Eltern 1931 wenige Monate nach meiner Geburt in die neue Siedlung an der Riescheider Straße gezogen, gleich unterhalb des Kindergartens, in dem „Tante Anna", Schwester Anna Bicker, ganze Generationen von Kindern nicht aufbewahrte, sonder prägte.

Wir wohnten in der Riescheider Straße 14 – fünf Kinder in einer Etagenwohnung im ersten Stock – im Parterre eine bekennend katholische Familie mit mindestens der gleichen Kinderzahl, im zweiten Stock der Blockleiter mit dem nahezu täglichen Bekenntnis mit der Hakenkreuzfahne im Fenster. Dazwischen wir, zwischen Bekennender Kirche und dem Gemeinschaftswerk des Blauen Kreuzes, das dem „Führer" einfach manches nicht zutraute und deshalb voller Zutrauen war.

Wir Kinder Rau besuchten nach der Grundschule verschiedene Gymnasien: die ältere Schwester in der Bleicherstraße, der Bruder das nach Horst Wessel benannte am Sedansberg, ich selber (für

Gemälde von Claus Otto Paeffgen, 1983
(im Von der Heydt-Museum)

ein Jahr bloß, dann kam der Angriff) das Wilhelm-Dörpfeld-Gymnasium.

Die Nacht vom 29. auf den 30. Mai 1943 änderte das Leben. 6.000 Tote – ich sehe noch verkohlte Leichen im ehemaligen Konsum auf der Höhe der Sedanstraße, ich rieche noch Phosphor und ich sehe mich noch in dem kleinen Leimbach Wasser schöpfen, weil mein Vater (auf Heimaturlaub), mein Bruder und ich ein Haus zu retten versuchten, in dem vorher die Bäckerei Tippmann gewesen war. Der Morgen nach dieser Schicksalsnacht hat vieles verändert.

Während sich Freunde vom Wichelhausberg zu uns gerettet hatten und mit uns am großen Küchentisch saßen, berichtete mein Vater, was ihm „ein Kamerad" im Urlauberzug von Rußland ins

Rheinland erzählt, ja anvertraut hatte: daß es „im Osten“ Lager gab, in denen Juden und Kommunisten, Sozialdemokraten und andere „Vaterlandsfeinde“ inhaftiert waren und Zwangsarbeit leisten mußten, gefoltert und getötet wurde. Das vergißt man so wenig wie die Leichen auf dem Berg, das brennt sich ein, das verändert das Kinderleben eines Zwölfjährigen, der tags zuvor noch versucht hat, das erste Sportabzeichen zu „erkämpfen“.

Nach dem Angriff, der eine Zeitenwende für die Stadt war wie später der Angriff auf Elberfeld (25. und 26. Juni 1943), wurden die Schulen evakuiert nach Gera und Weimar und werweißwohin. Der Vater zurück „ins Feld“, wollte die Mutter uns die Trennung ersparen und „reiste“ – was das damals für Reisen waren! – mit vier von fünf Kindern (die älteste war schon zur Schwesternausbildung weit weg im Osten) zuerst zu Freunden nach Chemnitz. Als sich dort keine Wohnung finden ließ, ging's nach Erfurt, wo der einzige Bruder des Vaters eine Bleibe besorgen konnte. Als wir irgendwann 1944 zurückkamen, war die Wohnung „besetzt“ und die Schulen existierten so nicht mehr. Statt dessen gab es eine „Sammeloberschule Ost“, die war nicht auf dem Sedansberg, sondern in Wupperfeld.

Zwischen Riescheider Straße und Sedansberg war das wichtigste: der Klingelholl. Da sammelte der tapfere ostfriesische Pastor Karl Immer die Jungen und seine Tochter Leni die Mädchen zum verbotenen Schülerbibelkreis (BK). Er war einer der Väter der „Barmer Erklärung“ von 1934 gewesen, ein Fels in der Brandung und ein Leuchtturm im Nebel. Da entstand mein Heimatboden, da hörte ich zum ersten Mal von Martin Niemöller und von Karl Barth, von Dietrich Bonhoeffer und von Paul Schneider.

Alles, was dann kam, war nun folgerichtig: der Abbruch des neusprachlichen Gymnasiums nach der und wegen der Währungsreform 1948, die Verlagsbuchhändlerlehre bei Emil Müller, der einmal der legale und der illegale Verlag der Bekennenden Kirche gewesen war. Der Vater reiste als Freier Evangelist durch Kirchen und Freikirchen kreuz und quer durch Deutschland, den Sohn packte zuerst die Frage nach der Wiedereinführung einer Armee vor der Wiedervereinigung Deutschlands, dann die Politik überhaupt. Er wohnte – bis 1967 – weiterhin in der Riescheider Straße und oberhalb des Sedansberges, aber dieser Berg kriegte eine neue Dimension: Georg und Adolf und Eva Röder boten den Künsten Asyl, zuerst den bildenden, dann ihren Verehrern, Bewunderern und den dilettantischen Freunden. So entstand und so lebte und belebte die „Palette“, das „Künstler-Nachtlokal“, an dem man klingeln mußte und an dem ich jeden Abend klingelte. Das war nicht politikfern, wenn William Schlamm und Erich Kuby diskutierten, wenn Sepp Schelz brillierte und wenn Heinemann und Scheu, Wessel und Rau Strategien für ein anderes, besseres Deutschland berieten ... Geliebter Sedansberg!

Barmen, Riescheider Straße

„Astropfad") eine Gymnasiasten-Klasse entwickelt und beschildert hat. Die erste Informationstafel lesen Sie in der Viktorstraße: „Als Wuppertal in den Tropen lag". Es wird vom Massenkalk erzählt, der den Untergrund des Sedansbergs bildet. „Der Boden, auf dem wir stehen, gehört damit zu dem großen Korallenriff, das im Flachmeer des Mitteldevon vor etwa 380 Millionen Jahren wuchs." Das macht neugierig. Spätestens beim Wupperwanderweg (Rundgang 17) können wir auf solche geologische Vergangenheit zurückkommen.

Der Sedansberg kann erwandert werden, Sie sehen viele ältere Wohnstraßen, geschlossene Wohnhöfe, ruhige Siedlungen. Die Sedanstraße hinauf kommen Sie bis zum Klingelholl und den Nordpark. Gehen Sie zunächst wenigstens bis zur Galerie **„Palette" (15)** und dann entweder rechts in die Münzstraße oder, besser noch, bis zur Siedlungsstraße und von dort wenigstens bis zur schön renovierten Kirche St. Marien (mit herrlichen neuen Glasfenstern von Peter Brahm), dahinter liegt der „Wichelhaushof". Aber auch gleich am Anfang der Münzstraße hinter der „Palette" finden Sie einen wohlhabend wirkenden Wohnhof, der aber ein Mietwohnungsprojekt war und ist. Sie sollten mit den Leuten reden, die dort wohnen und leben, sie könnten viel erzählen.

Der Sedansberg verdankt seinen Namen dem Sieg Deutschlands über Frankreich und sein soziales Profil der Hochkonjunktur danach. Jedenfalls kümmerten sich die Barmer Fabrikanten spätestens ab 1872 verstärkt um die sozialen Belange ihrer Arbeiter. Es entstanden Arbeiterhäuser, sogar eine eigene „Barmer Baugesellschaft für Arbeiterwohnungen" wurde gegründet, im „roten Viertel" des Sedansbergs entwickelten sich Genossenschaften, für die Verwaltung von Wohnungen, für Versicherungen, für den günstigen Einkauf von Lebensmitteln. „Volks-

Treffpunkt Künstlerlokal „Palette"

fürsorge" und „Vorwärts" erhielten hier ihre einflußreichen Zentralen. Auf dem Sedansberg wohnten Arbeiterfunktionäre, Gewerkschafter, Sozialdemokraten, Arbeiterkünstler wie Gustav Adolf Uthmann (Komponist vieler Arbeiterlieder, für die vielen Chöre zum Beispiel). 1919 wurde in der Sedanstraße 4 die Barmer Volkshochschule gegründet, 70% der Hörer waren Arbeiter und Angestellte. Später siedelten sich weitere Künstler an, ihr Treffpunkt wurde das Haus von Georg Röder in der Sedanstraße Nr. 68. Georg Röder hatte mit dem Zeichnen von Weinetiketten begonnen, war später zum anerkannten Landschaftsmaler geworden. Aus dem „Röderhaus" wurde die „Palet-

Reiner Rhefus

„Wir bauen eine neue Welt“ : die Konsumgenossenschaft Vorwärts

Das imposante, jedoch etwas heruntergekommene Jugendstilgebäude Münzstraße 35-53 gehört zu einem Gelände von insgesamt ca.7.000 qm mit mehreren Gebäuden und war bis 1931 die Zentrale der Konsum- und Produktionsgenossenschaft „Vorwärts“ Barmen, 1899 gegründet. Preiswerte und gute Lebensmittel, Unabhängigkeit von den Lebensmittelhändlern – vor allem in Zeiten von Streiks – und der schrittweise Aufbau eines eigenen Wirtschaftssystems waren die hochgesteckten Ziele dieses Vorhabens. Um einen Innenhof gruppierten sich: Bäckerei, Metzgerei, Lagerräume, Limonadenabfüllung.

Im Kontorhaus befand sich neben der Vewaltung auch die „Arbeiterbank“ und das genossenschaftseigene Unternehmen „Volksfürsorge“. Entlang der Elsternstraße entstand eine genossenschaftliche Häuserzeile mit preiswerten und guten Wohnungen (Bj. 1906, Einbauschränke, Toiletten, Balkone ...). Schon die Gruppierung der Funktionen Arbeiten, Handeln, Verwalten, Wohnen um den Innenhof ist bezeichnend. Ein Wahlplakat der SPD (1927/28) brachte es auf die kurze Formel: „Wir bauen eine neue Welt“.

Massiver Sockel, in Werkstein gearbeitete Halbsäulen und Kapitelle, schmiedeeiserne Jugendstilvergitterungen: die Fassade des Haupthauses lag als weithin sichtbares Zeichen über dem Bahnhofsgelände Heubruch, baulicher Ausdruck des Selbstbewußtseins der Barmer Sozialdemokraten schon in der Kaiserzeit. Sie waren schon seit 1874 die größte politische Kraft der Stadt, aufgrund des preußischen Dreiklassenwahlrechts jedoch bis 1908 von jeder kommunalen Mitwirkung ausgeschlossen.

In der Häuserzeile Elsternstraße wohnten Genossenschaftsmitglieder, oft Beschäftigte und leitende Genossenschaftler. Im Haus Nr. 16 befand sich eine der insgesamt drei „Verteilungsstellen“ im Stadtteil. Im gleichen Haus wohnte auch der Barmer Gewerkschaftsvorsitzende, Mitbegründer und langjähriger Vorsitzender der Genossenschaft, Carl Eberle. Carl Eberle kam ca. 1880 als wandernder Handwerker nach Barmen, war als Sozialdemokrat zeitweise in Haft, hatte Briefkontakt zu Friedrich Engels, war Vorsitzender der Gewerkschaftskommission, Gründer der Genossenschaft, Redakteur der „Freien Presse“ und 1909 erster sozialdemokratischer Stadtverordneter,1919 erster SPD-Beigeordneter. 1933 saß er im KZ Kemna in Haft und von den SA vielfach verfolgt. Er wohnte bis zu seinem Tode 1951 in der Elsternstraße. Im Nachbarhaus wohnte über drei Generationen die Familie Dreßler, Rudolf Dreßler als jüngster Sproß der Familie, war jahrelang Bundestagsabgeordneter und ist heute Botschafter in Israel.

Beeindruckend ist die Bahntrasse in den Sedansberg: sie unterquert die Straße und führt in zwei Tiefgeschosse unter den Hof und das Lagergebäude. Mit einem Aufzug wurden die Waren dann in die Lager und Produktionsstätten verteilt. Die dadurch erleichterte Zugangsverbindung war von zentraler Bedeutung, denn man wollte möglichst viele Produkte, die nicht selbst erstellt wurden, aus anderen genossenschaftlichen Betrieben beziehen

(neben Lebensmitteln auch viele Waren des täglichen Bedarfs wie Seife, Tabak, Fahrräder, Möbel ...)

1924 schlossen sich die Konsumgenossenschaften aus Elberfeld, Barmen und Velbert zusammen, 1928 entstand eine neue Zentrale an der Konsumstraße 45-51 (Klausen). Der Komplex Münzstraße wurde 1931 an die Stadt verkauft und 1932 von der SA als Sturmlokal und Kaserne genutzt (ein übertünchtes Hakenkreuz sieht man noch heute). Die Tiefgeschosse füllten sich mit politischen Gefangenen. Die lokale Wehrmachtszentrale und das faschistische Hilfswerk fanden hier Platz, nach 1943 ein Lebensmittelgroßhandel, nach 1945 ein lebhafter Schwarzmarkt für Lebensmittel. Nach einer Nutzung für Werkstätten und Lagerräume ist eine angemessene Zukunftsnutzung dieses historischen Ortes noch nicht gefunden worden.

te", Sohn Adolf mit Familie setzten die künstlerisch-kulinarische Arbeit auch nach dem Zweiten Weltkrieg fort. Hier trafen sich Künstler, Publizisten, Politiker, der spätere Bundespräsident Johannes Rau war oft dabei, der Sedansberg ist seine Heimat, in der Riescheider Straße war er aufgewachsen.

Während im nördlichen Teil des Sedansbergs vor allem während der NS-Zeit Kirchengeschichte geschrieben wurde (mit Karl und Leni Immer beispielsweise), waren die Zentralen der Sozialgeschichte im südlichen Teil, in der Münzstraße 35-53. Das Kontorgebäude des **„Vorwärts" (16)** war in einem durchaus repräsentativen Gebäude gegenüber dem Bahnhof Heubruch untergebracht, ebenso die Großbäckerei, die Lagerräume, die LKW-Werkstätten, aber auch eigene Wohngebäude. Die Geschichte dieser Genossenschaften muß gesondert erzählt werden. Hier ist Sozialgeschichte geschrieben worden, inzwischen fast ver-

„Vorwärts": Lebensmittelverteilung mit LKW

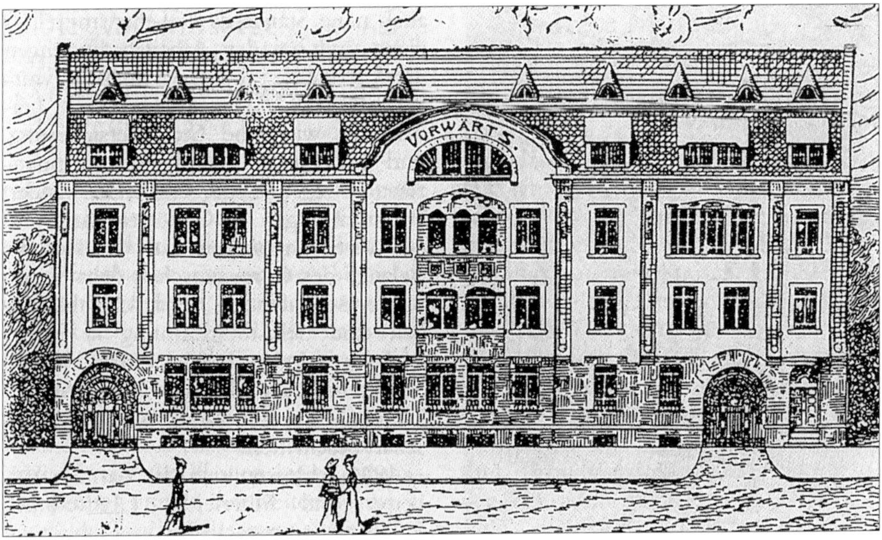

Die alte Frontfassade an der Münzstraße

gessene. Bei der Spurensuche nach sozialer Politik in Deutschland, nach den kulturellen, sozialen und politischen Quellen der Arbeiterbewegung und ihrer genossenschaftlichen und parteilichen Organisation wird man im Wuppertal vor allem an zwei Stellen besonders fündig: in der Elberfelder Nordstadt und auf dem Barmer Sedansberg.

Von der Münzstraße kommen Sie über die Elstern- oder Alarichstraße noch einmal in die Wohnquartiere des Sedansbergs bis hinter den Klingelholl. Oder Sie gehen wieder hinunter ins Tal, über die Westkotterstraße und von dort durch die Bachstraße zum Bahnhof Werther Brücke zurück. Von hier aus können Sie erneut „über den Werth" spazieren oder an der Wupper entlang gehen. Für den Weg an der Wupper gibt es einen anschließenden eigenen Rundgang und der führt von Barmen wieder bis nach Elberfeld.

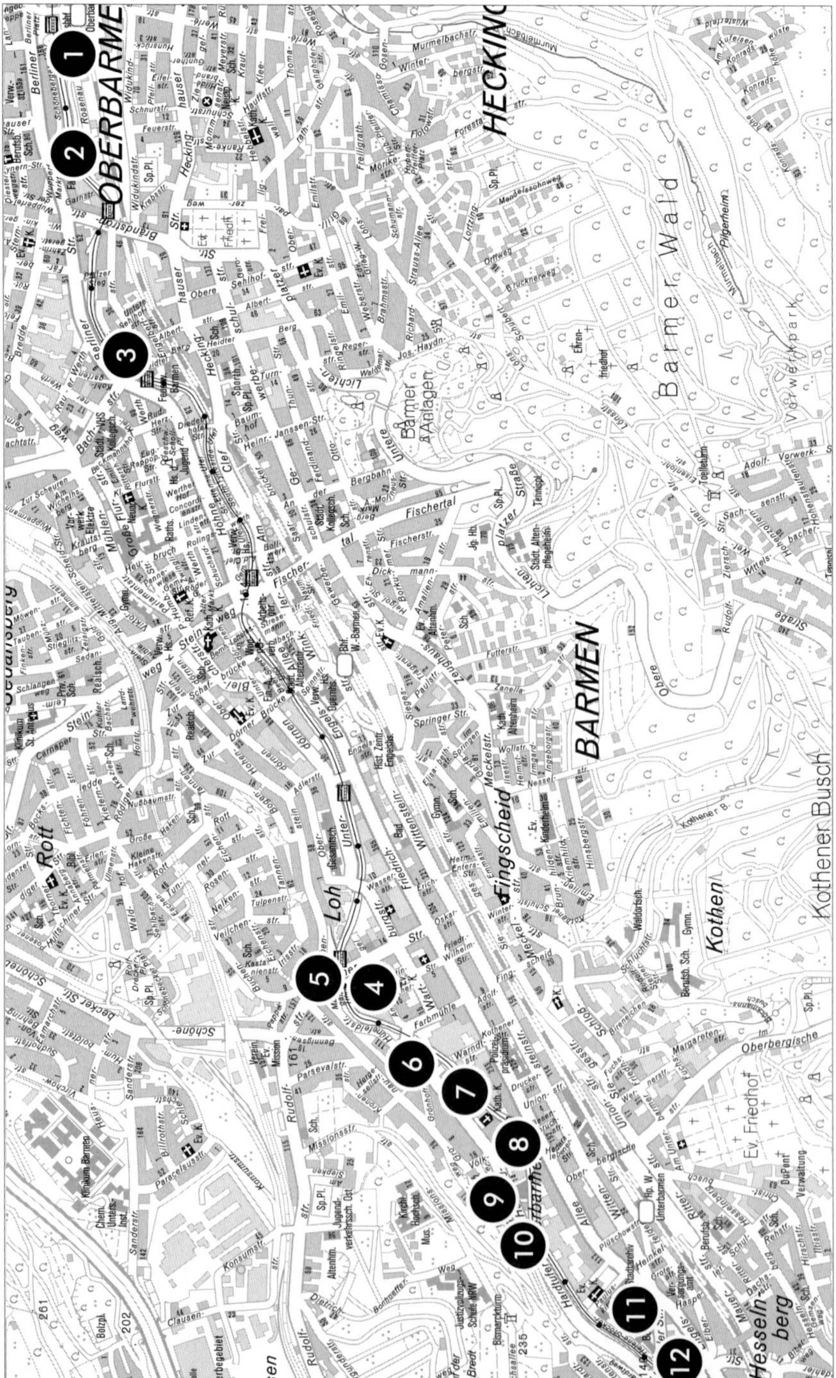
OBERBARMEN
BARMEN
Barmer Wald
Barmer Anlagen
Kothener Busch
Kothen
Fingscheid
Loh
Rott
Hesselnberg
1
2
3
4
5
6
7
8
9
10
11
12

Lebensader Wupper

Ein Spaziergang an Ufern und Aufbruch ins Tal

Rundgang 3: *Ein Wupperspaziergang vom Berliner Platz in Oberbarmen zum Landgericht*
Dauer: *drei Stunden*

Schon historisch ist die Wupper „Lebensader“ für die Städte im Tal: den Bleichern wurde deshalb das Garnmonopol zugestanden, die Färber entnahmen das Wasser, das sie brauchten (und das gefärbte Wasser floß wieder zurück), Kotten und Hämmer nutzten die Wasserkraft (auch an den Nebenflüssen). Textil-, Chemie- und Werkzeugindustrie entstanden daher schon früh an diesem vergleichsweise kleinen, aber fleißigen Fluß. Die Fabriken wurden nah am Wasser gebaut, bei manchem Hochwasser allzu nah. Der Fluß wurde bald dunkel und schmutzig und der Tierwelt bekam die intensive Nutzung der Wupper eher schlecht (obwohl es schon wieder viel mehr Fische in der Wupper geben soll, auch Lachstreppen zurückgebaut wurden). Eine idyllische Wupperpromenade findet man ursprünglich selten, jedenfalls nicht durchgängig, ein Entwicklungsprogramm „Lebensader Wupper“ soll das in Zukunft ändern, ein „Aufbruch“ in den Talraum wird gewünscht. Dorthin kommen wir später.

Von Oberbarmen zum Alten Markt

In Wuppertal hat der Fluß schon einiges hinter sich, bei Börlinghausen westlich von Meinerzhagen entspringt die Wupper, durchfließt märkische Wälder und Auen, kommt bei Beyenburg auf unser Stadtgebiet und ist bis Heckinghausen noch immer recht idyllisch, obwohl die Fabriknutzung schon früh beginnt. Da Beyenburg und das Tal dorthin ein späteres Rundgangthema (Nr. 12) wird, soll unser Wupperspaziergang am **Berliner Platz (1)** in Oberbarmen beginnen. Ein „Schlemmer Pavilllon“ am modernen Stationsaufgang kann Sie stärken. Eine ganze Weile gehen Sie an der Wupper entlang, können einiges in der Nachbarschaft entdecken, schöne Plätze finden, interessante Gebäude und Einrichtungen. Die Elberfelder Wupperzugänge (z.B. zwischen Schloßbleiche und Kluse) werden Sie bei den dortigen Rundgängen finden und ab Sonnborn sollten Sie ohnedies die Erkundung der Wupper mit ei-

Quelle in der Mark: die Wupper

ner Fahrt ins Bergische Land verbinden, durch die Kohlfurth zur Müngstener Brücke, nach Schloß Burg, zur großen Wuppertalsperre. Bei Leverkusen beendet die Wupper ihren 105 km langen Weg von der Quelle zum Rhein. Man sieht es heute dem Fluß nicht mehr an: auf ihrer Strecke durch die Stadt (rund 34 km) überwindet die Wupper ein Gefälle von rund 100 m (das ist immerhin mehr als die Höhe der Niagarafälle!). Früher führte diese Wasserlage zu regelmäßigen Überschwemmungen in den Zentren der Stadt, vor allem in Elberfeld (s. Markzeichen am Museum), inzwischen ist die Wupper früh durch Talsperren gebändigt. Schiffsverkehr geht nicht, Flöße dagegen fahren gelegentlich.

„Über die Wupper“. Der Fluß kriecht etwas versteckt aus dem Stadtteil Heckinghausen hervor, über die Straße Rauental kann man ihr allerdings noch nachgehen, kommt dann sogar zur ältesten Wupperbrücke (1775), die früher Zollbrücke war, im 17. und 18. Jahrhundert die strenge Grenze zwischen der Grafschaft Mark und dem Herzogtum Berg. Junge Leute, die den rabiaten preußischen Soldatenwerbern entgehen wollten, flüchteten von Mark nach Berg, damit sie keine „langen Kerls“ des Soldatenkönigs werden mußten. So ging man „über die Wupper“, sicherheitshalber, sprichwörtlich zugleich. Den Preußen gingen kräftige Soldaten, dem märkischen Gewerbe rüstige Arbeitskräfte verloren. Die bergischen Städte und Fabriken hatten den Gewinn daran.

Am Berliner Platz sind es drei Bahnhöfe nebeneinander: die schöne Station der Schwebebahn (mit Wendeschleife), der Bahnhof der Bundesbahn mit Regionalanschlüssen ins Bergische Land (auch zum „Müngstener“, dem bergischen Bahnring) und ein Busbahnhof der Stadtwerke. Der Platz selbst lohnt keinen längeren Aufenthalt (wenn man nicht durch Oberbarmens Geschäfte bummeln will), am besten gehen Sie gleich rechts oder links an der Wupper entlang Richtung Barmen: durch die kleine Anlage Rosenau oder am „Schöneberger Ufer“ (Berlin-Schöneberg ist ebenfalls Wuppertaler Partnerstadt). Am Stennert kommen Sie zur **Färberei (2)** Schmitz, baulich ein typisches Beispiel der Verbindung von klassischer Gestaltung (Kubus mit 4-5 Fensterachsen und umlaufendem Architrav und Attika) und modernen Formen eines Produktionsortes (1923 erbaut). Das Gebäude wird immer noch „Färberei“ ge-

Bild links: Mitten in Wuppertal: Idylle mit Fabrik

Pianovilla am Wupperufer

nannt, inzwischen als kulturell-soziales Stadtteilzentrum gut und vielseitig genutzt. Man trifft sich hier, diskutiert und lernt und betreibt engagiert soziale Kulturarbeit. Zugleich ist der Ort zum Bürgerforum für ein schwieriges Quartier geworden. Auf der anderen Seite der Berliner Straße könnten Sie sich noch zwei Kirchen und einen Platz ansehen (die Wupperfelder und die Immanuelskirche sowie den schönen Wupperfelder Markt mit dem Bleicherbrunnen), aber eigentlich sind diese erst für den elften Stadtrundgang vorgesehen, der vor allem nach Wichlinghausen führt und hier beginnt.

Gehen Sie also zur Wupper zurück. Der Pfälzer Steg führt über den Fluß, mit schönem Blick auf ein Wupperwehr und die Station Wupperfeld. An der Wupper entlang kommen Sie zur **Uferstraße (3)**: noch bis Anfang der Achtziger Jahre stand hier die urig-schöne Adler-Brauerei, die leider durch gesichtslose Mietshäuser ersetzt wurde, man findet noch einige Patriziervillen (Nr. 20 etwa oder das Haus der Pianofirma Faust), gegenüber will man aus einer alten Fabrik sogar „Wupper-Höfe“ mit Kino etc. gestalten (so ändern sich die Zeiten). Dann sind Sie wieder an der Jugendstil-Station Werther Brücke, gehen erneut über die Höhne zur kleinen Brücke an der Diedenhofer Straße, links führt das South Tynside- und rechts das St. Etienne-Ufer am Fluß entlang. Der Zugang zur Wupper ist hier ernst gemeint, als kleine Erholung zwischendurch, wenigstens für diejenigen, die in der Barmer City arbeiten oder shoppen. Über das Gemarker Ufer geht es weiter zum Alten Markt, durch die grafitti-schmutzigen Tunnel kommen Sie auf die andere Straßenseite und können am Beer-Sheva-Ufer Richtung Unterbarmen bummeln – oder auch auf den Bänken vor den Wupper-Bermen relaxen. Nutzen Sie die kleinen Brücken über die Wupper, die Dörner oder die Schafbrücke beispielsweise, danach die Adlerbrücke. Die Schwebebahn kommt jedenfalls regelmäßig vorbei, der Fluß selbst ist eher ruhig, die Wupperufer grün, manchmal findet man kleine bunte Tierzeichnungen, mit einer entsprechenden Zeichnung wird auf den berühmten Elefanten „Tuffi“ und seinen Wuppersprung aufmerksam gemacht (diese Geschichte muß aber in der Schwebebahn erzählt werden). Man kann den Spaziergang mit einem Besuch im Engelsgarten oder gar dem Historischen Zentrum verbinden, ein Abendspaziergang läßt sich mit einem Opernbesuch kombinieren.

Von der Adlerbrücke aus erreichen Sie eine der schönsten Schulen der Stadt, die Gesamtschule Barmen des Düsseldorfer Architekten Parade, erst 1999 eingeweiht (rd. 80 Millionen DM hat sie gekostet). Das Wohn- und z.T. Geschäftsviertel dahinter gehören zum Hohenstein, darüber erhebt sich der Rotter Berg (Rundgang 10). Nach der Gesamtschule verlassen Sie die Wupper ein wenig und besuchen am besten erst einmal die alte und mächtige **Unterbarmer Hauptkirche (4)**. Sogar Friedrich Engels hat von ihr geschwärmt: „das schönste Gebäude des Tals“. Der Frankfurter Dombaumeister Heinrich Hübsch hat sie erbaut, es war das Gotteshaus der Vereinigt-evangelischen Gemeinde Unterbarmen. Auffallend ist die hohe Stirnwand zwischen den beiden Türmen, mit fünf Rundbogenfenstern, drei kleineren Rundfenstern und einer mit Arkaden bestandenen Vorhalle hinter einer ausladenden Freitreppe. Innen ist die Kirche in drei Schiffen groß und hell, weitere Rundbogenfenster an jeder Seite lassen viel Licht herein. Die Kirche war beim Bombenangriff auf Barmen 1943 zerstört worden und wurde 1952 wieder aufgebaut. In Erinnerung daran wurde sie 1983 zur „waffenfreien Zone“ erklärt: „Jesus Christus gibt uns das Gebot, Gott und die Menschen zu lieben. Er macht den Feind zum Bruder. In seiner Nachfolge müssen wir die Waffen schweigen lassen und Frieden stiften", so steht es über dem Kirchenportal.

Wupperidylle und Talallee

Von hier aus gehen Sie wieder zur Wupper und an der Schwebebahnstation Loher Brücke beginnt eine überraschende Wupperidylle: das **Matagalpa-Ufer (5)**, nach Wuppertals Partnerstadt in Nikaragua benannt, führt über einen gut bestückten Jugendspielplatz (vom Basketballkorb bis zur Halfpipe) unter Bäumen und Büschen an der hohen Hünefeldstraße entlang (mit einer vielfältig geschmückten, vorgartenbestückten Häuserfront) wieder hinunter zur Farbmühle. Nur die Straße heißt noch so, aber der Name verweist auf eine entsprechende Fabrik an der Wupper. Man hat einen typischen Blick auf Kirche und Gewerbe: auf die Hauptkirche, auf alte und neue Fabrikgebäude mit Sheddächern, auf z.T. schöne Hausfassaden, hinüber auf die Südhänge der Stadt. An der Farbmühle geht es allerdings nicht mehr an der Wupper entlang, eine Fußgängerbrücke zur Kornmühle ist zwar geplant, noch aber gibt es sie nicht. Sie müssen entweder die Hünefeldstraße entlanggehen (und kommen dann hinter dem Arbeitsamt wieder an die Wupper) oder Sie sehen sich einmal die Friedrich-Engels-Allee etwas genauer an. Das lohnt sich.

Schon zu NS-Zeiten hatte man sie verbreitern, zur protzenden „Hitler-Allee" ausbauen wollen, nach dem Krieg ist erneut der große Verkehrskahlschlag versucht worden. Dazu fehlte glücklicherweise das Geld. Die heutige Allee wirkt an vielen Stellen vernachlässigt, aber das ist gerade ihre Chance. Denn es ist noch eine wirkliche Allee, mit dichtem Baumbestand, z.T. sehr schönen Häuserfronten, einigen gemütliches Gaststätten. Hier im Talraum zwischen Elberfeld und Bar-

Frühes Unterbarmen mit Hauptkirche

Die Allee nach Elberfeld

men ist ein wirklicher Aufbruch zur urbanen Stadtentwicklung möglich – und es ist daher nicht verwunderlich, daß das große regionale Entwicklungsprojekt des Bergischen Landes genau in dieser Straße Quartier bezogen hat: die „Regionale 2006“ (s. Stadtgeschichten). Aber sehen Sie sich erst einmal um. Diese Allee liegt an der Wupper, gehört zur „Lebensader“, obwohl sie den Fluß nur selten sehen. Hinter den z.T. schönen Patrizierfassaden liegen kleine Fabriken, Färbereien, Webereien, kleine Versorgungsbetriebe in Hinterhöfen. Von der Schwebebahn können Sie sie einsehen, am „Besenbruch“ sind sie neu erschlossen, durch „Lövs“ kommen Sie auch zu Fuß in produktive und kreative Raumensembles.

Gegenüber der Straße Farbmühle fallen einige prächtige alte Villen aus der Gründerzeit auf, auf kreative Leute treffen Sie auch in den Geschäften, auf den aktiven und einfallsreichen Vorsitzenden des „Unterbarmer Bürgervereins etwa (im Brillengeschäft Riedesel) oder auf den Sammler von Foto- und Filmgeräten, der ein „Kinematografisches Museum“ zusammengestellt hat (im Fotogeschäft Gonnemann). Achten Sie auf das Schild **„Zur Kornmühle“ (6)**: im Jahre 1682 wurde die Mühle an der Wupper erstmals erwähnt, im 19. Jahrhundert wurde sie erweitert, erst 1997 wieder restauriert, das Mühlenrad ist noch zu sehen. Man kann gut speisen, sogar auf einer Terrasse direkt an der Wupper sitzen, die Schwebebahn fährt an Ihren Köpfen vorbei.

„Mittendrin“ in Unterbarmen: jetzt sind Sie aber wirklich „mittendrin“ (die wahren Unterbarmer können dieses Wort so sprechen, daß man keines der beiden „t“ hört). Dass die Nachbarschaften in Unterbarmen zusammenhalten, merkt man bei jedem Stadtfest, hier feiert man gerne, kennt sich, trifft sich, Wohnen, Arbeiten und „kleine Freizeit“ sind gut gemischt. Von den alten Plänen zur Umwandlung der Allee in eine breite Pracht- und Protzstraße (mit noch schneller fließendem Verkehr selbstverständlich) ist nur ein Gebäude fertiggeworden und ste-

Fabrikhof „mittendrin“

Michael Knieriem

Logenhaus: mit Zirkel und Winkelmaß

Etwas unscheinbar und geheimnisumwittert: das Logenhaus Friedrich-Engels-Allee 155. Wäre da nicht auch ein Türschild, der Profane käme kaum auf die Idee, blaue Fassade und die Embleme Zirkel und Winkelmaß richtig zuzuordnen. Hier treffen sich „Männer von gutem Ruf", die sich der Idee von „Humanität, Toleranz und Menschenliebe" verbunden fühlen. Über die Grenzen von Religion, Nation und Herkunft sehen sich die Brüder als Glieder einer „Weltbruderkette".

So revolutionär diese Gedanken zu Beginn des 18. Jahrhunderts auch sein mochten, so sehr die Freimaurerei durch den Ständestaat auch bekämpft wurde; das Kind der Aufklärung ließ sich auf Dauer kaum unterdrücken. Ihre Blütezeit erlebte die Freimaurerei zweifellos während des Zweiten Deutschen Reiches, Honoratioren aus dem Bürgertum bildeten das Reservoir, aus dem sich das Mitgliederpotential schöpfte. Das Dritte Reich verbot die Freimaurerei wegen ihres kosmopolitischen Gedankenguts, die Mitglieder wurden verunglimpft, das Ritual lächerlich gemacht, das Vermögen eingezogen. Von diesem Schlag einer zwölfjährigen „Finsternis" haben sich die Logen nie mehr richtig erholen können; ganz abgesehen davon, daß es heute andere Werte sein mögen, die den reflektierten Menschen bewegen.

Das Bergische Land tat sich in der ersten Gründungsphase des 18. Jahrhunderts mit Logenneugründungen schwer: der Landesherr, ein katholischer Wittelsbacher, wünschte auch in seinem Nebenland keine „Freimäurer", weil er sie, nicht ganz unberechtigt, mit den „Illuminaten" gleichsetzte. Preußen war weitaus großzügiger. Zwischen 1744 und 1796 war es im Herzogtum Kleve und der Grafschaft Mark bereits zu acht Logengründungen gekommen. Lediglich Düsseldorf als Landeshauptstadt machte innerhalb des Herzogtums Berg eine Ausnahme, hier kam es bereits 1765 zur Errichtung einer Loge.

Die älteste Wuppertaler Loge wurde 1815 in Elberfeld unter dem Namen „Hermann zum Lande der Berge" installiert. Es waren vor allen Dingen die weitgereisten Kaufleute aus dem Wuppertal, die sich längst anderswo einer Loge angeschlossen hatten und es jetzt, nachdem das Bergische Land in der preußischen Rheinprovinz aufgegangen war, wagen konnten, eine eigene Bauhütte in Elberfeld zu eröffnen. Weitere Logengründungen im Wuppertal folgten 1866, 1915 und 1928. Heute „arbeiten" neben der genannten „Hermann" zwei weitere Logen unter den programmatischen Namen: „Zur Bruderkette in Wuppertal" und „Friede und Fortschritt" in diesem Haus.

hengeblieben: das **Polizeipräsidium (7)**. Es wurde 1937/39 erbaut, hier saßen Polizei und Gestapo. In dem kalt und eher abweisend wirkenden Gebäude mit den vielen drohenden Fensterfluchten fand nach dem Krieg die britische Militärregierung Platz und bis 1958 begann an diesem belasteten Ort die kommunale Demokratie, hier arbeiteten Rat und Verwaltung der Stadt. Jetzt ist es wieder Polizeipräsidium und an die wechselhafte Geschichte und die NS-Narben erinnert nur noch eine Tafel.

Auf dem weiteren Spaziergang empfehle ich Ihnen, sich die Häuser genau anzusehen. Manche könnten viele Geschichten erzählen. Ihr Baustil ist wie überall in dieser Stadt bunt gemischt: klassizistisch, Gründerzeit, Jugendstil, bergischer Barock, bergisches Fachwerk mit Schiefer. Das historische Patrizierhaus Dahlmann sehen Sie als Nr. 215, gegenüber im Gesellschaftshaus „Union" (Nr. 202) wurde nach dem Kriege sogar Theater gespielt. Ein teilweise altes, teilweise neugestaltetes Ensemble ist nebenan am **Besenbruch (8)** entstanden: neben alten Fachwerkhäusern kleine Winkel und Plätze, ein gläsernes Café, aber auch ein trefflicher Italiener (Il Camino) im Gewölbe, das soziale „Café Okay" und die Weinhandlung, dahinter die bunte anthropologisch orientierte „Christian Morgenstern-Schule". Hier wie an anderen Stellen im Umfeld der Allee findet man neue Nutzungen für alte Fabrikgebäude und prächtige Wohnhäuser, aber auch noch Leerstände.

In einem der Häuser (Nr. 155) ist eine der wenigen attraktiven und gut gepflegten Wuppertaler Galerien untergebracht, die **Galerie Epikur (9)**. Auffallend ist an diesem Haus die klare Botschaft, daß es zugleich ein „Logenhaus" ist, offensichtlich das einzige in Wuppertal, das macht neugierig. Das Zeichen der Loge leuchtet über den Eingang.

Einige Häuser weiter (Nr. 161) lohnt es sich besonders, den Innenhof zu entdecken. Über dem Durchgang, der „Löv", steht neutral „Alleehaus", sogar in Neon. Dahinter finden Sie eine alte Fa-

Schinkel'sche Formen: Haspelhäuser

Klassizismus mit Loggia: das Landgericht

brik, die **Fa. Büsgen (10)**, eine Bandwirkerei mit historischen Webstühlen, die aber zugleich das Muster eines technologisch entwickelten Textilbetriebes ist („Shape", die computergesteuerte Produktion einer nahtlosen Kunststoffschlauchs). Das könnte zum Modellbetrieb für eine moderne textilindustrielle Entwicklung werden, für neue industrielle Impulse in dieser „Tüftlerregion" des Bergischen Landes. Ist es deshalb ein Wunder, daß genau hier auch das Organisationszentrum des großen regionalen Entwicklungsprojektes seinen Standort gefunden hat, die Agentur „Regionale 2006"? Unter dem Leitthema „Spurwechsel" sollen bis zum Jahre 2006 für die drei bergischen Großstädte Entwicklungsprojekte gefunden werden. Eines der Projekte „vor Ort" erinnert an ein viel diskutiertes Marketingkonzept „Wuppertal 2004": wie verbinden wir bis zum 75.Geburtstag der Stadt Wuppertal diese immer noch fremdelnden Städte Elberfeld und Barmen? Allein durch einen „Aufbruch in den Talraum" als Schlüsselprojekt des „Spurwechsels" der Regionale 2006. Nur in Unterbarmen kann diese Stadt endlich Großstadt werden, eine Zeitreise in die Zukunft.

Kehren Sie aus dem zukunftsfrohen Talraum der Friedrich-Engels-Allee an die Lebensader Wupper zurück, treffen Sie auf die frühere Stadtgrenze zu Elberfeld an der Haspeler Brücke. Weitere größere Patriziervillen (z.T. mit Jugendstilschmuck), aber auch kleinere altbergische Häuserzeilen begleiten den Weg, Sie passieren Pauluskirche und die technisch-kreativen Fachbereiche der Bergischen Universität und sehen gegenüber das Großeinkaufszentrum „Wicküler-Park", nur noch der Name erinnert an die Bierheimat der „Drei Musketiere". Genauer

Regionale 2006: Aufbruch in den Talraum

Aus den Konzepten der Agentur „Regionale 2006"

Als Projekt des Landes NRW will sich das Bergische Städtedreieck bis zum Jahre 2006 „als lebenswerte und wirtschaftlich starke, traditionsreiche, aber auch zukunftsfähige Region" beweisen und präsentieren. „Spurwechsel" ist das Motto, die Schienenwege sind das verbindende Element, gewohnte Bahnen sollen verlassen werden, neue Wege werden gesucht. Eine gemeinsame GmbH wurde gegründet, als professionelle Agentur organisiert sie die Projekte, unterstützt von Leitthemenkommissionen: Friedrich-Engels-Allee 161, 42285 Wuppertal, Tel. 0202/758520, internet: www.regionale2006.de

Verbindende Themen in der Region sind im Rahmen der „Regionale 2006":

- Wasser-Kraft-Landschaft („die naturräumliche und thematische Klammer zur Weiterentwicklung der Kulturlandschaft in der Bergischen Region")
- Der Bahnring („der ‚Müngstener" als infrastrukturelle Klammer und Markenzeichen für die Region")
- Die lebendige Industrie- und Unternehmenskultur („Industriegeschichte und ihre Zeugen – eine Erfolgsstory der Erfindung und des Unternehmergeistes")

Man sucht nach den Routen der Industriekultur, will städtebaulich markante Orte finden (und zu „Spielorten für Kunst und Kultur" machen), inszeniert Unternehmens- und Bürgerprojekte und lädt zu einer Mitmachaktion „Suche nach den verborgenen Schätzen in der Region" ein.

Wuppertals Potentiale werden vor allem im „Talraum" gesehen:

- Eine reiche Geschichte und faszinierende Zeugen der Industrie- und Unternehmenskultur als ‚verborgene Schätze'!
- Urbane Räume im Tal mit Wohnen und Arbeiten, Kultur und Freizeit auf engstem Raum mit vielfältigen Bezügen und Zugängen zu einer dramatischen Landschaft an den Hängen!
- Die Wupper als naturräumliches Rückgrat und ‚blaues Band'!
- Die Schwebebahn als Infrastruktur und Symbol!

Die Entwicklung der Talachse in Wuppertal wird daher zum Schlüsselprojekt der Stadtentwicklung:

- Schwebebahn und Wupper verbinden die Zentren und die Schauplätze einer „Stadtschau" im Jahre 2006.
- Der Stadtraum entlang der „Lebensader Wupper" wird zum Erlebnisraum.
- Die „Lebensader Wupper" zeigt die Stadt in einem anderen Licht.
- Die ökologische Entwicklung der Wupper wird ebenso Aufgabe sein wie ihre Gestaltung als Stadtfluß.
- Aus „Hinterhöfen" werden Bühnen für innovative Betriebe und Ideen, für Kultur und Freizeit – für gutes Wohnen und Leben am Wasser.

sollten Sie sich die historischen **Haspelhäuser (11)** (Nr. 83-89) ansehen, in den Jahren 1826/27 vom Architekten Johann Friedrich unten Schrievers erbaut, in reinster Schinkel'scher Formensprache, voll wunderbarer Symmetrie. Ein leicht hervortretender Mittelrisalit mit Dreiecksgiebel faßt drei mittlere Fensterachsen zusammen, unter dem Walmdach fällt ein profiliertes Kranzgesims auf. Dieses architektonische Schmuckstück wollte man Anfang der Achtziger Jahre abreißen, fand aber eine vertretbare kulturelle Nutzung. Zunächst nutzte das Kulturamt die z.T. ausgeschmückten Innenräume, heute lädt hier der Verein „Else Lasker-Schüler-Haus" zu Lesungen und literarischen Gesprächen ein. In der anderen Haushälfte ist das „Kultursekretariat NRW" untergebracht. Das zweite Haus mußte vollends entkernt werden und nimmt seitdem das Stadtarchiv auf, wo man „Wuppertal entdecken" kann (wie viele Bilder in diesem Buch zeigen).

Hinter den Haspelhäusern war früher die auch überregional gerühmte Werkkunstschule, heute ist hier ein Teil des nicht minder kreativen Uni-Fachbereichs Kommunikation und Design untergebracht, die Gebäude des gewerblichen Berufskollegs schließen sich an. Dann kommen Sie zur Haspeler Brücke, an kurzen Uferwegen gehen Sie an der Wupper entlang, der „Helene Stöcker-Weg" erinnert an die bekannte Sozialreformerin und Pazifistin (1869-1943), die in Elberfeld geboren ist, der „Hartmann-Weg" an jenen Bürgermeister, der bei der Städtevereinigung 1929 amtierte. Der Weg führt zum **Landgericht (12)** am „Eiland". Auf der „Gerichtsinsel" steht das klassizistische Gerichtsgebäude als Querhaus mit offener Loggia (in der oberen Etage), erbaut 1848-53 von Carl Ferdinand Busse, Direktor der Berliner Bauakademie, daneben das neobarocke Amtsgericht, erbaut zu Beginn des 20. Jahrhunderts, und das Justizhochhaus aus den 60er Jahren, das aus Sicherheitsgründen abgerissen werden soll. In diesen Gerichten wurden berühmte Prozesse geführt: bereits 1848 ein großer Strafprozeß aus Anlaß der Zerstörung der Burgtalfabrik, ein Jahr später waren 112 Beteiligte des Elberfelder Aufstands angeklagt, 1889 standen August Bebel und rd. 90 weitere Sozialdemokraten wegen Vergehens nach dem Sozialistengesetz vor Gericht. 1934 wurde gegen die SA-Wachmannschaft des KZ Kemna ermittelt, gleichzeitig begannen die „Wuppertaler Gewerkschaftsprozesse" (dazu wurde sogar der 1. Senat des Volksgerichtshofes aus Berlin nach Wuppertal verlegt). Mehr als sechshundert Widerstandskämpfer wurden vor Gericht gestellt und zu Haftstrafen verurteilt. Nach dem Kriege gab es Prozesse gegen die KZ-Wachmannschaft mit hohen Strafen, auch einer Todesstrafe, 1963 folgte der „Einsatzgruppen-Prozeß", 1967 der Bialystock-Prozeß, 1987/88 der Auschwitz-Prozeß. 1967 wurde hier auch dem Kindesmörder Jürgen Bartsch der Prozeß gemacht.

Zurück zur Wupper, die an der „Gerichtsinsel" ein eher idyllisches Bild bietet, mit einem Blick zurück an der Hardt entlang und auf dem Weg zum großen Kluse-Bogen rund um das Schauspielhaus. Wenn unser Wupper- und Talspaziergang am Landgericht endet, dann haben Sie nur einen geringen Teil der Wupper direkt erlebt. Das Programm „Lebensader Wupper" soll die Wupper auch im Stadtgebiet noch häufiger zugänglich machen. Die Wupper kann man dennoch erwandern: von Oberbarmen nach Beyenburg, erst recht von der Müngstener Brücke nach Schloß Burg – zunächst nach Unterburg zu Burger Brezeln und „Bergischer Kaffeetafel". Aber von dort geht es noch viele Kilometer weiter, etwa ins idyllische Wupperörtchen Rüden, zum Wipperkotten oder zur Hasenmühle. Das ist dann aber wirklich nicht mehr unsere Stadt.

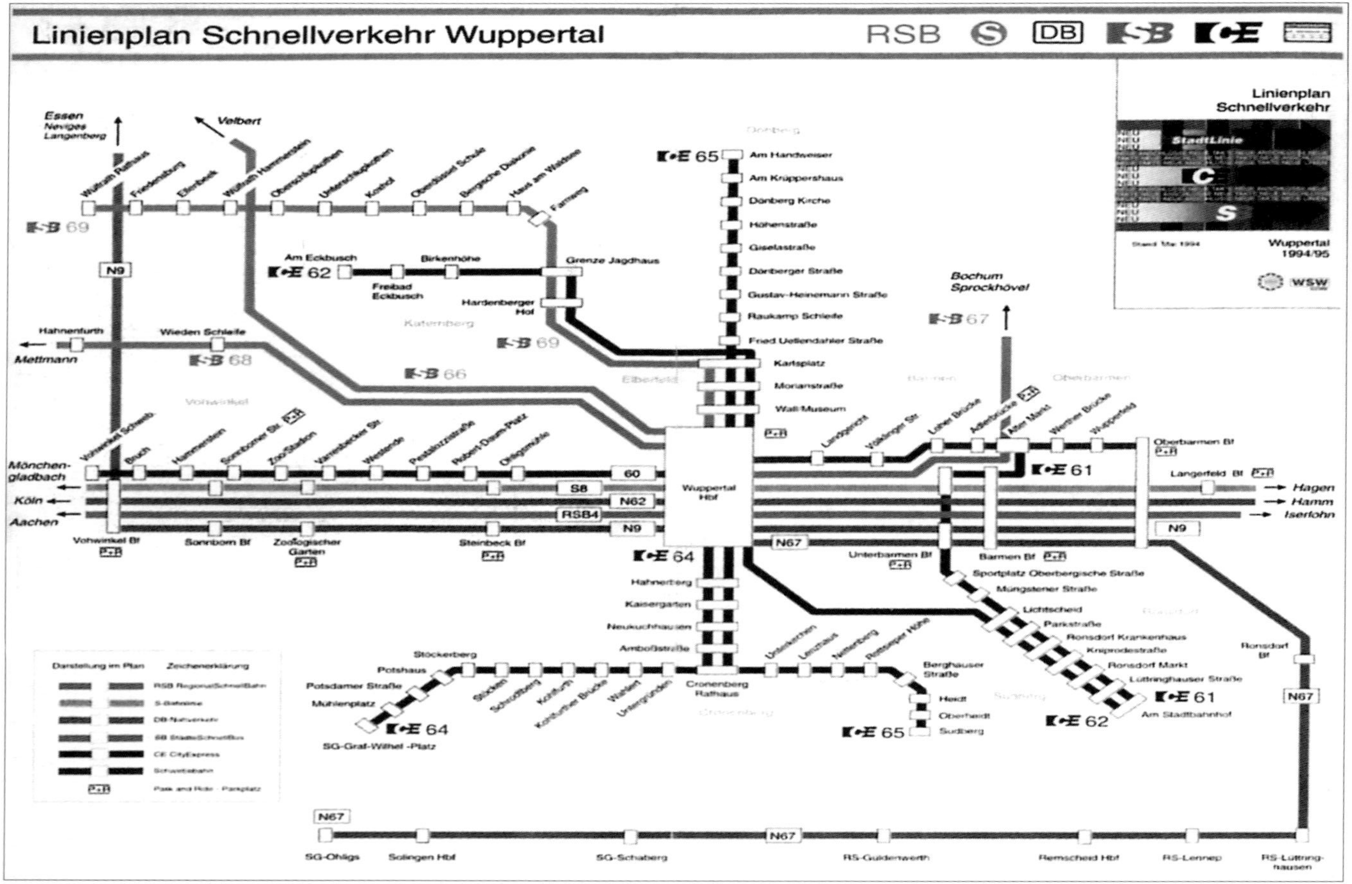
Linienplan Schnellverkehr Wuppertal
RSB
DB
Linienplan Schnellverkehr
Wuppertal 1994/95
WSW
Essen Neviges Langenberg
Velbert
Mettmann
Hahnenfurth
Wieden Schleife
Mönchen-gladbach
Köln
Aachen
Hagen
Hamm
Iserlohn
Bochum Sprockhövel
Am Eckbusch
Birkenhöhe
Freibad Eckbusch
Grenze Jagdhaus
Hardenberger Hof
Am Handweiser
Am Krüppershaus
Dönberg Kirche
Höhenstraße
Giselastraße
Dönberger Straße
Gustav-Heinemann Straße
Raukamp Schleife
Fried Uellendahler Straße
Karlsplatz
Morianstraße
Wall-Museum
Wuppertal Hbf
Vohwinkel Bf
Sonnborn Bf
Zoologischer Garten
Steinbeck Bf
Unterbarmen Bf
Barmen Bf
Oberbarmen Bf
Langerfeld Bf
Hahnerberg
Kaisergarten
Neukuchhausen
Amboßstraße
Cronenberg Rathaus
Stöckerberg
Potshaus
Potsdamer Straße
Mühlenplatz
SG-Graf-Wilhel -Platz
Berghauser Straße
Heidt
Oberheidt
Sudberg
Sportplatz Oberbergische Straße
Müngstener Straße
Lichtscheid
Parkstraße
Ronsdorf Krankenhaus
Kniprodestraße
Ronsdorf Markt
Lüttringhauser Straße
Am Stadtbahnhof
Ronsdorf Bf
SG-Ohligs
Solingen Hbf
SG-Schaberg
RS-Güldenwerth
Remscheid Hbf
RS-Lennep
RS-Lüttring-hausen
N9
N62
N67
S8
RSB4
60
61
62
64
65
66
67
68
69
Darstellung im Plan
Zeichenerklärung
CE CityExpress
Park and Ride - Parkplatz

Durch Wuppertal „schweben"

Pflicht und Kür zugleich: die Schwebebahnfahrt

Rundgang/Fahrt 4: *Start am Schwebebahnhof Döppersberg/Hauptbahnhof bis Oberbarmen und Vohwinkel, jeweils hin und wieder zurück.*
Dauer: *1 ½ Stunden.*

„Die Oberbürgermeister und Väter der Städte Elberfeld und Barmen, welche die Strecke befuhren, erklären, ihre Weiber und Kinder, selbst wenn sie hoch über dem Wupperstrom schweben sollten, dem Instrumente anvertrauen zu wollen." So schrieb es Eugen Langen im Dezember 1893, nachdem eine Probestrecke „seiner" neuartigen Hochbahn befahren worden war. Man war im Wuppertal skeptisch gewesen, ob „das Ding", das ihr Erfinder „Schwebebahn" getauft hatte, den hohen Erwartungen an ein leistungsfähiges Verkehrsmittel entsprechen würde. Und ein solches Verkehrsmittel suchte man in beiden Wuppertaler Städten, brauchte es dringend. Beide Städte hatten inzwischen über 190.000 Einwohner, das war zusammengenommen die sechstgrößte Stadt in Deutschland (hinter Berlin, Hamburg, Breslau, München und Dresden – und noch vor Köln und Düsseldorf). Alle Großstädte der Welt suchten nach Verkehrsmitteln, die mit den wachsenden Transportproblemen fertig werden konnten: London hatte mit einer Tunnelbahn begonnen, New York eine Hochbahn errichtet, ebenso Chicago, Budapest baute die erste U-Bahn, Berlin entschied sich ebenfalls dafür, hatte aber seit 1881 auch schon eine elektrische Straßenbahn. Im Wuppertal gab es immerhin eine Pferdebahn, seit 1874 fuhr sie allerdings nur im Schrittempo durchs Tal, ging wenig später in Konkurs. Mit Hilfe einer belgischen Firma wurde danach das Unternehmen Pferdebahn professionalisiert, die von Pferden gezogenen Wagen fuhren auf zwei Gleisen, bald mit über hundert Wagen, zu Spitzenzeiten im Drei-Minuten-Takt. Das frühere Pferdebahn-Depot kann man in der Oberbarmer Schwarzbach noch sehen. Bald waren die engen Straßen allerdings überfüllt, der wachsende übrige Verkehr kam hinzu. Man brauchte eine Alternative, wenigstens eine Ergänzung. Eine U-Bahn

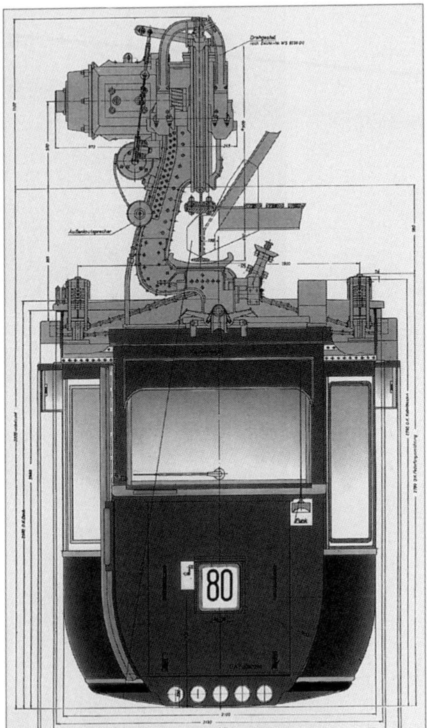

„Das Ding" hängt „freischwebend"

URBAN

kam aus Gründungsproblemen nicht infrage, die Eisenbahntrassen waren bereits ausgelastet, auch sonst war wenig Platz für ein zusätzliches Verkehrsmittel vorhanden. Man konnte aber noch in die höhere Ebene gehen, hatte die Wupper als Verbindung zwischen den Städten, wenn auch nicht schiffbar. Das Patent des Kölner Zuckerfabrikanten Eugen Langen für eine „Hochbahn mit freischwebend hängenden Personenwagen“ kam also gerade recht. Man mußte nur noch entscheiden, ob zwei- oder einschienig, entschied sich dann (nach Erprobungen auf einer Versuchsanlage in Köln-Deutz) für die einschienige Lösung, fand auch einen Konstrukteur (Anton Rieppel) für ein geeignetes Tragwerk und die angesehene Elektrizitäts AG (vormals Schuckert & Co. Nürnberg) als Produzenten.

Ende 1894 wurden die Ratsbeschlüsse gefaßt und der Vertrag unterschrieben, im Sommer 1898 mit dem Bau begonnen, im Oktober 1900 fuhr Kaiser Wilhelm die erste Strecke ab, am 1. März 1901 wurde die Strecke Kluse-Zoo offiziell eröffnet, im Mai auch die Strecke bis Vohwinkel freigegeben, Ende Juni 1903 die restliche Strecke bis Oberbarmen/Rittershausen. Und nachdem in den letzten Jahren das gesamte Trägergerüst und die meisten Bahnhöfe erneuert werden, ist die Zukunft dieses einzigartigen Fahrgeräts wohl gesichert. Techniker des Stahlbaus und des Verkehrs sind immer noch begeistert, schwärmen in ihrer trockenen Sprache von der Grundkonstruktion:

„Bei der einschienigen Hängebahn pendelt das lotrecht aufgehängte Fahrzeug um den Schienenträger und die Laufschiene. Der nach außen gewölbte (konvex) gehaltene Schienenkopf nimmt die nach innen gewölbte (konkav) Lauffläche des Rades mit zwei Spurkränzen zu je 30 Millimeter auf.

Bild links: „Landstrecke“ über der Kaiserstraße in Vohwinkel

Vorgängerin Pferdebahn: schon 3-Minuten-Takt

Der Sicherheitsbügel des Fahrgestells, der den unteren leicht gewölbten Flansch des Schienenträgers mit einer Distanz von 7-10 Millimetern umgreift und dessen Seiten mit Anschlägen versehen sind, begrenzt das Ausschwingen des Wagens auf 15 Grad. Im Normalbetrieb, der durch entsprechende Vorschriften gekennzeichnet ist, schwingt ein Schwebebahnwagen nicht über 6-8 Grad hinaus.“

Versuch mit Handbetrieb: zu langsam

Ein „stahlharter Drachen“ oder gar „ein Engel“? Wenn Sie über die Schwebebahn und ihre Technik, ihre Weiterentwicklung und auch über die mindestens drei Bautypen der Wagen mehr wissen wollen, auch zu Ihrer Beruhigung, können Sie das bei Klaus Werner und anderen im schönen Schwebebahnbuch nachlesen, das 1990 von den Stadtwerken herausgegeben wurde und inzwischen in neuester Auflage im Buchhandel zu kaufen ist. Merkwürdig ist es dennoch, daß dieses originelle Fahrzeug so wenig Nachahmer fand. Lediglich in Dresden gibt es eine Bergbahn nach dem gleichen Prinzip und zwischen Tokyo und Kamakura in Japan fährt eine ähnliche Schwebebahn auf Gummirädern über Berg und Tal. Ansonsten wird man auch in Zukunft nach Wuppertal kommen müssen, um durch eine Stadt zu „schweben“: „durch die Eingeweide der bergischen Doppelstadt“ (wie Eberhard Frowein schrieb), wie „ein stahlharter Drachen ... mit sprühenden Augen“ (so Else Lasker-Schüler) oder auch wie „ein Engel“ (Jean Cocteau), auf einer „doppelten Zickzacknabelschnur“ (sagt Fred Endrikat), *„ein ewiges Rauschen drunten und droben, die Wupper von unten, die Schwebebahn oben. Hier wird gefärbt und getrunken, gewirkt und gewebt, es wuppert die Wupper, die Schwebebahn schwebt ...“*. Ein merkwürdig prickelndes Erlebnis ist es allemal, „schwebend“ eben. Sie sind eingeladen.

Zunächst vom Döppersberg nach Oberbarmen

Wir starten in Elberfeld, an der schon bekannten Station Döppersberg (heute Hauptbahnhof), am besten mit einer Vie-

Schon 1900 fuhr der Kaiser vor

Oskar Schlemmers Aquarell des Bahnhofs Kluse (1942)

rer- oder Tageskarte (für mindestens eine Rundfahrt). Ich empfehle erst einmal nach Osten zu reisen, in jeder Richtung sind es zehn Stationen, zusammen zwanzig, 13,3 Kilometer ist eine Strecke lang, die Durchschnittsgeschwindigkeit ist eher langsam, 26,6 km/h (maximal 60 km/h), also braucht man mit Stops eine halbe Stunde für die ganze Stadt. Das wiederum ist im Vergleich zu anderen Fahrten im Stadtverkehr durchaus flott. In den Hauptverkehrszeiten kommt alle 3-4 Minuten eine Bahn, zweiundzwanzig Bahnen fahren hintereinander her, an zwei Schienen: sie können sich zwar nicht überholen, aber begegnen sich regelmäßig. Rund 70.000 Fahrgäste sind es täglich, bis zu 200 Personen faßt der einzelne Wagen, die erste Bahn startet kurz nach fünf, die letzte halb vor Mitternacht.

Am Döppersberg (1) sehen Sie zum Bahnhof und in die Innenstadt und fahren dann gleich zwischen neueren Büro- und älteren Handelshäusern (an der Hofaue) vorbei, überqueren danach die große Talstraße. Oskar Schlemmer, der berühmte deutsche Maler (und Schöpfer des „Triadischen Balletts“) hat in den Vierziger Jahren als „entarteter Künstler“ bei der Lackfirma Herberts Unterschlupf gefunden, das Lacklabor lag in der Nähe, hier entstanden Schlemmers „Fensterbilder“, manchmal auch mit Schwebebahn. Die Arbeitswelt der Lackfabrik, die ihn umgab, skizzierte er impressionistisch, ebenso die industrielle Atmosphäre Elberfelds mit der Schwebebahn und den Lichtstrahlen der Flakscheinwerfer. Das alles ist leider heute nicht mehr zu sehen, im Krieg zerstört. Aber die von Schlemmer wunderbar aquarellierte Schwebebahnstation **Kluse (2)**, die im Krieg zerstört wurde, steht inzwischen wieder, neben Schauspielhaus und Großkino. In einem großen Bogen umfährt die Schwebebahn diesen publikumsintensiven Kulturort, „hier spielt das Leben“ steht vielversprechend an der Kinofassade über dem Biergarten an der Wupper. Blickt man rechts, sieht man Züge der Bundesbahn, über das Tal hinweg den Stadtpark Hardt. Erst ein „zweiter Blick“ nach erneuter Straßenüberfahrt läßt auf der linken Seite ein bemerkenswertes altes Gebäude erkennen, den „Wunderbau“, vom Weinhändler Peter von der Heydt 1754 errichtet, ein frühbarockes Palais des Elberfelder Adels mit Weinkeller unten und repräsentativer Beletage oben. Ohne das frühere Mansardendach mit schönen Dacherkern sieht man dem Haus die frühere Bedeutung leider nicht mehr an.

Landgericht (3), diese Jugendstil-Station ist schon vom Wupperspaziergang bekannt, Sie sehen noch einmal Landgericht und Amtsgericht, danach Berufskolleg und Universitätsgebäude, dahinter auch die Haspelhäuser und die Pauluskirche. Ab jetzt wird es idyllisch und geschäftig zugleich. Am Hardtufer sehen Sie links die grüne Nähe des Hardtberges mit Park und schönen Wohnhäusern, unten an der Wupper folgen eher Hinterhöfe, die gewerblich genutzt werden, gelegentlich aber auch die schönen Häuser an der Friedrich-Engels-Allee erkennen lassen, manchmal ist auch noch Platz für einen kleinen Garten oder man sieht einen wohnlichen Balkon. Ab **Völklinger Straße (4)** wird es wieder enger, am steinernen Uferrand sehen Sie Graffiti, aber auch kunstvollere Malereien, am „Matagalpa-Ufer“ einen grünen Spielplatz für Kinder und Jugendliche, auf der anderen Seite Fabriksheds und die mächtige Unterbarmer Hauptkirche dahinter. Blicken Sie darüber hinweg, sehen Sie die grünen Hänge des Kothener Buschs. Achten Sie rechts am Ufer auf die Gebäude, entdecken Sie vielleicht auch die restaurierte „Kornmühle“ mit gastlicher Terrasse unmittelbar an Wupper und Schwebebahn. Danach kommen Sie zur Station **Loher Brücke (5)**, ganz neu aus Glas, im Vergleich zu den alten Stationen hell und freundlich. Beachten Sie z.B. gleich hinter dieser Station die gelegentlichen kleinen Bäche, die den Fluß speisen, manchmal aus steinernen Rohren unterirdisch zugeleitet, hier als altbekannter „Mühlengraben“ offen, früher für Barmen/Gemarke ein wichtiger Arbeitsfluß. Links kommen Sie wieder an der schmucken, gläsern leuchtenden Gesamtschule vorbei, sehen dahinter die engen Wohnquartiere Hohenstein und Rott. Die nächste neue Glasstation ist dann schon die **Adlerbrücke (6)**, Ausgangspunkt für den Besuch des Historischen Zentrums und des Opernhauses.

Eine Elefantendame namens „Tuffi“

Diese Schwebebahnstation hätte man statt „Adlerbrücke“ auch „Brucher Rotte“ nennen können, nach der Ortsbezeichnung der frühen Fabrikkolonie der Fa. Engels (den Geburtsort von Friedrich Engels jr. eingeschlossen), zumal die Wupperbanquetten noch erkennen lassen, daß man hier Garn bleichen konnte.

Ein anderer Name wäre ebenfalls denkbar:„Tuffi“. Denn diese Geschichte ging um die Welt und immer noch will sie jeder hören, zumal es nur ein Foto gab. „Tuffi“ hieß eine junge Elefantendame von 13,8 Zentner Gewicht, 1,50 m hoch und 60 cm breit, sie stammte aus dem Zirkus Althoff, der 1950 in Barmen gastieren wollte und Werbung brauchte. Sie sollte also mit der Schwebebahn fahren, gegen gültigen Fahrausweis natürlich, war am Alten Markt in einen der älteren Wagen eingestiegen, fand die Kurven und das Quietschen der Bahn sowie die Blitzlichter der Presse ärgerlich, *„drehte sich um, stieß Trompetentöne aus, quetschte einen Mitreisenden gegen eine Türscheibe, die daraufhin zersprang, richtete sich auf seiner Hinterhand auf, streifte mit einem Vorderbein die Pressereferentin V., nahm anschließend Richtung auf die linke Seitenwand, nachdem sie es nicht versäumt hatte, mit ihrem Rüssel zwei Reporter im Gesicht zu verletzen und ei-*

„Tuffi“ ist wirklich gesprungen (aber das Foto ist eine Collage)

nen Fotoapparat zu zerschlagen, trat auf eine Sitzbank, die ob der Belastung zersplitterte, kletterte aus zwei zerbrochenen Scheiben aus dem Abteil und ließ sich, wie in dem landgerichtlichen Urteil anschaulich beschrieben ist, ‚in die Wupper hinabgleiten‘. Die Pressereferentin V. entzog sich dem Tumult durch Ohnmacht. Tuffi geschah nichts. Sie trat noch am selben Abend wieder in der Manege auf. Der Sachschaden an der Schwebebahn belief sich nach damaligem Wert auf 106 DM.“ Soweit der aktenkundige Bericht des Stadtwerke-Justitiars. Erstaunlich war wirklich, daß weder Tier noch Menschen außer Schrammen etwas passiert war, denn die Sturzhöhe war immerhin rund 12 Meter und Wasser hatte die Wupper im Juli auch nicht viel. Es kam dennoch zu einem Prozeß über „fahrlässige Transportgefährdung“, Zirkusdirektor und Leiter der Verkehrsabteilung mußten Strafe zahlen und das Gericht ermahnte: *„Die Schwebebahn ist keine Einrichtung, die zu Experimenten der vorliegenden Art mißbraucht werden darf ...“*

Die Schwebebahn überbrückt bei der Fahrt zum **Alten Markt (7)**, der zentralen Barmer Station, das große Verkehrskreuz der Talstraße an einem Brückengerüst von 105 m lichter Länge, an Seilen getragen von zwei 38 m hohen Pylonen, die auch den neuen gläsernen Bahnhof als Gegengewicht einbeziehen. Diese neue und durchaus spektakuläre Anlage wurde im April 1967 eingeweiht, nicht ohne vorherige Probebelastung mit 8 Schwebebahnwagen. Von hier geht es Richtung Oberbarmen an der Barmer City vorbei, unten sieht man grüne Promenadenufer, rechts das Barmer Heizkraftwerk (die dazugehörigen Rohre sieht man häufig neben der Wupper), dahinter beginnt der Stadtbezirk Heckinghausen-Heidt. Die nächste Schwebebahnstation ist die romantisch aussehende **Werther**

Michael Malicke

Jetzt muß sie eine weiteres Jahrhundert halten

Über die Erneuerung der Schwebebahn

In jetzt über hundert Jahren haben rund 1.5 Milliarden Fahrgäste die Wuppertaler Schwebebahn genutzt (übrigens weitaus mehr als die „Cablecar" in San Francisco!). Das hatte Spuren an der baulichen Substanz hinterlassen, große Abplatzungen und Rißbildungen des Korrisionsschutzes. Das Stahlgerüst mit seinen 468 Brücken und Stützen mußte zudem überdurchschnittliche Verkehrszuwächse tragen (bis zu 40%).

Erneuerung mit „Flüsterschienen"

Man entschloß sich (mit Landeshilfe) vor allem zu drei Verbesserungen: Belastungsreserven in der Tragkonstruktion, Beseitigung von Langsamfahrstellen, geringerer Geräuschpegel durch Einbau von „Flüsterschienen". Hinzu sollten neue Bahnhöfe kommen, moderner, servicefreundlicher, bequemer.

Da an Werktagen (mit Ausnahme einer Sommerwochen) kaum auf die Schwebebahn verzichtet werden konnte, basiert die Ausbaukonzeption auf den Austausch der Konstruktion an Wochenenden. Dabei werden bis zu drei Baustellen gleichzeitig betrieben. Eine im Flußbett der Wupper installierte Stahlfahrbahn stellt den Zugang an den dicht bebauten Ufern für die Montagekräne sicher. Busse fuhren und fahren in dieser Zeit als „Schwebebahn-Express".

Als 20. Station wurde die im Krieg zerstörte Schwebebahnstation Kluse wieder errichtet. Fassade und Dachfläche sind komplett verglast, Aufzüge wurden eingerichtet, Auf- und Abgänge behindertengerecht gestaltet. Böden und Bahnsteige erhielten Holzbelag. Von den weiteren 19 Stationen werden 12 neu gebaut (mit vergleichbarem Service und viel Glas), Alter Markt und Ohligsmühle waren schon seit 1967 und 1982 neu, die Stationen Oberbarmen, Werther Brücke, Völklinger Straße, Landgericht, und Döppersberg/Hauptbahnhof bleiben im alten Stil erhalten. In den Jahren 2003 und 2004 wird alles fertig sein, für weitere (mindestens) hundert Jahre Wuppertaler Schwebebahn.

Brücke (8) am Anfang des Barmer Einkaufszentrums Werth. Sie sehen links auf Oberbarmen und Wichlinghausen mit Kirchen, Wohnstraßen und Terrassenhäusern, erblicken, wenn Sie genau hinsehen, am Wupperufer Stadtvillen, aber auch manche Fabriken und Gewerbehöfe. Die Schwebebahnstation **Wupperfeld (9)** hat Zugang zur Berliner Allee, zum Wupperfelder Markt und zur „Färberei" (und zum Konzertort Immanuelskirche), aber ebenso nach Heckinghausen. Unten sehen Sie dann die grüne Rosenau und sind bald am Bahnhof **Oberbarmen (10)**. Hier können Sie auf Bundesbahn oder Citybus umsteigen (etwa nach Langerfeld und Beyenburg), müssen aber in jedem Fall aussteigen, wenn Sie mit der Schwebebahn zurückfahren wollen, jetzt auf der Gesamtstrecke bis Vohwinkel. Ihre Schwebebahn wendet in der anschließenden, jugendstilartig geschmückten Wagenhalle und nimmt Sie auf der anderen Seite wieder auf (über neue Glasaufgänge mit Fahrstuhl und Treppe). Sie können einen Wagen auslassen, wenn Sie Platz (oder Reklame) wechseln, vielleicht hinter dem Fahrer oder ganz hinten sitzen wollen. Jede Schwebebahnfahrt ist immer wieder neu ...

Jugendstil: Endstation Oberbarmen

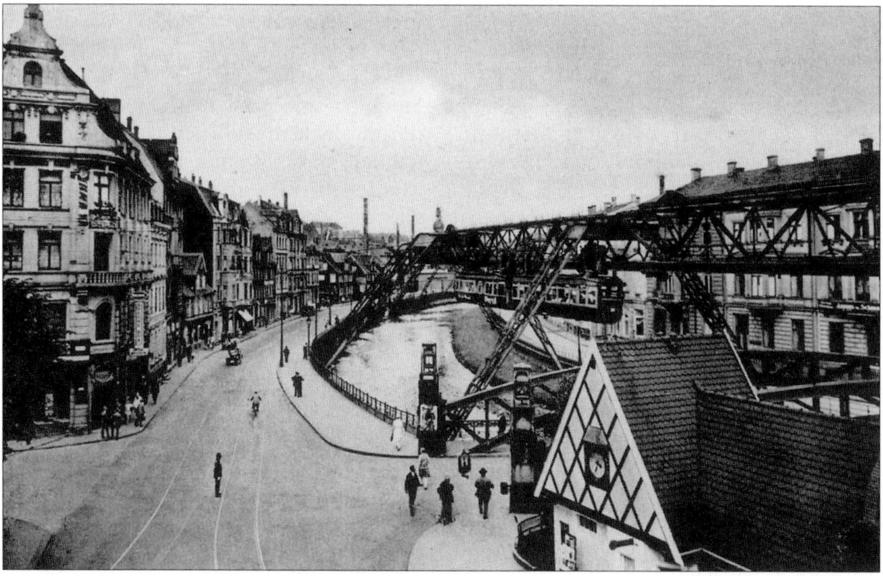

Früher konnte man noch flanieren (an der Werther Brücke vor 1910)

Ein Tänzer aus dem Ensemble von Pina Bausch

Zurück nach Elberfeld. Genießen Sie auf der Rückfahrt die Fahrt durch die Kurven, zwischen Bäumen und Häusern, über Straßen und Brücken. Nicht alle Nachkriegsbauten sind sehenswert, manches Quartier ist schmutzig, mancher Abfall stapelt sich in den Hinterhöfen, man sieht wirklich oft die „Eingeweide" der Stadt. Vor allen wenn Sie abends fahren, können Sie auch in viele Häuser sehen, in Wohnungen und Büros, in Fabriken. Ingeborg Drewitz beginnt ihren schönen Stadtreport („Wuppertal – Porträt der Stadt", Peter Hammer Verlag 1973) mit einer Schwebebahnfahrt: *„Neonweiß zerfließt in der schwarzen Wupper. Hinter Fabrikfenstern bewegen sich Männer und Frauen in Arbeitskitteln. Unhörbar die Walzen, Drehbänke, Webstühle, unhörbar das Stanzen, Hämmern, Schleifen. Die Schwebebahnkabine gleitet vorüber. Ein paar Bemerkungen von Bank zu Bank, Wetter, Preise. Dazwischen das Jaulen der Räder in den Leitschienen. Nachtfahrt. Was ist wirklicher: die gegenüber, die von Station zu Station wechseln – oder die Brücken, die herandrängenden Hänge, die schräg zulaufenden Straßen, die Perlenschnüre der Laternen? Was ist wirklicher: das Hochhaus auf der Justizinsel mit den dunklen Fenstern, das Theater mit dem freundlich erhellten Foyer, die ‚Schwimmoper', die Stadthalle, Modernes und Wilhelminisches, übereinandergestellte Häuserfronten, dekorativ häßlich – oder die Familienszenen rechts und links, Skatspieler, Biertrinker, die blaugrauen Fernsehschirme? Hartaneinandergesetzte Bilder auf der Strecke von Oberbarmen nach Vohwinkel: die Stadt im Längsschnitt."*

Die Stadt „im Längsschnitt". Man muß schon genau hinsehen, sich einlassen auf eine Stadt „auf den zweiten Blick". Wuppertal „schminkt sich nicht", hatte Heinrich Böll gesagt, „und daß ist wie bei Frauen, die es sich leisten können, ungeschminkt zu gehen, wohltuend und enttäuschend zugleich." Wenn Sie jetzt noch einmal am Alten Markt und am Opernhaus vorbeikommen, können Sie auch an Pina Bausch und ihr Tanztheater denken, an die Alltagswirklichkeiten auf ihrer Bühne, an das, „was die Menschen bewegt", keineswegs schön wie im klassischen Ballett, sondern oft voller Angst, wechselseitige Verstörungen und Widersprüche, Bilder der Gewalt und der Suche nach Halt, morbide Hoffnungslosigkeit und dann auch wieder große Lebenslust und Heiterkeit. An Wuppertal kann man sich reiben, das hat auch Pina Bausch erfahren, das fordert sie heraus. Ihren Film „Die Klage der Kaiserin" (1988/89) hat sie z.T. in der Schwebebahn gedreht, in einem schönen Fotoband (Leonore Mau, Ensemble, Edition Dia, 1988) werden die Tänzer/innen u.a. vor Schwebebahnmotiven fotografiert. Als sie 1999 in einer Produktion eine

Werbeträger Schwebebahn am Sparkassenturm

Schwebebahnfahrt als Film auf die Bühne projizieren sollte, passierte der schwere Unfall in Elberfeld, danach paßte das Bild nicht mehr, sie hat ein anderes gewählt. Täglich fährt die Schwebebahn an ihrem Arbeitsplatz vorbei. Das Bild sollte nicht beschädigt werden.

Von Elberfeld nach Vohwinkel und zurück

In Elberfeld steigen Sie nicht aus, denn die Schwebebahnfahrt geht jetzt nach Westen, mit ganz neuen Erfahrungen. Von der Station Hbf/Döppersberg ist die moderne nächste Station zu sehen: **Ohligsmühle (11)**. Wie ein Aquarium hängt die außergewöhnliche Rohr-Rahmen-Konstruktion mit türkis eingefärbtem Glas über der Wupper (Prof. Wolfgang Rathke, 1982). Von hier kommt man über eine Fußgängerbrücke zum Johannisberg, aber auch zum Laurentiusplatz. Hinter der Station wird die Talstraße überbrückt, mit einem hohen Bogentragwerk von 92m Länge. Wieder über der Wupper, sieht man links den Johannisberg mit Stadthalle, Hotel und Schwimmoper und rechts St. Laurentius und ein prachtvoll herausgeputztes Haus aus der Zeit der Jahrhundertwende, das alte Realgymnasium „Aue“, ein bißchen Renaissance-Palais, ein bißchen Neugotik, schöne Rundbogen- und Drillingsfenster, dennoch insgesamt eher Bildungsburg als Kulturort (obwohl die schöne Aula im Obergeschoß einmal ein wirklicher Festsaal gewesen sein muß). Der neue Bahnhof **Robert Daum-Platz (12)** wurde nach einem früheren Oberbürgermeister benannt. Von hier aus sehen Sie schon die Villen des Briller Viertels rechts an der Kaiserhöhe und gelegentlich links die Bergische Universität am Grifflenberg. Würden Sie aussteigen, fänden Sie auf dem Bahnsteig eine bronzene Tafel, mit der an den bislang schwersten Schwebebahnunfall am 12. April 1999 erinnert wird: während der Sanierungsarbeiten am Gerüst hatte ein Arbeiter eine „Kralle“ an den Schienen vergessen, ein Schwebebahnzug entgleiste und stürzte in die Wupper, erstmals in der hundertjährigen Geschichte gab es einen Verkehrsunfall mit Toten unter den Passagieren (5 Tote, 40 Verletzte). Und man war so stolz gewesen auf die hohe Verkehrssicherheit der Schwebebahn. Gerüste waren angefahren worden, Lastwagen hatten Wagen beschädigt, aber nie war eine Schwebebahn mit solchen tragischen Folgen entgleist. Für viele Wuppertaler war das ein Kulturschock.

Die Fahrt geht weiter durch Industrie- und Gewerbegelände, dahinter einerseits der z.T. recht arme Stadtteil Arrenberg, andererseits auf der rechten Seite die frühere „Prachtallee“ Friedrich Ebert-Stra-

Unfall am 12. April 1999

ße/Königstraße. Seit 1840 entstanden entlang der Bergflanke des Nützenbergs Fabriken am Fluß, etwa die berühmte Färberei und Weberei Boeddinghaus oder auch die Küpper-Brauerei. Vor allem entstanden hier zugleich repräsentative Villen, Patrizierhäuser und die dazugehörigen Gärten. Eine davon gehörte dem Geheimen Kommerzienrat Friedrich Bayer jun. (am 13.10.1851 in Barmen geboren). Man kann die Schloßvilla hinter der einfachen Straßenfassade (Nr. 146) noch erkennen, wenn man am Bahnhof **Pestalozzi-Straße (13)** aussteigt und die Friedrich-Ebert-Straße entlanggeht. Auf der anderen Seite kommt man ins Quartier Arrenberg und sieht schnell, daß hier eher ärmere Leute wohnen und ein hoher Ausländeranteil die multikulturelle Szene

Farbenfabriken in den zwanziger Jahren

bestimmt. Rechts an der Schwebebahnstrecke steht das große Elberfelder Heizkraftwerk mit hohem Schornstein und dicken Fernleitungsrohren. Von der Station **Westende (14)** ab geht es zwar rechts und links auf die grünen Höhen von Nützenberg/Kaiserhöhe und Königshöhe, aber vor sich sehen Sie das **Stammwerk der Fa. Bayer**.

Sie fahren an alten Backsteinfabriken vorbei, sehen aber ebenso neue, aus Stahl, Aluminium und Glas gestaltete moderne Gebäude, das neueste fällt besonders auf, es ist das 2000 eingeweihte „Pharmatechnikum". Die Gebäude sind durch ein riesiges Netzwerk von großen und kleinen Rohrleitungen verbunden, z.T. quer über der Wupper, insgesamt 31 km lang. Früher roch man die Chemie, jetzt haben sich Umweltschutz und Sauberkeit durchgesetzt, nur noch ein einziger Schornstein bläst (vielfach gereinigten) Rauch in die Luft. Hier werden in komplizierten chemischen und biochemischen Verfahren Wirkstoffe für unentbehrliche Pharmaka produziert und getestet. Die Tablettenherstellung von Aspirin wurde allerdings inzwischen nach Bitterfeld verlegt. Am Standort des ersten Labors (für Laugen und Seifen) von Friedrich Bayer sind Sie bereits im Barmer Osten, in Rittershausen, vorbeigefahren. Hier in Elberfeld ist die Chemieproduktion zur Industrie gewachsen, 1912 aber nach Leverkusen abgewandert, weil der Platz im Tal nicht mehr ausreichte. Dort arbeiten rund 25.000 (von insgesamt 125.000) Bayer- Mitarbeiter/innen, in Wuppertal sind es noch rd. 3.500, davon etwa die Hälfte im modernen Forschungszentrum auf dem (nördlich gelegenen) Katernberg.

Das neue Pharma-Technikum, das Sie von der Schwebebahn aus sehen, ist tatsächlich eines der modernsten der Welt (und entsprechend teuer mit 90 Millionen Euro): hier wird nach Wirkstoffen und neuen Herstellungswegen gesucht

Aus Wuppertaler Labors: Aspirin zum Beispiel

Bayer-Forschung und Entwicklung mit großer Vergangenheit

„The future has just begun" steht als Titelsatz auf einem stolzen Buch, das „100 Years" Aspirin preist. Tatsächlich ist diese Geschichte schon Wuppertaler Vergangenheit, denn inzwischen wird zwar in Elberfeld noch immer reichlich Bayer-Forschung und auch Entwicklung betrieben, aber die Aspirin-Produktion ist nach Bitterfeld verlegt worden (und ist darüber hinaus auf die ganze Welt verteilt, vor allem auch in die besonders aspirin-treue USA).

Die Aspirin-Geschichte bleibt dennoch eine Wuppertaler, der Durchbruch „vom Haus- zum Herzmittel" wurde zudem eine der erstaunlichsten Erfolgsstorys der Pharmageschichte. Dabei hatte die Wuppertaler Gründung dieser Bayer-Fabrik mit Pharmazie noch wenig zu tun. Von Arzneimitteln verstanden die beiden Wuppertaler Freunde Friedrich Bayer und Friedrich Westkott noch weniger als jeder „Pillenschlucker" jener Tage, dafür aber um so mehr von Farben: Westkott war Färbermeister, Bayer Farbenkaufmann. Sie ließen sich von den „neuen Teerfarben" begeistern, die 1862 erstmals auf der Londoner Weltausstellung den staunenden Besuchern gezeigt wurden. Voller Wagemut und Optimismus gründeten beide am 1. August 1863 in Barmen die offene Handelsgesellschaft „Friedr. Bayer & Co.", um Anilinfarbstoffe zu produzieren. Das wurde ein gutes Geschäft, 1881 entstand die AG „Farbenfabriken".

Das erste Medikament entstand dagegen aus lästigen Abfällen. 1886 entdeckten die Farbstoffexperten in mutigen Selbstversuchen, daß sich aus dem Abfällen (p-Nitorphenol) des Farbstoffs

Aspirin: gegen Kopfschmerzen und vieles andere

Benzoazurin G mit Hilfe der Acetylierung ein wirksames fiebersenkendes Schmerzmittel herstellen ließ: „Phenacitin". Der damalige Bayer-Generaldirektor Carl Duisberg (1861 in Barmen geboren) hatte ein feines Gespür für neue Märkte: er richtete eine „pharmazeutische Abteilung" ein und das Unternehmen produzierte elf verschiedene Arzneimittel, mehrere Schlafmittel darunter, aber das „Phenacitin" wurde der „Renner" (zumal 1889 gerade eine Grippeepidemie wütete).

Schon vor mehr als 3.500 Jahren wußte man, daß ein Saft aus der Rinde des Weidenbaumes Schmerzen lindert. Ägyptische Straßenhändler hatten ihn vertrieben. Natürlich wußten sie noch nicht, daß der Wirkstoff dieses Saftes Salycilsäure war (salyx = Weide). Es gab manchen chemischen Erfolg in der weiteren Entwicklung von Schmerzmitteln, aber erst am 10.August 1897 gelang dem Bayer-Forscher Dr. Felix Hoffmann die Herstellung der ersten chemisch rinen und haltbaren Acetylsalicylsäure (ASS). Hoffmanns Laborblatt aus Elberfeld wurde damit zur Geburtsurkunde des Aspirin. Am 23.Januar 1899 wurde dem Bayer-Vorstand der „Taufschein" präsentiert: das A für Acetyl und „spir" als Anlehnung an die „Spirsäure".Am 6.März wurde das Warenzeichen bereits in die kaiserliche Patentrolle aufgenommen. Die Produktion konnte beginnen, sie ist immer noch erfolgreich, zumal man noch einige positive Nebenfolgen wahrnahm, z.B. die gegen Herzkrankheiten günstige Verdünnung des Blutes.

Nach hundert Jahren erreicht der Jahresumsatz mit einer vollen Milliarde DM jedenfalls einen neuen Umsatzrekord.

Auch ohne Aspirin und für andere Schmerzen, Krankheiten und Gefährdungen des Menschen: Wirkstoffe für neue Medikamente zu entwickeln und zu erproben, ist immer noch eine der zentralen Aufgaben des Elberfelder Bayer-Forschungszentrums und des neuen, im Jahre 2000 vom Bundeskanzler eröffneten „Pharmatechnikums". Und die Schwebebahn fährt täglich vorbei.

Informationen aus: „100 Years Aspirin. The future hast just begun.", Bayer AG 1997, Bayer im Internet: www.bayer-ag.de)

und alles möglichst schnell, denn die Spanne zwischen klinischen Studien und der Zulassung von neuen Medikamenten verkürzt sich immer mehr (derzeit von 7 auf 5 Jahre). Dr. Rolf Angerbauer, der Chef der Chemischen Entwicklung Pharma bei Bayer ist stolz auf die sieben parallel arbeitenden Produktionsstraßen des neuen Technikums, jeweils eine Miniaturausgabe der Chemiefabrik, die später den Wirkstoff für den Markt herstellen soll: aber eigentlich sind diese Produktionsstraßen „wie eine moderne Küche ausgerüstet, man braucht nicht ständig alle Geräte, aber es muß alles vorhanden sein". Aus dieser „Hightech-Schmiede für Arzneien" wird man bald wohl regelmäßig pharmazeutische Erfolgsmeldungen hören. Es ist ja nicht beim weltweit produzierten „Aspirin" geblieben, der letzte „Senkrechtstarter„ war z.B. „Ciprobay", ein Medikament gegen Infektionen: 1987 zugelassen, inzwischen liegt der Weltumsatz bei 1,5 Milliarden Euro. Neben West Haven und Kyoto ist Wuppertal immer noch der wichtigste Entwicklungsort für Bayer-Pharmaka.

Nach der Station **Varresbeck (15)**, ebenfalls in neuer Glasbauweise, wird es wieder etwas ruhiger, ein großes Viadukt führt die Eisenbahn und S-Bahn über Tal und Fluß Richtung Vohwinkel (und dann nach Düsseldorf und Köln), dieses Zusammentreffen mehrerer Verkehrsmittel wurde von Beginn an bewundert. Links sehen Sie schon das grüne Zoo-Viertel (und der Zoo wartet auf Sie) und an der Station **Zoo/Stadion (16)** blicken Sie vor der Waldkulisse des Boltenbergs auf das unter Denkmalschutz stehende Stadion am Zoo mit einer restaurierten Schildwand aus dem frühen Bauwerk von 1924 und einer durchaus filigranen Zuschauertribüne (1991-93). Im Stadion selbst mit Tribünenoval und alter Radrennbahn (500 m) ist vielfache Wuppertaler und rheinische Sportgeschichte geschrieben worden: mit Fußball und

Sonnborner Viadukt: mit drei Bahnen (um 1903)

Leichtathletik, aber auch Rad- und Motorradrennen (sogar mit Autos). Übrigens steht wenig dahinter auch der „Sportpark“ der Fa. Bayer, in der modernen Halle spielt der vielfache deutsche Volleyballmeister Bayer Wuppertal.

Ab hier wird die Schwebebahntrasse gewechselt, unsere Schwebebahnfahrt verläßt die Wupper, führt bis Vohwinkel über Straßen, **die „Landstrecke“ beginnt**. Das Gerüst ist an Rundbögen aufgehängt (insgesamt rund 100 bis zur Endstation), die Fahrt führt unmittelbar an den Häusern von Sonnborn und Vohwinkel vorbei, man sieht in die Fenster, oft sehen Menschen auf Balkons auch auf die Schwebebahn. Vor dem Schwebebahnbau hatten gerade die Sonnborner gegen diese Bahnführung im Westen der Stadt protestiert, allerdings ohne Erfolg. Inzwischen hat man sich an die quietschenden Wagen mit den neugierigen Fahrgästen gewöhnt und viele Betroffene behaupten sogar, sie würden die Schwebebahn kaum noch hören, sie allerdings vermissen, wenn sie nicht führe. Das erst auffallende Bauwerk auf der rechten Straßenseite thront unübersehbar auf einem Hügel: die evangelische Sonnborner Hauptkirche, auf einem der ältesten Wuppertaler Kirchenstandorte gebaut, aber die jetzige Kirche von 1926 ist schon die dritte. Die Fassade zeigt einen bunten Stilmix, als wolle man die Gründerzeit noch übertreffen, also sowohl barocke als auch gotische Formen, romanische und ebenso korinthische Säulen, im Innern überrascht eine schöne Kassettendecke, den Turm kann man besteigen (über 150 Stufen). Gegenüber sieht man auf einer Hauswand ein banaleres „Kunstwerk“: im Stile des „wall paintings“ blickt man in eine Wohnung und auf die Alltagsverrichtungen einer Sonnborner Familie. Die erste Schwebebahnstation auf der Landstrecke ist die **Sonnborner Straße (17)** mitten im geschäftigen Stadtquartier, danach überfährt man an langer Brücke das **„Sonnborner Kreuz“**, eine riesige Verkehrsanlage, angeblich eine der größten in Europa. Sie sehen von hier auf die Straße nach Süden Richtung Solingen und erkennen den großen Stadtwald Burgholz. **Hammerstein (18)** heißt die Schwebebahnstation

Landstrecke Hammerstein (noch ohne Schienen)

Michael Malicke

Mit dem Kaiserwagen fahren

Über den Schwebebahn-Tourismus

Es passierte am 24. Oktober 1900: noch vor der offiziellen Inbetriebnahme führten die Erbauer der Schwebebahn stolz ihre Innovation dem Kaiserpaar vor. Wilhelm II hatte zuvor in Barmen die Ruhmeshalle und in Elberfeld das neue Rathaus eingeweiht und stieg mit seinem großen Gefolge am Döppersberg in drei bereitstehende Wagen ein. „Ruhig und sicher glitt der Wagen mit seiner theuren Last auf dem vielfach gewundenen Schienenweg dahin – und ihre Majestäten geruhten mehrmals huldvoll und gnädigst Grüße nach unten an die theuren Unterthanen zu senden", so hieß es in zeitgenössischen Berichten.

Kristallglas, Messing und Plüsch

Heute kann jeder mit dem Kaiserwagen fahren, jedenfalls seit 25 Jahren: liebevoll in altem Stil restauriert. Bis 700mal im Jahr ist die „gute Stube Wuppertals" im Einsatz. Der Wagen für bis zu 63 Passagiere ist immer noch in erster und zweiter Klasse unterteilt. Ob Geburtstag, Jubiläum, Polterabend, Lottogewinn oder Hochzeit – der Kaiserwagen ist für alle da. Man kann sogar standesamtlich heiraten.

Gut eine Stunde dauert die Fahrt und ständig ist das markante Antriebsgeräusch der Zahnräder zu hören. Jeder der beiden Wagen hat eine Motorenstärke von zweimal 25 Kilowatt, die ausreichen, im Schwebebahnbetrieb „mitzuschwimmen". Schließlich muß nicht an jeder Station angehalten werden. Eine zusätzliche Bremsanlage, Funkgerät, Kühlschrank und eine moderne Beschallungsanlage ergänzen die vorhandene Ausrüstung. Der Charme der Jahrhundertwende blieb erhalten: mit geschliffenen Kristallglasscheiben, Messingstangen und plüschigen Sitzbezügen.

Auf Wunsch kann eine Bewirtung geordert werden: bergische Kottenbutter oder Kaffeegedeck mit Kuchen. Bloß Gläser und Tassen sollten nie vollgeschenkt werden, der Oldtimer legt sich flott in die Kurven und die Grenzen der Physik machen auch vor dem Geschirr des Kaiserwagens halt. Freundliche Hostessen der Stadt in historischen Kostümen erläutern die Sehenswürdigkeiten der Stadt, auf Wunsch auch in Fremdsprachen.

Anmeldungen im Informationszentrum der Stadt am Döppersberg. 42103 Wuppertal, Tel. 0202/19433, Fax 0202/5638052, Internet: www.wuppertal.de,
Email: infozentrum@stadt.wuppertal.de

auf der anderen Straßenseite, jetzt wird es wieder eng, die Häuser haben Thermopenscheiben als Lärmschutz, aber auch bunt bestückte offene Balkons, Sie sehen alte Fachwerkhäuser, meistens mit Schiefer belegt, andere Häuser tragen allerdings eher schmuddelige Waschbetonfassaden. Hier herrscht Alltagswelt, hier wohnt man eher bescheiden, jedenfalls direkt an der Schwebebahn, nach ihrem Bau noch eine längere Zeit mit freiem Blick ins Land. Die Vohwinkler Kaiserstraße breitet sich zu ihren Füßen aus, mit vielen Geschäften und Gewerbebetrieben, z.T. auch schönen Fassaden. Gerade im Stadtbezirk Vohwinkel finden Sie gut erhaltene Gründerzeitfassaden und reichlich Jugendstil (s. Rundgang 16). Spätestens ab **Bruch (19)** ist die Kaiserstraße im September an einem Wochenende schwarz voller Menschen: der Vohwinkler Flohmarkt ist wohl einer der größten der Welt. Mit einer rasanten Rechtskurve, knapp an einem schönen Haus vorbei, endet die Schwebebahnstrecke im Zielbahnhof **Vohwinkel (20)**, wiederum mit einer Wagenhalle (und dahinter- und darunterliegenden großen Betriebswerkstätten) – und dieses Mal wird der Wagen noch im Bahnhofsbereich selbst für die Rückfahrt gedreht. Wechseln Sie also noch einmal den Bahnsteig und fahren Sie anschließend nach Elberfeld zurück – es sei denn, Sie wollten in Vohwinkel gleich den angebotenen Rundgang anschließen. Nutzen Sie die Rückfahrt wiederum für den „zweiten Blick“, nach oben oder unten, nach vorne oder hinten. Spannend ist es allemal, wenn man genau hinsieht, auf Details achtet, oder sich auch nur „schweben“ läßt. Man sollte auch zuhören, auf Geräusche achten, sich auf Stimmungen einlassen, in aller Ruhe am besten. Joachim Ringelnatz hat es bereits gesagt:

„Weil man manchmal in der Schwebe schweigen Vorzieht. Und bald wieder auszusteigen.“

Mit und ohne „theure Last“: der Kaiserwagen

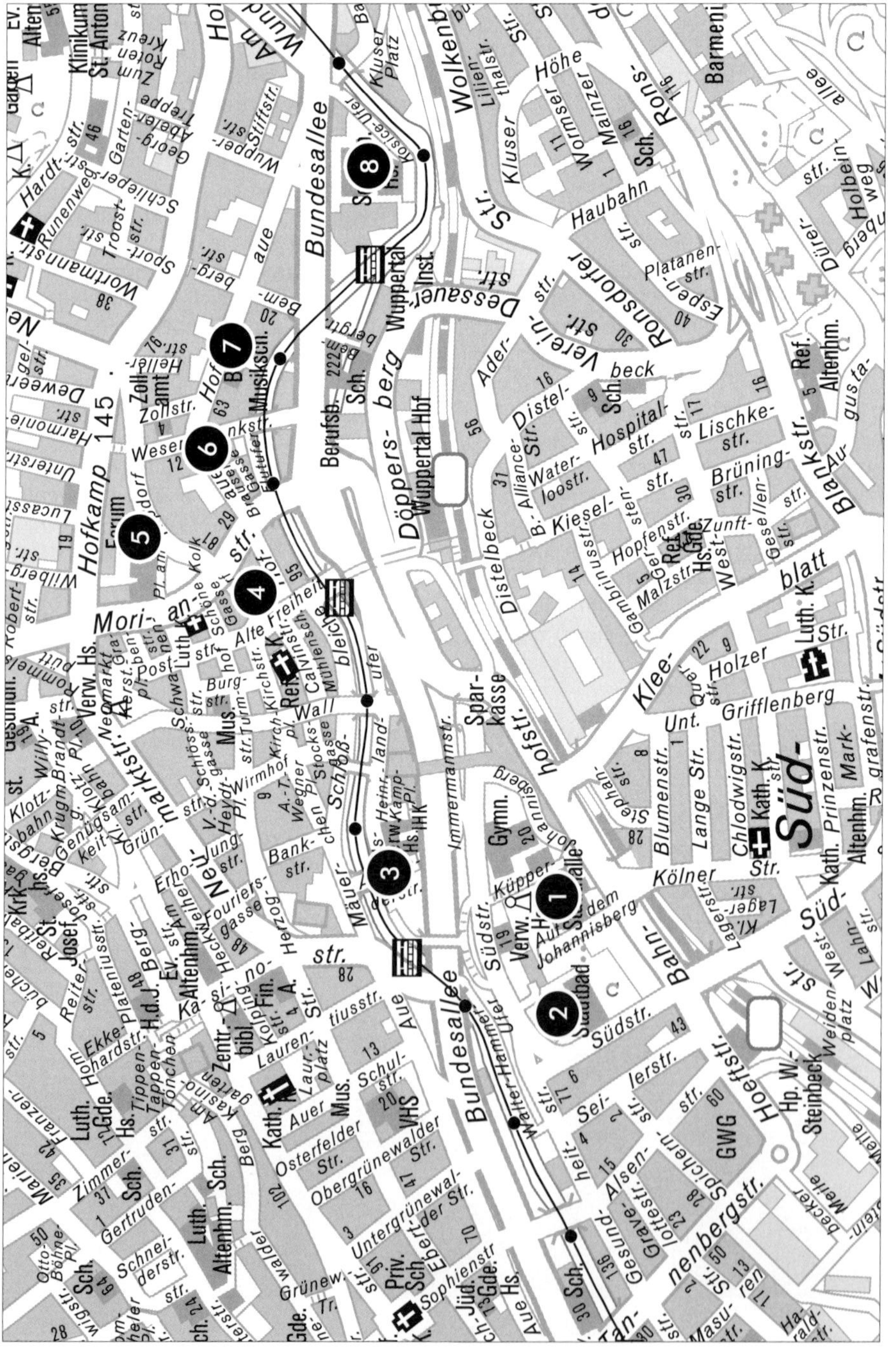

Bundesallee
Döppersberg
Wuppertal Hbf
Hofkamp
Morianstr.
Neumarktstr.
Wall
Schloßbleiche
Mäuer
Distelbeck
Sparkasse
Südstr.
Kölner Str.
Bahnhofstr.
Grifflenberg
Kleeblatt
Ronsdorfer Str.
Wolkenburg
Hofaue
Kluser Platz
Haubahn
Hospitalstr.
Lischkestr.
Brüningstr.
Blankstr.
Kieselstr.
Gambrinusstr.
Auer Schulstr.
Osterfelder Str.
Obergrünewalder Str.
Untergrünewalder Str.
Laurentiusstr.
Kasinostr.
Herzogstr.
Gathe
Spichernstr.
Hoeftstr.
Steinbeck
Johannisberg
Immermannstr.
Gymn.
VHS
GWG
IHK
Süd
Dessauer Str.
Friedrich-Ebert-Str.
Kasinogarten
Sophienstr.
Zimmerstr.

Der „Elberfelder Corso“

Vom Johannisberg durch die Hofaue zur Kluse

Rundgang 5: *Start an der Station Ohligsmühle, Ziel ist die Station Kluse.*
Dauer: *zwei Stunden (ohne Kulturbesuch)*

Der persönliche Umgang mit einer Stadt hat auch mit eigenen Lebensgefühlen zu tun, mit Erlebnissen, die nicht nur Erinnerung sind. Das sollen Stadtrundgänge vermitteln können. Wenn Sie beide Zentren der Stadt, also Elberfeld und Barmen, schon kennengelernt, vielleicht sogar mit einer Schwebebahnfahrt einen weiteren Überblick über die Stadt gewonnen haben, lade ich zu Wegen ein, die quer liegen, den Besuch vertiefen, auf Verbindungen aufmerksam machen, die nicht selbstverständlich sind. Wenn schon unsere Stadtgeschichte so vieles erzählt, was man nicht mehr sehen kann, dann darf man mit ein wenig Phantasie auch in die Zukunft blicken. In Wuppertal muß man wieder träumen dürfen: *„O, unsere Schwärmerei berauscht die Straßen und Plätze der Stadt. Alle Träume lauschen gebannt hinter den Hecken.“* Else Lasker- Schüler hat uns Träume immer schon zugetraut.

Der „Elberfelder Corso“ zum Beispiel ist noch ein Traum, es gibt hier einen „Corso“ zumindest nicht mit dieser Bezeichnung. Wir erfinden ihn einfach. In mediterranen Städten ist ein „Corso“ ein breiter Platz oder Rundweg, auf dem sich das „Stadtvolk“ abends trifft, wo je nach Tradition sogar ein Wettrennen mit Pferden oder ein Umzug zu Zeiten des Karnevals stattfindet, ein besonderes Stadterlebnis ist es in jedem Fall. In jeder Stadt gibt es mindestens einen Ort, an dem man sicher sein kann, daß auch andere Menschen dorthin gerne gehen, sich dort gerne aufhalten, flanieren gar oder auch nur einen Kaffee, ein Glas Wein oder Bier trinken. An solchen Orten hat jeder die Wahl zwischen verschiedenen städtischen Angeboten, gastronomischen oder kulturellen etwa, oder man kauft dort gerne ein. Hier trifft man sich ohnedies, es sind wahrlich „urbane Orte“. Das könnte in Elberfeld genauso gut der Neumarkt sein oder der Laurentiusplatz mit anschließendem Luisenviertel oder in Barmen der Werth mit Rathausvorplatz und Brauhaus. In Düsseldorf und Köln wären es wohl eher die „Kö“ bzw. der Domplatz oder auch die Rheinpromenaden mit den jeweiligen Altstädten, von den Boulevards und „Ramblas“ in den großen Hauptstädten im Süden Europas wollen wir gar nicht reden.

Unser „Elberfelder Corso“ entsteht erst, muß z.T. noch „inszeniert“ werden, bedarf der Möblierung und Beleuchtung. Aber zwei Eckpunkte sind vorhanden, an denen bereits „eine ganze Menge Leben“ herrscht: der Johannisberg mit Stadthalle und dem Stadthallengarten unter hohen Bäumen und die lebendige Kluse, der Platz rund um das Schauspielhaus. Dazwischen liegen Wege an der Wupper wie Islandufer oder Schloßbleiche, anschließend die Hofaue mit langer Handelstradition und vielleicht einer kreativen Zukunft. Die City-Arkaden liegen am Weg, der Platz am Kolk, zukünftig vielleicht wieder ein urban gestalteter Döppersberg. Lassen Sie sich vom „Corso“ erzählen.

„Elastisch-schwebend“, Claus Bury hat seine neue Holzskulptur vor dem Johannisberg-Hotel mit Blick ins Tal auf die Schwebebahn bezogen. Eher thronend als schwebend, aber als Gebäude voller Klang und Melodie, sieht man hinter dem Hotel die **Historische Stadthalle am Johannisberg (1)**. Von der Schwe-

Stadthallenpromenade als historischer Postkartengruß

bebahnstation Ohligsmühle erreichen Sie die Stadthalle und ihren Garten über eine Fußgängerbrücke, über Treppen und Fußwege. Oder Sie parken gleich in einem der großen Parkhäuser am Johannisberg oder gehen vom Hauptbahnhof zur Stadthalle (entlang der Eisenbahn und dem neuen Sparkassenhaus). Manche Besucher/innen kombinieren den Besuch mit einem Konzertabend, auswärtige Gäste übernachten gar in einem der Hotels.

Die historische Stadthalle: Ein musisches Palais

Ein „Rondo“ lädt uns ein. Das ist der Titel jener modernen Skulptur von Alf Lechner, die uns auf dem Vorplatz der Historischen Stadthalle empfängt: aus schwerem Corten-Stahl, ein in zwei schwingende Bögen aufgeteilter Kreis, wie Melodien umeinander gedreht. Ein Wuppertaler Bürger hat das wertvolle Kunstwerk gestiftet. Das „Rondo“ (aus bewußt rostigem Stahl) steht scheinbar im Widerspruch zur festlichen Fassade aus warmfarbenen Sandstein, macht aber deutlich, daß es an diesem Ort auch um die Zeitgenossenschaft von Kunst geht. Diese gehört zur musikalischen Tradition des Hauses, Richard Strauss hatte bereits bei der Einweihung 1900 zeitgenössische Musik aufgeführt. Diese „Stadthalle“ (welch banales Wort für ein derart festliches Haus) ist allein schon eine Wuppertal-Reise wert, erst recht, wenn Sie erst einmal erlebt haben, wie sie bei einem Konzert klingt. Ganz zweifellos enthält sie einen der schönsten Konzertsäle in Deutschland und Europa. Die „Halle“ ist zwar gerade „erst“ hundert Jahre alt geworden, aber in Ambiente, Ausstattung

Bild links: Kulturreicher Fassadenschmuck an der Stadthalle

Alf Lechners „Rondo" in Stahl

und Standort ein Kleinod, zumal Musiker vieler berühmter Orchester den großen Saal als akustisch meisterlich rühmen („nur unser Wiener Musikvereinssaal ist noch schöner", hörte man von Wiener Philharmonikern). Und das Haus ist inzwischen in Deutschland eines der wenigen ausgewählten Beispiele der „Historic Conference Centers of Europe".

Viele berühmte Dirigenten, Solisten und Orchester der Welt waren hier bereits zu Gast und kommen oft wieder. Nehmen Sie also in jedem Falle das aktuelle Stadthallenprogramm zur Hand, um sich einen Konzertplatz zu sichern. Nicht nur große Gastkonzerte werden Sie finden, auch die regelmäßigen Konzerte des Wuppertaler Orchesters (eines A-Orchesters) lohnen den Besuch. Musik hat in Wuppertal lange Tradition und hohe Qualität, an diesem Standort erst recht. Inzwischen ist die Stadthalle ebenso begehrter Tagungs- und Kongreßort, ihr Service wird gelobt, die Gastronomie („Culinaria") ebenfalls.

Das aktuelle Jahresprogramm erhält man an allen Informations- und ToPTicket-Verkaufsstellen oder direkt in der Stadthalle: 42103 Johannisberg 40,
Tel. 0202.245890, Fax 0202.455198, Internet: www.stadthalle.de

Seit 1900 thront dieses „bürgerliche Gesellschaftshaus" hoch und mitten in der Stadt. Die bürgerliche Großstadt wollte sich zum Ausgang des 19. Jahrhunderts prachtvoll und festlich darstellen, die „Gründerzeit" war ihr Medium, etwas Pomp mußte sein. Man hatte sich schon in den Jahrzehnten zuvor regelmäßig zu Festen im Konzerthaus von Abraham Küpper auf dem Elberfelder Johannisberg getroffen, das erste „Niederrheinische Musikfest" fand 1817 statt. **Die „Langenbach'sche Kapelle"** (ein 18-Mann-Orchester unter Leitung des Spohr-Schülers Julius Langenbach) gab es bereits seit 1841, sie wurde später zum städtischen Sinfonieorchester (offiziell seit 1886). Zudem wurde im Wuppertal viel gesungen, das hatte man in den Kirchen gelernt. Volksfeste waren beliebt, Abraham Küpper organisierte „mit Schmackes" vielerlei „Lustbarkeiten". Johannisberg und Laurentiusplatz waren die Festorte der Stadt, erst volkstümlich, später bürgerlich-klassisch oder kirchlich- lithurgisch, manchmal auch elitär. Die Mitglieder der „Casino"-Gesellschaft waren jedenfalls die Wegbereiter, die reicheren Bürger Elberfelds sammelten zudem rund ein Drittel des Grundstückpreises (von 400.000 Mark) für ihre Festhalle, zu Beginn der Neunziger Jahre des 19. Jahrhunderts beschlossen: „für die Abhaltung größerer musikalischer Aufführungen", „für größere und kleinere Versammlungen bzw. Gesellschaften" (so im Beschlußtext des Stadtrates).

Von den 34 Entwürfen des 1895 ausgeschriebenen Wettbewerbs für den Bau der Elberfelder Stadthalle wurden sechs preisgekrönt und keiner gebaut. Das fertige Gebäude ließ aber Ähnlichkeiten mit dem Berliner Reichstagsgebäude von Paul Wallot erkennen, Paul Wallot war auch Jury-Mitglied gewesen. Die konkrete Planung lag bei Stadtbaurat Wilhelm Mäurer und Stadtbauinspektor Wilhelm Brünig. Sie bestimmten wohl auch den architektonischen Grundton des Gebäudes: italienische Neorenaissance. Bruno Taut hatte diesen Stil „vornehm und edel“ genannt „und im Ornament wie in der ganzen Anordnung des Schmuckes deutsch“. Teurer als geplant wurde das Haus in jedem Fall, aus den 700.000 Mark in den Wettbewerbsbedingungen wurden 1.555 Millionen Mark (ohne Grundstück). Das Ergebnis war aber jede Mark wert.

Drei Tage lang feierte man im Juli 1900 die Einweihung: mit einem „Bergischen Musikfest“, das vor allem ein riesiges Chorfest war, auch mit Richard Strauss, der „Heldenleben“ dirigierte. Großartige Konzertabende mit berühmten Orchestern und Dirigenten folgten bald, Mahlers „Sinfonie der Tausend“ wurde regelmäßig aufgeführt, große Chorwerke (um die Konzertorgel zu nutzen),früh auch zeitgenössische Musik. Im „Steckrübenwinter“ des ersten Weltkrieges 1916/17 mußte die Stadthalle geschlossen werden, die Luftangriffe des 2. Weltkrieges 1943 überstand sie dagegen fast unversehrt. Gleich nach Kriegsende war man hungrig nach Musik: in der Saison 1945/46 gab es 67 Konzerte, darunter fünfmal Bachs „Johannespassion“. Mit Beethovens „Fidelio“ wurde im Oktober 1945 der Opernspielplan eröffnet, denn beide Theater in Elberfeld und Barmen waren zerstört. Man spielte viel: in der Spielzeit 1951 /52 gab es zwanzig (!) Premieren, von Verdis „Maskenball“ bis zu Jessels „Schwarzwaldmädel“, auch Sutermeisters „Der rote Stiefel“ (als bundesdeutsche Erstaufführung) und zweimal Wagner („Meistersinger“, „Walküre“).

Man feiert wieder: im Großen Saal

Nach der Wiedereröffnung des Barmer Opernhauses 1956 wurde die Stadthalle „modernisiert“, Decken- und Wandgemälde rücksichtslos übermalt, Stuck abgeschlagen, Bühne und Bestuhlung neu gestaltet. Auch die Orgel wurde verkauft. Trotz der auch akustisch ärmer gewordenen Säle kamen im Februar 1958 die Berliner Philharmoniker wieder, dirigiert von Herbert von Karajan. Nach Fritz Lehmann, Hans Weisbach und Hans-Georg Ratjen (und den großen Chorkonzerten unter Martin Stephani) wurde mit den Generalmusikdirektoren Hanns-Martin Schneidt und Peter Gülke das Musikleben Wuppertals erfolgreich fortgesetzt. 1991 beschloß der Rat endlich die vollkommene Restaurierung, unter strengen Auflagen der Denkmalpflege und mit großzügiger Landeshilfe, 1991 fand bereits der „Kehraus“ statt, im Dezember 1995 die festliche Wiedereröffnung (noch mit Peter Gülke, seit 1998 ist der Amerikaner George Hanson neuer GMD der Stadt). Die Stadt war mutig geblieben und hatte selbst den größeren Teil der Umbaukosten von rd. 85 Millionen DM aufgebracht. Das hat sich gelohnt, wie man sehen kann.

Ein für den Erhalt der gründerzeitlichen Tradition außerordentlich sensibles

Architektenbüro unter Leitung von Prof. Will Baltzer (und seiner Frau Chris als Innenarchitektin) hat in großartiger Zusammenarbeit mit deutschen und europäischen Fachfirmen die „Historische Stadthalle am Johannisberg" (so der etwas komplizierte alt-neue Name) wieder zum Leben erweckt. Eine Eröffnungspublikation von Joachim Frielingsdorf und Jost Hartwig (als Herausgeber) hat Geschichte und Restaurierung der „Stadthalle" sehr umfassend dokumentiert (Verlag Müller+Busmann, Wuppertal 1995).

Zwischen Renaissance und Jugendstil. Etwas Zeit sollten Sie sich für Ihren Rundgang nehmen (und wie gesagt, am besten bei einem Konzert). Schon das Äußere verdient Aufmerksamkeit: ein neunachsiger Mittelbau, vier Ecktürme mit Kuppeln, eine festliche Vorhalle vorne, eine gläserne Gartenhalle hinten. Aus Sandstein sind der reiche figürliche Schmuck und die Relieffelder, die Ecken der Turmgeschosse werden durch mächtige sitzende Frauen betont, auf die musikalische Nutzung macht ein Namensfries aufmerksam (die Namen von Meyerbeer, Mendelssohn und Offenbach wurden 1934 von den Nazis entfernt). Die „Rustizierung" der Untergeschosse und Turmkanten folgt berühmten italienischen Vorbildern, das hat man alles schon einmal gesehen. Zwischen starken Säulen erheben sich mächtige Rundfenster, die Vorhalle fällt mit großem Balkon auf (mit Elberfeld-Wappen) und mit einer großzügigen Freitreppe. An der Gartenfront findet man sogar eine richtige Loggia mit toskanischen Zwillingssäulen, durch eine neue Glasfront angemessen modernisiert. Auf der oberen Terrasse sitzt man unter Glasdach hinter schönen Eisengittern und blickt auf hohe Kastanien und die Stadt dahinter.

Der innere Rundgang ist ein Abenteuer, nicht unbedingt für stilistische Puristen, aber schön und festlich allemal. In fast jedem Raum findet man einen ande-

Großer Saal: die frühere Pracht

ren historischen Stil, durch die moderne Beleuchtung bis in die Gegenwart verlängert. Der Historismus der vorletzten Jahrhundertwende spielte gerne und virtuos mit vielen Formen, von der Neugotik bis zu Barock und Rokoko, von der Renaissance bis zum Jugendstil. Die **Wandelhalle** hinter dem Eingang zeigt mit ihren reichhaltigen floralen Ausmalungen viel Jugendstilelemente, vor allem an den Decken und zwischen den bauchigen Granitsäulen, die ionischen Säulenkapitelle sind mit Masken und Leiern geschmückt. Wunderschön sind die Türen, sowohl die zum großen Saal als auch die mit großen Spiegeln begleiteten Türen zu den Treppenhäusern. Floralen belgischen Jugendstil tragen die Glasscheiben der Pendeltüren, alles ist vom Feinsten.

Und wenn man Ihnen erst einmal die Holztüren zum **Großen Saal** geöffnet hat, empfängt Sie ein optisches und aku-

Will Baltzer

Die Renaissance der Renaissance – warum restauriert man historische Stadthallen?

Bereits im Jahr 1900 wurde der „Stadthalle Elberfeld“ in der Festschrift zur Einweihung ihre bis heute gültige Zweckbestimmung zugeschrieben. Das imposante Bauwerk im Stil der Neorenaissance sollte „... ausnahmslos sämtlichen Bewohnern der Stadt dienen“ und „... für alle Arten von Versammlungen zur Verfügung gestellt werden“.

Nach nahezu einem Jahrhundert bewegter Welt- und Stadtgeschichte – sie mutete der Stadthalle manchen Verlust an ornamentaler und plastischer, raumprägender Substanz zu, drohte ihr in den 50er Jahren sogar der Abriß und versetzte sie in der Folge in einen farblosen Dämmerschlaf – reifte in kommunalen Gremien der Entschluß, durch umfassende Restaurierung dem Bauwerk seine stattliche Schönheit zurückzugeben, es zu neuem Leben zu erwecken.

Die vorangegangenen Jahrzehnte umfassen das Zeitalter der „Moderne“, deren Leitbilder, wenn auch modifiziert, das Architekturverständnis bis in die Jetztzeit prägen. Das radikale Postulat „Ornament als Verbrechen“ hatte eine Barriere im Umgang mit historischen Gebäuden geschaffen. Durch die Verneinung der eigenen Geschichte nach dem 2. Weltkrieg wurde diese Haltung verstärkt und brachte den Abbruch zahlreicher, wertvoller Altbausubstanz mit sich. In der darauffolgenden Phase des Wiederannehmens und Wiederwahrnehmens der eigenen Tradition entwickelte sich ein neues Verständnis von geschichtlichen Prozessen und ihren überlieferten Zeugen – den baulichen Hinterlassenschaften. Initiativen der Denkmalpflege hatten bereits in den 70er Jahren eine neue Wertschätzung der Bauten des Historismus bewirkt. Untersuchungen der Gebäudestruktur der Stadthalle auf ihre Anpaßbarkeit an Funktionen neuen Inhaltes bestätigten die Tauglichkeit des gebauten Erbes.

An exponiertem Standort, hoch oberhalb des Stadtzentrums von Elberfeld, stellt die Historische Stadthalle, neben der Schwebebahn und dem Bild der Industriestadt am Fluß, einen entscheidenden Identifikationsfaktor für die Stadt und ihre Besucher dar. Als Ort großer musikalischer Tradition ist sie von überregionaler Bedeutung. Die im Gebäude nun wieder zahlreich zu entdeckenden Darstellungen und Allegorien der Tonkunst sind Zeichen der historischen Bestimmung als „Concerthaus“. Zugleich sind sie Schmuckelemente und Erzählungen im Formenkanon des Barockklassizismus und des frühen europäischen Jugendstils. Den Regeln der Architektur des Historismus entsprechend, greifen alle Innenräume der Stadthalle einen anderen Stil auf, so daß keine Übereinstimmung mit dem äußeren architektonischen Erscheinungsbild besteht. Bestimmend war bei der Wahl des Stils die Größe eines Raumes. So verdankt z.B. der Große Saal seine prachtvolle Gestaltung dem Stil der Hochrenaissance, mit barocken Zitaten, der intimere Mendelssohn-Saal vertritt den Barockklassizismus mit Anklängen an den französischen Empirestil. Stilvielfalt und reiche Ornamentik in Malerei und Stukkaturen, von dezenter Farbigkeit geprägter Raumfolgen, ergeben zusammen den Eindruck von Schönheit und Opulenz, der die Besucher heute fasziniert und beglückt.

Die im Zuge der Restaurierung eingefügten baulichen Ergänzungen, in moderner zeittypischer Architektursprache, stellen einen Dialog zwischen Historie und Moderne her, wie er auch in dem großen Spektrum der unterschiedlichen Veranstaltungen des Hauses existiert. Die Begeisterung, die während des Kraftaktes der Restaurierungszeit allen Beteiligten als Motivation und Energieschub diente, „überträgt" sich heute in hohem Maß auf die Besucher der Stadthalle: eine Renaissance emotionalen Erlebens – des Eingestehens der Lust und Freude an baulicher Schönheit, die das Ornament mit einschließt.

Ornament an der Deckenumrahmung, mit Haydn-Medaillon

stisches Erlebnis: ein riesig erscheinender Raum (rund 1.000 qm Grundfläche, 42x24), gegenüber durch Tageslichtfenster beleuchtet, abends von großen modernen Lichtkränzen angestrahlt, mit vielen Figuren und Farben geschmückt, wunderschön ausgemalt, z.T. golden belegt. Der große Raum wird von einem schmalen Rang auf Rundsäulen umgeben, der Bühnenbereich hat ein hohes Portal über einem gestuften Podium aus warmen Kirschbaumholz („Black Cherry") vor Chorempore und Orgel. Das stilistische Vorbild des großen Saals ist die italienische Hochrenaissance, in der Art der Ausschmückung, in der Gliederung von Wand- und Deckenflächen erkennbar. Die französischen Restauratoren, immerhin erfahren in der Renovierung ihrer Schlösser, hatten bei ihrer schwierigen Restaurierungsarbeit als historische Grundlage fast nur Fotos zur Verfügung, jedenfalls waren nur wenige Stuckreliefs oder frühere Ausmalungen erhalten. Die nach den Fotos recht fleischigen früheren Deckengemälde (den Parnaß darstellend) wurden allerdings durch hellere Wolkenhimmel ersetzt, mit Stuckrahmen immer noch reichlich geschmückt. Die Decke geht in Hohlkehlen mit Spitzkappen über, ausgestattet mit Figuren und Reliefs. Hier sieht man schöne florale Formen in weiß, dunkel und gold, dazu Marmorimitationen. Von den Brüstungen sehen uns Frauenköpfe an, am Übergang zur Decke stehen Frauengestalten mit leichtfallenden Gewändern, tanzende Genien, Bacchantinnen. An den Füßen dieser Frauen wird es barock, man sieht musizierende Putti, rundlich und lieblich, allerdings nicht ganz so üppig wie etwa aus süddeutschen Barockkirchen gewohnt.

Von barocken Putti hat Cees Nooteboom nach einem Besuch in München einmal geschrieben, daß ein Putto „etwas von einem Milchlamm haben" muß: *„einem pausbäckigen Engelchen, so eines, das gerade fliegen gelernt hat, wenn es das schon kann, mit den zu kleinen, meistens etwas lächerlichen Flügeln an den zu dicken Kinderleibern"*. Ganz so ist in diesen gründerzeitlichen Kopien alter Baustile nicht, die etwas kühlere Renaissanceform überwiegt, aber schöner Raumschmuck ist es allemal, auch wenn Sie nach den lieblichen Engeln etwas suchen müssen. Sie finden reich ornamentierte Pilaster, schön gestaltete Türgiebel, kunstvoll neu gegossene Stützkonsolen auf den Stuckmarmorsäulen, die die Brüstung tragen. Und die (in der Tat bescheidener gewordene) Hallendecke ist ein schöner Himmel geblieben, eindrucksvoll eingerahmt, gut beleuchtet. Und wenigstens vier der Komponisten, deren Musik hier regelmäßig erklingt, sind in Medaillons porträtiert: Johann Sebastian Bach, Joseph Haydn, Wolfgang Amadeus Mozart und Ludwig von Beethoven. Auch die Musik dieser Komponisten mußte zu ihrer Zeit erst durchgesetzt werden, war nie unumstritten. Deshalb wird man in diesem Haus auch heutige zeitgenössische Musik pflegen. Das geschah und geschieht von Beginn an: von Richard Strauss im Jahre 1900 bis Uri Caine im Jahre 2000.

Bei alter oder neuer Musik können Sie in diesem Saal mit den Augen spazierengehen, ohne abgelenkt zu werden. Sie sollten das ruhig tun, die Töne tun es offensichtlich auch. Das Geheimnis der viel gelobten Konzertakustik (vorausgesetzt die Lautsprecher bleiben ausgeschaltet) ist einerseits die Vielfalt der kleinen Stuckarbeiten, an denen sich Töne brechen können, andererseits aber auch die Gesamtanlage des Saals, die einfache und gerade „Schuhkartonform“, mitten im Gesamtgebäude „hängend“. Der Wiener Musikvereinssaal oder die Tonhalle in Zürich haben übrigens eine vergleichbare Form und Ausgestaltung. Dadurch werden Konzerte großer Orchester, aber auch mancher Solisten, zum besonderen Hörerlebnis. Erfreulicherweise erhielt der große Saal auch wieder eine schöne Konzertorgel mit 65 Registern (erbaut von der Fa. Sauer/Höxter, gestiftet von der Wuppertaler Unternehmerfamilie Mittelsten Scheid/Vorwerk), sogar das frühere Fernwerk (hinter der Rosette in der Saalmitte) wurde wieder eingerichtet. Der Raumklang ist überwältigend.

Im ganzen Haus fällt die moderne Lichtgestaltung auf, sie mußte sein, weil die früheren Leuchtkörper zu wenig Licht (etwa für Kongresse etc.) versprachen. Aber Stilvielfalt war von Anfang an ein gründerzeitliches Gestaltungselement. Gehen Sie zum Beweis als nächstes in den östlich anschließenden früheren Speisesaal (hinter einem mit alten Glasfenstern geschmückten Flur), der heute den Namen **„Offenbach-Saal“** trägt (eine der Erinnerungen an Komponistennamen, die an der Außenfassade von den Nazis entfernt wurden). Hier finden Sie eine überaus reiche Vergoldung, auch an den Kapitellen der 28 Pilaster (der polierte Alabaster ist allerdings aus Gips), filigran verzierte Deckenbalken, üppige Tafelornamente (z.T. mit Medaillons aus roten Veroneser Marmor geschmückt, und diese sind echt), stuckgerahmte Spiegel und manche weiteren, wenn auch oft abgewandelte Elemente der italienischen Renaissance. Überraschend fand man noch eine aufwendig gestaltete Holztrennwand zum früheren Buffetraum in beigefarbenen Anstrich. Der Saal ist festlich und wird inzwischen wieder entsprechend genutzt. Hier trifft man sich in Konzertpausen, zu Festbuffets oder auch zu edlen Gesellschaften, Hochzeiten beispielsweise, Jubiläumsfeiern. Man kann ihn natürlich mieten.

Jugendstil in Reinkultur sehen Sie, wenn Sie den Saal verlassen und über das Treppenhaus in die oberen Säle gehen. Das war bei der Restaurierung eine große Überraschung, eine Essener Spezialfirma wurde hinzugezogen, um diesen Schatz an figürlicher Malerei in mühsamer Arbeit freizulegen (tatsächlich mit Skalpell und Abbeizflüssigkeit): ein Rosenhag mit Horizont und Wolken, ein gewölbter Himmel mit vergoldeten Strahlenrosetten, davor Frauen, tanzend mit Tamburin

Immer schon lud das Stadthallenparkett zum Tanzen ein

und Kastagnetten die einen, eine Lyra und eine Schalmei haltend andere, die nächsten singend und eine Geige spielend, oder auch nur mit Ölzweig, Palmzweig, Eichenlaubkranz oder einer Fackel in den Händen.

Welche edel verspielte Welt grüßt hier aus einer Zeit am Vorabend großer Weltkriege? Auf den Stirnseiten sieht man ein Blütenrankwerk vor blauem Himmel mit goldenen Sternen und Wolkenschleiern und in der Mitte einen radschlagenden Pfau. Vergleichbares aus dieser Zeit ist selten zu sehen.

Im Obergeschoß finden Sie die kleineren Säle bzw. Tagungsräume, zwei davon sind eher einfach ausgeschmückt: der **„Mahler-Saal“** und der **„Hindemith-Saal“** , mit einer Schiebetür verbunden. Und die ursprünglich tapezierten Wände haben einen einfarbigen Grundanstrich in terrakottarot und hellblau mit vertikalen weißen Streifen, die Deckenrosetten sind allerdings vergoldet, besonders schön sind die umlaufenden Vouten mit ihrem eng verschlungenen goldenen Rankwerk auf blaugrünem Grund. Im „Mahler-Saal“ kann man auch Theater spielen, er hat eine kleine Bühne für Aufführungen und Konzerte. Als Tagungs- und Gruppenräume sind beide Säle ebenso geeignet. Vom Flur vor diesen Sälen kommt man übrigens auf die Galerien des großen Saals.

Vom Jugendstil-Treppenhaus gelangt man in einen weiteren festlichen Raum bzw. sogar zu einer miteinander verbundenen Raumflucht: an der Eingangstür steht „Concertsaal“, der neue Name ist **„Mendelssohn-Saal“** (frühere Namen waren „Kaisersaal“ oder schlicht „Gelber Saal“). Er ist heute, auch in der Kombination mit den beiden „Majolika-Sälen“ Konzert- und Tagungsraum gleichermaßen. Im ersten, dem östlichen „Majolika-Saal“, überfällt Sie geradezu ein riesiges Porzellangemälde des Berliner Malers Alexander Kips, 1896 von Elberfelder Bürger auf der Berliner Gewerbeausstellung gekauft und für die Stadthalle gestiftet (eigentlich waren Türen zum großen Saal vorgesehen, die man auf der Saalseite auch noch angedeutet findet). „Die Gaben der Erde“ heißt das eine Gemälde, „Die Gaben des Meeres“ das Porzellanbild im westlichen Majolika-Saal (hinter dem Konzert- und Vortragspodium). Hans Makart hatte mit den gleichen Titeln schon 1874 zwei ähnlich üppige Bilder gemalt, die beiden Kips-Gemälde zeigte man 1876 auf der Weltausstellung in Chicago. Beide Bilder passen zum „Barockklassizismus“ (oder auch „Rokokoklassizismus“) der gesamten Raumfolge, das Vertikale wird betont, das Ornament bestimmt das Bild, Pilaster gliedern den Raum. Hinzu treten Elemente des französischen Empires: Vasen mit eckigen Henkeln, Sphinx und Lyra, Flambeaus als oberer Abschluß der Pilaster. Neben Putten und Frauenfiguren (eine bläst Trompete) finden Sie aber auch noch das Elberfelder Wappen mit Löwe und Laurentiusrost, damit man weiß, daß man nicht in einer Barockwelt, sondern in Elberfeld ist. Durch eher zurückhaltende Farbgestaltung und die gut austarierte Beleuchtung wirkt dieser Raum ruhig und heiter, als Tagungs- und Veranstaltungsraum ist er in der Kombination mit beiden Majolika-Sälen sehr funktional, als Ort für Kammerkonzerte ist er auch akustisch optimal.

In einem festlichen Haus mit Musik und vielen Menschen soll man auch gut essen können, Gioachino Rossini war nicht ohne Grund Komponist und guter Koch zugleich. Für die gastronomische Qualität des Hauses ist daher nicht nur die große und leistungsfähige Küche im Kellergeschoß wichtig, sondern ebenso das im östlichen Untergeschoß angesiedelte, von außen zugängliche Restaurant **„Rossini“**. Auch dieser Raum gehörte zu den Überraschungen der Restaurierungsarbeiten, eine innenarchitektonische und kulinarische Petitesse gleichermaßen: ein „dreischiffiger“ gemütlicher Bankettraum ist entstanden, durch Rundsäulen und Pfeiler unterteilt, durch Korbbögen miteinander verbunden, ein flaches Netzgewölbe mit dunkelblauen Rosetten bestimmt das Deckenbild. Ansonsten herrscht kräftige grüne Farbe vor, die Säulen haben rote Schäfte, die Netzwerkrippen sind vergoldet und bündeln sich über Säulen und Wandkonsolen. In den „Zwickeln“ dieser Netzbündel finden Sie grüne Blätter und rotgelbe Blüten aus roten Vasen, in den Kapitellen vergoldete Früchte und Blätter, dazwischen Vogelpärchen, an den Wandkonsolen auch Hummer. Wände und Pfeiler sind holzvertäfelt, die gesamte Atmosphäre des Raumes strahlt Gastlichkeit und Gemütlichkeit aus. Manchmal gibt es hier kulinarische Abende mit Musik und leckeren Buffets, auch vor und nach den Konzerten ist das „Rossini“ inzwischen ein beliebter Treffpunkt.

Stadthallengarten und Wupper-Promenade

Unser „Corso“ ist bislang noch auf dem Johannisberg geblieben, aus gutem Grund. Und an einem schönen Frühlings- oder warmen Sommerabend, Spätsommer eingeschlossen (oder einem Nachmittag gerne auch) läßt der Stadthallengarten unter hohen Bäumen uns auch kaum los. Dann wird er kulinarisch bedient: ein Biergarten unter Kastanien, eine Kaffeeterrasse, ein Musikfest im Freien, ein urbaner Ort für kreative Pausen, die Möglichkeiten sind keineswegs ausgeschöpft. In einem kleinen Gartenhäuschen in „bergischem Barock“ findet man Schachfiguren (und das Schachfeld dazu gleich nebenan), ein Spielplatz ist

Stadthallengarten mit Musikpavillon (nach der Eröffnung 1900)

für Kinder reserviert, auf Bänken sitzend sieht man hinunter auf Elberfeld. Rund um die Stadthalle (und entlang dem Sparkassenneubau) entsteht ein vorrangig zeitgenössischer **„SkulpturenPark Johannisberg“** (weitgehend aus privaten Stiftungen): Alf Lechner und Claus Bury sind schon benannt, Bernar Venets runder Stahlkreis „229,5° Arc x5“ steht unter den hohen Gartenbäumen, ebenso Ulrich Rückriems „Anröchter Dolomit“. Weitere Skulpturen sollen folgen, andere begleiten den weiteren Weg in die Stadt, eine visuelle Ermunterung, Kunst als öffentliche Poesie.

Auf dem Johannisberg kann man auch ins Schwimmen kommen. Die Gestaltung dieses zentralen Ortes ist noch keineswegs abgeschlossen. Die mächtigen Neubauten von Stadtsparkasse und Hotel (jeweils mit Tiefgaragen) sind hinzugekommen. Noch vor wenigen Jahren gab es an diesen Stellen traurige Brachen, während alte Fotos an eine sehr dichte Bebauung erinnern. Offen ist die Zukunft der **„Schwimmoper“ (2)**.Das zentrale Stadtbad gegenüber Stadthalle und Hotel ist mindestens in Form seiner verglasten Schwimmhalle, die über zehn Betonbinder abgespannt sind, ein Denkmal moderner Architektur und an diesem Standort zweifelsohne stadtbildprägend. Der frühere Wuppertaler Baudezernent Friedrich Hetzelt ist der Architekt, 1953-56 wurde die volkstümliche „Oper“ für Schwimmer, Wasserballer und 2000 Besucher/innen erbaut. Inzwischen rätselt man über die weitere Verwendung: teure Sanierung, weiterhin hohe Betriebskosten für den Schwimmbadbetrieb (vor allem für Vereine und Schulen, aber auch für die erholsame Schwimm- und Saunapause zwischendurch), gar die Umwandlung in ein „Spaßbad“ oder, noch verführerischer für kommunale Zukunftsplaner, ein „SpaceCenter“ als Publikumsmagnet für alle rheinisch-westfälischen Weltraumfans.

Aber der „Elberfelder Corso“ führt erst einmal ins Tal, an die Wupper, in die Stadt. Die Straße „Johannisberg“ geht am architektonisch gelungenen neuen Sparkassengebäude mit großer Glashalle (Rohde, Kellermann, Wawrowsky und Partner) abwärts. Zwei modernere Skulpturen nehmen die Kunstlandschaft des Stadthallengartens noch einmal auf: Breidenbruch/Pencks „Himmelsstürzer“ und Tony Craggs großartige Metallskulptur „Zufuhr“ (Luftzufuhr ist auch der praktische Nutzwert). Ein schöner älterer Brunnen spendet Wasser, Ernst Cleffs „Bökelbrunnen“ am historischen Ort. Und vor dem Wilhelm Dörpfeld-Gymnasium steht „Pallas Athene“, die gerüstete Tochter des Zeus, wehrhaft und besonnen zugleich, das richtige Symbol für ein altsprachliches Gymnasium, das klassische Bildung vermitteln will. Allerdings war das Kunstwerk beim Ankauf 1957 sehr umstritten, denn Arno Breker als Bildhauer ist zwar in Elberfeld geboren, aber durch seine NS-Nähe unter schweren politischem Verdacht. „Athene“ trägt immerhin Helm und Schild, ihre Weisheit steht jedenfalls nicht zur Diskussion, dem Barmer Archäologen Dörpfeld zum Schutze.

Tony Cragg, „Zufuhr“

Bernard Venets „229,5° Arc x5“

Hinter dem Straßentunnel kommen Sie wirklich wieder zur Wupper: links bis zur Alexanderbrücke führt das **Islandufer (3)** an der Hauptverwaltung der Stadtsparkasse (mit Hochhaus von Schneider-Esleben) und am „Alexanderhaus“ mit Industrie- und Handelskammer (eine der ältesten Kammern im Lande) sowie Schul-, Jugend- und Sportverwaltung vorbei. Früher stand am heutigen Standort der Stadtsparkasse das „Thalia-Theater“, ein 1906 eröffneter Varieté-Palast, zugleich Filmbühne und Ort vieler

Schloßbleiche, noch als Corso an der Wupper

berühmter Stargastspiele, 1967 wurde das Haus der leichten Muse abgerissen.

Auch die ältere Stadtgeschichte ist an der Wupper präsent: in der Verlängerung des Islandufers zum Döppersberg konnte man früher das Armenviertel „Alte Fuhr“ finden, während auf der gegenüberliegenden Seite, am „Mäuerchen“ Stadtvillen reicher Bürger standen, z.B. der Familie Von der Heydt. Ein kleiner „Bismarcksteg“ führt über die Wupper, der Name „Schloßbleiche“ erinnert erneut an die Tradition der Bleicher, ein Schloß gab es hier allerdings nie. Man sollte dennoch Bänke aufstellen, damit die „Corso“-Flanierer weitere Ruheplätze finden. Das Programm „Lebensader Wupper“ und die Planung des Döppersbergs schlagen Zugänge und Sitzplätze am Wupperufer ausdrücklich vor. Immerhin können Sie inzwischen am Schwebebahnhof am Döppersberg auf einer Terrasse unter der Schwebebahn sitzen, auch essen und trinken. Über die Zukunft des Döppersbergs wird wohl erst im Rahmen der „Regionale 2006“ entschieden, aber das Einkaufszentrum **„City Arkaden“ (4)** ist inzwischen fertiggestellt, Shopping-Interessierte können einen Einkaufsbummel einschieben. Danach führt der „Corso“ allerdings durch eine der früher berühmtesten Textil-Einkaufsstraßen der Welt, die Hofaue.

Hofaue: Die kreative Meile

Die Hofaue hat ein bedeutsames historisches Umfeld und das führt entweder in die Stadt zurück (die Sie schon kennen) oder zu Seitenorten wie den **Platz am**

Thalia und Salamander: „Donnerwetter tadellos!“

Über Varieté und Kleinkunst in Elberfeld

„Ein Hauch von Großstadt“ hat Philipp Koep als Untertitel für eine bemerkenswerte „Stadtgeschichte“ gewählt, die 1993 als unterhaltsame Dokumentation erschien (Verlag Müller+Busmann). Sie erzählt von einem Zentrum der Unterhaltungskultur mitten in Elberfeld: das Thalia-Theater am Islandufer, 1906 eröffnet, 1967 abgerissen. Hier strahlte viele Jahrzehnte lang der Glanz des Varietés (und des großen Kinos). Von der Duse bis zu Louis Armstrong traten viele berühmte Stars auf, es wurde Operette gespielt und Zirkus gemacht, Rundfunkpioniere sendeten in den zwanziger Jahren Nachrichten ins besetzte Rheinland, eine beliebte Filmbühne entstand (und hielt sich als Ufa-Haus noch bis 1961). Und dennoch wurde es abgerissen, heute stünde es gewiß unter Denkmalschutz und inzwischen werden Unterhaltungskultur und Kleinkunst kaum noch gegen die „Kronenkultur“ der großen Theater ausgespielt.

Der Ruf des Islandufers war nicht besonders gut. Früher Armenviertel (die Alte Fuhr war nebenan), dann eine hohe Dichte an Schnapsstuben und Standorten für das älteste Gewerbe der Welt. Mit dem Schwebebahnbau wurde die Gegend befriedet und die Theater- und Saalbau AG aus Berlin und Düsseldorf hatte ihre Projekt gut kulturell begründet. „Thalia“, die Muse des Lustspiels, sollte anspruchsvolle Unterhaltung „blühen“ lassen:„die Laszivität und die Frivolität, wie sie leider in manchen Theatern vielfach Platz gegriffen, ist im Varieté ausgeschlossen. Letzteres bietet eine Pflegestätte zur Entwicklung physischer Kraft, gepaart mit künstlerischem Geschmack ..“

Am 12. Dezember 1906 eröffnete Direktor Martin Stein das große Haus (2.000 Plätze) mit „Deutschlands bester Parodistin“ Lene Lund, dem Humoristen Walter Steiner, weiteren „12 hervorragenden Spezialitäten“ im „weltstädtischen Gala-Programm“, einem 30köpfigen Hausorchester und einer abschließenden „optischen Bericht-Erstattung“ u.a. mit einer „kinematographisch aufgenommenen Reise der Schwebebahn“. „Tout Elberfeld“ war dabei, berichtet ein Zeitgenosse, das Publikum hatte begeistert geklatscht, die Presseresonanz war allerdings eher gemischt (man vermißte „etwas Apartes, einen Clou“).

Immerhin begann mit dem neuen Haus eine wechselhafte Kulturgeschichte: anspruchsvolle Gastspiele (etwa Sarah Bernhardt als „Adrienne Lecouvreur“, auch Eleonore Duse kam), zweifelhafte Sensations-Vorführungen (vom Hungerkünstler bis zum Ringkampf), Clowns und Akrobaten, Operetten und Revuen. Paul Lincke höchstselbst dirigierte 1909 die Revue „Donnerwetter, tadellos!“ in neun Bildern. Höhepunkte waren die Zwanziger und auch noch die Dreißiger Jahre (bis in die NS-Zeit hinein, dann aber „arisiert“). Unter wechselnder Leitung war man wechselnd erfolgreich, in der Ära des Direktors Robert Riemer (1929-1933) drängten oft täglich mehr als 4.000 Besucher/innen an die Kassen, Riemer kam auf drei Millionen in seinen ersten beiden Jahren, das Elberfelder Thalia wurde in einem Atemzug mit dem Wintergarten in Berlin und der Scala in Hamburg genannt, die Düsseldorfer sahen neidisch in die Nachbarstadt. Werner Kraft, der 1932 als

Islandufer, als noch das Thalia-Theater täglich spielte

20jähriger bei Riemer seine Lehre begann, hat Philipp Koep sein aufregendes Leben zwischen Bühne und Kasse erzählt ...

Vor der Riemer-Zeit hatte die „Westdeutsche Funkstunde A.G." 1925-29 einen Pioniersender eingerichtet: mit großer Bedeutung als „freier" Brückenkopf zum besetzten Rheinland. Danach stand neben den Varieté- und Gastspielprogrammen vor allem der Film im Mittelpunkt des Thalia-Angebotes, von Renè Clairs „Unter den Dächern von Paris" bis zu den Filmen über den „Alten Fritz" (und Otto Gebühr erschien 1993 noch selbst in Elberfeld und benahm sich höchst unköniglich). Wenig später mußte Riemer dem Druck der Nazis weichen, auch das Thalia wurde gleichgeschaltet, spielte aber erfolgreich weiter, sowohl als Varieté als auch als Filmtheater (zur „großdeutschen Erbauung"). Die Bomben des 24./25. Juni trafen auch das Thalia-Theater. 1950 wurde es wieder aufgebaut (nach einem mit der Stadt ausgehandelten Finanzierungskonzept des in Elberfeld geborenen Hamburger Kaufmanns Robert Bartholomay) und erlebte noch einmal eine Glanzzeit. Mit „Johanna von Orleans" (mit Ingrid Bergmann) landete man den ersten Kino-Hit: über 30.000 Zuschauer in einer Woche. Danach kamen auch wieder viele Stars der Unterhaltungsbranche: von Maria und Caterina Valente bis zu Martha Eggert und Jan Kiepura, die „Tiller-Girls" kamen, aber auch „Noni", der Clown. 1952 kam Louis Armstrong (für 3-15 Mark Eintritt) und im März 1953 tanzte Josephine Baker als „nächtliches Sensationsgastspiel" um 23.15 Uhr. 1953 begann die „Ufa-Zeit", aber im April 1954 sang auch Benjamino Gigli im Thalia und im Oktober 1958 tobten Bill Haley „and his Comets" über die Bühne.

In den Sechziger Jahren gingen sowohl Gastspiel- als auch Kinobesuch zurück. Die Stadt löste den Pachtvertrag mit Bartholomay. Die Idee aber, das Thalia-Theater zum Schauspielhaus umzubauen, fand auch keine Mehrheit, der Neubau an der Kluse wurde vorgezogen, zumal die Stadtsparkasse ihr Interesse an dem Thalia-Grundstück bekundete. Erfolglos betrieb Kurt Pretschner (dem fast alle Wuppertaler Kinos gehörten) das Thalia noch einige Zeit lang, es kam auch noch einige Male zu Gastspielen von Schlager und Rockstars. Aber im August 1967 begann endgültig der Abbruch.

Dem „Kinokönig" Pretschner gehörte auch noch ein anderes berühmtes Kino aus frühen Jahren, das „Rex" am Kipdorf. Tatsächlich hat auch dieses Haus eine sehr vielseitige Vergangenheit – und im Gegensatz zum „Thalia" bereits wieder eine erfolgversprechende Zukunft. Das Gründungsjahr als Weinhaus geht wohl auf das Jahr 1887 (!) zurück, nach 1900 wurde es dann vielerlei: Varietébühne, Filmhaus und später auch Tanzschuppen. Unter dem Namen „Salamander" wird es als „aeltestes erstklassiges Spezialitäten-Theater Elberfelds" für ein „Familienpublikum" bezeichnet, zugleich Hotel, Restaurant und Café. Am 16. März 1899 wird im „Salamander" bereits ein „Neues Riesen-Grossstadt-Programm" (mit drei „s"!) angekündigt: mit dem humoristischen Gesangsterzett „Concordia", einer Violonvirtuosin, einer Trapezkünstlerin, einer Drahtseilkünstlerin, den „Nationaltänzerinnen" Geschwister Beier und Henry Vregahli als „Erster deutscher Solo- und Verwandlungs-Schauspieler" und Ernst Perzina „mit 10 dressierten Affen und 10 dressierten Ziegen". Mit den „neuesten lebenden Photographien" gehört schließlich auch noch ein amerikanischer „Biomatagraph" zu den angekündigten „Spezialitäten". Dazu gibt es Ansichtskarten als „Gruß aus dem Salamander" und einen klaren Wegweiser: „der Weg vom Bahnhof Döppersberg nach dem Salamander ist durch die rothe Linien markirt". 1935 hieß das Haus „Tanzschuppen St. Pauli" und 1937 wurde es zum Kino „Apollo", 1943 wurde es zerstört und 1951 als Kino wieder eröffnet (nacheinander als „Salamander", „Theater ohne Namen" und „Rex". Pretschner hat es Anfang 1970 als Kino „Rex" übernommen, ein klassisches großes Saalkino im Stil der Zwanziger Jahre.

Das Forum Maximum im „Rex": wieder fast täglich

Und seit dem 13. Februar 1998 ist das Haus am Kipdorf (direkt am „Platz am Kolk") wieder ein Kulturort höchster Qualität: zwischen Chanson und Theater, ausgewählter Kleinkunst und Musik, Kabarett und Szenekultur. Neben dem im alten Kinostil renovierten großen Saal gibt es einen gemütlichen kleinen Raum im ersten Obergeschoß, ein bewirtschaftetes Foyer und gegenüber auch wieder ein „Salamander", als gepflegte Mischung zwischen Bistro und Restaurant. Der neue Name „Forum Maximum im Rex" hat etwas mit der Tradition der beiden Betreiber zu tun, Martina Steimer und Carsten Becker, schon im früheren „Forum" am Arrenberg für ein engagiertes und durchaus alternatives Kulturprogramm bekannt und beliebt. Am neuen Standort (eigentlich war das Konzept für die Hofaue gedacht) finden jährlich rd.

Gruß aus dem Salamander

400 Veranstaltungen mit inzwischen rd. 80.000 Besucher/innen statt. Eine der größten jährlichen Programmaktionen ist der „Wuppertaler Theatersommer", gelegentlich wird auch die Waldbühne Hardt bespielt. Szenestars wie Gheorgette Dee und Konrad Beikircher, das Theater Springmaus und Die Nachtschwärmer sind regelmäßige Gäste des „Forums" (wie man immer noch verkürzt am häufigsten sagt).

Forum Maximum im Rex,
Kipdorf 29. 42103 Wuppertal,
Tel. 0202/441159, Fax 0202/4468222,
Internet: www.rex-theater.de,
Salamanderbar,
Kipdorf 30, Tel. 0202/6983333,
Email: info@salamanderbar.de

Kolk (5). Sie können durch die neuen „City-Arkaden" gehen oder aber auch rechts und links vorbei (und dann die Morianstraße überqueren). Links jedenfalls kommen Sie zum Platz vor der Post mit Blick auf die schöne Kirche. Sie finden neben parkenden Autos und einigen Lokalen und Geschäften das frühere Kino „Rex", heute ein wunderbarer Ort für Kleinkunstveranstaltungen, das „Forum Maximum im Rex", als „Salamander" schon 1887 „das erste Haus am Platz". Fast täglich wird ein buntes Veranstaltungsprogramm zwischen Kabarett und Musik angeboten. Der alte Kinosaal ist weitgehend erhalten und bietet eine kulturhistorische Atmosphäre, ein kleiner Raum ergänzt ihn. Ins „Forum" gehen Sie am besten abends, die „Salamanderbar" lädt schon morgens ein.

Der weitere „Corso" führt entweder durch die Morianstraße wieder zurück zur Wupper (und an ihr entlang) oder durch Kipdorf und Wesendonckstraße direkt zur **Hofaue (6)**, die parallel zur Wupper verläuft. Eine weitere Zeitreise liegt nahe. Seit 1598 sind hier Gebäude nachgewiesen, die zum „Hof Elberfeld" gehörten, die „Aue" war als Weide genutzt. Seit 1781 wurde das Land in Parzellen aufgeteilt und verkauft. 1806 standen in der Hofaue 53 Häuser, viele davon waren reich geschmückte Bürgerhäuser, die zunächst nur als Wohnhäuser wohlhabender Bürger dienten. 1825 wurden Hofaue und Kipdorf miteinander verbunden, 1864/67 auch mit dem „Alten Markt" (heute „Alte Freiheit"): *„der Straßen- Complex der Hofaue besteht großentheils aus neuen, schönen Häusern und zeichnet sich durch Salubrität und eine fast feierliche Stille aus, während zur Rechten, auf der Berliner Straße, ein stets sehr bewegtes Leben fluthet und zur Linken die Industrie an der Wupper ihre Dampfmaschinen, Garnwäschereien etc. in Thätigkeit setzt"* (Langewiesches Stadtgeschichte 1863). Am Ende des Jahrhunderts reihte sich in der Hofaue ein Geschäftshaus an

In dieser engen Straße
traf sich Europas Textilwelt

das andere. Hier befanden sich die großen Engrosverkaufsläger der Manufaktur-, Kurzwaren-, Kleider- und Wäschekonfektion, die ihre Artikel in ganz Deutschland verkauften und weite Teile des Marktes beherrschten (s. Klaus Peter Huttel, Wuppertaler Bilddokumente, Born Verlag 1985).

Man kann sich heute kaum noch vorstellen, was in dieser schmalen Straße vor knapp 100 Jahren los war: hier fanden die **„Elberfelder Sonderverkaufstage“** statt, eine Art Handelsmesse,zu der Textilkaufleute aus ganz Deutschland und Europa anreisten, um ihre Geschäfte zu machen. Nirgendwo sonst in Deutschland gab es so viele Textilgroßhandelshäuser auf einem Fleck, fast 200 Unternehmen waren hier ansässig, auch auswärtige hatten hier wenigstens ein Kontor. Zu den Verkaufstagen fuhr man nach Elberfeld, die Straße war schwarz voller Menschen, zehntausend und mehr bewegten sich zwischen den Häusern, die Straßenbahn fuhr mittendurch, parallel zur nahen Schwebebahn. Im 19. Jahrhundert boomte der Elberfelder Textilhandel mit Kontakten in die ganze Welt. Die bedeutendsten Textilhäuser wie Friedrich Seyd & Söhne, Büren & Eisfeller, Uhlhorn & Klussmann, Schlösser & Sohn, von Baum und Gebr. Erbslöh hatten hier ihren Sitz, die Mischung aus Produktionsstätten, Geschäfts- und repräsentativen Bürgerhäusern brachte reges Leben und Geschäftigkeit, prägte das Gesicht der Hofaue. Hier erhielt das Garn noch Nahrung.

Aber das Tragen von Textilien ist wechselnden Moden ausgesetzt und schmale Schmuckbänder braucht man vor allem bei längeren Haarfrisuren. Kürzere Röcke und Bubikopffrisuren führten rasch zu radikalen Veränderungen im Konsum. In der Hofaue bekam man das zu spüren. Nach dem Zweiten Weltkrieg verlor das einstige Textil-Eldorado durch modischen und strukturellen Wandel an Substanz, traditionsreiche Firmen gingen in Konkurs oder verkleinerten sich, änderten die Produktion, große Häuser

Gastronomie macht sich breit

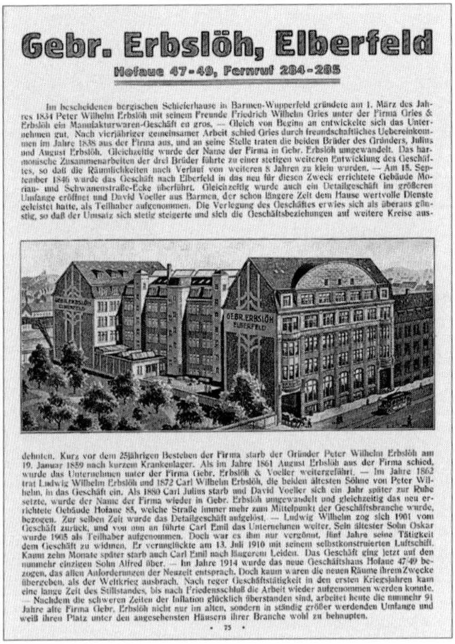

Gebr. Erbslöh, Elberfeld

Hofaue 47-49, Fernruf 284-285

Im bescheidenen bergischen Schieferhause in Barmen-Wupperfeld gründete am 1. März des Jahres 1834 Peter Wilhelm Erbslöh mit seinem Freunde Friedrich Wilhelm Gries unter der Firma Gries & Erbslöh ein Manufakturwaren-Geschäft en gros. — Gleich von Beginn an entwickelte sich das Unternehmen gut. Nach vierjähriger gemeinsamer Arbeit schied Gries durch freundschaftliches Uebereinkommen im Jahre 1838 aus der Firma aus, und an seine Stelle traten die beiden Brüder des Gründers, Julius und August Erbslöh. Gleichzeitig wurde der Name der Firma in Gebr. Erbslöh umgewandelt. Das harmonische Zusammenarbeiten der drei Brüder führte zu einer stetigen weiteren Entwicklung des Geschäftes, so daß die Räumlichkeiten nach Verlauf von weiteren 8 Jahren zu klein wurden. — Am 15. September 1846 wurde das Geschäft nach Elberfeld in das neu für diesen Zweck errichtete Gebäude Morian- und Schwanenstraße-Ecke überführt. Gleichzeitig wurde auch ein Detailgeschäft im größeren Umfange eröffnet und David Voeller aus Barmen, der schon längere Zeit dem Hause wertvolle Dienste geleistet hatte, als Teilhaber aufgenommen. Die Verlegung des Geschäftes erwies sich als überaus günstig, so daß der Umsatz sich stetig steigerte und sich die Geschäftsbeziehungen auf weitere Kreise ausdehnten. Kurz vor dem 25jährigen Bestehen der Firma starb der Gründer Peter Wilhelm Erbslöh am 19. Januar 1859 nach kurzem Krankenlager. Als im Jahre 1861 August Erbslöh aus der Firma schied, wurde das Unternehmen unter der Firma Gebr. Erbslöh & Voeller weitergeführt. — Im Jahre 1862 trat Ludwig Wilhelm Erbslöh und 1872 Carl Wilhelm Erbslöh, die beiden ältesten Söhne von Peter Wilhelm, in das Geschäft ein. Als 1880 Carl Julius starb und David Voeller sich ein Jahr später zur Ruhe setzte, wurde der Name der Firma wieder in Gebr. Erbslöh umgewandelt und gleichzeitig das neu errichtete Gebäude Hofaue 85, welche Straße immer mehr zum Mittelpunkt der Geschäftsbranche wurde, bezogen. Zur selben Zeit wurde das Detailgeschäft aufgelöst. — Ludwig Wilhelm zog sich 1901 vom Geschäft zurück, und von nun an führte Carl Emil das Unternehmen weiter. Sein ältester Sohn Oskar wurde 1905 als Teilhaber aufgenommen. Doch war es ihm nur vergönnt, fünf Jahre seine Tätigkeit dem Geschäft zu widmen. Er verunglückte am 13. Juli 1910 mit seinem selbstkonstruierten Luftschiff. Kaum zehn Monate später starb auch Carl Emil nach längerem Leiden. Das Geschäft ging jetzt auf den nunmehr einzigen Sohn Alfred über. — Im Jahre 1914 wurde das neue Geschäftshaus Hofaue 47/49 bezogen, das allen Anforderungen der Neuzeit entsprach. Doch kaum waren die neuen Räume ihrem Zwecke übergeben, als der Weltkrieg ausbrach. Nach reger Geschäftstätigkeit in den ersten Kriegsjahren kam eine lange Zeit des Stillstandes, bis nach Friedensschluß die Arbeit wieder aufgenommen werden konnte. — Nachdem die schweren Zeiten der Inflation glücklich überstanden sind, arbeitet heute die nunmehr 91 Jahre alte Firma Gebr. Erbslöh nicht nur im alten, sondern in ständig größer werdenden Umfange und weiß ihren Platz unter den angesehensten Häusern ihrer Branche wohl zu behaupten.

• 75 •

Firmenwerbung Adresse Hofaue

standen leer. Aber ihre Geschichte sieht man ihnen noch immer an. Nehmen Sie nur die Häuserzeilen zwischen den Ekken zur Wesendonck- und Bembergstraße: die fünfgeschossige, bunt gegliederte Klinkerfassade an der Ecke Wesendonckstraße (Uhlhorn & Klussmann) z.B. ist immer noch ansehnlich, wenn auch mit Reklame überreich bestückt, mit Pfeilervorlagen und Blendbögen,dahinter gibt es z.T. großräumige Lofts für Büros und andere Nutzungen, im Eckgebäude gegenüber (Nr. 63) zog die Werbeagentur Boros ein, durch vielfach ausgezeichnete Werbekampagnen, etwa für Viva, bekannt geworden. Weitere Agenturen finden Sie auf Nutzerschildern an anderen Gebäuden, oft in den Untergeschossen auch Gaststätten. Neben dem Kolkmann-Haus ist aus dem früheren Geschäftshaus der Fa. Gebr. Erbslöh, dann Fudickar (Nr. 47-49), 1914 errichtet, ein Haus mit Studentenwohnungen und sozialen Einrichtungen geworden, in die frühere Baum'sche Fabrik an der Bembergstraße ist der Fachbereich Kommunikation & Design der Bergischen Universität eingezogen (mit der schönen Design- Sammlung Schriefers). Durch solche kreative Mischung entsteht ein neues Zukunftsprofil der Elberfelder Hofaue: als Straße für Kultur & Design, „kreative Meile", produktiv und innovativ zugleich, unterhaltsam erst recht, Teil eines urbanen „Corsos".

Die **Wesendonckstraße** als Seitenstraße der Hofaue hat zwar einen eher besonderen urbanen Ruf (weil es dort seit langem ein Bordell gibt), aber der Name hat auch einen kulturellen Klang, denn er erinnert an Mathilde Wesendonck, die 1828 hier in der Nähe (am Kipdorf) geboren wurde, Tochter eines Färbers und seit 1848 mit Otto Wesendonck verheiratet war, Seidenhändler aus der Hofaue. Die Wesendoncks trafen später in Zürich, in der Mitte des 19. Jahrhunderts sowohl Zentrum des europäischen Seidenhandels als auch bevorzugtes Asyl für die aus Deutschland vertriebenen Revolutionäre des 1848/ 49er Aufstandes, auf den Emigranten Richard Wagner. Otto Wesendonck wurde zum Mäzen des Komponisten, man wohnte prunkvoll in benachbarten Häusern und Mathilde wurde Wagners Geliebte und Muse zugleich, jedenfalls bis Minna Wagner dem Treiben ihres leidenschaftlichen Künstlergatten ein Ende machte. Immerhin war der Einfluß der Mathilde Wesendonk auf Wagner offensichtlich groß, wie man dem Briefwechsel entnehmen kann: *„Daß ich den Tristan schrieb, danke ich Ihnen aus tiefster Seele in alle Ewigkeit"*.

Kulturell bemerkenswert und zukunftsweisend ist die Nutzung des **Kolkmann-Hauses (7)**, Hofaue 53: hier ist als städtische Initiative mit Landesunterstützung ein „kulturelles Gründerzentrum" entstanden, kleine Kulturwirtschaftsbetriebe fanden Platz für Werkstätten und Büros sowie einen Kommunikationsort. Eine Galerie ist vorgesehen, Gründerservice soll angeboten werden. **Den kulturellen Nachwuchs** pflegt im gleichen Haus die kommunale „Bergische Musikschule" mit schönen Übungsräumen, einem Tonstudio, zwei Konzerträumen im Obergeschoß. Zu einem besonderen kulinarischen Treffpunkt ist „Diebels im Kolkmann-Haus" geworden. Im den geräumigen Gaststuben hat man modern-rustikale Möblierung mit historischen Elementen verbunden, z.B. den früheren Fliesenbelag am Boden wiederaufgenommen, im hinteren Teil kann man Wuppertaler Geschichte auf Fotos entdecken. Im Atrium und Innenhof des Kolkmann-Hauses hat man trotz Renovierung das Gefühl eines hochgestaffelten Lagerhauses und kann sich die Betriebsamkeit der früheren Textillofts vorstellen, erwartet fast, daß einem Wagen mit Kleidung und Tuchen begegnen (wie man es heute noch im New Yorker „Garment-District" erleben kann).

Gründerzentrum Kolkmann-Haus

Gastronomisch wird der „Elberfelder Corso" in diesem Quartier der Hofaue inzwischen gut bedient, erst recht wenn man die Seitenstraßen bis zum Platz am Kolk einbezieht: von der „Salamanderbar" bis zu „Lola" (und den edlen Italiener „Valentino") an der Bembergstraße wächst eine neue Restaurant- und Kneipenszene heran (am Ende der Hofaue lockt Freunde arabischen Essens sogar eine „Karawane"). An der Bembergstraße müssen Sie dann die breite Bundesallee überqueren (wie über Ihnen die Schwebebahn), sehen rechts das „Berufskolleg Elberfeld" (mit Ökostation auf dem Dach und Kinder- und Jugendtheater in der Aula), vor sich die grün gläsern leuchtende neue Schwebebahnstation Kluse und daneben das Großkino „CinemaXX". Dann stehen Sie vor dem schönen hellen Gebäude des **Schauspielhauses (8)**.

Kluse: Keine Insel mehr, aber viel Kultur

Weil das frühere (und bei den Theaterbesuchern immer noch verklärte) „Theater an der Bergstraße" aus Gründen der Bausicherheit kurzfristig geschlossen werden mußte und sich das „Thalia-Theater" für einen Umbau nicht eignete, beauftragte die Stadt Mitte der Sechziger Jahre den Architekten Gerhard Graubner, im Wupperbogen an der Kluse (hier stand auch noch die Textilfabrik „Schlieper & Baum") ein neues Schauspielhaus zu errichten. In gestaffelter Bauweise entstand eine weit ausladende Eingangshalle mit schönem Atrium, ebenfalls horizontal gestaltet der Zuschauerraum (mit rd. 700 Plätzen) über dem Foyer (auch als „kleines Haus" bespielt) und dahinter an der Wupper ein hohes Bühnenhaus. Das Wuppertaler Schauspiel hat unter den In-

Erfolgreiche Klassik: „Faust“ im Schauspielhaus

tendanten Grischa Barfuß, Arno Wüstenhöfer, Hellmuth Mathiasek, Jürgen Fabritius und Holk Freytag eine lange Tradition mit Höhen und Tiefen, zuletzt als Schauspielsparte des Schillertheaters NRW, inzwischen unter Gerd Leo Kuck wieder im finanzknappen Rahmen der eigenständigen Wuppertaler Bühnen. Das weltberühmte „Tanztheater Wuppertal Pina Bausch“ spielt ebenfalls regelmäßig jene Produktionen ihres Repertoires, die hier entstanden sind, ihre „Tanzfeste“ finden hier statt, internationale Tanzfestivals sind geplant.

Erfolgreiche Nachbarschaft

Eine Stadt, hat einmal ein theaterfreudiger Oberbürgermeister (einer anderen deutschen Großstadt) gesagt, werde dadurch definiert, „daß sie ein Theater hat“. Das Wuppertaler Schauspiel hat diesen Anspruch in der Vergangenheit immer wieder engagiert vertreten, die Freiheit der Kunst offensiv nutzend, auch gegen Widerstand. Heinrich Böll hatte bei der Einweihung des neuen Schauspielhauses am 24. September 1966 mit einer Rede über „Die Freiheit der Kunst“ dazu ausdrücklich ermuntert, nicht ohne Widerspruch:

„Sie, von der wir hier sprechen, kann nicht staatliche Freiheit und Ordnung ersetzen, sie kann nicht, selbst wenn sie Fäulnis als Material wählt, die Verfaulung aufhalten – das ist die

Krise der Literatur, des Kabaretts, der Malerei, der Bildhauerei. Das, wie ich sagte, schon krankhafte Interesse der Gesellschaft für sie entsteht vielleicht aus dem Wunsch, sich selbst zu finden, und sie findet zu sich selbst, findet: Unfaßbarkeit und Fassungslosigkeit.
Als die, die wir hier im Augenblick versammelt sind, sollten wir uns klar darüber sein: wer mit ihr – ich nenne sie noch einmal beim Namen -, der Kunst zu tun hat, braucht keinen Staat, ich brauche keinen,
aber Sie brauchen ihn, und sie kann Ihnen den Staat nicht ersetzen.
Sie ist frei, sie ordnet Material, und sie ist ein drittes: untröstlich ...
Sie, die immer über Grenzen gehen muß, kennt keine Ruhe und gibt keine.
In diesem Sinne kann ich der Stadt Wuppertal nur wünschen, daß auf dieser Bühnen zu weit gegangen werden wird.“

Ruhe ist in diesem Schauspielhaus nie eingekehrt, zu weit gegangen wurde denkbar oft: in der Interpretation von klassischen Werken, in der Zeitgenossenschaft von dramatischer Literatur, in der Erprobung neuer Formen des Theaters, in Demonstrationen und Aktionen (bis zur öffentlichen Lesung des Korans während des Golfkrieges) – und vielleicht ist gerade deshalb ein solches Theater auch immer wieder beliebt und gefährdet zugleich.

Der „Elberfelder Corso“ endet auf diesem lebreichen kulturellen Stadtplatz, der früher eher eine „Insel“ im Stadtverkehr war, durch den Wupperbogen mit Schwebebahn eingefaßt. Der oft gebrauchte Begriff „Kulturinsel“ ist allerdings zwiespältig. Kultur bietet sich zwar gerne als soziale Insel an, auf der man sich vom gesellschaftlichen Tagesgeschäft ablenken lassen darf, Reflexionsorte findet, ruhige Gelassenheit erlaubt ist. Gerade Theater ist oft ein sozialer Schonraum und Widerstandsort zugleich, aber gutes Theater ist immer auch öffentlich, darf sich nicht isolieren, erst recht dann nicht, wenn es „zu weit“ gehen will, wenn sich die Menschen betroffen fühlen sollen.

Das gelingt übrigens dem Medium Film ebenso, manchmal drastischer, oft auch eindrucksvoll. Es hat sich gut bewährt, daß Theater und Kino hier Nachbarn sind, mit sehr unterschiedlichen Ansprüchen an das Publikum. Daraus ergeben sich Kontakte, sogar gemeinsame Projekte. Der Vorplatz lädt zu offenen Veranstaltungen ein, man trifft sich in Kino und Theater oder ebenso in der umgebauten Tankstelle nebenan, heute als „Pavillon“ mit vorrangig spanischer Speisekarte (Tapas!) bei Theater- und Kinopublikum gleichermaßen beliebt. Bevor Sie also zurück- oder weiterfahren, sollten Sie sich die Zeit für eine kreativ-kulinarische Pause gönnen. Probieren Sie einen Blick in den Spielplan unseres Theaters, eine lohnenswerte Erfahrung ist Ihnen sicher.

Und dieses ist demnach das gebündelte Versprechen unseres „Corsos“: Sie flanieren an der Wupper entlang und durch früher dichtbevölkerte Geschäftsstraßen, finden den einen oder anderen Ruheplatz, in jedem Fall einige Angebote zur Steigerung des Lebensgefühls (wenigstens für einige Stunden), einen schönen Konzertbesuch im großen Saal der Stadthalle, einen unterhaltsamen Abend mit Kleinkunstqualität, einen Kinoabend, ein Theatererlebnis. Das sollten Sie von einer Großstadt auch erwarten dürfen.

Theater im Tal: mit „schädlichstem Einfluß auf den Gewerbfleiß der Gegend“

Von den Wandergruppen zum Schillertheater

„Ungeachtet die Prediger mit ewigen Höllenqualen droheten, nahm mich mein Vater doch ein paarmal mit ..“ 1751 werden die ersten wandernden Schauspieltruppen in Elberfeld notiert: unter Franz Schuch (aus Düsseldorf) spielten sie derbe Possen und Schwänke, das Spiel vom Teufel und seiner Großmutter und wohl auch das verführerische Stück vom „Don Juan“. Kein Wunder, daß die Prediger mahnten, aber selbst Barmer kamen mit Familie in die Hofaue oder man ging heimlich ins preußische Schwelm. 1798 spielte die Schauspielertruppe des Johann Albert Dietrichs „im bretternen Schauspielhaus am Haspel“. Sein Wunsch nach einer „gnädigsten Concession“ führte allerdings bei Kaufleuten und Fabrikanten zu heftigster Ablehnung, die Garnnahrung nannte es „gemeinschädlich“ und ein Protest an Herzog Joachim stellte klar: „daß ein Theater in Elberfeld den schädlichsten Einfluß auf den Gewerbfleiß der Gegend habe, mithin für das Land gefährlich sey, daß es das physische und sittliche Wohl einer nur durch Arbeit bestehenden Volksklasse untergrabe, daß es eine wahre moralische Pest seyn würde.“

Trotz anhaltender Proteste kam es 1806 in einer Seitenstraße der Hofaue (damals „Kleine Hofaue“, heute Bembergstraße, gegenüber der Kluse) zum ersten festen Theater im Wuppertal, finanziert durch eine Theater-Aktiengesellschaft mit Düsseldorfer Kaufleuten als Aktionären. Das „Bergische Nationaltheater“ eröffnete 1807 (demonstrativ) mit Zieglers „Repressalien“, spielte aber auch Klassiker, z.B. Schillers „Johanna von Orleans“. In der Franzosenzeit wurde das Theater allerdings zum Lazarett und sogar zum Gefängnis. Ab 1814 setzte sich Oberbürgermeister Brüning erneut für ein festes Theater ein (um die Arbeiter vom Wirtshaus fernzuhalten) und 1821 wurde im ehemaligen Pferdestall des Gasthofs „Zweibrücker Hof“ am Wall wieder Theater gespielt, Brüning übernahm (gemeinsam mit dem Fabrikanten Boeddinghaus und Willlemsen von der Vaterländischen Feuerversicherung!) selbst die Intendanz, künstlerisch wurde eine Gemeinschaft der Düsseldorfer und Elberfelder Bühne unter Joseph Derossi gegründet. Der Schwerpunkt lag bei der Oper. Nach manchem Wechsel und geringen Erfolgen übernahm 1835-1837 der Theaterreformer Karl Leberecht Immermann die Leitung, aber auch er verließ bald enttäuscht „das infame Nest“. 1841 gründeten dann 69 Elberfelder und Unterbarmer Bürger einen Theaterverein und man zog wieder an die „Kleine Hofaue“. Das dortige erste wirkliche Elberfelder „Stadt-Theater“ stand bis 1885.

In den Vierziger Jahren kam es vor allem zu musikalischen Gründungen: in Barmen entstanden Instrumentalverein und Singverein, in der „Concordia“ wurde konzertiert, auch in Elberfeld entwickelte sich ein reges Musikleben, dort vor allem auf dem Johannisberg. Das lag an Abraham Küpper,der dreißig Jahre lang die beherrschende Figur der Wuppertaler Kunst- und Vergnügungsszene wurde. Er bot in seinem „Gast-

Stadt-Theater Hofaue als Aktiengesellschaft (1841-1882)

haus auf dem Johannisberg" und im Stadttheater an der Hofaue große Oper, Operette und „ernste" Dramen: Wagners „Tannhäuser", Meyerbeers „Hugenotten", Beethovens „Fidelio", aber auch „Orpheus in der Unterwelt" und „Pariser Leben" von Jacques Offenbach, außerdem Singspiele und Possen, Liliputaner und Zauberer. Und alles mit Musikbegleitung. Julius Langenbach gründete 1848 mit 18 Musikern die „Johannisberger Kapelle" (ab 1870 „Langenbach'sche Kapelle"), aus der 1886 das städtische Sinfonieorchester wird. Auch in Barmen wird eine „Theater-Capelle" gegründet, ihre Konzerte werden mit Theateraufführungen im „Vaudeville-Theater" in der Schützenstraße am Sedansberg kombiniert. Aus der Barmer Kapelle wird später ein städtisches Orchester, die Barmer Konzertdirektion wird zur „Konzertgesellschaft" (in der „Concordia").

Schon 1874 entsteht am Fischertal in Barmen das erste richtige Opernhaus, wird mit Webers „Freischütz" eröffnet – und brennt ein Jahr später völlig aus, ein „Fingerzeig Gottes" meinen die orthodoxen Protestanten. Trotzdem wird die „unsittliche" Bühne sofort wiederaufgebaut, im September 1876 wieder eröffnet (mit Mozarts „Entführung") – und brennt im März 1902 erneut ab. Das heutige Opernhaus an der Spinnstraße entsteht im Jahre 1907 (wird im Zweiten Weltkrieg erneut zerstört und 1956 wieder eröffnet). In Elberfeld hat der Barmer Theaterbrand zu denken gegeben. 1882 wurde das Theater an der Hofaue geschlossen, August von der Heydt und andere Bürger hatten bereits 400.000,- Mark gesammelt, im September 1888 wurde das große Elberfelder Theater am Brausenwerth (u.a. mit „Iphigenie" und „Fidelio") eröffnet, beide Theater in Elberfeld und Barmen erhielten eine gemeinsame Direktion.

Vor und nach dem Ersten Weltkrieg blüht in beiden Wuppertaler Städten ein reges Theater- und Musikleben. Berühmte Dirigenten und Solisten wirken in Wuppertal, Hans Knappertsbusch (gebürtig in Elberfeld) dirigiert 1914 im Elberfelder Theater Wagners „Parsifal", das gleiche ‚gerade freigegebene Weihespiel dirigiert in Barmen Otto Klemperer. 1919 wird auch die Vereinigung der Stadttheater Barmen-Elberfeld endgültig, die Orchester fusionieren ebenfalls, zehn Jahre vor der Städtevereinigung. Erster Wuppertaler Generalmusikdirektor wird (bereits 1926) Franz von Hoesslin (vorher in Dessau, gebürtig aus München), Paul Henning wird Nachfolger von Dr. Paul Legrand als Intendant. Von Hoesslin, der mit einer jüdischen Sängerin verheiratet ist, verläßt Wuppertal 1932. Auch während des Krieges gab es dennoch ein reges Theaterangebot, noch im März 1942 hatte Hans Knappertsbusch (der nicht viel von den „brunen Beestern" hielt) zweimal in Barmen Wagners „Ring" dirigiert. Danach kam auch in Wuppertal die „Götterdämmerung", 1943 wurde beide Wuppertaler Theater zerstört.

Nach dem Zweiten Weltkrieg wurde Oper mit Riesenerfolg und hohem Anspruch in der Elberfelder Stadthalle gespielt (und erst ab 1956 wieder im Barmer Opernhaus). Das Schauspiel begann in der „Union" in der Friedrich-Engels-Allee und hatte dann viele erfolgreiche Jahre im „Theater an der Bergstraße" in Elberfeld: mit berühmten Schauspieler/innen wie Johanna von Koczian, Ursula von Reibnitz, Karl Maria Schley, Horst Tappert, Horst Frank, Harald Leipnitz, Hans Caninenberg, Kaspar Brüninghaus u.a. Die Liste der Bühnenstars, von denen die Wuppertaler heute noch schwärmen, ist lang. Aber auch die beliebte „Bergstraße" mußte aus Brandschutzgründen geschlossen werden (wie schon das erste Elberfelder Stadttheater), das neue Schauspielhaus an der Kluse wurde 1966 eröffnet. Unter Arno Wüstenhöfer, Hellmuth Mathiasek, Jürgen Fabritius und Holk Freytag hatte das Wuppertaler

Theater Brausenwerth (seit 1888), städtisch

Abraham Küpper

Arno Wüstenhöfer

Holk Freytag

Pina Bausch

Schauspiel eine wechselvolle Geschichte, die letzten dreizehn Jahre „Theater Zeit in Wuppertal“ unter Holk Freytag sind in einer Publikation von Gerold Theobalt eindrucksvoll dokumentiert worden (Hammer-Verlag 2001).

Nachdem es von 1950-55 schon einmal eine Theaterfusion mit Solingen gegeben hatte (die scheiterte), wurden in den Neunziger Jahren zwei weitere Versuche unternommen, ein qualifiziertes Dreispartentheater für Wuppertal bei sinkendem Budget zu sichern: eine Fusion mit Hagen scheiterte an der Orchesterfrage, die Fusion mit Gelsenkirchen („Schillertheater NRW“) an einer ungeduldigen Kommunalpolitik (und Akzeptanzproblemen im Bereich des Musiktheaters). Ob die Rückkehr zu den „Wuppertaler Bühnen“ ohne Aufstockung der Budgets bei hohen Qualitätserwartungen und großem Investitionsstau (in beiden Häusern) eine Entwicklungschance hat, muß bezweifelt werden. Aber jede Chance muß genutzt werden, um die gewachsene Vielfalt des Theaters in Wuppertal zu retten –damit das Theater keinen „schädlichen Einfluß auf den Gewerbfleiß der Gegend“ hat (denn Kultur und Theater sind auch wichtige Standortfaktoren und Impulse der Kreativität für Menschen ..).

Schon von 1953-1964 gab es eine berühmte Theaterzeit für das „Wuppertaler Ballett“, geleitet von Erich Walter als Ballettdirektor und Heinrich Wendel als Choreograph, beide unter der Obhut des Intendanten Grischa Barfuß, der dieses Team auch mit nach Düsseldorf nahm. Seit 1973 leitet Pina Bausch (vom Intendanten Arno Wüstenhöfer mit großem Mut geholt) das „Wuppertaler Tanztheater“, nach schwierigen Anfängen inzwischen weltberühmt, mit jährlich einer Neuproduktion und einem gut gepflegten Repertoire. Zur Absicherung und mit Unterstützung des Landes NRW wurde 1998 eine eigene GmbH zwischen der Stadt Wuppertal und Frau Bausch gegründet, auch die künstlerische Leitung des „Internationalen Tanzfestivals NRW“ wurde Pina Bausch übertragen, ihr eigenes „Fest in Wuppertal“ findet 2001 zum zweiten Male statt, 1998 war es das Fest zum 25jährigen Jubiläum des Tanztheaters. Auf die schwierige Frage, warum eigentlich Theater und vor allem der Tanz immer noch so viele Menschen interessiert, hat Pina Bausch einmal sehr einfach geantwortet, sie jedenfalls interessiere sich nicht dafür, „wie sich Menschen bewegen, sondern was sie bewegt“. Und auch von der Arbeit mit ihren Tänzer/-innen, die sie uns jedes Mal neu in ihren „Stücken“ zeigt, sagt sie: „die Dinge, die wir für uns selbst entdecken, sind das Wichtigste“.

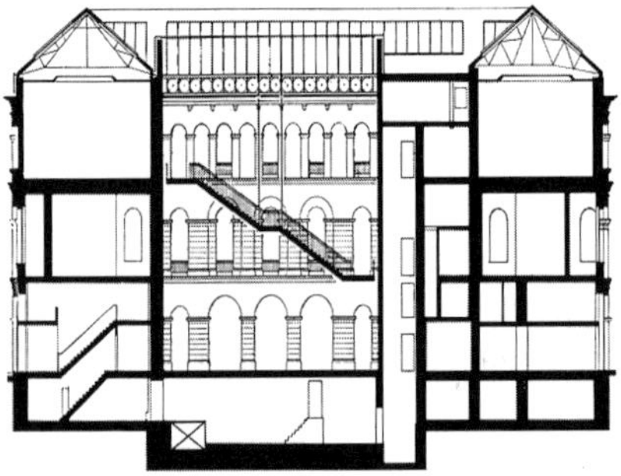

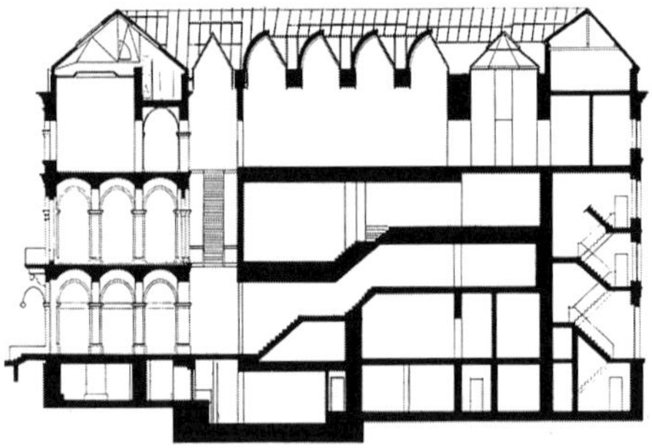

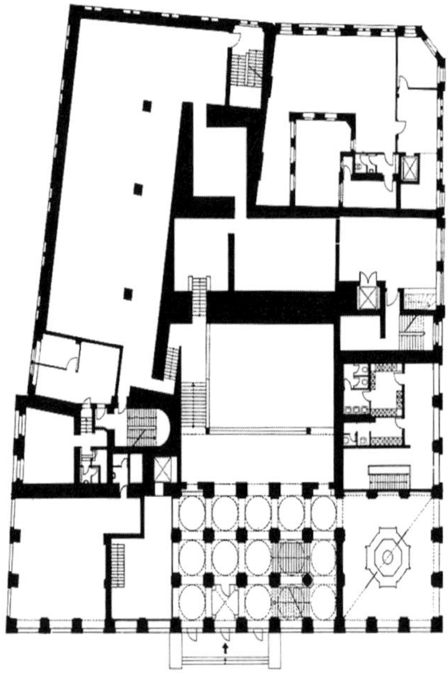

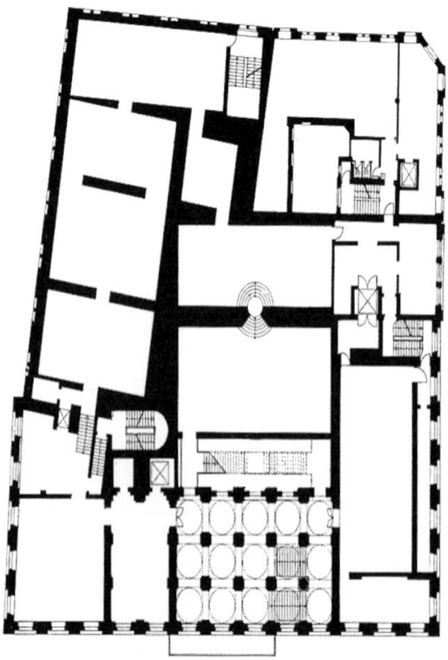

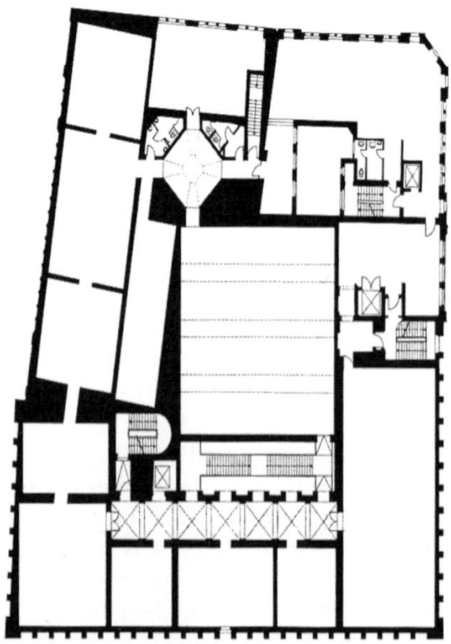

Zeitreisen mit Bildern

Eine Führung durch das Von der Heydt-Museum

Rundgang 6: *Treffpunkt Station Hbf/Döppersberg oder Ohligsmühle. Parken Stadtsparkasse oder Morianstraße.*
Dauer: *2 Std.*

Das Gebäude des Von der Heydt-Museums und seine kommunale Geschichte kennen Sie zwar bereits, aber eine besondere Zeitreise haben wir bei den bisherigen Elberfeld-Rundgängen noch ausgelassen. Auch in einem Kunstmuseum kann man vieles über eine Stadt entdecken, obwohl eigentlich historische Museen für städtische Zeitreisen zuständig sind. Sie müssen sich dafür eigene Zeit reservieren, vorausgesetzt Sie interessieren sich für Kunst und ihre Geschichte (wenn nicht, dann erst recht). Das Sammeln von Kunst und ihre öffentliche (und private) Präsentation gehören im Wuppertal ganz gewiß zur Stadtgeschichte. Das zeigen die historischen Stiftungen der Familie von der Heydt und anderer, das zeigte vor Jahren eine Ausstellung „Kunst aus Privatbesitz" (über den reichen Kunstschatz in vielen Wuppertaler Bürgerhäusern), das beweist das anhaltende Engagement für Kunst und Kunstsponsoring. Das Galerieangebot der Stadt ist dagegen eher mager, dazu sind Düsseldorf und Köln zu nah und deren Kunstmärkte für private Galerien lukrativer. Nur von 1949-1965 gab es mit Rolf Jährling die auch überregional berühmte „Galerie Parnaß" (zunächst am Döppersberg und an der „Alten Freiheit", später in der Moltkestraße am Brill), die auch das übrige Kunstleben bewegt hat.

Die Sammlung des Von der Heydt-Museums ist allerdings ein Schatz von höchster, sogar weltweiter Bedeutung und das trotz erheblicher Verluste durch die kunstfeindlichen Aktionen der Nazis, durch dramatische Kriegszerstörungen und sogar durch „Beutekunst" (also Wuppertaler Museumswerke in russischen oder französischen Museen). Dennoch konnte (und kann) die Kunstsammlung regelmäßig erweitert und ergänzt werden: mit den Erträgen der Von der Heydt-Stiftung und durch zusätzliche Privatstiftungen, ergänzt durch Landesmittel. Ein Museum soll schließlich auch die Zeitgenossenschaft der Kunst belegen können, die Kunst der Gegenwart zeigen. Der letzte der Von der Heydts, Eduard, war gegenüber der aktuellen Kunst allerdings skeptischer als sein Vater, der Museumsstifter August.

Machen Sie also „Zeitreisen mit Bildern" bei einem Rundgang, der allerdings nicht alles zeigen kann und will: von den rd. 2000 Kunstwerken des Museums hängen vielleicht 300 in der ständigen Ausstellung der Sammlung und ich werde Sie nur auf rd. fünfzig Künstler bzw. Kunstwerke besonders aufmerksam machen (das ist schon viel für Ihre zwei Stunden). Sie sollen schließlich Lust gewinnen und wiederkommen, regelmäßig hoffentlich. Ein Museum ändert sich ja auch immer wieder: durch Neuanschaffungen und Dauerleihgaben, durch eine neue Hängung der Bilder, eine neue Aufstellung der Skulpturen. Bei unserem Rundgang gehen wir von der gegenwärtigen Hängung der Bilder und Sortierung der Skulpturen aus, unsere „Zeitzeugen" der Kunst- und Stadtgeschichte werden Sie ohnedies wiederfinden. Die inzwischen berühmten „100 Meisterwerke" der Wuppertaler Sammlung (wahrscheinlich sind es mehr), die während des Umbaus in den Jahren 1986-89 in mehreren Varian-

ten durch die Welt reisten (von Ascona bis Tokio) und insgesamt 1,4 Millionen Besucher erreichten, werden in jedem Fall wieder prominent zu sehen sein.

Und Neues kommt jährlich hinzu. Man kann sich streiten, wie man sich ein Museum am besten erschließt: nach Schwerpunkten der Kunstgeschichte, nach Epochen oder Jahrzehnten, nach Künstlergruppen oder einzelnen Künstler/innen, vielleicht sogar nach seinen Lieblingsbildern, ausgewählt im „Bildführer" oder in den Katalogen. Auf jedes Museum muß man sich erst einmal einlassen, auf seine Räume und deren Stimmung, auf die Bildkraft der Kunst und die Sensibilität ihrer Präsentation, auf persönliche Anmutungen und auch auf das, was man von den Bildern und Skulpturen weiß (man erfährt ja ständig Neues, in Ausstellungen und anderen Museen). Das wird zudem bei jedem Museumsbesuch anders sein, das weiß jeder, der gerne mit Sammlungen lebt, sie häufiger besucht. Dazu will ich ermuntern. Unser Rundgang wird einzelne Kunstwerke gezielt auswählen, einen Zugang versuchen, weder vollständig noch repräsentativ, aber keineswegs willkürlich, sondern durchaus persönlich begründet oder mit jenem Blick, mit dem dieses Buch Wuppertal entdecken will. Die Bilder im Museum sind Zeitreisen eigener Art, sind Geschichte der Kunst und Kunstgeschichten gleichermaßen. Sie zeigen uns den Blick der Kunst auf ihre und auf unsere Zeit, geprägt durch Erfahrungen und Empfindungen, in wechselnden Zeiten und unterschiedlichen Lebenswelten. Das sollte uns neugierig machen.

Das neue Haus und sein Entree

Wir wissen bereits, daß das Museum das frühere Elberfelder Rathaus war. Hier saßen der Oberbürgermeister und die führenden Beamten der Stadt, hier tagte der Elberfelder Rat: in einem quadratischen, früher prächtig geschmückten Eckraum zum Wall hin, in dem heute Skulpturen stehen. Man erreicht ihn (und auch den früheren „Bürgersaal") über jene ausladende Treppe, die beim Umbau bis 1990 wieder „zurückgebaut" wurde, zurück zu den klassizistischen Formen des Architekten Johann Peter Cremer von 1827-42. Dafür wurde das zwischenzeitlich genutzte Treppenhaus abgebaut, um den Innenhof für die räumliche Erweiterung zu gewinnen (hinter dem Lichtgraben, dessen Treppe vom ersten ins zweite Obergeschoß führt). Wenn Sie das Museum jetzt betreten, kommen Sie durch die Rundbogentüren (mit einem pompejanisch roten Rand) in eine vergleichsweise kleine **Eingangshalle (1)** mit weiteren, weißgeputzten Rundbögen und dahinter in das neue offene Forum für Ausstellungseröffnungen und Veranstaltungen. Links bietet der Shop kunstbetonte Produkte und Geschenke, rechts das Mu-

Bild links: Ein Blick auf Arnulf Rainer – und die schöne Galerie der Räume

Daniel Burens Kunstcafé

Tony Craggs Amphore/Dose

seumscafé je nach Geschmack Cappuccino, Espresso und Café Latte (aber auch Bier und Wein), außerdem Kuchen und kleine Snacks. Das **Museumscafé (2)** ist bereits ein Kunstwerk für sich: die Raumgestaltung bis zum Fußboden oblag einem berühmten französischen Künstler, die Verwendung von Spiegelstreifen an den Wänden verrät ihn auch, Daniel Buren. Auch der Gastronom ist ein Künstler, R.M.E. Streuff, er wohnt ohnedies in der alten Von der Heydt-Villa auf der Königshöhe und kennt sich nicht nur mit Von der Heydts gut aus.

Aber der äußere und innere Museumseingang ist noch mit weiterer Kunst bestückt. Schon an der Treppe vor dem Eingang stehen (statt der früheren Löwen des Bildhauers Christian Daniel Rauch, die für das Rathaus „Kraft und Milde“ zugleich symbolisieren sollten) zwei moderne Skulpturen des in Liverpool geborenen (1949), aber in Wuppertal lebenden, inzwischen weltberühmten Bildhauers und Von der Heydt-Preisträgers **Tony Cragg (3)**: seine verformten „Coladosen“ waren umstritten, wie es sich gehört, fanden nicht nur Anklang in der Bevölkerung, aber an Kunst muß man sich auch reiben können. Sehen Sie sich das doppelte Bronze-Kunstwerk genauer an. Die Dose (mit dem typischen Aufreißer) entwickelt sich aus einer halben antiken Amphore, auf der anderen Seite ist eine Kunststoffflasche mit einem traditionellen Mörser inniglich verbunden. Beide Skulpturen verbinden zeitgenössische Gebrauchsformen mit solchen des Altertums, die „Ästhetik des Alltags“ als Zeitreise in eine frühe Vergangenheit. Zugleich bedeuten die Skulpturen, daß auch das Museum selbst ein Gefäß ist: ein Schutzraum für Kunst. Am Treppenaufgang in der Eingangshalle finden Sie eine weiter „Alltagsverfremdung“. Tony Cragg hat schon rund zehn Jahre früher (1982) eine blaue Kunststoff-Flasche (wahrscheinlich für ein Waschmittel oder Shampoo) als Muster für eine größere Wandskulptur aus blauen Kunststoffteilen genommen. Beides, die Musterflasche und das geordnete Trümmerfeld aus Kunststoff, finden Sie nebeneinander als Wandskulptur.

In den Eingangsräumen (in denen oft auch Ausstellungen beginnen, „Blickfänge“ auf Wechselausstellungen und vielleicht auf Teile der Sammlung aufmerksam machen) steht und hängt noch einige Kunst mehr: ein Calder-Mobile, zwei Rückriem-Dolomit-Stelen, ein Paeffgen-Porträt von Johannes Rau zum Beispiel. Recht massig wirkt **Henry Moores (4)** „Große Sitzende“ aus den Jahren 1957/58 als bronzener Gruß ins Museumsforum. Früher hatte diese prominente Bronzedame ihren geräumigen Platz vor dem Schauspielhaus und davor an der Schwimmoper. Von der Schwimmoper haben sie die Wuppertaler selbst vertrieben (geteert und gefedert als Protest gegen die ungewöhnliche Verformung eines Menschen), vor dem Schauspielhaus ist ihr der Umweltschmutz nicht gut bekommen. Jetzt sitzt die Dame breit und eher behäbig dem Publikum gegenüber, demonstriert fast körperlich die Kraft großer Kunst. Etwas lieblicher,traditioneller und vielleicht auch menschlicher schaut im Museumsentree die weiß-marmorne „Penelope" (1870) von **Bernhard Afinger (5)** ins Geschehen, immer noch in Erwartung des Odysseus, aber sinnlich-vergnügt über die zahlreichen Freier, die ihr das Warten verkürzen wollen – ohne Hoffnung, wie man aus der griechischen Geschichte weiß. Vielleicht paßt der blaue Neon-Satz von **Maurizio Nannucci (6)**, der in leuchtendem Blau die flachgehaltende Rückfassade des früheren Rathausbaus schmückt, durchaus

Noch sitzt sie vor dem Schauspielhaus

Penelope erwartet Odysseus

zu diesem verhalten-idealisierten Penepole-Blick (obwohl Nannuccis kunstvoll formulierte Lebensparole erst aus dem Jahre 1991 stammt): *„it is possible to imagine that all impossible images exist in the field of all possibilities".*

Nicht alle Möglichkeiten (also „possibilities")auf dem großen Feld der bildenden Kunst werden im Von der Heydt-Museum gezeigt, schon gar nicht lassen sich alle bei einem vergleichsweise kurzen Rundgang zeigen oder erläutern. Vom Forum führt links eine kürzere Treppe ins Zwischengeschoß für **Wechselausstellungen (7)**. Das Von der Heydt-Museum nutzt seine wertvolle Sammlung (und zahlreiche Wünsche nach Leihgaben) immer wieder dazu, interessante Wechselausstellungen nach Wuppertal zu holen (in Kooperation mit Mu-

Hohes Treppenhaus mit Archimedes

seen und Sponsoren in der ganzen Welt). Aber eigentlich muß man bei den Wuppertalern dafür werben, sich im eigenen Museum immer wieder die Meisterwerke der eigenen Sammlung anzusehen. Bei Ausstellungen in anderen Städten (von Wien bis Madrid, in Rio de Janeiro und Sao Paulo) stehen Kunstfreunde Schlange, um berühmte Gemälde aus unserem Museum zu sehen. Das können die Wuppertaler/innen fast täglich zuhause sehen.

Vom Eingangsforum will uns ein weiteres blaugetöntes Kunstwerk wie ein verführerischer Blitz gleich ganz nach oben bis unters Shed-Dach lenken. **Norbert Thomas (8)** nennt es „Raum-Form 13“, es ist aus Acryl-Lack auf Stahl, bricht die weißen und zudem die mit einigen ebenfalls weißen Kunstwerken bestückten Wände der Lichtfuge des oberen Treppenschachtes auf. An der einen Seite zeigt **Andreas von Weizsäcker (9)** in weißem Zellstoff eine „Strecke“, also das eher traurige Ergebnis einer täglichen Zeitreise auf unseren Straßen. Gegenüber hat Renate Löbbecke mit feinen Pinselstrichen auf weißer Leinwand „Museums-Zitate“ gesammelt. Eine vollends abstrakte weiße Form von Elsworth Kelly („White Curved Panel“,1994) lockt von ganz oben und ihr gegenüber hat **Hann Trier (10)** ein sehr farbig-dynamisches Triptychon geschaffen: „Archimedes stört seine Kreise selbst“. Archimedes, der berühmte Mathematiker aus Syrakus (285-212 v.Chr.), hat vor allem Kreise und Flächen berechnet, die Kreise sind hier in großer Bewegung, aber sie werden auch gestört, treffen auf Widerstand. Das gibt Auftrieb und ist auch so gemeint.

Sie sind bereits im ersten Obergeschoß, haben die alte Treppe passiert, können rechts die oft wechselnden Ausstellungen im früheren „Bürgersaal“ sehen (auch ein bißchen städtischer „Silberschatz“ steht dort in Vitrinen), würden nach links früher in den Ratssaal gekommen sein. Dort steht in der dichten Skulpturengruppe aus lauter Köpfen auch

Der Museumsgründer, gemalt von van Dongen

Sabine Fehlemann

Unser August von der Heydt

August Freiherr von der Heydt, der Gründer des Wuppertaler Museums, ist zwischen den großen Von der Heydts, z.B. August von der Heydt (1801-1874), dem Minister und Staatsmann in Berlin, seinem Großvater, und dem in unserem Bewußtsein viel stärker verankerten Eduard von der Heydt, seinem Sohn, der uns zeitlich ja auch viel näher ist, so ziemlich auf der Strecke geblieben. August von der Heydt war ein großer Sammler von Kunst und hat diese der Öffentlichkeit zugedacht. Noch heute verwahren wir von ihm: 133 Bilder und Skulpturen, nicht gerechnet die später eingezogenen „Entarteten", nicht gerechnet das Verbrannte im Krieg, nicht gerechnet die Papierarbeiten. Sein Biograph Paul Heise erwähnt bereits 1918 im Sammlungskatalog 266 Werke. Seit 1897 hat August von der Heydt begonnen, kontinuierlich Kunstwerke einem noch zu gründenden Museum zu schenken, bis nach seinem Tod 1929 posthum seine Witwe Selma von der Heydt noch 1930 acht Kunstwerke ans Museum gegeben hat. Etliche Werke hat er zunächst dem Sohn Eduard vererbt, der sie später unserem Museum vermachte. Sie kamen ab 1952 bis zu Eduard von der Heydts Tod 1964 in Etappen ans Museum.

Die Von der Heydts haben ihren Namen „von der Heide", abgeleitet von einem Flecken beim Lichtenscheid in der Gemarkung Barmen, von der sie einst in das benachbarte Elberfeld gezogen sind. Die älteste Erwähnung des Namens von der Heyden ist von 1597. Acht Mitglieder der Familie haben im Laufe der Zeit im Rat der Stadt gesessen, fünf waren Bürgermeister. Der Vater des Staatsministers, Daniel Heinrich (1767-1832), erlernte u.a. in Stuttgart und Frankfurt das Bank- und Warengeschäft, verheiratete sich mit Wilhelmine Kersten und übernahm die Bank als

Vater August (III.) mit den Söhnen August (IV.) und Eduard

„Von der Heydt-Kersten und Söhne Bank" (heute Teil der Commerzbank am Neumarkt/Kerstenplatz). Hier war auch „unser August von der Heydt" tätig, hier stand das vornehme Patrizierhaus des Staatsministers, seines Großvaters, der 1863 in den erblichen preußischen Adels- und Freiherrenstand erhoben wurde. Nach dem Tod des Sohnes August übernahm Großvater August 1867 die Vormundschaft für den damals 16jährigen Enkel. Die Familie Von der Heydt war groß, der Staatsminister hatte neun Geschwister, die in die wichtigsten Familien der Stadt einheirateten: Wichelhaus, Frowein, Wülfing, Baum u.a.

Unser August von der Heydt besuchte nach mehrjährigem Privatunterricht ein humanistisches Gymnasium, was eine lebenslange Vorliebe für die Antike zur Folge hatte. Mit gleichaltrigen Freunden traf er sich regelmäßig in einem „Symphonia" genannten Freundschaftsbund, in dem musikalische und literarische Themen diskutiert wurden. Er wurde begeisterter Wagneranhänger und unterstützte Bayreuth. August von der Heydt wurde königlich-griechischer Konsul und geheimer Kommerzienrat, war 1870 Mitglied des Königs-Husaren-Regiments in Bonn (mußte aber nicht mehr an die Front), lernte Französisch in Genf und die Banklehre in Berlin, 1878 wurde er Teilhaber des Elberfelder Bankhauses (zusammen mit seinem Vetter Karl). 1880 heiratete er Selma Haarhaus (1862-1944), 1881 wurde der erste Sohn August (gest. 1943), 1882 der zweite Sohn Eduard (gest.1964) geboren. Seine Mutter, Baronin Maria-Helena, zog sich ins „kleine Palais" am Mäuerchen zurück und starb dort 1899. 1896 übernahm August von der Heydt allein die Leitung des Elberfelder Bankgeschäfts. Er war Mitglied der deutsch-national gesinnten Freikonservativen Partei und von 1891-1913 Stadtverordneter.

August von der Heydt wurde Vorsitzender des Elberfelder Verschönerungsvereins („Wälder reinigen die Luft"), kaufte Waldungen, u.a. die Königshöhe, richtete dort die Sommerresidenz der Familie ein (und hielt Pferde und Doggen). Er gehörte zu den Initiatoren und Förderern des Elberfelder Theaters (am Brausenwerth), gründete 1892 den Elberfelder Museumsverein (mit dem Ziel, ein Museum zu errichten) und gehörte zu den Mitbegründern des Zoos. 1910 stiftete er Bernhard Hoetgers „Gerechtigkeitsbrunnen" aus Anlaß des 300jährigen Stadtjubiläums und wurde 1910 Ehrenbürger der Stadt Elberfeld.

Zwischen 1900 und 1918 baute sich August von der Heydt eine bedeutende Sammlung moderner und zeitgenössischer Kunst auf. Gemeinsam mit seiner Frau Selma öffnete er sein Stadt- und sein Sommerhaus für Kunst und Künstler, für Freunde und Bewunderer, u.a. für Rilke und Hoetger, auch mit Paula Modersohn-Becker hatte er guten Kontakt. Viele Kunstwerke stiftete er bereits dem von ihm gegründeten städtischen Museum (u.a. zu seiner eigenen silbernen Hochzeit die Gemälde von Hans v. Marées).

1920 verlegte er seinen Wohnsitz nach Bad Godesberg, sein weiteres Leben war von Schwermut begleitet, einen Großteil seines Vermögens hatte er durch die Inflation verloren, 1922 kauften seine Söhne zahlreiche Kunstwerke aus der elterlichen Sammlung auf. Gesundheitliche Probleme brachten den psychischen Zusammenbruch, 78jährig starb August von der Heydt am 23.September 1929 in Bad Godesberg.

Das Elberfelder Haus am Kerstenplatz wurde 1943 durch eine Phosphorbombe vollkommen zerstört, viele berühmte Bilder verbrannten. Über Sohn Eduard kamen 1952 achtundfünfzig erhaltene Kunstwerke aus August von der Heydts Sammlung. Die nach dem Tode Eduards eingerichtete Stiftung sichert mit ihren Erlösen den regelmäßigen Ankauf neuer Kunstwerke.

Haus Von der Heydt am Kerstenplatz

der massige Charakterkopf des August von der Heydt, wenn er uns nicht schon im Treppenfoyer begrüßt, wo Skulpturen von Lehmbruck bis Laurens rund um die weißen Pfeiler stehen. Auf den Spuren der Kunstsammler Von der Heydt will ich Sie zu einem Rundgang rechts herum einladen, um Kunstwerke aufzusuchen, die unserer Absicht nahekommen, unterschiedliche Zeiten der Kunst und der Stadt zu entdecken.

„Zeitreisen mit Bildern" kann man zudem immer wieder neu beginnen.

Die Schwerpunkte der Wuppertaler Kunstsammlung kommen dem entgegen: sie reichen von einer vergleichsweise kleinen (aber feinen) Auswahl von niederländischer Malerei bis in die (noch nicht besonders ausgeprägt sortierte) aktuelle Kunst, begleiten aber in ihrem Kern die Kunstentwicklung der letzten hundertfünfzig Jahre. Das entspricht, wie wir bereits wissen, der dynamischen Entwicklung der Städte im Wuppertal, zeigt sowohl die Hoffnungen und Visionen, die damit verbunden wurden, als auch die Gefährdungen und Zerstörungen. Manches Gemälde aus der Mitte des 19. Jahrhunderts mag uns in seiner bunten Farben- und Figurenwelt, in seiner Schwärmerei für schöne Landschaften und seiner Konzentration auf friedliche Stilleben verwundern. Danach erleben wir aber sowohl den Impressionismus mit seinen Farb- und Lichtwelten von hoher Eindringlichkeit als auch den Expressionismus mit seinen kraftvollen Bildern von Menschen und Lebenswelten. War der Impressionismus noch sehr durch die Natur bestimmt, ist der Expressionismus vom Leben in Gesellschaft, nicht zuletzt in den Städten, geprägt. Die klassische Moderne setzt diese Entwicklung fort, verschärft sie, findet neue und sehr eigenständige Formen der Kunst. Die in den Wachstumsjahren die Wuppertaler Städte prägende „Gründerzeit" spiegelt sich ebenfalls in der Entwicklung der Kunst – und die Kunstsammlung unseres Museums lädt dazu ein, diese Entwicklung zu verfolgen und auch zu verstehen. Das mag auch eine Hilfe sein, in der Entwicklung der zeitgenössischen Kunst die Probleme der heutigen Zeit zu entdecken.

Fenster in eine Welt der Veränderung

In den zehn Räumen des ersten Obergeschosses (ohne den „Bürgersaal") ist vor allem die Kunst der ersten Hälfte des 20.Jahrhunderts präsent und sein Höhepunkt war gewiß der Expressionismus. Unser Rundweg (in umgekehrten Uhrzeigersinn) führt durch einen hohen Raum, in dem in der Regel Bilder aus den 50er und 60er Jahren hängen. Wir gehen aber gleich über die runde Treppe in den oberen Raum, weil Wuppertal hier gleich mehrfach grüßt und die z.T. recht gestörte Welt der Zwanziger Jahre künstlerischen Ausdruck findet: etwa bei **Otto Dix und Georg Scholz (11)**, gern auch als „Neue Sachlichkeit" bezeichnet, hart

Die kalte schöne Welt des Otto Dix

Stellung beziehend, entlarvend. Otto Dix („An die Schönheit“, 1922) hat sich selbst in ein merkwürdiges Ensemble hinein gemalt, das mit Säulen und Stuck, Korsettpuppe und Schaufensterbüste, schwarzem Schlagzeuger und mondänem Tanzpaar eine städtische Welt des Vergnügens demonstriert, das realistisch und unrealistisch zugleich wirkt, zumal der Maler selbst mit seinem klassischem Anzug mit Bügelfalte und Telefon in der Hand kaum hierher paßt. Es ist eine kalte „schöne“ Welt, zu der auch Karl Krall gehört, dessen berühmtes („entartetes“) Porträt von 1923 ebenfalls im Museum hängt, zumal Krall ein Juwelier aus Elberfeld war. Georg Scholz (beim Ankauf 1976 heftig umstrittenes) Bild „Industriebauern“ von 1920 ist das böse Echo auf sein Erlebnis, bei Durlacher Bauern ein wenig Butter, Brot und Eier gegen den Nachkriegshunger zu erhalten. Er wurde damals rüde abgewiesen, die „Industriebauern“ geben nichts. „Stellung nehmen zur Gegenwart“ überschreibt die Zeitschrift „art“ ihre Serie zur „neuen Sachlichkeit“ (in „art 8/2001): *„Den bigotten Hofherrn kennzeichnet er durch ein Aktienpaket im Kopf als geldversessen. Die Not der anderen nutzt er aus, erniedrigt sie, macht mit hartem Kinn Geschäfte. Zugleich hält er die Bibel nahe dem Herzen. Neben ihm seine Gattin: beschränkt, zur Unförmigkeit verfettet, in nicht beschreibbarer Enge vernagelt, aber fürsorglich. Ekelhaft rotzig und brutal bläst der gemeinsame Sohn einen Frosch bis zum zerplatzen auf, nichts im Kopf als den collagierten Hinweis: ‚Patent-Kurzstrohzuführung‘. Das offene Fenster führt zu einem feisten Pfarrer, in dessen Magen ein Hühnchen seinen gottgewollten Platz fand“* (Gerd Presler). „Der Mensch muss .. Stellung nehmen zum unmittelbaren Leben“, hatte Scholz gefordert – in Karlsruhe-Durlach, nicht in Wuppertal-Elberfeld.

Ein weiteres berühmtes Bild aus den Gründerjahren (1910 gemalt) stammt vom Barmer Maler **Adolf Erbslöh (12)**, „Mädchen mit rotem Rock“. Als dieses für heutige Verhältnisse eher zurückhaltende Bild (nur ein Busen liegt frei) in den Jahren 1909 und 1910 in Barmen und Elberfeld in einer großen Ausstellung der „Neuen Künstlervereinigung München“ (zu der Erbslöh gehörte) gezeigt wurde, soll es lt. Barmer Presse „Entsetzensrufe“ gegeben haben. Das Bild mit satten Farben (blau, grün, rosa, violett, gelb, fleckig aufgetragen), vielen Licht-Schatten-Akzenten und einem eher keuschen Gesichtsausdruck wurde auch auf großen Plakaten und Wandbildern in der Von der Heydt-Ausstellung in Rio de Janeiro (August 2000) gezeigt, hier hatte es erstaunlicherweise eine immer noch große öffentliche Wirkung. Drei weitere Frauenbilder in der Sammlung gehören übrigens in den gleichen künstlerischen Zusammenhang: Alexej von Jawlenskys „Mädchen mit Pfingstrosen“ (1909), „Die schwarzen Augen“(1912) vom gleichen Künstler und Ernst Ludwig Kirchners „Bildnis Gerda“ (1914). Diese Bilder sehen Sie zwei Räume weiter.

Direkte Städtebilder sind mindestens noch Franz Radziwills leuchtendes, aber auch bedrohliches Wilhelmshaven-Bild (1926) und **Carl Großbergs (13)** „Brücke über die Schwarzbachstraße in Wuppertal" (1927). Beim Rundgang durch Wichlinghausen/Oberbarmen kann man sie im Original sehen, allerdings wirkt das bauliche Umfeld in der Realität keineswegs so leer und ausgestorben wie auf dem Bild. Die kalte Welt der Industriekultur zeigt auch sein 1933 entstandenes Bild „Der Gelbe Kessel". Es ist wohl in der Wuppertaler Lackfirma Herberts entstanden, Großberg ist in Elberfeld geboren. Die Fa. Herberts hat in den Zeiten des Dritten Reiches von den Nazis verfemte Künstler untergebracht, geschützt und gefördert, darunter Willi Baumeister und Oskar Schlemmer. **Oskar Schlemmers (14)** „Interieur mit drei Figuren vor Fenster" (1937) ist eines der Wuppertaler „Fensterbilder", die in der Zeit der Isolierung dieser Künstler entstanden. Ihn interessiert (wie schon bei dem Bild „Zwölfergruppe mit Interieur", 1930) das Verhältnis von Raum und Mensch, die Verhaltensfunktionen von Menschen, ihre Distanz und Fremdheit zueinander, ihre Bewegung und Bewegungslosigkeit. Die Schlemmer-Bilder in diesem Raum zeigen das ebenso wie die Bilder von Hoerle. Gegenüber gibt es darüber hinaus noch ein besonders eindrucksvolles Bild, das Bildnis Else Lasker-Schüler (1924) von **Jankel Adler (15)**, fast in Lebensgröße gemalt. Jankel Adler und Else Lasker-Schüler hatten sich gut gekannt, als 18jähriger hatte Adler an der Barmer Kunstgewerbeschule studiert (länger war er allerdings in Düsseldorf), 1920 hatte er sie im Berliner „Romanischen Café" wieder getroffen (das kleine Kaffeehaustischchen erinnert daran). Jankel Adler war chassidischer Pole (in der Nähe von Lodz geboren), hat später auch Else nach Polen eingeladen, damit sie das „wirkliche Judentum" kennenlerne. Unverkennbar hat er Else als strenge Jüdin malen wollen, mit scharf geschnittenen Gesichtszügen, nicht als phantasiereicher „Prinz Jussuf", als den sie sich gelegentlich sah. Beide mußten während der NS-Zeit Deutschland verlassen, Else Lasker-Schüler starb 1945 in Jerusalem, Jankel Adler 1949 in der Nähe von London. Der Barmer Kunstverein hatte das Bild 1926 erworben, die Nazis haben es 1937 beschlagnahmt, es kam in französischen Besitz und konnte nach schwierigen Verhandlungen 1986 zurückgekauft werden.

Else als strenge Jüdin, von Jankel Adler gemalt

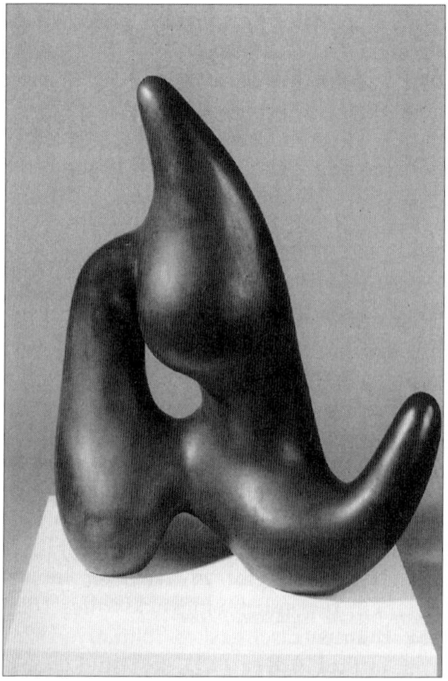

Ein „träumender Stern“ von Hans Arp

Der Zwischenraum zu den anderen Ausstellungsräumen mit Meisterwerken des Expressionismus ist mit Skulpturen von **Hans Arp (16)** bestückt: vorrangig weiße Gipsfiguren, ergänzt durch zwei Bronzen, z.T. Geschenke der zweiten Frau des 1966 gestorbenen Künstlers, Marguerite Arp-Hagenbach. Die weichen organischen Formen der Arp-Skulpturen beruhigen den Besucher und das kann er zwischen den kräftigen Farben der expressionistischen Räume sehr gut vertragen.

Der nächste Raum ist wahrlich spektakulär, man kann die Fülle des Ausdrucks und der Farbenpracht kaum beschreiben, müßte jedes Bild einzeln betrachten. So manches Bild brauchte eigentlich mehr Raum zum Atmen. Ich wähle auch nur drei Bilder aus. Obwohl Expressionisten aus den Bildern der Stadt gerne eine eigene farbige Natur gestalten (bei Kirchner besonders auffällig, vor allem in den Straßenszenen, oder auch bei Kandinskys oder Kanoldts Häuserbildern), kann man (wie der Autor) anhänglich bleiben, wenn man Franz Marcs bunte Tiere sieht. Nur 50x60 cm groß ist **Franz Marcs (17)** „Fuchs“ (1911). Im Bildführer des Museums wird dazu ein Brief von Franz Marc an August Macke zitiert:*„Ich werde Dir nun meine Theorie von Blau, Gelb und Rot auseinandersetzen .. Blau ist das männliche Prinzip, herb und geistig. Gelb ist das weibliche Prinzip, sanft, heiter und sinnlich. Rot die Materie, brutal und schwer und stets die Farbe, die von den anderen beiden bekämpft und überwunden werden muß! Mischst Du z.B. das ernste, geistige Blau mit Rot, dann steigerst Du das Blau bis zur unerträglichen Trauer, und das versöhnende Gelb, die Komplementärfarbe zu Violett, wird unerläßlich ..“* Diese Farbenlehre und die vereinfachten Formen machen die Tierbilder Marcs so eindringlich. Als Franz Marc früh vor Verdun starb, schon mit 36 Jahren, hat Else Lasker-Schüler, die mit Marc einen regen Postkarten-Austausch gepflegt hatte (mit schönen Zeichnungen beider Künstler), in einem Nachruf geschrieben: *„Er war der, welcher die Tiere noch reden hörte; und er verklärte ihre unverstandenen Seelen“.*

Expressionisten können Tiere und auch Städte „reden hören“, ebenso Landschaften. Die glühenden Farben der Münchner Maler haben sicherlich auch mit der Leuchtkraft der süddeutschen Landschaften zu tun und Emil Noldes Farbwelt ist durch die norddeutsche Landschaft ebenso geprägt wie Bilder aus Worpswede (die uns auch noch begegnen). **Emil Noldes (18)** „Bachlandschaft“ (1920) macht das deutlich: diesen Himmel muß man gesehen haben, um ihn so malen zu können, er spiegelt sich auch noch im Wasser. Es ist typisches Marschland, oben in Nordfriesland zwischen Nord- und Ostsee, seit 1916 bewohnte Nolde das Haus Utenwarf bei Seebüll. Und das Bild täuscht, hier kann

Kokotten auf der Straße, fein gemacht

der Bach schnell zur großen Wasserfläche werden. Nolde selbst hat die Kraft von Himmel, Wolken und Wasser beschrieben:„Es war herrlich, wenn um uns in meilenweiter Sicht alles nur Wasser war, wenn der hohe Himmel sich spiegelte, oder wenn in der Nacht der Mond mit seinem kalten Glanz ein Silbermärchenland bildete... Und schön war es, wenn der Wind in langen Streifen die Wellen peitschte, oder die farbigen Morgen- und Abendwolken sich in der Wasserfläche verdoppelten. Viel Romantik und viel Ungemach, aber die Schönheit mochte alles andere zu ersetzen.“ Menschen sieht man auf Noldes Bildern selten, in seinem „Frühling im Buchenwald“ sieht man zwar eine Frau mit Mädchen, aber mit der natürlichen Umwelt des Waldes eng verbunden, als Einzelpersonen kaum wahrnehmbar, zumal von hinten gesehen.

Ernst Ludwig Kirchners (19) „Frauen auf der Straße“ (1914)ist da zwar eindeutiger, aber die elf berühmten Bilder aus dem Milieu der Berliner Kokotten (das Wuppertaler Bild ist das letzte) sind zugleich künstlich: man merkt, hier ist von Randgruppen die Rede, von Außenseitern in der städtischen Gesellschaft, Außenseitern allerdings, die die Großstadt zugleich definieren. Kirchner hat es selbst gesagt: *„Wie die Kokotten, die ich malte, ist man jetzt selbst. Hingewischt, beim nächsten Male weg.“* Während die Männer hinter ihnen nach unten blicken, schauen die Frauen keck den Betrachter an. Man hat sich fein gemacht, zumindest auffallend geschminkt, modisch gekleidet, gibt sich mondän, eine eher kühle Stimmung herrscht, die Farbkombination gelb-blau-grün unterstreicht das. Die Großstadt wirkt in den Straßenszenen Kirchners hektisch und verstört, so soll sie wohl auch wirken. In einer großen Berliner Ausstellung rund um Kirchners Straßenbilder (und anderer befreundeter Maler gleichermaßen) wird diese Welt zugleich zum Symbol für den Untergang Preußens („Der Potsdamer Platz“, Neue Nationalgalerie).

Von besonderen städtischen Lebenswelten ist auch in den z.T. berühmten Gemälden des nächsten Raumes die Rede. Die beiden Stadtbilder von **Christian Rohlfs (20)** wirken eher friedlich (Soester Haus 1917, Das Tor in Dinkelsbühl 1924) und vielleicht zog der im Vergleich zu den zentralen expressionistischen Maler um einige Jahrzehnte ältere Rohlffs die Fachwerkwelt der mittelalterlichen Städte bewußt den modernen Großstädten vor. Bei **Max Beckmann (21)** war das anders. Er war fast gleich alt wie Kirchner, Macke, Marc oder auch Kanoldt, aber fand seinen eigenen Stil. Er war vielleicht am stärksten durch den Krieg geprägt („meine Kunst kriegt hier zu fressen“), 1921 mal er sich in einem seiner vielen Selbstporträts als Clown, auf

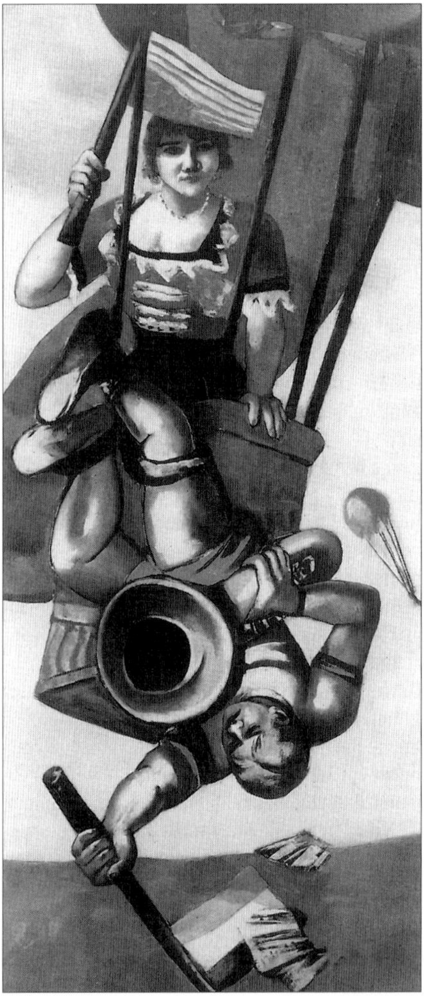

In die weite neue Welt, Luftakrobaten

einem schrägen Schaukelstuhl sitzend. Er wollte als „Hofnarr" der neuen Gesellschaft den Spiegel der Wahrheit vorhalten. Zwei besondere Bilder zeigen in der Von der Heydt-Sammlung (mit neun Bildern reich bestückt!) Meisterwerke aus etwas späteren Jahren: „Luftakrobaten" (1928) und „Großes Varieté mit Zauberer und Tänzerin" (1942). Mit amerikanischer Flagge in der Hand der Frau soll es offensichtlich mit einem Ballon in die weite neue Welt gehen, aber der Mann (Beckmann) hängt nach unten, eine Tuba in der Hand. Er will (oder kann) noch nicht lösen, bleibt hilflos, vielleicht auch unentschlossen. Mit dem Varieté-Bild reagiert Beckmann bereits auf eine zerstörte Welt (1941/42!), wohnt bereits in Amsterdam, wird auch nicht wieder nach Deutschland zurückkehren. Er hat sich mit der kleinen, geschlossenen Zirkuswelt abgefunden.

Auf ein weniger spektakuläres Bild in diesem Raum muß aufmerksam gemacht werden, obwohl der wenig ältere Künstler auf die Situation nach dem Weltkrieg ganz anders als Beckmann reagiert. **Karl Hofer (22)** war auch in einem französischen Lager interniert gewesen und sein Bild „Schlafende Jünger" (1919) zeigt sowohl den Wunsch nach Geborgenheit als auch Zukunftsängste. Auch dieses Bild war 1937 von den Nazis beschlagnahmt worden und konnte erst 1987 in Berlin zurück ersteigert werden. In späteren Jahren wird Hofer hoffnungsvollere Stilleben und Landschaftsbilder malen, aber Ende der 30er Jahre tritt er wieder als Mahner auf („Der Rufer",1935).

Zwei weitere Räume bergen noch besondere Sammlungsschätze, die mit der Kultur- und Stadtgeschichte Wuppertals zu tun haben. August von der Heydt, der Museumsgründer, und seine Frau Selma hatten sich früh um die Worpsweder Malerin **Paula Modersohn-Becker (23)** gekümmert, August hatte sie in Paris getroffen (gemeinsam mit Bernhard Hoetger), hat sie auch in Wuppertal einige Zeit wohnen und arbeiten lassen, weil sie nicht zu ihrem Mann nach Worpswede zurück wollte. Neben der Kunsthalle und dem Modersohn-Becker-Haus in Bremen hat das Wuppertaler Museum daher auch eine der bedeutsamsten Gemäldesammlungen (insgesamt zwanzig) der schon 31jährig verstorbenen Künstlerin.

Nur auf zwei ihrer Bilder und eines von Otto Modersohn, ihres Mannes, soll besonders aufmerksam gemacht werden. Im Übrigen muß jeder selbst versuchen, sich in diese eigenständig dunkle Bild- und Farbwelt einzufühlen. Ihre Frauenköpfe (z.B. „Alte Frau in schwarzem Strohhut", auch die „Alte Armenhäuslerin", beide von 1905) sind „verwanderte Gesichter" (so würde es Else Lasker-Schüler gesagt haben), von Arbeit gezeichnet, menschliche Wärme ausstrahlend, nachdenklich

Noch im Todesjahr gemalt:
ein exotischer Mädchenakt

und erschöpft zugleich, in erdigen Farben. Zur „Armenhäuslerin" möchte man sich hinsetzen dürfen, um ihren stillen Erzählungen zuzuhören. Durchaus anders ist eines ihrer letzten Werke, auf das man im Museumsraum sofort stößt, weil es zu Recht einen zentralen Platz einnimmt: „Mädchenakt mit Blumenvasen", noch im Todesjahr 1907 gemalt. Es ist zugleich ein Stilleben: mit Blumen in Vasen vor blau-grüner Wand, mit grünem Tischtuch und rotem Vorhang ohnedies überraschend farbig, berauschend fast. Das nackte Mädchen wirkt exotisch, vielleicht hat die Kenntnis der Bilder Gauguins in Paris ihren Farbstil geöffnet, weltläufiger gemacht. Dabei kennt man auch in vielen Worpsweder Bildern „merkwürdig leuchtende Farben". So hat der norddeutsche Dichter Manfred Hausmann seine Landschafts*erfahrungen im Teufelsmoor beschrieben: „mit ständig wechselndem Licht, Wolken, schwere Wolkenmassen und Sonnenbahn und wieder ein bißchen Regen dazwischen und alles glitzert vor Feuchtigkeit. Und dann diese leuchtenden, dies*e merkwürdig leuchtenden Farben ...". Das Bild „Mondaufgang im Moor"(1898) von **Otto Modersohn (24)** mit seinen hellen Birkenstämmen zeigt davon etwas und Paula Becker (die ihn 1901 heiratet) war davon begeistert: „sein Wasser ist so durchsichtig und die Farben so eigenartig", aber sie hat später auch von der „Versunkene-Glocke-Stimmung" dieser Landschaft und ihrer Menschen gesprochen, einiges ist in ihren Porträts spürbar, ihre Flucht davor blieb nur angedeutet. Was wäre gewesen, wenn Sie mit Hilfe ihres Wuppertaler Mäzens noch mehr Zeit zur künstlerischen Entfaltung gehabt hätte, nicht so früh gestorben wäre?

Der letzte Bilderraum im ersten Obergeschoß (danach folgen bislang Skulpturen-Ensembles) ist **Hans von Marées (25)** gewidmet, in Elberfeld 1837 geboren, aber mit zehn Jahren zieht er mit seinen Eltern nach Koblenz. Mit achtzehn Jahren hat er sich selbst gemalt, wahrscheinlich nicht zum ersten Mal, aber dieses Jugendbildnis sollte man sich ansehen: selbstbewußt, eine eher stolze und abweisende Miene, hohe helle Stirn und Locken, er hatte bereits zwei Jahre lang in Berlin eine künstlerische Ausbildung absolviert. Ein späteres Selbstbildnis (1873) ist zugleich eine Studie zum berühmten Fresko für die zoologische Station in Neapel und Marées malt in den fünf Hauptbildern das „Leben in Neapel", etwa die „Ausfahrt der Fischer" und die „Pergola" einer neapolitanischen Weinschänke, in der Marées selbst und einige seiner Mitstreiter die Gäste sind. In diesen beiden Räumen des Museums kann man daher, wenn man sich darauf einläßt, die Stimmung von zwei ganz unterschiedlichen europäischen Landschaften und deren künstlerische Wirkung nachempfinden, als Bild- und Zeitreisen gleichermaßen.

Die folgende Sammlung der Skulpturen ist breit gestreut und originell präsentiert: vom kraftvoll „Schreitenden Mann" von August Rodin (1900) reicht das künstlerische Spektrum mindestens bis zu „Ruth in der Küche" von George Segal (1964). Aber die Skulpturensammlung soll neu sortiert werden, daher konzentrieren wir uns bei unserem Rundgang vor allem auf die Gemälde. Aber gerade deshalb müssen Sie auch noch in den **Bürgersaal (26)**.

Vielleicht hängen wieder Teile der Sammlung (und aus dem reichbestückten Depot) dort oder eine interessante Wechselausstellung (z.B. über die Von der Heydts wie im Jubiläumsjahr). Ein Kunstwerk jedenfalls hat einen Dauerplatz gefunden, als Stempeldruck auf der Wand (zur Fensterfront): **Nancy Speros (27)** im Jahre 1991 dort geschaffene „Ballade von der ‚Judenhure' Marie Sanders zu einem Text von Bertolt Brecht, 1934/36 geschrieben, aufrüttelnd endend: *„das fleisch schlägt auf in den vorstädten, die trommeln schlagen mit macht, der streicher spricht heute nacht. großer gott,wenn wir ein Ohr hätten, wüßten wir, was man mit uns macht."*

Van Goghs Kartoffelsetzer, Degas´ Tänzerinnen und „not much to look at"

Im 2. Obergeschoß (über Treppe und Fahrstuhl zu erreichen) können Sie gleich rechts herum zu den Impressionisten gehen, aber ebenso können Sie mit einer künstlerischen Zeitreise zu den **Niederländern (28)** beginnen. Die kleineren Räume an der Vorderfront (hinter einem „Kreuzganggewölbe") zeigen, z.T. recht

Eine Petitesse von Spitzweg, der Geologe

dicht gehängt, eine Fülle von kleinen und größeren „Schätzchen" aus dem 17.Jahrhundert: schön gemalte Landschaften, stimmungsvoll-edle Porträts, prächtigsüffige Stilleben. Es folgen aus dem 19. Jahrhundert einige Gemälde von Moritz von Schwind und anderen, Waldmüller ist vertreten, Ludwigs Richters idyllisches „Mädchen auf der Wiese" (von 1826) ist für viele Museumsbesucher ein romantischer Höhepunkt der Kunst. Andere wissen auch, wo sie die kleine Sammlung wundersamer Petitessen von **Carl Spitzweg (29)** finden:die „Storchenapotheke" etwa, den stolzen „Gutsherrn", den „Geologen" oder die muntere „Reisende Künstlergesellschaft" (1870).

Dann aber kommt man in einen Eckraum, in dem u.a. Bilder von Böcklin, Courbet und Delacroix (mit dem wilden Löwen, der das Pferd zerfleischt) hängen, aber vielleicht doch das wichtigste zwei frühe Bilder von **Vincent van Gogh (30)** sind: das „Kartoffelsetzen" (1884) und das eindrucksvolle Porträt einer holländischen Bäuerin (1885). Das Gemälde von der Arbeit auf dem Kartoffelfeld ist eines von sechs Motiven aus dem Bauernleben, in den gedeckten Farben der nordholländischen Landschaft gemalt (und daher noch ohne die spätere Strahlkraft südfranzösischer Sonne), aber bereits von hoher innerer Dynamik. *„Ich bin heute hinter den Ackersleuten hergelaufen, die ein Kartoffelfeld umpflügten"* hat er seinem Bruder Theo tief beeindruckt geschrieben. Bei jeder großen Van Gogh-Ausstellung wird das Bild angefragt.

In den folgenden beiden Räumen wird die Stimmung impressionistisch und bunt. Es fällt schwer, überhaupt ein Bild hervorzuheben. Auch hier muß man sich Zeit nehmen (oder wiederkommen). Sie sehen Eduard Manets „Fischer", Paul Cezannes „Eremitage in Pontoise" (1881) und die stimmungsvolle Szene „Tänzerinnen im Probensaal" (1891) von **Edgar Degas (31)** eine Mischung aus Amusement und erschöpfender künstlerischer Arbeit, man sieht noch die Bewegung, spürt den Schweiß, sieht eine subtil beleuchtete Farbigkeit in Rot und Grün. Bei **Toulouse-Lautrec (32)** zeigen Büglerinnen die Lebenswelt von Paris, aber „Die dicke Marie" (1884) ist vielleicht noch eindrucksvoller: eine leicht spöttisch blickende Prostituierte höheren Alters, ein Porträt städtischen Milieus eigener Art. Von Alfred Sisley sieht man eine impressionistische Kanalsszene, von Pissarro einen „Herbstmorgen" und eine Bäuerin mit Kuh, von Claude Monet drei Landschaften, zwei markante Städtebilder stammen von **Paul Signac (33)**: das Paris-Bild mit Notre Dame (1884) mit dem auffallend dominierenden, farbig schimmernden Flußbild (das Wasser reflektiert die Häuserwelt) und dem hell gleißenden Frühlingshimmel, und die Segelboote im Hafen von St. Tropez (1893) in der dann für ihn eigentümlichen Farbgestaltung (Pointillismus) mit rasterartigen Punkten in leuchtenden Gelbtönen (mit Weiß aufgehellt) und den Booten in Violett, Blau und Rot, im Wasser gespiegelt. Und schließlich fällt auch noch eine kleine Wand mit sechs wunderbaren Bildchen von **Pierre August Renoir (34)** auf: Landschaften, Meeresstrand, Stilleben und ein sitzender weiblicher Akt („zart wie die Haut eines Pfirsichs" steht im Bildführer). Mirabeau hat von diesen Frauenporträts geschwärmt: *„er malt auch die Form der Seele und das, was von der Frau ausgeht an innerer Musikalität und an verschlossenem Geheimnis"*.

Eher „tiefgekühlte Erotik" strahlt im nächsten Raum das große Frauenporträt von **Félix Valloton (35)** aus, die „Liegende mit blauen Spielkarten" (1914), sie liegt „wie aus Marmor gemeißelt", aber durchaus dekorativ auf dem grünen Bett mit rotem Kissen und die Spielkarten deuten an, daß sie mehrfach gefährlich

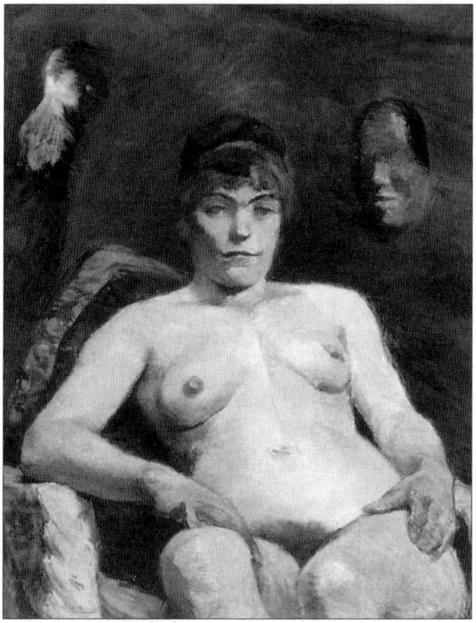

„Dicke Marie", leicht spöttisch

werden kann. **Ferdinand Hodlers (36)**, farb- und ausdrucksstarke Bilder agieren z.T. sogar offenkundig mit gefährlichen Äxten, aber seine Menschenbilder (wie auch seine Landschaften) wirken auch ohne gefährliches Gerät außerordentlich intensiv und stark, wahrscheinlich durch die eindringliche Kraft der Formen und Gesten, verstärkt durch die unerbittliche Farbgebung. Hodler und Valloton sind Schweizer, aus der norwegischen Bergwelt kommt **Edvard Munch (37)**, von dem das Museum ebenfalls fünf Bilder zeigen kann.

Aus dem nächsten Raum, der vor allem große und starke Bilder der Berliner „Expressionisten" **Corinth, Slevogt und Liebermann (38)** zeigt, fallen vor allem die acht Gemälde von Lovis Corinth (1858-1925) auf, zudem „Städtebilder" ganz eigener Art: der „Zeitungsleser" als Bildnis des Malers Benno Becker, das urbane Selbstbildnis des Künstlers selbst, die Straße „Unter den Linden" und der „Garten in Berlin-Westend". Das große Bildnis des Reichsritters und Bauernkriegers Florian Geyer ist als Theaterszene gemalt: der Schauspieler Rudolf Rittner im Berliner Lessingtheater in Gerhart Hauptmanns neuem Bühnenstück („stolz, kalt und gefährlich ist sein Blick"). Aus der Berliner Szene hat sich Corinth später an den Walchensee zurückgezogen und dort entsprechende Landschaftsbilder gemalt, eindringlich und voller Naturstimmungen, viele Stilleben („Kalla und Flieder mit Bronzefigur") kamen hinzu. In seinen letzten Jahren kam er auch immer wieder nach Berlin zurück, malte „Unter den Linden" als Porträt städtischer Dynamik (die Details und Menschen bleiben unscharf) und als sein letztes Gemälde überhaupt den „Garten im Westend" (1927): „Obst und Kirschenblüte" hatte er malen wollen (wie er seiner Frau noch schrieb), aber der Hagel hatte alles zerstört, die Gartenstimmung wurde dusterer, unklarer, wichtig blieb das lichtdurchflutete Grün, der Wirbel der Farben, den Jungen auf der Bank muß man suchen. Dabei waren ihm „kindlich reine Herzen" wichtig: *„So Ihr nicht werdet wie die Kinder, ist euer nicht das Himmelreich".* Und er fügt, fast schon abschiednehmend hinzu:

„Durch kindliche Einfalt, die sich darin offenbart, wird eine Schöpfung zum Kunstwerk, und durch dieselbe Einfalt dessen Betrachtung zum Kunstgenuß."

Kraftvoller Schweizer: Hodlers Holzfäller

Neben Liebermann („Holländische Nähschule", „Am Strand von Noordwijk") und Slevogt („Das Annweilertal") hängt in diesem Raum noch eines der prominentesten Städtebilder, nämlich **Lyonel Feininger (39)** „Marktkirche in Halle" (1931), eines der elf kubistisch zerlegten eindrucksvollen Gemälde mit grandiosen Raum- und Lichtwirkungen. In dem letzten Raum wird es ungegenständlicher mit Werken Dubuffet und Yves Klein, Uekker und Schoonhoven, Fontana, Tapies und Schumacher. Eindrucksvoll steht dann in einer Raumecke eine jener schmalen Skulpturen von **Alberto Giacometti (40)** neben einem seiner gemalten Frauenporträts (Figur III/Caroline, 1962).

Dieser letzte Raum in der Flucht des 2.Obergeschosses wird schon aus der Ferne beim Durchblick von einem abstrakt wirkenden, aber sehr dynamischen Bild von **Jean Fautrier (41)** „Nicht viel zu sehen (Not much to look at)" (1959) bestimmt (übrigens das Geschenk der Landesregierung zur Wiedereröffnung). Der Titel könnte mißverstanden werden: ein angedeuteter Körper, ein elliptischer Torso, wird sichtbar, ein verletzliches Fragment. Fautrier wollte genau das auch sehen lassen: *„Allein, ganz allein – verzweifelt allein – einsam, von allem abgeschnitten ... welches Wort könnte besser jene Leere ausdrücken, jene glatte Wand, die nicht die geringste rauhe Stelle bietet, an der man sich festhalten könnte – Ja, allein, ganz allein; aber gerade diese Einsamkeit, deren Verhärtung so stark ist, daß man aus einem solchen Zustand eine echte Kraft zu schöpfen vermag, läßt uns tief in uns eindringen, um dort den gesamten Ursprung des Lebens zu finden."*

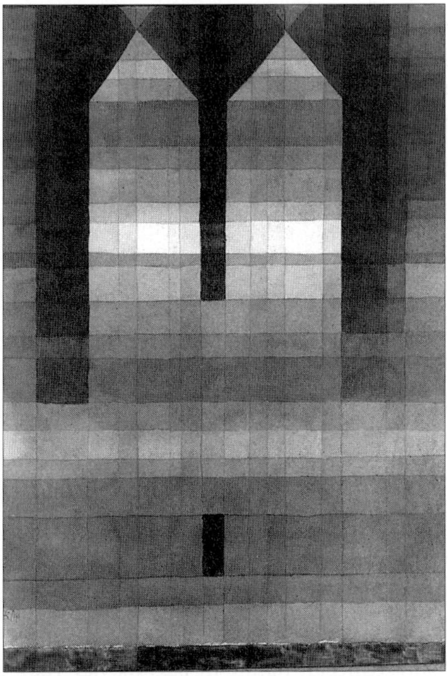

„Diese Zwillingstürme können explodieren"

Es folgen (vor dem „Meistersaal" der klassischen Moderne) noch drei ganz unterschiedlich genutzte Räume: ein niedriges Grafikkabinett **„31xKlee" (42)** (so auch der Titel eines kleinen Buches mit allen Klee-Bildern und Gedichten von Margot Scharpenberg, hrsg. vom KMV 1994). Es handelt sich um kleine, aber ausgesuchte Aquarelle, Federzeichnungen, Gouachen und auch Ölbilder aus dem Werk von Paul Klee, von 1914 bis 1935 entstanden, nach seiner Tunesienreise („Die Farbe hat mich" hat er beglückt ausgerufen) und bis zum Beginn seiner todbringenden Krankheit (er stirbt 1940 im Alter von 61 Jahren). Frau Charlotte Mittelstenscheidt, geb. Ibach, hat zwölf dieser Arbeiten dem Kunst- und Museumsverein geschenkt, weitere neunzehn wurden von den Nachfahren von Rudolf Ibach zur Erinnerung an ihn und seine Leistungen für den Barmer Kunstverein als Dauerleihgabe übergeben. Ihm ist daher der Klee-Raum gewidmet. Über jedes der kleinen Bilder ließen sich Geschichten erzählen, jedes könnte man interpretieren, manche interessante Beziehung (etwa zu Wuppertal) ergibt sich aus den Briefen und Dokumenten, die in den Vitrinen liegen. Manches Bild von Paul Klee erzählt auch über Städte oder phantasiert über Stadtarchitektur und Häuser. Ein einziges Aqarell (von 1923) mag dafür als Beispiel gelten: ein bunt gefachter „Doppelturm" besticht durch seine Farbkraft und konstruktive Form (das Muster könnte eine der Wuppertaler Doppelkirchen sein). Und Margot Scharpenberg schreibt dazu mit beklemmender Vorahnung:

Museumsbesucherin mit „kleinem Liebling“

„Türme wie diese gibt es zum Besteigen wirklich und es gibt sie auch als Utopie. diese Zwillingstürme können explodieren weder weltverankert noch erfunden sind sie bombenfest.
doch utopisch Aufgebautes lebt im Bilde friedlich und die Explosionen
sind nur Schöpfungsspiel in meinem Kopf.
komm wir ziehen in die Türme und wir zünden Feuerwerke an bis die eingefangenen Flammen nicht versengend unauslöschlich lodern glasgeworden eine Farbenbotschaft Stock um Stock.“

Der nächste Raum ist ein kleiner Achteckraum zwischen Galerie und großem Shed-Raum, Kunstdepot und Kunstbibliothek. Die dadurch entstehenden, durch eine Lichtkuppel beleuchteten Wände werden wechselnd bestückt, als Kommunikation oder Konfrontation zwischen vier Kunstwerken, z.Zt. mit Konrad Klaphecks „Staubsauger“ (genannt „Ballade“), Domenico Gnolis „Damenfüße“, Ulrich Erbens „Rosa California/Farben der Erinnerung“ und Gerhard Richters „Scheich mit Frau“. Auch der repräsentative **Shed-Raum (43)** mit dem intensivsten Oberlicht (aber sonnengeschützt) wird für künstlerische Konfrontationen genutzt, vorwiegend zeitgenössischer Kunst. Die Inhalte wechseln gelegentlich, vielleicht wird zum Jubiläum des Museums sogar eine stärkere Kommunikation mit älteren Werken der Sammlung versucht. Vier Skulpturen stehen bzw. liegen frei im Raum: ein Steinkranz aus Cornwall-Schiefer von **Richard Long (44)**, ein transparente Kopffigur aus Armiereisen von Frank Dornseif, die starke Kopfskulptur „Judith“ von Markus Lüpertz und Renate Goebels lustige Museumsbesucherin (mit „kleinem Liebling“). An den Wänden hängen z.Zt. große Werke von Emil Schumacher, Sigmar Polke („Graben zwischen Theorie und Praxis“, s. unten), Georg Baselitz, Sean Scully, Roman Opalka, Dieter Krieg, Wilfred Gaul u.a.

Zum Bild „Auf der Bühne. Glutamat London“ von **Aribert von Ostrowski (45)** kann und muß man die bemerkenswerte Geschichte des Picasso-Gemäldes „Akrobat und junger Harlekin“ (1905) erzählen. Dieses berühmte Bild wurde 1911 dem Elberfelder Museum vom Kunstverein geschenkt (das erste Picasso-Werk in einer öffentlichen Sammlung in Deutschland!), die Nazis haben es als „entartet“ 1937 beschlagnahmt und 1939 wurde es für 80.000 Schweizer Franken verkauft. Aus belgischem Privatbesitz gelang es nach Arizona und von dort 1988 auf die Versteigerungsliste bei Christie's in London. Mit Unterstützung der Kulturstiftung der Länder wollte das Von der Heydt-Museum begrenzt mitsteigern, aber ohne jede Hoffnung: in nur dreieinhalb Minuten hatte ein japanischer Kaufhauskonzern das Bild erworben, für 66,6 Millionen DM (!!). Das Bild von

Ostrowski zeigt die Londoner Versteigerung nach einem Zeitungsfoto, über dessen unscharfer Vergrößerung das Rautenmuster des Harlekinkostüms gelegt wurde. Man erkennt Bild, Auktionator und das Publikum (von hinten). Der Titelhinweis „Glutamat" meint den Geschmacksbzw. Preisverstärker. Inzwischen gehört das Picasso-Bild dem griechischen Reeder Niarchos, wahrscheinlich mit weiterer Glutamat-Wirkung.

Der nächste Raum, der letzte unseres Rundgangs, zeigt, daß die Sammlung des Von der Heydt-Museums reich geblieben ist. In dem großen Raum, den man durch den Shed-Raum erreicht oder auch über die hohe Treppe (und dann rechts) hängen „Klassiker der Moderne" von inzwischen unschätzbarem Wert. Da (trotz des „Harlekin"-Verlustes) immer noch fünf Gemälde von Pablo Picasso (neben einem reichen Graphikbestand) zur Von der Heydt-Sammlung gehören, wird der Raum auch oft **„Picasso-Saal"** genannt. Das ist allerdings ungerecht gegenüber Francis Bacon, Umberto Boccioni, Salvador Dali, Max Ernst, Oskar Kokoschka, Fernand Léger oder etwa Serge Poliakoff oder Chaim Soutine. Eigentlich sollten Sie sich spätestens an dieser Stelle entschließen, noch einmal wiederzukommen, sich durch die zeitgenössische Kunst führen zu lassen und genügend Zeit zu nehmen, um jedes der Gemälde der modernen Klassiker einzeln anzusehen, vielleicht mit einer der vorzüglichen akustischen Begleitungen, die man sich im Museum ausleihen kann. Ich will nur vier der Bilder auswählen. **Francis Bacons (46)** „Studie für ein Selbstbildnis" (1981) ist eindringlich und erschreckend zugleich: man sieht einen „ausgesetzten" Menschen vor einem schwarzen Paravent, der zwar einen Schatten wirft, aber wie in seinen Trieben gefangen wirkt, voller Angst und Verzweiflung, zugleich gewaltbereit. Bacon selbst hat es beschrieben: *„Ich halte das Leben für bedeutungslos, aber wir geben ihm Bedeutung, solange wir existieren ... Wir werden geboren, und wir sterben, aber dazwischen geben wir dieser ziellosen Existenz eine Bedeutung durch unsere Triebe."*

Jetzt gehören sie Niarchos:
Akrobat und junger Harlekin

Eher noch rätselhafter sind die „Bilder" von **Max Ernst (47)**. Der Titel des 1985 aus Mitteln der Von der Heydt-Stiftung erworbenen „Golfstrom oder Meer und Vogel" (1926) hilft uns kaum. Vogel und blaues Wasser sind zwar deutlich zu erkennen, aber ihr Zusammenhang bleibt visionär, phantastisch, surreal. Aber vielleicht ist das auch die Botschaft: Kunst wird uns die Realität nie einfach und eindeutig erkennen lassen, sondern unsere Erfahrung mit der realen Welt, auch die Erfahrungen des Unterbewußten einbeziehen. Der liegende Vogel und die Strömung des meerestief-blauen Wassers sind dafür nur Zeichen. Die Bilderwelt des **Oskar Kokoschka (48)** sieht zwar „verständlicher" aus, seine berühmten Stadtansichten kann jeder identifizieren, aber die Porträts in unserem Museum zeigen komplizierte psychische Befindlichkeiten und schwelende Spannungen. Die „Italienerin“ von 1909 gehörte ebenfalls zu den 1937 beschlagnahmten Bildern und konnte erst 1988 (mit Hilfe der Stiftung und der Fa. Bayer) zurück erworben werden. Sehen Sie sich die Dame genau an (es handelt sich übrigens um Elisabeth Reitler aus Wien, die zum Freundeskreis von Karl Kraus gehört), etwas ratlos bewegt sie ihre Hände, das Gesicht wirkt verkniffen, die Augen müde. Fast zu gleicher Zeit hat **Pablo Picasso (49)** seine Harlekinfamilie (1908) gemalt, ein Bild, das bei Eduard von der Heydt auf dem „Monte Verita“ in Ascona meistens in Speisesaal hing. Das Harlekins- und Clownsmotiv ist bei Picasso häufig anzutreffen, vor allem in seiner „blauen“ und „rosa“ Periode um 1905 (s. auch „Akrobat und junger Harlekin“), aber hier löst er den heiteren Hintergrund bereits kubistisch auf, man kann die (schützende) Familie kaum klar erkennen. Aber Clowns und Harlekins sind ohnedies nur Masken, Versteckspiele, die Heiterkeit dieser Figuren ist zwiespältig, es gibt eine besondere Weisheit der Narren, wir amüsieren uns nicht über ihren Spaß, sondern über ihr Stolpern. Das große Bild „Liegender Frauenakt mit Katze“, das daneben hängt und von Picasso 56 Jahre später gemalt wurde, erzählt in entwickelter und für Picasso dann auch charakteristischer Bildform möglicherweise eine ähnliche Geschichte: wir sehen Menschen nie nur auf einen Blick (schon gar nicht „auf den ersten“), sondern kombinieren unsere Eindrücke, von vorne und hinten, als grobe Kontur und als Erinnerung an Bilder anderer (in diesem Falle wohl Manets „Olympia“), als Akt mit schwarzer Katze und als neugierige Frage, was denn mit beiden wohl wirklich passiert sein mag. Es sind tatsächlich „Zeitreisen“ mit Bildern – und man kann sie immer wieder neu beginnen.

„Italienerin“, beschlagnahmt und zurückgeholt

Sie sollten abschließend doch noch einmal in den großen Shed-Saal zurückgehen. Dort hängt seit 1999 ein Bild von **Sigmar Polke (50)**, das aus Mitteln der Von der Heydt-Stiftung angeschafft wurde und auf das nicht nur die dafür zustän-

Unter Malern:
Corinth malt Becker (1892)

dige „Ankaufskommission“ der Stadt, sondern auch die Museumsdirektorin sehr viel Wert gelegt haben. Der Titel spricht von einem „Graben zwischen Theorie und Praxis“ und die grobe Rasterung läßt nicht viel erkennen, einen Graben gewiß, undeutlich auch Menschen am Rande eines Abgrunds. Diese Rasterung mit ihren Hell-Dunkel-Kontrasten, die man ja aus Fotografie und Zeitung, vor allem auch aus dem Fernsehen kennt, ist wahrscheinlich die wichtigste Botschaft: unsere Realität wird nur noch scheinbar authentisch vermittelt, die Wirklichkeit der Welt ist wandelbar und brüchig, sie löst sich auf und ändert sich täglich, stündlich, mit jedem Blick. Vielleicht sieht man sogar nur noch, was man gerade sehen will, je nach Gefühlslage anders. „Der Betrachter wird bis an die Grenzen seiner Wahrnehmung geführt und mit der eigenen Einbildungskraft konfrontiert“ liest man in der Erläuterung des Bildes.

Otto Dix malt Karl Krall, „entartet“ (1923)

Wenn wir mehr über die Kunst wissen, die wir im Museum sehen. Wenn wir mehr über die Stadt erfahren, in der wir leben. Wenn wir Menschen, denen wir begegnen, zuhören lernen. Dann werden wir wahrscheinlich neue Wirklichkeiten entdecken und gleichermaßen irritiert bleiben: weil sich unsere Wahrnehmung immer wieder wandelt, weil wir selten sicher sein können, wie authentisch und verläßlich das ist, was wir sehen, hören und fühlen. Das ist für Künstler übrigens nichts Neues, weil sie schon längere Erfahrungen darin haben, mit Bildern (und Gegenständen und Lebenswelten) „Zeitreisen“ zu unternehmen. In diesem Sinne wollen wir auch weiterhin mit Wuppertal Erfahrungen sammeln und „Zeitreisen“ machen, „durch große und kleine Gärten etwa“, Gärten der Kunst haben wir auch im Museum gesehen.

Erbslöh´s Mädchen: „Entsetzensrufe” (1910)

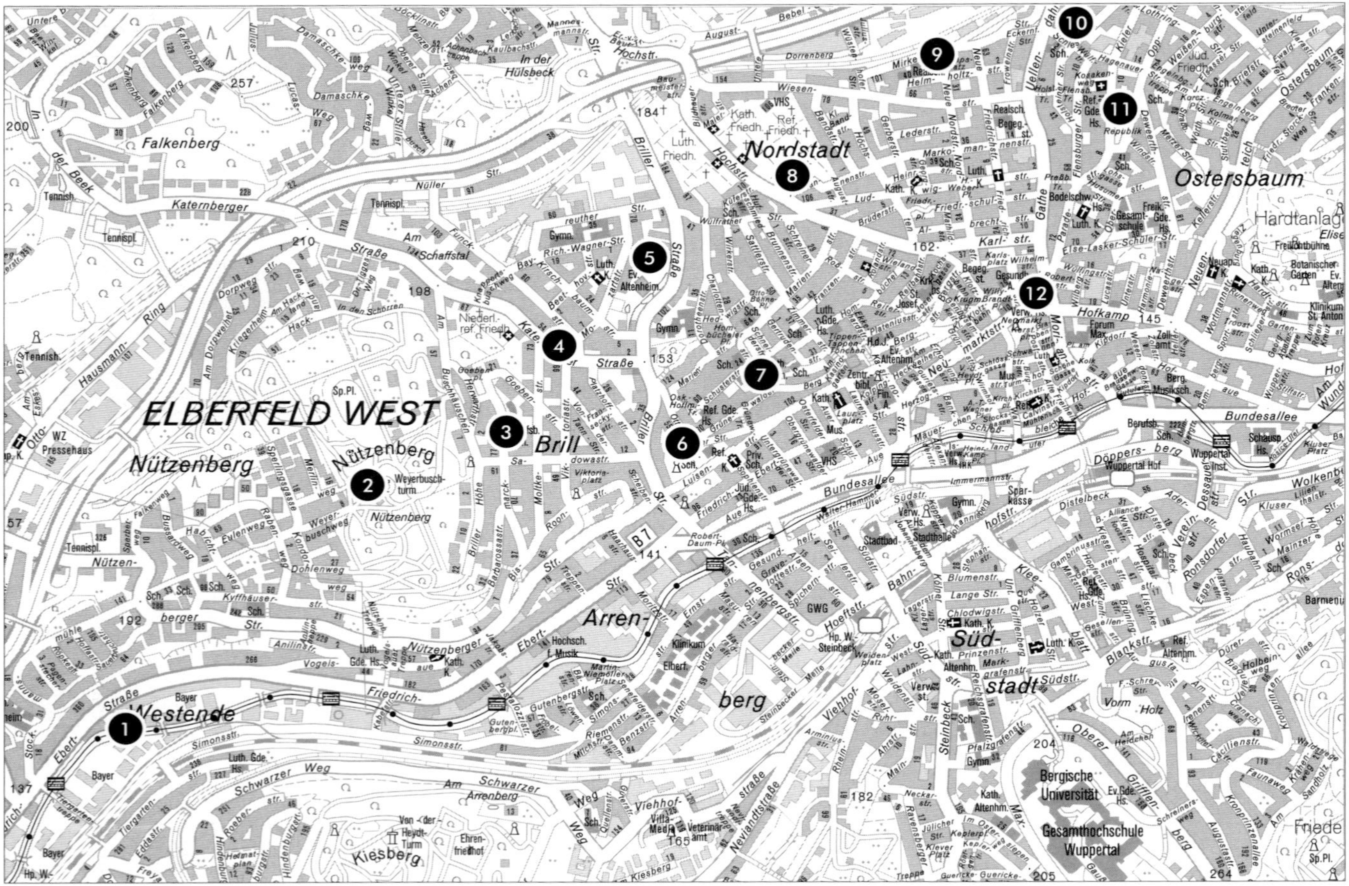
ELBERFELD WEST
Nordstadt
Ostersbaum
Nützenberg
Brill
Arrenberg
Südstadt
Westende
Kiesberg
Falkenberg
Bundesallee
Hofkamp
Briller Straße
Friedrich-Ebert-Straße
Katernberger Straße
Hausmann-Ring
Bergische Universität
Gesamthochschule Wuppertal
Wuppertal Hof
Hardtanlage
Botanischer Garten
Klinikum Elberfeld
1
2
3
4
5
6
7
8
9
10
11
12

Über Berge und Treppen

Von der „Wupperpforte" zum Brill und zum Ölberg

Rundgang 7: *Von der Schwebebahnstation Westende bis zur Station Kluse.*
Dauer: *rd. drei Stunden.*

„Und die Stadt zog lächelnd an uns vorbei". Dieses abgewandelte Zitat von Else Lasker-Schüler (sie sprach nicht von der Stadt, sondern vom „lächelnden" Tag) könnte uns bei einer etwas ungewöhnlichen Stadtwanderung begleiten. Sie liegt wieder „quer" zu den sonstigen Rundgängen durch Elberfeld, obwohl das Briller Viertel und die Nordstadt auf dem „Ölberg" gewiß zu den zentralen Stadterlebnissen gehören.In Else Lasker-Schülers leider viel zu selten gespieltem Bühnendrama „Die Wupper" werden zwei Familien in beiden, sozial sehr unterschiedlichen Stadtquartieren vorgestellt, auch in ihrer merkwürdigen Beziehung zueinander. Das ist erzählte Stadtgeschichte. Zugleich erlebt man die besondere Topographie der Stadt: über die stadtnahen nördlichen Talhänge mit z.T. dichter Bebauung, über kleine Berge und hohe Treppen, zunächst durch viel nahes Grün, durch Straßentäler, auf und ab, licht und dicht, reich und arm. Und Gründerzeit ist überall, sogar noch weitgehend gut erhalten. Diese Stadtbergwanderung kann durchaus mühsam werden, man kann sie sich auch aufteilen oder mehr Zeit und Pausen nehmen.

Wir wollen am **Schwebebahnhof Westende (1)** starten, an einer der engsten Stellen des Tals, zwischen Kaiserhöhe im Norden und Königshöhe im Süden (den südlichen Berg- und Talweg bietet der nächste Rundgang). Diese Stelle wird auch die „Wupperpforte" genannt oder gar, weil es interessanter klingt, sogar die „Porta Wupperana". Sie überqueren die Friedrich-Ebert-Straße, sehen links die Fabriken der Fa. Bayer und rechts das alte Gebäude der früheren Küppersbrauerei. Über eine Treppenfolge kommen Sie bis zur **Kaiserhöhe (2)**: über die recht hohe „Vogelsauer Treppe" aus mächtigen Steinquadern, danach die Straße Vogelsaue überquerend. Die „Nützenberger Treppe" bringt Sie in ein grünes Kleingartenquartier. Hier ist Elberfeld heute noch eine ruhige Idylle, einige Bänke laden ein, sich ein wenig auszuruhen, mit einem Blick über das Tal auf die Königshöhe und hinüber zur Bergischen Universität. Die Stadt ist zwar zu hören, Auto- und Bahnverkehr rauschen kräftig und manchmal auch laut, aber das Leben ist privat und eher ruhig, das anschließende

Den Bürgern gewidmet

Wohnviertel am Dohlenweg und im gesamten Nützenberg zeigt wenig Hektik, man lebt offensichtlich in freundlicher Nachbarschaft. Am Dohlenweg treffen Sie auf den grünen Stadtpark des Nützenbergs, als „Kaiserhöhe" bekannt. Sie sehen schon bald den „Weyerbusch-Turm", vom Fabrikanten Emil Weyerbusch im Jahre 1900 „seinen Mitbürgern" gestiftet (ein ähnlicher Von der Heydt-Turm steht gegenüber auf der Königshöhe). Fast wie in einem Märchenwald reckt sich der Turm zwischen den Bäumen, neben Spielplatz und Parkhäuschen. Man sucht zwangsläufig nach Rapunzel, die ihr Haar von der Turmspitze herabhängen läßt, geflochten selbstverständlich. Früher konnte man den Turm regelmäßig besteigen, jetzt nur noch auf Anfrage und bei Führungen.

Schmuckvolle Villenfassade

Vom Brill zum Ölberg: Zwei Stadtmilieus

Vom Turm aus geht man am besten den asphaltierten Weg östlich wieder herunter und trifft bald auf die Straße „Am Buschhäuschen", links sieht man eine frühere (jetzt privat bewohnte) Gaststätte, rechts führt die Straße direkt hinter die großen Villen des **Briller Viertels (3)**. Durch die Bäume sehen Sie die hohen Häuser Elberfelds, aber auch schon die mächtige Friedhofskirche in der Nordstadt. „Am Buschhäuschen" geht es links zur Katernberger Straße, aber gehen Sie rechts wenigstens bis zum Beginn der Straße „Briller Höhe". Dort, wo die Sadowastraße steil ins Tal führt, stehen ein Denkmal für den Parkgründer Platzhoff und ein steinernes Aussichtspodest, von dem Sie auf das Viertel und hinunter ins Tal sehen können. Auf der „Briller Höhe" sehen Sie neben alten Villen moderne Terrassen-Wohnungen. Penthäuser, Bungalows und alte Villen zwischen vielen Gärten zeigen ein erkennbar wohlhabendes Viertel. Die Straßennamen klingen preußisch, die Namen an den Häusern und auf den oft versteckten Türschildern erzählen von berühmten Elberfelder Familien und Unternehmen. Aber inzwischen ist das Viertel reich gemischt: junger Mittelstand hat sich in schöne Häuser eingekauft, auffallend ist die hohe Anzahl an Universitätsangehörigen, Ärzte und Rechtsanwälte wohnen hier ebenso. In Amerika würde man das Sozialklima wohl bereits als „Bobo" beschreiben, „bourgeoise Bohemiens"(David Brooks). Die Sozialgeschichte des Briller Viertels und ihrer alten und neuen „Bürgergesellschaft" ist noch nicht geschrieben, man würde wohl manche Überraschung erleben, auch heutzutage.

Else Lasker-Schüler ist in der Sadowastraße Nr. 7 aufgewachsen („Wer ein rotes,

Bild links: Blick auf Nordstadt mit Friedhofskirche

Gründerzeit pur in der Roonstraße

springendes Herz hatte, war in fünf Minuten bei den Beeren"), Armin T. Wegner wurde in der Von der Tann-Straße 10 geboren („Unter mir wand sich der Fluß der Wupper, eine schwarze silbergeschuppte Schlange ..."). Und Familie Sonntag in Lasker-Schülers „Wupper" war eine reiche Familie vom Brill, im Gegensatz zur armen Familie Pius aus dem „Arbeiterviertel" gegenüber: ein „Stück voller Poesie und Schmutz", hat Heinrich Böll es genannt, „voller Hoffnung auch". Die Verständigung war schwierig: „Schockschwerenot, Frau Pius, wie geht es Euch bei den schlechten Zeiten?", fragt Heinrich Sonntag und Mutter Pius antwortet: „Davon wissen Sie doch nix, Herr Heinrich".

Die traditionellen Bürger vom Brill trafen sich in der „Schützengesellschaft" in der besonders fassadenfrohen Roonstraße und das tun sie, in Rotary und Lion neu aufgemischt, auch heute noch. Eine „literarische Gesellschaft" ist es allerdings wohl kaum mehr, obwohl die Tradition gepflegt wird. Man trifft sich heute eher privat und mit Distanz, in den großen Salons und Gärten der immer noch geräumigen Häuser, sehr kulturinteressiert, nimmt teil an den Bürgervereinen, die sich für Musik, Theater und Kunst engagieren. Das geschieht zurückhaltend und vor allem die Mitglieder der vergleichsweise jungen Universität beklagen mitunter, daß es am Brill und auch sonst in der Stadt an einer regen Kommunikation zwischen Wissenschaft, Bürgertum und Politik fehle. Das kann aber auch an der Universität selbst und ihrer mangelnden

„Die Pfeifen hingelegt, die Hüte abgenommen, nicht weitergetrunken und ... alsdann gelesen"

Über Bürgergesellschaften, z.B. der Schützengesellschaft am Brill

Heinz Wolff, früherer Lokalchef des „Generalanzeigers" (heute Westdeutsche Zeitung), hat 1978 die Geschichte der beiden großen Wuppertaler Bürgergesellschaften dokumentiert: der Barmer „Concordia" von 1801 und der Elberfelder „Schützengesellschaft" von 1805".

Mittelalterlicher Vorgänger der „Schützengesellschaft" war die St. Sebastians-Bruderschaft, die sich „zum Ziel gesetzt hatte, durch regelmäßige Schießübungen wehrhaft zu sein und zu bleiben". Bei der Neugründung der „Schützengesellschaft" am 12. Oktober 1805 (durch 12 Elberfelder Bürger) ging es friedlicher zu: man wollte die „Freuden" des Schießens und der Geselligkeit gemeinsam genießen, „anständig, frey und angenehm". Zunächst hielt man sich zwar an strenge Schützenregeln, in der Franzosenzeit bildete man auch eine „Landsturmschützengilde", trug sogar farbenprächtige Uniformen, aber spätestens gegen Ende der Zwanziger Jahre des 19. Jahrhunderts änderten sich die Interessen, die Schützengesellschaft wurde zum Symbol des neuen edlen Wohnviertels Brill, Signum auch für die vornehme Bürgergesellschaft, die „Förderung geselliger erlaubter Vergnügungen überhaupt" trat in den Mittelpunkt (Statut von 1834). Wenn Mitglieder „der Gesellschaft anstößig" wurden, konnten sie auch „ausballotiert" werden (mit absoluter Stimmenmehrheit), die Regeln des „Ballotements" für die Aufnahme der Mitglieder waren erst recht sehr streng. Aber rund 200 Mitglieder hatte die Gesellschaft zu dieser Zeit und alle renommierten Familiennamen Elberfelds waren vertreten: von Bemberg und Boedinghaus bis von der Heydt und Wesendonk.

Das besondere an der weiteren Entwicklung der „Schützengesellschaft" war allerdings, daß sie andere Vorläufergesellschaften und nicht zuletzt „Kulturgesellschaften aufsog, die frühe „Lesegesellschaft" etwa (bereits seit 1775), die „Erste Gesellschaft" (für Kunst und Literatur), die Gesellschaft „Museum" und vor allem jene kulturbewußte Gesellschaft, die sich an der Königsstraße (heute Friedrich Ebert-Straße) bereits ein eigenes Haus (und nach einem Brand 1860 ein neues) geschaffen hatte: die Gesellschaft „Casino". Sie war bis 1942, bis zur Verschmelzung mit der „Schützengesellschaft" das kulturell-gesellschaftliche Zentrum Elberfelds gewesen, bis zur Eröffnung der Stadthalle auch Mittelpunkt des Konzertlebens.

Die bürgerliche Geselligkeit, die in diesen Gesellschaften (von der Lese- bis zur Schützengesellschaft) gepflegt wurde, wird von einem Zeitgenossen wie folgt beschrieben (zitiert bei Heinz Wolff a.a.O., S. 16):„Es wird Tabak geraucht, ein Glas Wein getrunken in den verschiedenen Zimmern, und des Sommers in den niedlichen Lustgärtchen gewandelt, oder angesessen und gesprochen. Etwa eine Stunde hernach, wenn eines von den Mitgliedern oder ein Fremder was vorzulesen hat, wird ein Zeichen gegeben, die Pfeifen hingelegt, die Hüte abgenommen, nicht weiter getrunken und bei einer allgemeinen Aufmerksamkeit alsdann gelesen. Nachdem der Vortrag gehalten ist, wird hierauf der

Tisch gedeckt und an einer schön geordneten Tafel ein wohl zubereitetes, aber nicht ungereimt verschwenderisches Abendmahl mit verschiedenen guten Weinen eingenommen .. „

In Erinnerung an „die urältesten Dichter, die die eigentlichen Volkslehrer waren“ vermutete dieser Zeitgenosse, daß das „Elberfeldische Gesellschaftshaus“ zumindest einmal wöchentlich „gewisser auf dem Ocean irgendwo gelegener Inseln“ ähnelt, die sie (die Dichter also) „die glückseligen nannten“.

Diese Insel gibt es noch: in der Roonstraße im Briller Viertel. Über eine anhaltende „Glückseligkeit“ ist wenig bekannt, aber man trifft sich wöchentlich.

geistigen Lebendigkeit oder an der Provinzialität politischer Stadtkultur liegen.

Steigen Sie von der „Briller Höhe“ auf die Querstraßen nach unten, z. B. in die Bismarckstraße, Moltkestraße, Viktoriastraße, auch Von der Tann-Straße. Hier finden Sie prachtvolle Gründerzeit- und auch Jugendstil-Villen mit bunten Fassaden, Türen, Fenstern, Balkonen, mit Türmen und Erkern, vielerlei Schmuck aus Stuck und Farbe, Glas und Holz. Auch schöne Gärten gehören meistens dazu. Sie sehen die ganze historistische Stilpalette: von der Neorenaissance bis zum Neoklassizismus, auch die bergische Variante des Neobarock (etwa Villa Springorum, Bismarckstraße 90) fällt gelegentlich auf, neben reinem Jugendstil wird auch der Stil englischer Landhäuser(etwa Villa Schniewind, Am Buschhäuschen 19, mit Kutscher- und Bedienstetenhaus) zu finden sein. In einigen Häusern sieht man den architektonischen Umbruch aus den 20er Jahren, während die architektonische Moderne oder Postmoderne eher selten zu finden ist, weil das Briller Viertel in den Weltkriegen weitgehend verschont geblieben ist und wenig Platz für Neubauten gelassen hat. Gehen Sie unbedingt noch bis zur viel befahrenen **Katernberger Straße (4)**, an der große Villen und helle Fassadenzeilen leuchten, eine prächtige Zugangsstraße zur Stadtmitte Elberfelds. Wenn Sie Lust auf einen Abstecher haben, ist der Gang durch den Knappertsbuschweg schön, in der anschließenden Funckstraße Nr. 55 finden Sie das Geburtshaus des Dirigenten Hans Knappertsbusch (1888-1965) rechts und weiter links die alte Schnapsbrennerei („Schaffstaler“) der gleichen Familie. Zurück über die Katernberger Straße erreichen Sie den Friedhof der niederländisch-reformierten Gemeinde, auf den schlichten Grabplatten (mit jeweils einem Rosenstrauch als Schmuck) lesen Sie die Namen vieler bekannter Elberfelder Familien. Der Widerspruch zwischen dem Prunk der Villen und der Bescheidenheit der Gräber mag auffallen, erzählt aber auch vom Purismus der Religionen im Tal.

Die Stadt schminkt sich: Katernberger Straße

Christoph Heuter

Eine schöne Villa am Brill

Mächtige Bäume, üppig bepflanze Vorgärten, Bruchsteinmauern und schmiedeeiserne Zäune; an den majestätisch aufragenden Villen, die sich wie kleine Schlösser gebärden, entdeckt man allerlei Verzierungen: Pferdeköpfe und Fabelgetier, Eulen und sogar Spinnen. Da wundert es nicht, daß der parkartige Charakter des Briller Viertels und die prachtvolle Gestaltung seiner Bauten zu allen Zeiten die Phantasie der Flaneure angeregt haben.

Und diese Phantasie treibt mitunter absonderliche Blüten: Gerüchte kursieren und wachsen sich zu abenteuerlichen Legenden aus, die jedoch zumeist ein Fünkchen Wahrheit enthalten. So geht die Mär von der Gondel im Hause des Stahlwarenfabrikanten Konsul Max Esser an der Goebenstraße 16: er habe seine frisch angetraute Ehefrau Ria geb.Mühlen nicht nur über die Schwelle getragen, comme il faut. Nein, es hätten sich in der marmorvertäfelten Halle gar einige Bodenplatten anheben lassen, um ein Bassin freizugeben, darin sich die Gondel befand, mit der das Brautpaar in den Gartensaal habe gleiten können. Was ist Dichtung, was ist Wahrheit? Natürlich fanden bei Essers gesellschaftliche und auch künstlerische Ereignisse statt. Neben Hausmusik gab es wiederholt Theateraufführungen, und es wäre denkbar, daß man auch Ausschnitte aus dem „Lohengrin" dort inszeniert hat. Die vom Schwan gezogene Barke des Lohengrin mutierte so im „Dorftratsch" zur Hochzeitsgondel. Ein Blick in die Eingangshalle widerlegt die Mär, denn die baulichen Voraussetzungen für ein derartiges Bassin sind nicht gegeben. Zudem waren die Essers, als die die Villa 1899 durch die Architekten Haude und Metzendorf erbauen ließen, bereits zehn Jahre verheiratet.

Heute zugewachsen: Goebenstraße 16

Doch Gesprächsstoff gibt es auch ohnedies. Haude und Metzendorf waren in Elberfeld bekannte Architekten, wirklich berühmt wurde aber der jüngere Bruder des Heinrich Metzendorf namens Georg: dieser baute seit 1909 für Krupp die Siedlung Margarethenhöhe in Essen. Renommieren konnten die Essers mit einem anderen Künstlernamen, mit dem überregional bedeutenden Hans Eduard von Berlepsch-Valendas. Der Münchner Jugendstilkünstler schuf die Innengestaltung des Musikzimmers, dessen Qualität gar das Kölner „Museum für Stylkunde" 1940 bewogen haben soll, das komplette Zimmer zu erwerben und im Deutzer Heribertskloster auszustellen. Kriegsbedingt zerschlugen sich diese Pläne, das Mobiliar wurde ebenso wie die Villa verkauft.

Während in der Nachbarschaft nahezu gleichzeitig Villen entstanden, die mit Fachwerkgiebeln, mit Türmchen und Erkern dem Ideal des „malerischen Bauens" verpflichtet sind oder sich deutlich auf barocke Vorbilder beziehen, kennzeichnet die Hausteinfassade der Esserschen Villa erhabene Strenge und Symmetrie. Sie spielt auf die Formenwelt der italienischen Renaissance an; Villen des Andrea Palladio mögen Pate gestanden haben, ohne jedoch in Gesamtform oder Details einfach nur kopiert zu sein.

Die erhebliche Grundfläche des Hauses erklärt sich dadurch, daß die Dame des Hauses die Küche unbedingt im Erdgeschoß haben wollte, und nicht – wie damals üblich – im Souterrain. So gruppierten sich um das voluminöse Vestibül die im Raumprogramm bürgerlicher Villen üblichen Erdgeschoßräume: das Eßzimmer, der Salon für Besuche, das Rauchzimmer des Herrn und das Musikzimmer. Auch auf das Kinderzimmer im Erdgeschoß wollte man nicht verzichten; alles zusammen bedingt den enormen Grundriß von ca. 400 qm. Folglich war im privater genutzten Obergeschoß reichlich Platz für das herrschaftliche Schlafzimmer, ein Wohnzimmer und sechs weitere Schlafzimmer nebst Closett und Bad. Im Dachgeschoß, das über die hölzerne Nebentreppe erschlossen wird, fanden sich neben dem Turmzimmer und dem Trockenspeicher die Schlaf- und Arbeitsräume für das Personal.

Die Villa Goebenstraße 16 – ein Beispiel unter vielen, jedes mit einer eigenen Geschichte und mit eigenen Legenden. Insgesamt 242 denkmalgeschützte Bauten rechnet man zum Briller Viertel, das überwiegend zwischen 1870 und 1914 bebaut und in der Folgezeit baulich ergänzt wurde: durch Architektenentwürfe von gestalterischem Anspruch oder unterschiedlich verträgliche „Nachverdichtungen" von eher pekuniärem Ehrgeiz. In den Randbereichen rückt die Bebauung enger zusammen, so die herrschaftlichen Reihenhäuser an Briller-, Sadowa- oder Platzhoffstraße oder die als „Mietvillen" gebauten Häuser in der Bismarckstraße.

Wenige der großen historistischen Villen werden heute noch von einer Familie genutzt, sie sind in Miet- oder Eigentumswohnungen aufgeteilt, beherbergen Behinderteneinrichtungen oder Büros. Denn welche Familie allein könnte heute Haus und Garten nebst Personal unterhalten? Und so man es sich denn leisten kann, gehört schon viel Liebe dazu, sich mit einem Altbau zu arrangieren, anstatt nach eigenem Gusto neu zu bauen. Daher sind viele der Bauten in Wohnungen unterteilt, die besondere Baustruktur erlaubt derartige Nutzungen: Hintereingänge und Nebentreppenhäuser, die ursprünglich für das Personal gedacht waren, vermögen die Etagen unabhängig voneinander zu erschließen. Auch das Haus Goebenstraße 16 ist in mehrere Wohnungen aufgeteilt.

Hanglage, Durchgrünung, individuelle Hausentwürfe in unterschiedlichen Stilformen sowie alle die Pavillons, Bruchsteinmauern, Terrassierungen, Zäune ergeben einen weithin einmaligen Gesamteindruck, wenn auch unsensible Eingriffe nicht zu übersehen sind. Um den Charakter des Viertels zu erhalten, sollte den Wuppertalern keine Mühe zu groß sein im Einsatz für jedes Haus, jede Mauer, jeden Garten und jeden Rinnstein: der geplante Denkmalbereich „Briller Viertel" wird in diesem Bestreben eine sinnvolle Hilfe sein.

Das „Briller Schlößchen" in Neorenaissance

Die Katernberger Straße ist eine der drei Straßen in Elberfeld, die Ihnen auch schon aus dem Auto die bunte Fassadenwelt der Gründerzeit zeigt. Von der Autobahnabfahrt Varresbeck können Sie eindrucksvoll rechts durch die Nützenberger Straße ins Elberfelder Zentrum fahren, oder Sie fahren an der Abfahrt Katernberg die Briller Straße herunter. Auf sie treffen sie auch zu Fuß am Ende der Katernberger Straße. Die Briller Straße hat schöne Häuserzeilen und in einem kleinen Park wird Ihnen als Nr.117 die **„Villa Neuhaus" (oder „Villa Amalia") (5)** auffallen, im Jahre 1883 als typisches Landhaus in den Formen der Neorenaissance erbaut, inzwischen sorgfältig renoviert und als Altenheim genutzt. Es ist zweigeschossig (plus Kammern der Dienerschaft im Dachgeschoß), hat einen schmucken Turm und einen Pavillonanbau mit Speisesaal, im Erdgeschoß große, reich ausgestattete Gesellschaftssalons, im Obergeschoß die Privatgemächer der Familie. Ein Kleinod zweifellos.

Aber jetzt die andere Seite. Schauen Sie sich an der Straßenkreuzung Katernberger/Briller Straße erst einmal um, am besten mit Blick nach oben, um vom hektischen Straßenverkehr abzulenken. Die Briller Straße hinauf und hinunter sehen Sie (vor allem bei schönem Wetter) viele alte Häuser strahlen und gegenüber, halbrechts neben dem grünen Hang, erwartet Sie eine bunte Fassadenzeile, hinauf zum Grünewalder Berg, über eine Straßenrampe führt die Marienstraße in die **Elberfelder Nordstadt (6)**. Auf der Briller Seite endet die Katernberger Straße mit dem Fernmeldeamt aus den zwanziger Jahren: mit schönem Mittelbau, mit Pilastern und einem adlergekrönten Eingangsportal. Einige der Steinfiguren-Köpfe neben dem Portal wirken expressionistisch bis zum Fratzenhaften, jedenfalls keinesfalls so lieblich wie die Frauenköpfe am Restaurant gegenüber. Die Ottenbrucher Straße führt geradeaus ins muntere Luisenviertel (und zum Laurentiusplatz hinunter), an der Ecke zum Grünewalder

Berg konnte das „Bügeleisenhaus“ erhalten werden. Die Häuserzeile an der Rampe der Marienstraße sieht wie ein Bühnenbild aus, leuchtend, farbig, als würde man immer noch auf den Besuch des Kaisers warten. Vorher könnten Sie auch eine Treppe benutzen, aber sie führt hinter den Häusern durch das kleine Wäldchen am Hang direkt zum strengen Gebäude von St. Anna, dem katholischen Gymnasium mit stolzer Kapelle und moderner Aula.

Bald hinter dem munteren Entree zur Nordstadt merken Sie die soziale Veränderung: die stuckverzierten Fassaden bleiben, aber sie schmücken vier- bis fünfgeschossige Mietshäuser und hinter den Fassaden der engen Häuserzeilen wird sehr viel einfacher, bescheidener gewohnt als am Brill, in vergleichsweise kleinen Wohnungen, die Klingelzeilen sind lang, die Etagen offensichtlich mehrfach aufgeteilt. Sie sehen auf den Straßen ein kulturell bunt gemischtes Publikum, offensichtlich viele Ausländer darunter, entsprechend gibt es viele kleine Läden, von der Änderungsschneiderei bis zum Videoshop, auch Pizza- und Dönershops duften, manchmal hört man türkische Musik, auf den zahlreichen Spielplätzen klingt es vielsprachig, schon tagsüber sieht man viel Betriebsamkeit in den vielen kleinen Lokalen und Kneipen.

Auf und ab: die Fassaden „verspringen“

Nordstadt:Ottenbrucher Straße

„Rote Fahnen“. Das macht die Nordstadt aufregend und sympathisch zugleich: hier wird aktiv gelebt, sind rege Nachbarschaften entstanden, sicherlich nicht ohne gelegentliche Probleme untereinander. Und das hat eine lange Tradition. Die Elberfelder Nordstadt war schon im 19. Jahrhundert das Arbeiterquartier, vom „Ölberg“ sprach man, weil hier bis in die Zwanziger Jahre die Petroleumslampen in den dunklen Stuben

Reiner Rhefus

Arbeiterkultur und Sozialdemokraten

Über das „rote Gründerviertel"

„Avantgarde der social-demokratischen Arbeiter Deutschlands", mit diesem Titel zeichnete 1867 die Generalversammlung des Allgemeinen Deutschen Arbeitervereins (ADAV) die Arbeiter von Barmen und Elberfeld aus. In diesem Wahlkreis wurde das erste sozialdemokratische Reichstagsmandat in Deutschland errungen. In diese Zeit fallen auch die ersten Siedlungskerne der Elberfelder Nordstadt. Die selbständigen Heimweber, die oft bis tief in die Nacht arbeiten mußten, wurden wegen des späten Arbeitslärms an den Rand der Stadt gedrängt. Pfiffige Kaufleute bauten Mietshäuser vor den Toren der Stadt: auf die Höhen der Nordstadt, obwohl die Brunnen auf den Höhen oft trocken fielen.

In einem Weberhaus (wie an der Hochstraße 17/17a) wohnten 1864 zwölf Weber- und Wirkerfamilien. Die Weber litten unter den ständig wiederkehrenden Wirtschaftskrisen. Jedesmal gingen Hunderte von ihnen in den Ruin. Die Forderungen von Lassalle und der frühen Arbeiterbewegung, die Errichtung selbständiger Genossenschaften, schien ihnen ein politischer Ausweg. So wurde die Weberkolonie auf dem „Ölberg" schnell eine Hochburg der sozialdemokratischen Arbeiterbewegung.

Schon 1862 war Hugo Hillman aus der Untergrünewalder Straße, der Leiter des Elberfelder Arbeitervereins, einer von zwölf Mitbegründern des ADAV. Der Mitstreiter Lassalles war einer der aktivsten Agitatoren im Rheinland. Wilhelm Hasselmann, zweiter Mann der Lassalleaner und Chefredakteur ihrer

Brennholz wird verteilt

Zeitung, errang 1874 eines von nun schon zehn sozialdemokratischen Reichstagsmandaten,seine Hochburg war die Elberfelder Nordstadt (mit bis zu 90% der Stimmen!): „Wir wählen jetzt den Hasselmann – dann kost das Brot en Kastenmann" (etwa fünf Pfennige), so reimten die Kinder. 1875 gründet Hasselmann die eigene regionale Arbeiterzeitung „Bergische Volksstimme – Organ des arbeitenden Volkes".

Durch die Sozialistengesetze (1878-90) wird der Zulauf zu den Sozialdemokraten zunächst gestoppt, die „Bergische Volksstimme“ wird verboten, Hasselmann emigriert 1881 in die USA. Aber bald gründet Hermann Grimpe, ein aus Berlin ausgewiesener Sozialdemokrat als neue Zeitung die „Freie Presse“, an der Robertstraße (heute noch Sitz der SPD) wird ein Druck- und Verlagsgebäude errichtet. 1890 wird am Hombüchel ein „Volkshaus“ gegründet. Hier trafen sich Arbeitersport- und Gesangvereine, gewerkschaftliche „Fachvereine“, in zwei Sälen hatten bis zu 1.000 Menschen Platz: für große politische und gewerkschaftliche Versammlungen, für Feiern, Konzerte und Theateraufführungen. Der sozialdemokratische Volksbildungsvereins organisierte Vortragsabende (u.a. mit Friedrich Ebert) und betrieb eine Leihbücherei.

1891 wurde von sozialdemokratischen Arbeitern aus der Nordstadt der „Mirker Konsumverein“ gegründet: gemeinsam kauften die Mitglieder Lebensmittel zu günstigen Preisen oder beim Erzeuger ein. Das war der Ursprung der „Konsum- und Produktionsgenossenschaft Vorwärts-Befreiung“ (1899). In den Zwanziger Jahren versorgte sie ca.1/3 der Wuppertaler Bevölkerung über 140 „Verteilungsstellen“ (das Haus Sattlerstraße 26 blieb erhalten).

Dem Sitz der SPD-Bezirksleitung folgten weitere Gründungen: eine der ersten „Arbeiter-Samariter-Gruppen“, eine der ersten Ortsgruppen der Arbeiterwohlfahrt im Reich. Oskar Schaumburg, der Leiter der Elberfelder Arbeiter-Samariter begründete 1909 ihren reichsweiten Zusammenschluß. Katharina Grimpe, die Tochter des Begründers der „Freien Presse“, organisierte die Arbeiterwohlfahrt auch auf Bezirksebene mit Sitz in Elberfeld.

brannten. Im „Petroleumsviertel“ war das soziale Klima eher dunkel. Die Familie Pius in Else Lasker-Schülers „Wupper“ war hier ansässig, arm zwar, aber warmherzig, in lebhafter Nachbarschaft, sozial engagiert. Hier sind soziale Bewegungen gewachsen, hier wohnten Arbeiterfunktionäre und Parteileute, es gab das „Arbeiterbildungsheim“, das „Volkshaus“ am Hombüchel, Verteilungsstellen der Konsumgenossenschaft, die Vereinslokale der

Nordstadtplatz,an der Marienstraße

„Liederlust“ und anderer Arbeiterkulturvereine. SPD und auch KPD hatten auf dem Ölberg Standorte ihrer Parteientwicklung, an einige wird durch Straßen-, Platz- und Treppennamen erinnert. „Rote Fahnen auf dem Ölberg“(1932) heißt ein Gedicht von Emil Ginkel, dem Arbeiterdichter:

„Auf dem Ölberg wohnen nicht nur alte Leute!
Stadt im Tal, vernehme unseren Schritt!
Wo du blendest, scheinst du selbst in deine Pleite mit!
Auf dem Ölberg wehen rote Fahnen, die die Dunkelheit in Feuer tauchen!
Und wir Jungen, die wir rote Fahnen tragen haben allen Städten angesagt,
daß wir Licht und Brot und Arbeit brauchen,
daß wir holen werden, was man vorenthält, nicht für Geld.“

Heutzutage scheinen die Laternen nicht mehr „matt, wo die Armut jeder Stadt ihre Löcher hat“, die roten Fahnen sind weniger geworden, das Milieu internationaler, Arbeitslosigkeit gibt es aber immer noch. Auf dem **Hombücheler Platz (7)** spielen tagsüber viele Kinder und weitere Spielplätze weisen auf den Kinderreichtum des Quartiers hin. Entsprechend gibt es mehrere Kindertageseinrichtungen, an der Roßstraße wird gerade ein schönes altes Schulgebäude entsprechend umgebaut. Eine große Sonderschule (die Peter Härtling-Schule) kennzeichnet die Bildungsprobleme, aber nebenan gibt es bis zur Realschule alle anderen Schulformen. Ein Gymnasium fehlt auch nicht, aber dorthin gehen eher die Kinder vom Brill (oder aus anderen reichen Familien), denn das Katholische St. Anna-Gymnasium an der Dorotheenstraße gilt als etwas besseres, jedenfalls im Vergleich zu den städtischen höheren Schulen. Früher was es eine „Höhere Töchterschule“, um die katholischen Mädchen vor den evangelischen Lehrern zu schützen. Inzwischen klagen andere katholische Schulen eher über den hohen islamischen Schüleranteil.

„Jesus kam nicht bis zum Ölberg“ hatte 1978 die Schriftstellerin Lisa Kristwaldt ihr Hörstück über „Gott in Wuppertal“ genannt. Das mag auch an der frühen Präsenz von Sozialismus und Kommunismus in diesem Quartier liegen. An frühere Arbeitertraditionen erinnert neben anderem der Schusterplatz, oft ein Ort riesiger Demonstrationen und Versammlungen „von gewaltiger Wucht“ (so die „Volkstribune“ über die Maifeier 1920). Heute ist es ein Bolzplatz, für einen Sportplatz an dieser Stelle hatte sich schon Oskar Hoffmann, bekannter Arbeiterführer des Ölbergs, tatkräftig eingesetzt, die Vereine des „Arbeiter-Turn- und Sportbundes“ brauchten ihn dringlich. Die ebenfalls lang erwartete große Sporthalle für diese Vereine entsteht allerdings

Einfaches Wohnen hinter Schieferfassaden.

erst 2001, an der Gathe am Rande des Quartiers.

Von der Marienstraße aus sollten Sie auch die z.T. gut erhaltenen Seitenstraßen besuchen, die Zimmer-, Wirker-, Schreiner-, Sattler oder die Brunnenstraße – und dann erst recht auf der anderen Seite der Hochstraße, rund um die Wiesenstraße. An den z.T. steilen Straßen der Nordstadt fällt ein besonderer Schmuck auf, der nur dadurch entsteht, weil die Fensterzonen, Gesimse und Dächer selten gerade Linien bilden, sondern oft von Haus zu Haus „springen“. Dieser topographisch bedingte „Versprung“ schafft eine oft überraschende Vielfalt der For-

Reformierter Friedhof, mit Von der Heydt-Grab

men, eine zusätzliche Lebendigkeit. Denn eigentlich sind die Nordstadtstraßen bei allem Fassadenschmuck keine Prachtstraßen, aber die „Versprünge", die bauliche Dichte, die Stadtnähe, das ruhige Umfeld, die reichhaltige Ausstattung mit kleinen Treffpunkten schaffen insgesamt eine hohe Urbanität. Das könnte reiche Investoren dazu verführen, teure Gebäudesanierung zu betreiben, um edle Wohnquartiere zu errichten. Im nördlichen Teil ist durch Programme der „Wohnumfeldverbesserung", auch durch den Neubau von Wohnhäusern, bereits vieles verändert worden. Das Angebot an denkmalgeschützten Gebäuden ist jedenfalls riesig, angeblich ist die Elberfelder Nordstadt eines der größten geschlossenen Denkmalensembles in Deutschland. Ein Einzug reicher Investoren könnte ein wertvolles Sozialquartier der Stadt zerstören, wichtige soziale und kulturelle Milieus gefährden. Manchmal ist es von Vorteil, wenn Mittel für Stadterneuerung knapper werden.

Die Nordstadt hat noch weitere soziale Farben, z.B. die eines großen „Gottesackers" (also kam Jesus doch hierher). Die Marienstraße stößt auf die stark befahrene Hochstraße und etwas oberhalb stehen Sie bald vor einer mächtigen Kirche, dem „Dom vom Ölberg", der **Friedhofskirche (8)**, die evangelische Antwort auf die katholische Laurentiuskirche. Bereits vom Brill aus konnte man sie sehen, von vielen anderen Stellen der Stadt auch, sie steht auf einem Hügel und ist dann noch weitere 64 m hoch (und 15 m breit). „Die eß wie ut de Äät gewahßen, die schmitt keen Storm öm", soll ein stolzer Nordstädter gesagt haben. Es ist bereits das dritte reformierte Gotteshaus in Elberfeld, 1894-1898 von Johannes Otzen in neoromanischem Stil gebaut. Vier Treppentürme rahmen den großen zentralen Raum ein (für rd. 1.300 Personen), darüber erhebt sich ein Mittelturm als Oktogon, vier kleine Ecktürme flankieren die hohe Turmpyramide, eine Kreuzblume krönt die Kirchenspitze. An drei Seiten beleuchten jeweils zwei große Rosettenfenster den reich dekorierten Innenraum mit Abendmahltisch, Kanzel und Orgel um ein konzentrisch geordnetes Gestühl . An der Außenwand der Kirche sollten eigentlich noch die Statuen der Reformatoren Luther, Calvin und Zwingli stehen, aber die Postamente mit Baldachin blieben leer, man wollte die strengen Gemeindemitglieder nicht verärgern. Geblieben ist der in Stein gemeißelte Vers: „Bringt dem Herrn Ehre seines Namens, betet an den Herrn in heiligem Schmuck".

Oberhalb der Kirche und an der weiteren Hochstraße folgen drei Friedhöfe (z.T. mit eigenen Kapellen), der große und prominente „Reformierte Friedhof" (u.a. mit den Grabstätten der Familie von der Heydt, gleich links hinter dem Eingang, aber auch anderer berühmter Elberfelder Familien, Bürgermeister und Künstler), der Katholische Friedhof (hier liegt auch Johann Carl Fuhlrott begraben) und auf der anderen Straßenseite der Lutherische Friedhof (hier wiederum mit Grabstätten bekannter Elberfelder Familien, z.B. Bayer).

In die weitere nördliche Nordstadt können Sie rechts an der Friedhofskirche entlang durch die Alemannenstraße oder links durch die Malerstraße gehen. Durch die Malerstraße kommen Sie zur Wiesenstraße mit stuckgeschmückten Häuserfronten, aber auch Gewerbehöfen (frühere Firma „Gold-Zack") Wohnneubauten, im späteren Verlauf auch Gaststätten mit internationaler Speisekarte oder Szenelokalen wie „Wirtschaftswunder" und „Ada" (hier trifft man Tangotänzer und Mitglieder des Tanztheaters ebenso). Zunächst überquert man die steilste Straße der Nordstadt, den „Höchsten", weitere Straßen wie Helmholtzstraße (mit großer alter Schule),die wahrhaft prachtvoll restaurierte Neue Friedrichstraße, die mit ihren bunten Fassaden, reichlich Stuck und „Versprüngen" bürgerlich und wohlhabend strahlt. Die Straße trifft auf den denkmalgeschützten **Bahnhof Mirke (9)**, der an der Rheinischen Strecke zwar als Bahnhof nicht mehr benötigt wird, aber mit neuen, auch kulturellen Nutzungen saniert werden soll. Es wäre auch zu schade um dieses Gebäude.

Am Höchsten, so heißt die Straße auch

Gib mich Honig: Arbeitsplätze und die „Gerechtigkeit"

Vom Mirker Bahnhof kommen Sie rasch an die „Gathe" bzw. Uellendahler Straße und treffen hier auf drei prominente alte und natürlich auch denkmalgeschützte alte Fabrikgebäude: frühe Arbeitsstätten der „Textilstadt" Elberfeld,

Fassadenpracht in der Neuen Friedrichstraße

Produktionsorte für jene Waren, die dann an der Hofaue in den Handel gingen. An der Ecke Eckernförder Straße sieht man noch heute die stolze Fassade der alten „Zwirnerei Hebebrand", 1888 gebaut, viergeschossig und reichhaltig verziert, unten in rotem Ziegel, im oberen Teil in gelbem Ziegel, manchmal wiederum rot durchsetzt. Sie erkennen schöne „Fenstergewänder", ein aufwendiges Friesband am Abschluß zum Mansardendach und an der Ekke einen gründerzeitlich gestalteten Turm. Das Fabrikgebäude ist immer noch ein wahres Schmuckstück, aber das sollte auch so sein, man wollte etwas darstellen, hier wurden schließlich Schmucktextilien hergestellt. Hinter dem Bahntunnel in dickem Backstein steht noch die **Bandweberei Frowein (10)**, 1899 erbaut, fünfgeschossig mit 19 Fensterachsen, in klassischer Weise gegliedert, mit Pfeilervorlagen zwischen jeder Fensterachse, am Dachabschluß sieht man ein reich verziertes Kranzgesims. Am Mittelbau mit Attika hängt noch immer das alte Frowein-Wappen.Die Berliner Akademie von Schinkel läßt mit diesem Gebäude zweifellos grüßen, obwohl der Architekt nicht bekannt ist. Um so bekannter war Fabrikherr Abraham Frowein (1878-1957), aus einer bedeutenden Textilunternehmerfamilie stammend, deren Nachkommen heute noch am Brill wohnen. Abraham Frowein war einer der prägenden Unternehmer im Rheinland, bald stellvertretender Präsident des „Reichsverbandes der deutschen Industrie". 1920 wirkte Frowein eher besonnen und mäßigend, den Großkonflikt mit der Arbeiterschaft vermeidend, auch gegenüber dem Einmarsch der Regierungstruppen ins Bergische Land hatte er in Berlin interveniert. Als allerdings die weitere Konzentration in der Textilindustrie zu „Elberfelder Textilwerken" führte und ein Wirtschaftskampf drohte, war er, gemeinsam mit dem Vertreter der Wuppertaler Chemieindustrie, Carl Duisberg, für den Niedergang des Tarifvertragsystems mitverantwortlich. Zu Beginn der NS-Zeit engagierte er sich für eine europäische Wirtschaftspolitik (als Präsident der internationalen Handelskammer), gegen die Trennung durch Zollgrenzen, gegen die Vormacht der Schwerindustrie von der Ruhr. In Wuppertal bekannte er sich zur Bekennenden Kirche.

Nach Ostersbaum. Um die dritte Textilfabrik in dieser Gegend, die Riemendreherei Huppertsberg, zu erreichen, müssen Sie wieder Treppen steigen. Am Ende der Schleswiger Straße (mit alter Schule) führt die „Hollsteiner Treppe" hinauf. Die aus gelben und roten Ziegeln erbaute Fabrik liegt links (sie steht leer, aber es gibt Pläne für ein weiteres „kulturelles Gründerzentrum"), geradeaus kommen Sie zum „Platz der Republik" (mit hohem Bunker), von dort links durch die Opphofer Straße lohnt sich ein Blick auf die neobarocke Thomaskirche oder ebenso der Besuch des Jüdischen Friedhofs an der Weißenburgstraße (u.a. mit dem Doppelgrab der Eltern von Else Lasker-Schüler, ihr eigenes Grab liegt auf dem Ölberg in Jerusalem).

Der Platz der Republik war zu Beginn des 19. Jahrhunderts, um 1825, Exerzierplatz für die preußische Landwehr, 1919 erhielt er den Namen „Platz der Republik", 1933 wieder „Exerzierplatz" und 1945 natürlich wieder „Platz der Republik", so war die Geschichte eben. Im Kaiserreich und in der Weimarer Republik war der Platz wichtiger Versammlungsort. Friedrich Ebert, aber auch Ernst Thälmann, haben hier vor tausenden Zuhörern geredet, gegen den Krieg, gegen den Rüstungswahn, für den Frieden. Und 1910 hat August von der Heydt, der Museumsgründer, aus Anlaß des 300jährigen Stadtjubiläums Elberfelds, auf dem Platz den **„Gerechtigkeitsbrunnen" (11)** gestiftet, geschaffen vom berühmten Bildhauer Bernhard Hoetger. Der 1944 zerstörte Brunnen ist inzwischen teilweise wieder hergerichtet, jedenfalls die Brunnenschale aus Muschelkalk, von drei Löwen in Eisenguß gehalten, die in den Vorderpranken das Elberfelder Stadtwappen, das Wappen des Stifters und den Stiftungsschild tragen. Damals stand allerdings auf dem Brunnen die „Gerechtigkeit" als doppelt-lebensgroße Frauen-

Backsteinfabrik: Bandweberei Frowein

Reiner Rhefus

„Gib mich Honig!“

Über Sozialgeschichten vom Ostersbaum

„Des Gerechten Mund ist ein lebendiger Brunnen“ steht (noch immer) auf dem Rand des 1910 von Bernhard Hoetger geschaffenen „Gerechtigkeitsbrunnens“ auf dem Ostersbaumer „Platz der Republik. Die bittend erhobenen Hände der bronzenen Frauenfigur regte schon damals die Phantasie der Anwohner an. Am häufigsten wurde die Geste mit der Bitte „Gib mich Honig!“ interpretiert, der Dame wurde der eigene kühne Wunsch nach Wohlstand und Überfluß in den Mund gelegt. Der Ruf nach „Freiheit und Brot“ oder (wie es die sozialdemokratische Frauenbewegung ausdrückte) nach „Brot und Rosen“ hat auf dem Engelnberg Tradition.

Seit 1825 diente die (planierte) Kuppe des Engelnbergs als Exerzierplatz der preußischen Reservisten, als Kirmes- und Jahrmarktplatz und als Ort großer Volksversammlungen. 1848 forderte man hier „Fressfreiheit statt Pressfreiheit“, ein Jahr später exerzierten beim „bergischen Aufstand“ hier die Einheiten der aufständischen Landwehr, ihr Hauptquartier lag etwas unterhalb des Platzes, im Schützenlokal an der Paradestraße (Nr. 39, heute Petri-Gemeinde). Die preußischen Truppen wurden (zunächst) zurückgeschlagen.

Seit 1872 wurde der Platz für die nationalistischen „Sedansfeiern“ genutzt. Der Sieg über Frankreich wurde gefeiert. Doch das blieb nicht unwidersprochen. Am 1. Mai 1891, nach zwölf Jahren politischem Verbot durch die Sozialistengesetze, sammelte sich auf dem

Hoetgers „Gerechtigkeit“ wird 1910 enthüllt

Exerzierplatz zum ersten Mal eine Arbeiterdemonstration. „Acht-Stunden-Tag“, „Internationale Solidarität der Arbeiter“ und „Freiheit-Gleichheit-Brüderlichkeit“ stand auf den Fahnen.

In diesen Jahren schossen auch die ersten Mietskasernen an der Westflanke des Engelnbergs in die Höhe. Zuwanderer aus der Waldeck, aus der Eifel und dem Oberbergischen kamen in die boomende Stadt – als Fuhrleute, Maurer, Fabrikarbeiter oder Hilfsarbeiter beim Bau der Schwebebahn. Es war das letzte große Arbeiterquartier, dicht bebaut und mit beengten Wohnverhältnissen: üblich war eine achtköpfige Familie auf zwei Zimmern.

Im Viertel entstanden Schulen und wichtige Sozialeinrichtungen: das „Zufluchtshaus“ (Straßburger Straße 39-45) für zugewanderte alleinstehende Frauen, ein Säuglingsheim für die Kinder der „gefallenen Mädchen“ (die Prostitution boomte), die „Helenenkrippe“ (Flensburger Straße 39) als (zweite) Elberfelder Kinderkrippe (mit ca. 400 Kindern, von 6-18 Uhr betreut, damit die Mütter arbeiten konnten, um ihr dürftiges Einkommen zu verbessern).

1920 kam es zu heftigen Straßenschlachten. Die Militärs putschten und die Arbeiter griffen zu den Waffen. In Ostersbaum waren am 17. März 1920 schätzungsweise 3.000-5.000 Arbeiter an den Kämpfen beteiligt, gegen bis zu 1.500 Soldaten und Sicherheitspolizisten: ca. 50 Menschen kamen ums Leben. Auf dem Ehrenfriedhof sind ihre Gräber erhalten. Auch 1932 kam es erneut zu Kämpfen, jetzt gegen die „SA-Kolonnen“. Autonome Gewerkschaftsgruppen waren in den großen Betrieben (Storch, Huppertzberg) tätig und versorgten die Menschen mit illegalen Informationen (auch nach 1933). Im Rahmen der „Wuppertaler Gewerkschaftsprozesse“ kam es 1935/37 zu Massenverhaftungen in Ostersbaum, in langen Kolonnen zogen die Verhafteten die Straßen zur City hinunter, begleitet von Wehrrufen der Anwohner.

gestalt, die ihre Arme gen Himmel hebt, die Handinnenflächen nach oben. Der stolze Stifter beschwor bei der Enthüllung (mit drei Militärkapellen und zwei Orchestern!) den „Geist der Gerechtigkeit“, der „auch unter den späteren Geschlechtern dieser Stadt“ walten möge. Die Zeitungen jubelten über das „in jedem Zoll vornehme“ Kunstwerk und lobten das „kühne Unterfangen“, es „vor das breiteste Volk zu stellen“.

Unser Rundgang soll wieder im Elberfelder Zentrum enden, der Weg über Berge und Treppen war lang genug. Über die **Preßburger Treppe** (an der Ecke Paradestraße/Flensburger, mit „Preßburg“ ist ein Wachhaus der frühen Wuppertaler Burg gemeint, in dem Kranke, Zigeuner und andere „Preßhafte“ eingeschlossen wurden) kommen Sie zurück zur Gathe. Auf der anderen Straßenseite sehen Sie rechts das Interkulturzentrum des „Nachbarschaftsheims“ in der Alten Feuerwache und daneben den Neubau der Sporthalle Gathe. Durch die Ludwigstraße gelangen Sie noch einmal in die Nordstadt zur spät-klassizistischen **Kreuzkirche (12)**, 1847/50 wohl vom Schinkel-Schüler Friedrich-August Stühler gebaut. Der kleine idyllische Platz davor ist mit einigen Lokalen in der Nähe gastfreundlich und kulturbewußt. Von dort kommen Sie durch die Neue Friedrichsstraße rasch zum Karlsplatz und zur Rathausgalerie – und von dort wieder zurück zum Döppersberg.

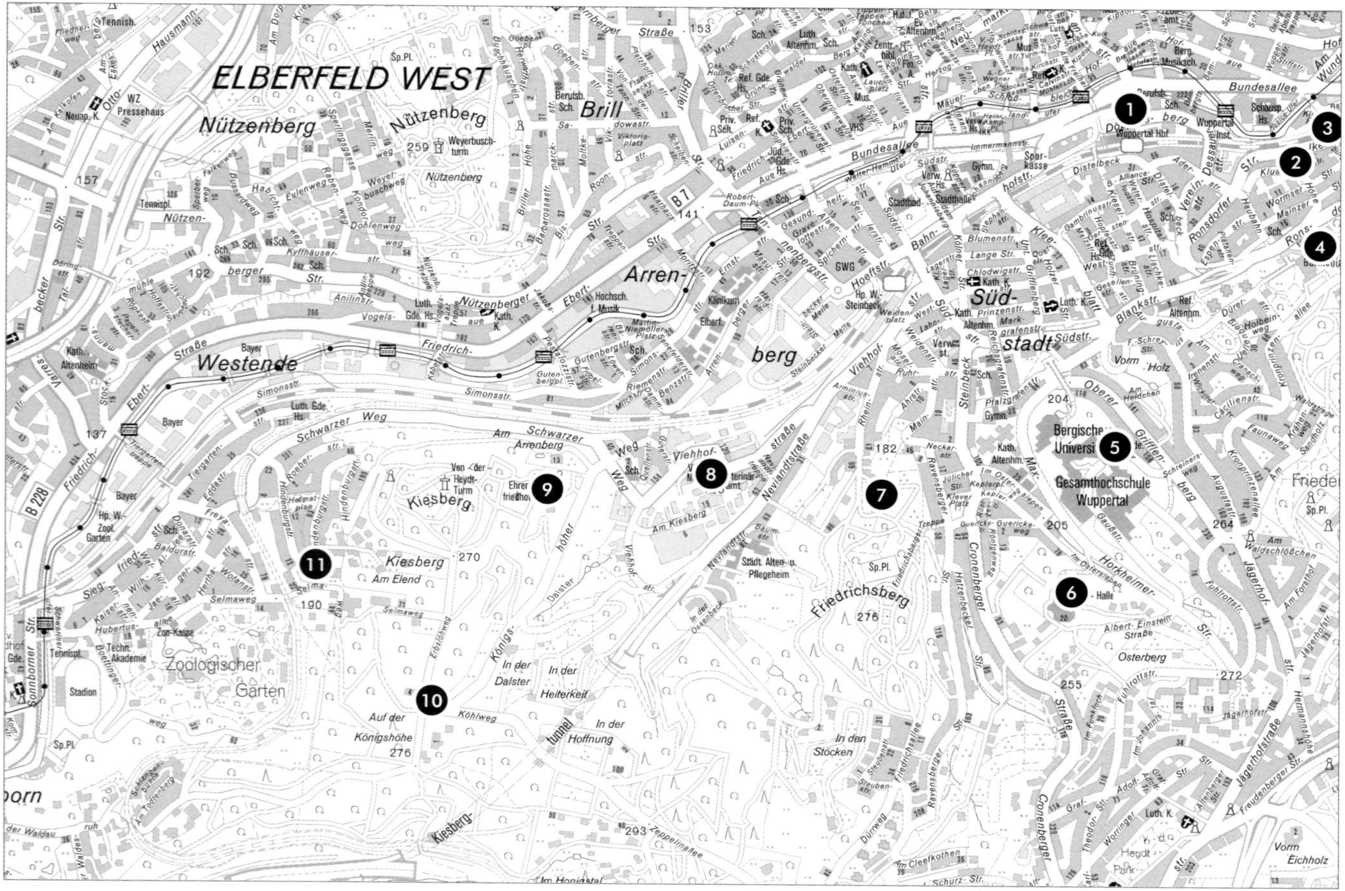
ELBERFELD WEST
Nützenberg
Brill
Arrenberg
Westende
Süd-stadt
Bergische Universität Gesamthochschule Wuppertal
Friedrichsberg
Kiesberg
Zoologischer Garten
Bundesallee
Friedrich-Ebert-Straße
Cronenberger Straße
Nevigandstraße
Schwarzer Weg
B 7
B 228
1
2
3
4
5
6
7
8
9
10
11

Durch große und kleine Gärten

Von der Elberfelder Südstadt über die Königshöhe zum Zoo

Rundgang 8: *Start Hauptbahnhof/Döppersberg, Zielstation Zoo.*
Dauer: *drei Stunden.*

Auch diese „Stadtwanderung" (also wieder mehr als ein Rundgang) führt über Berge, jetzt südlich der City Elberfelds, weniger bebaut als im Norden, noch sehr viel grüner, es geht durch große und kleine Gärten. Markant sind einige große Gebäude (etwa die der Bergischen Universität auf dem Grifflenberg), spektakulär sind wieder Blicke ins Wuppertal (und weit darüber hinweg). Kein Wunder auch, daß sich einer der berühmtesten Bürger der Stadt, Museumsgründer August von der Heydt, auf einem dieser Berge seine Sommervilla eingerichtet hat, auf der Königshöhe. Von dort geht ein schneller Weg ins Zooviertel. Deshalb können Sie die Rundgänge 8 und 9 gut miteinander kombinieren, morgens die Wanderung durch Südstadt und deren grüne Berge, nachmittags den Besuch im schönsten Stadtpark Wuppertals, dem Zoologischen Garten, von Bäumen und Büschen zu Tieren, aber dazwischen auch zu Orten von Wissenschaft und Kultur – und ein weiteres Wuppertal-Thema liegt noch am Wege: eine Stadtgeschichte der Krankenversicherung.

Über die Kluser Höhe zur Universität

Am Hauptbahnhof (1) starten Sie, durch den Bahnhof hindurch erreichen Sie (über eine Rolltreppe im Bahnhofstunnel Richtung „Südstadt") eine Fußgängerbrücke, die den Bahnhof überquert. Nach einer mutigen Planung für den Döppersberg sollen später Eisenbahn- und Busbahnhof hier miteinander kombiniert werden, übereinander. Jetzt sehen Sie von der Brücke, die zur Straße Distelbeck führt, auf die schmucklose Rückseite des Bahnhofs, auf das neue Weiß der alten Bahndirektion, auf das moderne Sparkassengebäude und auch noch einmal auf die Historische Stadthalle. Sie sehen die Köpfe der höheren Citybauten und rechts das Intercity-Hotel, davor das „Wuppertal-Institut" für Klima und Energie (mit einem vorzüglichen Italiener „Terracotta" im Erdgeschoß). Die „Skyline" Elberfelds wird Sie noch einige Zeit begleiten, denn von der Straße Distelbeck sollten Sie in die Adersstraße einbiegen und über die Ronsdorfer Straße/Wolkenburg hinweg auf die Kluser Höhe steigen. Das ist zunächst ein ruhi-

„die börse" an der Wolkenburg

ges Wohnquartier, aber über die Wormser Straße kommen Sie in einen kleinen Park, in dem auch ein **Galerie-Pavillon (2)** steht, in dem Amelie Brusten oft kleine Kunstausstellungen zeigt. Unten, Wolkenburg 100, direkt neben den Bahngeleisen (früher konnte man die leider inzwischen baufällige „Wolkenburger Treppe“ benutzen) finden Sie einen wichtigen Ort der Wuppertaler „Off-Kultur“, das Kommunikationszentrum **„die börse“ (3)**. Seit ihrer Gründung im Jahre 1974 hat die „ börse“ ihren Standort mehrfach gewechselt: das „Kommunikationszentrum“ entstand im Jahre 1972 eher spontan als Ort freier Kulturszene in dem leerstehenden Fabrikgebäude „Schlieper & Baum“ neben dem Schauspielhaus, am Ende der Hofaue also. 1973 wurde der Verein gegründet, 1974 ein „Grundvertrag“ über die Nutzung der alten „Viehhof-Börse“ im Arrenberg mit der Stadt geschlossen, eine heiße Phase alternativer Kulturarbeit entstand. Im Jahre 1977 brannte das Gebäude aus, man fand ein Übergangsquartier am Hofkamp in Elberfeld, zog einige Jahre später wieder zurück an den Viehhof und blieb dort bis zur Verlagerung in eine frühere Matratzenfabrik an der Wolkenburg. Der Name „börse“ wanderte mit, die „börse“ am Viehhof wurde zur „Villa Media“, wir kommen dort vorbei. Zwischen Musik, Kleinkunst und Weiterbildung gibt es ein spannendes Programm der „börse“, friedlicher als früher allerdings gewiß.

Bei unserer Stadtwanderung steigen Sie am Ende der Kluse Höhe (am Liesegangweg) links eine Treppe weiter hinauf und landen an der stark befahrenen Ronsdorfer Straße. Ganz links geht es übrigens ins Tal Bendahl mit dem Freibad der „Wuppertaler Wasserfreunde“. Sie sollten aber die Ronsdorfer Straße an der Ampel überqueren und kommen dann an der „kronprinzenallee” (Preußens Herrscher hinterließen vielfache Spuren in Wuppertal) zum Verwaltungsgebäude der **„Barmenia“ (4)**, eine der beiden großen Versicherungen (gegen Krankheit u.a.) in Wuppertal, auch in Elberfeld für Barmen werbend und in ganz Deutschland bekannt, ebenso wie die „Barmer Ersatzkasse“. Der weitere Spaziergang am Talhang entlang (behalten Sie immer das Tal im Blick, es lohnt sich) führt durch grüne Haine, ruhige Wohnviertel (etwa „Am Sandholz“), an bunten Gärten und Häusern vorbei, zu Plätzen wie dem am „Husar“. Dort finden Sie ein gutes bürgerliches Restaurant gleichen Namens und ein Verkehrsrondell mit einer modernen Betonstehle von Will Sensen (mit einem rotblättrigen Ahornbaum als Teil des Kunstwerks), etwas oberhalb steht ein älteres Standbild, 1933 errichtet, 1954 wiederhergestellt, „Wanderbursche“ ist der passende Name und Hinweis.

Ein bronzener Wanderbursche am „Husar“

Der Grifflenberg war früher zu großen Teilen eine grüne Wiese am Talhang, „Schreiners Wiesen“ genannt, inzwischen thront an diesem schönen Standort oberhalb der Stadt die **Bergische Universität (5)**. Der damalige Wissenschaftsminister Johannes Rau, vorher Oberbürger-

Bild links: Auf den Uniterrassen, St. Suitbertus im Blick

Wie die „Friedrich August Bürgerliche Versicherungsbank“ nach Wuppertal kam

Vom Leipziger Verein über die Barmer Ersatz zur Barmenia

Friedrich August III., König von Sachsen, hatte es am Heiligen Abend 1905 selbst genehmigt: die 1904 gegründete „Gewerbekrankenkasse zu Leipzig“ durfte seinen Namen tragen. Bismarcks Sozialgesetzgebung hatte zur Gründung zahlreicher Hilfskassen zum Schutz der Arbeiter „vor unverschuldeter Not“ geführt, zunächst an Innungen angeschlossen, ab 1897 auch durch freie Verbände und Vereinigungen denkbar. „Auf Gegenseitigkeit“ bot man zwei Versicherungsarten an: die Krankheitskostenversicherung und die Krankentagegeldversicherung. Der Jahresbeitrag war 24 Mark. Als der König erlaubte, in ganz Sachsen mit seinem Namen zu „werben“, kam auch noch die Sterbegeld- und Lebensversicherung hinzu und später sogar eine „Großlebensversicherung“. 1913 wurde außerdem eine „Gewerbe- und Handwerkerkrankenkasse“ gegründet. 1923 wurden beide Kassen fusioniert, die Folgen der Inflation zwangen dazu. Nächster Name, inzwischen reichsweit: „Versicherungs-Anstalt für Beamte und freie Berufe“, ab 1930 „Leipziger Verein“. In diesen Jahren war es schwierig, eine sichere Rücklage zu schaffen, man kaufte daher große Rollen Rotationspapier, „Zeitungen müssen immer gedruckt werden ...“

Und was hat das alles mit Wuppertal, gar mit Barmen zu tun – und das auch noch mit Sitz in Elberfeld? Im Jahre 1922 war im damals noch selbständigen Barmen die „Barmenia Versicherungsbank für Mittelstand und Beamte VaG zu Barmen“ gegründet worden. Zunächst war es nur eine „Abteilung Barmenia“ der bereits bestehenden „Barmer Ersatzkasse“ gewesen und im Verwaltungshaus der Ersatzkasse standen dafür ein kleiner Raum mit zwei Stehpulten zur Verfügung. Aber man war bald erfolgreich, weil man modern und aktiv von Beginn an Rundfunkwerbung betrieb (dieses Medium war auch neu): von rd. 7.500 Versicherten im Jahre 1923 stieg die Zahl rasant auf 250.000 im Jahre 1926. Auch bei der Barmenia hatte man (wie beim „Leipziger Verein“) neben der Krankenversicherung auch noch eine Lebensversicherung-AG installiert.

Fusionen haben ihre eigene Ge-

Barmenia-Verwaltung, mit Kunst

schichte (und erst recht ihre eigenen Geheimnisse): aber am 28.August 1931 entstanden zwei neue Unternehmen mit Sitz in Leipzig (und einer „Zweigniederlassung“ in Barmen), die „Leipziger Verein-Barmenia Krankenversicherung für Beamte, freie Berufe und Mittelstand a.G.“ und die „Leipziger Verein-Barmenia Lebensversicherungs a.G.“, gemeinsames Kürzel „LVB“. Die Krankenversicherung war schon Ende 1931 die größte Krankenversicherung ihrer Art in Deutschland (mit fast 520.000 Versicherten) und die Lebensversicherung überschritt 1934 die 100-Millionen-Bestandsgrenze. Bald warb man stolz und selbstbewußt: „Jeder 100. Deutsche LVB-versichert!“. Dann kam der Zusammenbruch, die Hauptverwaltung der Lebensversicherung zog nach Hamburg, der Sitz blieb Leipzig. Aber im November 1946 kehrte die Barmenia heim, zunächst in die Ständestraße in eine Gaststätte mit Kegelbahn („Blaue Grotte“), ab 1951 in die Viktoriastraße im Briller Viertel. 1958 kam als dritte Versicherung die „Barmenia Allgemeine Versicherungs AG“ hinzu. Jetzt war man „Rundumversicherer“. 1966 zog man in das neue Gebäude an der Kronprinzenallee, die Hamburger Lebensversicherer kamen 1971 zurück ins Bergische Land. Umgekehrt hat die Barmenia 1990 auch wieder Quartier in Leipzig bezogen, aber der Sitz bleibt jetzt in Wuppertal. Auch ohne den Segen und Namen eines Königs, aber immerhin an einer Kronprinzenallee, eines preußischen allerdings.

„Serviceversicherer“ nennt sich die Barmenia heute, „Hilfe auf Gegenseitigkeit“ ist immer noch das Prinzip. Rund 1.3 Millionen Verträge werden gezählt und rd. 1,1 Milliarden Euro Beitragseinnahmen fließen – in die Elberfelder Südstadt und wieder zurück, es geht ja „auf Gegenseitigkeit“.

Barmenia-Werbung in alten Zeitungen

Universität im Rasterbau, aber sie thront über dem Tal

meister Wuppertals, hat sie 1972 gegründet (zusammen mit vier weiteren „Gesamthochschulen"). Offener Zugang und gestufte Abschlüsse waren geplant, die vorhandenen technischen, pädagogischen und (in Wuppertal auch) kirchlichen „Fachhochschulen" wurden integriert, ein Rasterbausystem sollte den Bau preiswert machen. Die architektonische Qualität war zwar entsprechend begrenzt, aber die Resonanz auf die neue Hochschule war enorm: die Studentenzahlen explodierten schnell (bis rd. 20.000 in der Spitze), 14 Fachbereiche wurden eingerichtet, von den Erziehungswissenschaften bis zu Sprache und Literatur, von Naturwissenschaften bis zur Sicherheitstechnik, von Architektur bis zu Kommunikation und Design. Bald entwickelten sich besondere Schwerpunkte in Forschung und Lehre, etwa Straffälligenpädagogik oder Kafka-Forschung, Sicherheitstechnik oder Lebensmittelchemie, Reaktorforschung sogar, aber auch Kommunikationsdesign und Werbegraphik. Für den Besucher der funktionalen Gebäude erschließt sich die Arbeit der Wissenschaften nur begrenzt, aber die offene Gesamtanlage mit den umliegenden Studentenhäusern beeindruckt, erst recht, wenn man auf der Mensaterrasse steht und ins Tal schaut. Dazu sollten Sie vom „Husar" aus die Straße Oberer Grifflenberg hinuntergehen und in die Gaußstraße einbiegen, durch den Universitätscampus durchgehender Talblick öffnet sich bald. Das studentische Leben ist vielfältig, allerdings sind viele Student/innen nur Pendler, denn der enge regionale Einzugsbereich war ein wichtiges Argument für die Standorte der neuen Hochschulen. Und wenn Sie von der Gaußstraße über die Max-Horkheimer-Straße in die Albert-Einstein-Straße wandern (die Vorbilder sind also präsent), kommen Sie noch zur großen **Unihalle (6)** am Osterberg, 1987 fertiggestellt, Ausbildungsort für die Sportstudenten, Spielort für große Mannschaftsturniere (die Damen-Basketballerinnen aus Barmen sind hier mehrfach zu deutschen Meisterinnen geworden, aber auch Bundesliga-Handball findet statt), Arena für andere attraktive Großveranstaltungen (Popstars, Fernseh-

Für Sport & Pop: die UniHalle

shows etc.), sogar Sinfoniekonzerte gab es zu Zeiten der Stadthallenschließung.

Gepflegte Kleingartensiedlungen finden Sie auf den Südhöhen an vielen Stellen, sie haben eine erhebliche soziale Bedeutung für viele Wuppertaler Familien, eine entsprechende Tradition kommt hinzu (s. Stadtgeschichten). Die Anlage der „Naturfreunde" können Sie von der Unihalle aus durchqueren, bis zur Cronenberger Straße. Über die Gärten hinweg sehen Sie rechts ins Tal und links auf die großen Gebäude am „Küllenhahn": das große Schulzentrum mit dem dahinter liegenden modernen Schwimmsport-Leistungszentrum (hier werden „Meisterschwimmer" für internationale Wettbewerbe trainiert, aber auch viel sportpädagogische Nachwuchsarbeit betrieben),der Fernmeldeturm „Rigi Kulm" setzt eine markante Orientierung. Von der Cronenberger Straße führt etwas weiter rechts gegenüber die Hatzenberger Straße in ein typisches Bachseitental oder „Feuchttal", im Bergischen „Siepen" (oder „Siefen") genannt, und zwar bis zur Ravensberger Straße. Wenn Sie gerne Treppen steigen, können Sie bis zum Klever Platz gehen und über die lange „Friedrichsberger Treppe" nach oben gelangen, aber etwas links führt auch ein Waldweg auf den **Friedrichsberg (7)**. Von hier haben Sie zwischen Stadtvillen, Kleingärten und grünen Erholungshainen Durchblicke zur Elberfelder Südstadt mit ihren beiden hohen Kirchen, der romanisch wirkenden St. Suitbertus Kirche mit zwei kräftigen Doppeltürmen, 1899 errichtet, 1943 zerstört, 1950/54 wieder aufgebaut, und der sehr viel lieblicher scheinenden Christuskirche aus der gleichen Zeit, die aber in neobarockem Stil eine geschwungene Helmkuppel trägt. Wenn Sie diese näher besehen wollen, können Sie das am besten von der Stadthalle aus tun.

Zwei Villen in der Südstadt: „Media" und von der Heydt

Unsere Stadtwanderung führt durch die Kleingartenanlage „Südwest" hinunter zur Neviandtstraße, manchmal macht ein Holzschild „Schöne Aussicht" darauf auf-

Früher Vielhofbörse, heute „Villa Media"

„Der Goldene Spaten“

Fast 8.000 Kleingärten auf 170 Anlagen

Die Entwicklungsplanung für städtische (und private) Kleingartenanlagen ist eine ernsthafte Angelegenheit. Obwohl „Freizeit und Erholung“ als Aufgabe und Ziel ausgewiesen ist, ist der „Organisationsgrad“ hoch und streng zugleich. Gewiß feiert man gerne in unseren Kleingärten, aber zugleich wird auf Regeln geachtet. Eine kommunale „Entwicklungsplanung“ ist schon deshalb erforderlich, weil ein hoher Anteil der Kleingärten in der Großstadt auf städtischem Gelände angelegt sind (in Wuppertal 70%!), 230 ha werden dafür genutzt, mit den privaten Grundstücken über 330 ha. Die Arbeit der städtischen „Grünflächenkommission“ ist eine wichtige Aufgabe, die jährliche Verleihung des „goldenen Spatens“ (für den besten Kleingarten bzw. die beste „Kleingartenanlage“) kommt einer staatlichen Ehrung gleich.

Die Kleingartendefinition ist entsprechend amtlich, spätestens seit 1919: „Kleingärten sind Pachtgärten im Sinne der Kleingarten- und Kleinpachtlandordnung vom 31.07.1919 in Größen um 350 qm. Sie dienen der Feierabend- und Wochenenderholung von Familien, die über keinen eigenen Hausgarten verfügen; häufig tragen sie zur Selbstversorgung mit Obst und Gemüse bei. Die Kleingärtner sind in Vereinen, diese in Verbänden, zusammengeschlossen. Örtlich zusammenhängenden Kleingärten bilden Kleingartenanlagen. Diese sollen als Teile des Grünsystems der Allgemeinheit zugänglich und je nach den Bedürfnissen mit öffentlichen oder gemeinschaftlichen Grünflächen ausgestattet sein.“ So wird es sehr verbindlich im „Entwicklungsplan Kleingarten“ der Stadt Wuppertal zitiert, beschlossen im Mai 1983 vom Rat der Stadt. Die Sicherung und Förderung der Kleingärten steht in Nordrhein-Westfalen in der Landesverfassung (Artikel 29), ist eine öffentliche Aufgabe. Seit Februar 1983 gibt es auch ein Bundeskleingartengesetz (BKleingG).

Damals wurden 7.872 Wuppertaler Kleingärten gezählt, in 170 Anlagen zusammengefaßt. Für etwa 50 Einwohner Wuppertals gab es demnach einen Kleingarten. Die Verpachtung geschieht über die Kreisverbände der Kleingärtner, die gegenüber der Stadt „Generalpächter“ sind.

Durch eine Umfrage wurde auch erfaßt, wie die Wuppertaler ihre Kleingärten nutzen: mit „Gärtnern“, Liegen, Sonnen und Kinderspiel. Durch das Vereinsleben wird die Gemeinschaft gefördert, Kommunikation und Geselligkeit. Wichtig ist, auch die übrige Bevölkerung darf die Kleingartenanlagen nutzen: Spazierengehen, Verweilen, Benutzung der Spiel- und Ruheplätze. Die Nutzung durch die Kleingärtner ist intensiv: 98% sprechen von einer täglichen Nutzung oder mehrmals die Woche, zwischen 11 und 40 Std. wöchentlich.

Eines fällt auf (auch bei unseren Rundgängen): die Kleingärten bilden einen Ring um die Zentren der Stadt, die meisten sind fußläufig erreichbar. Im Vergleich zu anderen Städten ist die Kleingartenversorgung z.B. in Dortmund und Bremen viel besser, in Essen und Düsseldorf sehr viel schlechter, Wuppertals Durchschnittsplatz entspricht der Versorgung in Berlin und Hamburg.

Für die Opfer der Weltkriege: Ehrenfriedhof

merksam, daß man über das Tal hinweg etwa auf die Briller Höhen und die Kaiserhöhe, das Tal, die Hardt und die Stadt sehen kann. An der Neviandtstraße gehen Sie am besten einige Schritte rechts und über die kurze Neviandttreppe in die Viehhofstraße, an deren Ende Sie bereits ein typisch bergisches Patrizierensemble erblicken: die Gebäude der heutigen **„Villa Media" (8)**. Früher gehörten die Gebäude zum 1879 eröffneten Schlacht- und Viehhof und das zentrale Gebäude war Gast- und Versammlungshaus der Viehhändler, die „Börse", allerdings erst 1913-15 errichtet. Auch nach der Kernzeit des Jugendstils liebte man verspielte Bauformen, die reichhaltigen Verzierungen im Giebelfeld und die warme Schiefervertäfelung um helle Fensterrahmen zeigen das. Nach Aufgabe des Schlachthofbetriebes in den Sechziger Jahren entstand hier Anfang der Siebziger Jahre das Kommunikationszentrum „die börse" (inzwischen an die Wolkenburg verlagert). Spätestens zur jüngsten Jahrtausendwende ist die moderne Medienwelt eingekehrt, mit vielen jungen Medien- und Kommunikationsfirmen mit großem Entwicklungsbedarf und mutiger Zukunftshoffnung. Mehrere Häuser des historischen Ensembles sind bereits qualifiziert belegt und man hofft auf eine Erweiterung in die großen Hallen der Bundesbahnwerkstätten oder weiteren Gebäude im wachsenden Gewerbegebiet am Kiesberg, die Entwicklung ist erkennbar dynamisch. Das besondere Ambiente lädt aber ebenso zu Freizeitaktivitäten ein, das Restaurant „Fantasia" mit Biergarten unter hohen Bäumen ist bereits beliebter Standort für „After Work Parties" und gemeinsam mit dem großen früheren „Börsensaal" werden auch regelmäßige Kulturprogramme angeboten, im Garten unter hohen Bäumen hat Tom Tykwer schon einmal „Lola rennt" gezeigt.

Unser Weg führt aber von hier zu einem weiteren Standort der Stadtgeschichte. Hinter anderen Gewerbecentern in alten Fabrikgebäuden und dem moderneren Klinkerbau der Bauberufsgenossenschaft führt der „Schwarze Weg" in Richtung Zoo und Stadion. Gehen Sie zunächst nur bis zum Königshöher Weg, nach einigen

Schritten aufwärts führt Sie das Schild **Ehrenfriedhof (9)** hinter einem riesigen Rhododendronbusch über Treppen zu einer eindrucksvollen Grabanlage am Hang des Kiesbergs. Auf einem Wiesenfeld unter hohen Bäumen erinnern 546 Namen auf

Von der Heydt-Turm, noch mit freiem Blick

Grabsteinen und Bronzetafeln an die Gefallenen des Ersten Weltkrieges, das Ehrenmal selbst trägt zwei Figurengruppen, die Zusammenbruch und Neuanfang symbolisieren. Etwas unterhalb sind die Ehrengräber für die Opfer des Kapp-Putsches 1920 und ein Obelisk macht deutlich, das mit diesem Ehrenpark alle Kriegsopfer gemeint sind: „Zur Erinnerung an die Befreiung des Vaterlandes 1813. Errichtet von der Jugend der Stadt Elberfeld 1913. Den Opfern der Weltkriege 1914-1918, 1939-1945."

Auf dem Obelisk des Ehrenhains begegnet uns erneut ein inzwischen bekannter Name: „Auf dem vom Freiherrn von der Heydt aus diesem Anlaß gestifteten Grundstück". Der gesamte Kiesberg mit **Königshöhe (10)** scheint ihm gehört zu haben. Wenn Sie den Ehrenfriedhof bergaufwärts verlassen, sehen Sie schon bald den 20 m hohen „Von der Heydt- Turm", 1892 errichtet und „nach Karl, August und Daniel von der Heydt benannt" (an jedem 2. Sonntag kann man ihn auch besteigen). Gehen Sie von hier links am Trinkwasserspeicher entlang, kommen Sie von dort zum Erbslöhweg, der Sie direkt zur „Villa von der Heydt" führt, zunächst ein Berggasthof, dann 1895 von August von der Heydt erworben, gründerzeitlich neugotisch mit reichen Verzierungen und märchenartigem Turmbau zur Sommervilla ausgebaut. Hier traf sich die Familie von der Heydt im Sommer, wenn es in ihren Stadtvillen zu warm und laut wurde, hier sammelte man Kunst. Auch nachdem die Familie 1924 die Villa an die Stadt verkauft hatte, blieb der Gastronomiebetrieb erhalten, bald fehlte aber das Geld für Bausanierung und Denkmalpflege. In den Achtziger Jahren verkaufte die Stadt das Haus für eine Mark mit dem Auftrag, den Erhalt durch Eigenarbeit zu sichern, an den Künstler Michael E. Streuff, dem Pächter des Museumscafés. Mit anderen Mietern wurde viel getan, im Garten blühen wieder bunte Blumen, zu Besichtigungen wird immer wieder eingeladen. Auf seine Art kommentiert Michael Streuff die Geschichte und Zustand des Hauses: *„Ein Hort zeitgenössischer Kunst und alter Prachtschinken und einer unruhigen Zeit. Wühlmaus + Maulwurfparadies, Heimat von Specht und Kleiber. Oder einfach der Deckel des Kiesbergtunnels mit Wotan's-Phone-Antenne, dem ex*

Bild links: Für Kunst und Vergnügen: die Sommervilla Von der Heydt

Mannesmannmästchen. Im Lexikon geführt als ‚Berg der drolligen Notlügen' als Erhgänzung zu ‚Strauhain'+ dem legendären ‚Berg der Wahrheit', dem ‚Monte Veritas'" (wohin sich Eduard zurückgezogen hatte)."

Für den Weg zurück ins Tal können Sie gleich an der Villa Königshöhe kleine, serpentinenartig angelegte Fußwege nut-

Der Märchenbrunnen paßt zum idyllischen Viertel

zen. Manchmal finden Sie dabei sogar große Steine, die August von der Heydt als (oft fehlleitende) Wegweiser hingelegt hat. Etwas zurück auf dem Erbslöhweg führen auch breitere Wege ins Tal, der „Selmaweg" zum Beispiel (so hieß die Gattin von August von der Heydt). Dieser Weg führt Sie jedenfalls direkt ins **Zooviertel (11)**. Wenn Sie Zeit und Lust haben, können Sie natürlich auch einen weiteren Waldspaziergang einschieben, bis in das Burgholz. Lassen Sie sich nicht irritieren, wenn Wegbezeichnungen „Am Elend" heißen, auf der anderen Seite, zwischen den schönen Kleingärten „In der Dalster" finden Sie andererseits Bezeichnungen wie „In der Heiterkeit" und

Jugendstil kann auch erzählen

„In der Hoffnung". Nicht nur die Von der Heydts wußten schon, wo es schön war auf den Wuppertaler Bergen.

Wenn Sie allerdings über den Selmaweg im Zooviertel angekommen sind, können Sie mindestens weitere Jugendstilhäuser und anderes bunte Bauwerk ansehen. Schön sind „Reihenhäuser" am Freyaweg, in Anknüpfung an bergische

Freiübungen, Stadioneröffnung 1924

Bautraditionen in einer munteren Mischung von Natursteinsockel, weißem Putz und dunklem Schiefer, z.T. mit lustig geschweiften Zwerggiebeln ausgestattet, geziegelten Rundstützen am portikusartigen Eingang, auch Loggien mit ähnlichen Stützen. In der Walkürenallee (Nr.11) finden Sie das Wohnhaus des führenden Pharma-Forschers Prof. Dr. Gerhard Domagk, Nobelpreisträger und Ehrenbürger der Stadt. Domagk hat in den Dreißiger Jahren die Chemotherapie von Infektionskrankheiten und Tumoren durch Sulfonamide entwickelt, leitete das Bayer-Forschungsinstitut für experimentelle Pathologie und Bakteriologie. In der Jaegerstraße 11 trägt die „maximilian-Kolbe-Kapelle“ den Namen des polnischen Märtyrers, die Fenster erzählen die Geschichte seines Aufenthaltes im KZ Auschwitz, wo er anstelle eines Familienvaters von acht Kindern den Tod im Hungerbunker auf sich nahm.

Das Villenviertel am Zoo war ab 1895 von der Bergisch-Märkischen Eisenbahngesellschaft finanziert worden, die auf die Fertigstellung der Schwebebahn spekuliert hatte. In die schönen Villen zogen dann sowohl Wuppertaler Unternehmer als auch leitende Beamte ein. Viele Straßennamen orientierten sich an der Götterwelt des „Rings des Nibelungen“, zum Ausgleich stand am zentralen Platz des Viertels ein Brunnen mit Figuren aus den Märchen der Gebrüder Grimm (1897, Wilhelm Albermann aus Köln). Bereits 1881 hatte man in diesem Viertel aber auch schon den herrlichen „Zoologischen Garten“ gegründet, mit einem repräsentativen Restaurations- und Veranstaltungsgebäude in den Formen der Neorenaissance (am Ende der „Walkürenallee“, die zum Bahnhof Zoologischer Garten führt). Der Zoo lohnt einen eigenen Rundgang. Die Schwebebahnrückfahrt erfolgt von der Station Zoo/Stadion.

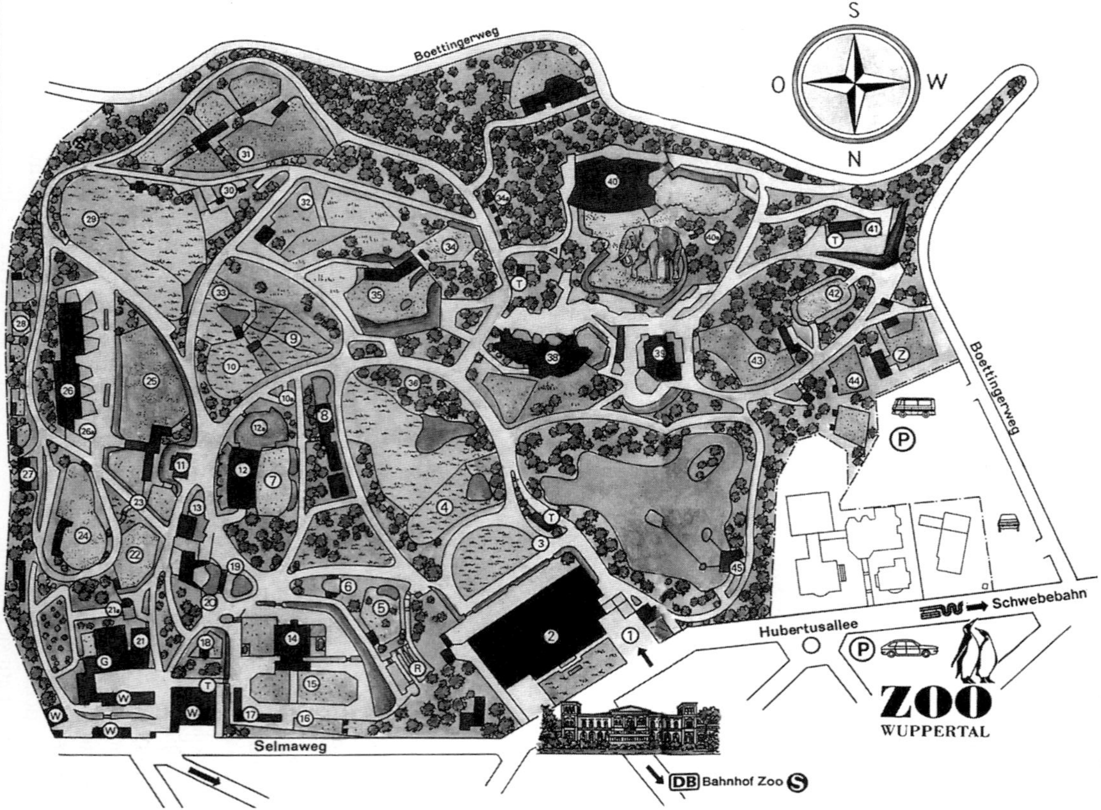

Planerläuterung:

1. Zooeingang, Kassen, Verwaltung
2. Zoogaststätte mit Terrasse
3. Musikmuschel
4. Wassergeflügelanlage
5. Flamingos
R Rosengarten
6. Ara-Anlage
7. Storchengehege
8. Überwinterungshaus, Eulen, Pudus
9. Klunkerkraniche
10. Bennettskängurus
10a. Insektengarten
11. Ibisse, Löffler
12. Vogelhaus
12a. Freiflughalle
13. Pinguinanlage
14. Tapire
15. Okapis
16. Geparden
17. Mönchsgeier, Harpyien
18. Vierhornschafe
19. Seelöwen, Kurzkrallenotter
20. Eisbären
21. Aquarium, Terrarium
21a. Biber
22. Steinböcke
23. Pinselohrschweine, Bongos
24. Elenantilopen, Zebras
25. Afrikanische Haustiere
26. Großkatzenhaus
26a. Erdmännchen
27. Kleinkatzen, Schneeleoparden, Luchse
28. Greifvogelanlage
29. Guanakos, Maras, Darwinnandus
30. Pekaris, Hängebauchschweine
31. Takins, Hirsche, Kiangs
32. Weißnackenkraniche, Mandschurenkraniche
33. Pelikane
34. Wölfe
34a. Einheimische Vögel
35. Kodiakbären
36. Kraniche, Wassergeflügel
37. Meerschweinchen, Kaninchen
38. Menschenaffenhaus
39. Affenhaus
40. Elefantenanlage
40a. Gelbrückenducker, Hirscheber
41. Waldschänke
42. Kinderspielplatz
43. Zwergzebus
44. Königsgepard
45. Großer Teich, Gibbonanlage
T Toiletten
Behindertentoilette am Menschenaffenhaus
Z Zooschule

Für Besucher nicht zugänglich:
G Gärtnerei
W Wirtschaftsgebäude
E Zentrum für die Erhaltung und Erforschung vom Aussterben bedrohter Tierarten

Flanieren mit Tieren

Ein Rundgang durch den Zoologischen Garten

Rundgang 9: *Start und Ziel am Schwebebahnhof Zoo/Stadion oder S-Bahnhof Zoo.*
Dauer: *zwei Stunden.*

Der Name der Schwebebahnstation Zoo/Stadion kombiniert zwei Wuppertaler Einrichtungen mit „bewegter" Geschichte. Das (z.Zt. eher wenig genutzte) Stadion mit historischer Schildwand (von 1924) und neuer Tribüne (von 1991/93) hat eine lange sportgeschichtliche Vergangenheit (berühmte Fahrrad- und Steherrennen, Abendfeste der Leichtathletik, Bundesligafußball), war gelegentlich Ort politischer Kundgebungen (von Goebbels bis Strauß) und steht als Bauwerk und Anlage unter Denkmalschutz. Zum inzwischen 120jährigen „Zoologischen Garten" kommt man von der Schwebebahn über die Hubertusallee:an der bergischen Gaststätte „Alten Kuhstall", mehreren Schmuckvillen und der Technischen Akademie vorbei. Der pavillonartig fachwerkturm-geschmückte S-Bahnhof an der Bundesbahnstrecke (mit „Chicano", einem mexikanischen Restaurant mit Garten) hat ebenfalls einen prachtvollen Zugang zum Zoo: durch die villenbestandene Walkürenallee bis vor die **Zoogaststätten (1)**, mit ihren früher veranstaltungsreichen „Zoosälen". Man sieht das repräsentative Gebäude in beiden Alleen schon von weitem: die Architekten Hermanns & Riemann haben es 1881 als festliches Haus errichtet, streng symmetrisch mit zwei Ecktürmen und einem flachen Dreiecksgiebel über einem dreiachsigen Mittelrisalit, schöne Rundbogenfenster gliedern die beiden Geschosse, die helle Fassade leuchtet wie ein Sommerpalast

Festliches Haus, jedenfalls früher

(nur der häßliche Betonvorbau stört erheblich). Auf der Zooseite lädt eine Kaffeeterrasse ein. Autofahrer fahren im „Sonnborner Kreuz“ die Abfahrt Sonnborn, müssen allerdings dann oft nach einem Parkplatz suchen. Mit der Schwebebahn (von wo auch immer) ist die Anreise einfacher und origineller auch.

Ein stolzer Paradieskranich ...

Am Eingang (neben dem großen Gebäude rechts) wartet gelegentlich schon ein flanierender großer Vogel, ein Jungfernkranich vielleicht oder aber ein stolzer Paradieskranich mit grausamtenem Gefieder. Daß es einer der vergleichsweise großen Kraniche sein wird, wäre so ungewöhnlich nicht, denn unser Zoo hat mehrere Kranichanlagen und beteiligt sich auch an internationalen Zuchtprogrammen, etwa für Mandschuren- und Weißnackenkraniche (36 der letzteren wurden in Wuppertal gezüchtet). Damit wird zugleich eine wichtige Aufgabe eines modernen zoologischen Gartens deutlich: die Erhaltung und Erforschung vom Aussterben bedrohter Tierarten, in weltweiter Zusammenarbeit übrigens. Mehr als die Hälfte der fünfzehn Kranicharten zum Beispiel, die es auf der Welt gibt, ist vom Aussterben bedroht. Hier besteht Handlungsbedarf.

Die Gründe, einen Zoo zu besuchen, und die Gründe für eine Stadt, einen Zoo zu unterhalten und zu pflegen (und die bauliche und personelle Investition ist keineswegs gering), werden unterschiedlich gewichtet werden. Zoodirektoren und auch die politisch Verantwortlichen werden Tierpflege und -schutz, die Erhaltung der Tierarten sehr hoch bewerten, das Interesse der Bevölkerung daran ist erfreulicherweise sogar erheblich gewachsen (und damit zugleich

Bild links: Der Paradieskranich als Zooführer

der politische Stellenwert), Pädagogen werden den naturkundlichen Bildungswert schätzen (der Wuppertaler Zoo hat eine eigene „Zooschule“!) und viele sehen im Zoo einen hohen Freizeitwert, wünschen sich Tierbeobachtung und auch Tierexotik als Entspannung und Erlebnis. Und weil viele diese Wertschätzung gerne in einen Zoobesuch umsetzen, dafür sogar aus anderen Städten und Regionen anreisen, werden kommunale und regionale Planer (und Politiker) die Attraktivität eines guten Zoos für die eigene Stadt begrüßen und fördern wollen. Die Attraktion eines gepflegten Zoos ist auch Faktor im Stadtmarketing und der Freizeitwirtschaft, es gibt einen eigenen, wachsenden Zootourismus.

Welches 1881 der Hauptgrund für die **Bildung einer Aktiengesellschaft „Zoologischen Gartens“** war, weiß man nicht, wahrscheinlich sowohl das Interesse an Tieren als auch der Wunsch nach einem attraktiven Park. Auch in anderen Teilen der Städte im Wuppertal (auf der Hardt in Elberfeld, am Johannisberg, in der Barmer Südstadt) gab es ein großes, vor allem bürgerlich geprägtes Interesse, Plätze und Gärten der Erholung und Entspannung zu schaffen, durchaus als Freizeitort für alle Schichten der Bevölkerung. Ein Zoo entsprach den Erfahrungen in anderen Städten (der Berliner Zoo war bereits 1844, die Stuttgarter „Menagerie“ sogar schon 1816 gegründet worden, Köln 1860) viele andere Großstädte folgten aber erst, z.B. Hagenbecks Tierpark in Hamburg 1907. In jedem Fall hatten die Elberfelder Zoogründer die Hoffnung, daß ein attraktives „Restaurationsgebäude“ mit Veranstaltungssälen der Wirtschaftlichkeit des Gesamtunternehmens Zoo einträglich dienen könne. Schon früh merkte man, daß man in attraktive Tieranlagen investieren mußte, wenn man genügend Besucher/innen erreichen wollte. So blieb es nicht beim einzelnen Bären und einem Wolfspaar,

Ein altes Zoobild: Felsgrotten und Wasser für die Seelöwen

mit denen man anfing, sondern bis 1900 entstanden ein Warmhaus für Huftiere, Strauße und Känguruhs und auch ein kleines Affenhaus. Spätestens in den Dreißiger Jahren wußte man, daß ohne die Stadt der Zoo nicht zu halten war. Damals übernahm die neue Stadt Wuppertal auch die Verantwortung, aber nach dem Zweiten Weltkrieg, in dem der Zoo erfreulicherweise kaum Schaden nahm, gab es zunächst andere Prioritäten. Erst in den Fünfziger (Kleines Raubtierhaus, Haus der Zebras und Antilopen, Bisonhaus, Vogelhaus) und dann vor allem den Siebziger Jahren wurde wieder wirksam investiert, auch mit Unterstützung des „Zoovereins" (und das lohnte sich in den Besucherzahlen, 1971 wurde erstmals eine Million Besucher/-innen erreicht):vom Großkatzenhaus bis zum Menschenaffenhaus, später konnte u.a. die Eisbärenanlage erweitert und neu gestaltet und 1995 (als letzte Großinvestition) die Elefantenanlage gebaut werden. Jetzt wartet der Zoodirektor auf die Geschenke von Stadt und Sponsoren zum 125.Geburtstag.

Eine natürliche Attraktion des Wuppertaler Zoos, der deshalb auch bewußt den Namen „Zoologischer Garten" trägt, war von Beginn an (bis heute) der große Park in einem hügeligen Gelände, der gepflegte Garten für Tiere, der Eindruck von Tieren in naturnaher Umgebung. Das bestimmt daher auch unseren Rundgang, damit entdecken Sie am ehesten die Besonderheiten dieses Zoos. Sie können flanieren mit Tieren, stundenlang und immer wieder. Und manchmal kann es sein, daß Sie ein Paradieskranich dabei begleitet, oder ein Reiher, vielleicht auch nur eine Ente. Und gleich am Eingang rechts sitzen oft die Gibbons in den Bäumen, spazieren über die Hängebrücken und Seile, „schwingkletternd“, wie es im Zooführer heißt. Folgen Sie diesem Locken unserer Primaten zu den weiteren Affengehegen dennoch nicht sofort.

Unter den Gibbons im Geäst sehen Sie einen der großen Teiche für **Wasservögel (2)** und rund um die meistens bunte Wiese am Musikrondell werden Sie davon viele kennenlernen: das ist nicht spektakulär, aber außerordentlich vielseitig, auch durchaus familiär geht es zu. Viele Besucher gehen viel zu schnell vorbei, dabei ist gerade der Reiz eines Zoos, Tiere in ihrem unterschiedlichen Verhalten, in ihren Merkmalen und Merkwürdigkeiten zu beobachten, in der bunten Welt der Wasservögel rasch zu befriedigen. Lesen Sie im Zooführer oder an den Kurzbeschreibungen Wissenswertes über diese Tiere, entschlüsseln Sie ihre Farben und Formen, erst recht ihre Namen und die Angaben über die Herkunftländer. Da gibt es die einheimischen Schwimm- oder Gründelenten, Schnatter-, Kolben- und Kriechenten, aber auch die seltene Weißkopfruderente (von der in diesem Zoo dennoch bereits 123 aufgezogen wurden), Prachteiderenten putzen sich, wie der Name schon verspricht, prachtvoll heraus, Spaltfußgänse haben kaum Schwimmhäute, Trompeterschwäne sind zumindest die größten der Welt (und wurden vor dem Aussterben in Nordamerika gerettet) und Kuckucksenten haben ebenfalls einen zutreffend verräterischen Namen: sie legen ihre Eier in die Nester anderer Wasservögel. Tiergeschichten sind Geschichten aus fremden Welten, Zeitreisen eigener Art, vorausgesetzt man interessiert sich für sie.

Man blickt von hier aus gleich hinauf auf die weiten grünen, baum- und buschbestandenen Wiesen und Weiden, durchsetzt mit Teichen und Sumpfflächen, bis zu den Kranichen und darüber hinaus bis Patagonien (so kann man nach seinem Tierbestand die oberste Anlage nennen). Es hat auch seinen guten Grund, daß man im Wuppertaler Zoologischen Garten als erstes über Vögel spricht: es gibt über 1.200 Vögel (in fast 200 Arten) hier, das sind rd. ein Viertel aller hier lebenden Tiere (4.700 Tiere in 500 Arten). Es geht auch noch weiter, obwohl bereits die Seelöwen laut rufen. Rechts ist das Vogelhaus, aber dorthin kommen wir am Schluß wieder zurück. Unterhalb des Hauses sehen Sie eine kleine Anlage für Störche und achten Sie unbedingt auf den „Abu Markub“, einen seltenen Storch mit einem auffällig breit-plump verformten Schnabel, einem „Schuhschnabel“ eben, seine Zucht wäre etwas besonderes. Die auffallende Exotik von **Flamingos und Papageien (3)** ist viel-

Flamingos „pumpen“ sich ihre Nahrung

Ulrich Schürer

Worauf der Zoodirektor stolz ist: seltene Tierzucht

Der Wuppertaler Zoo hat international einen guten Ruf, weil er stets dafür gesorgt hat, daß die Einzelheiten gelungener Zuchten, man könnte sie auch das „Kochbuch" nennen, den Kollegen weltweit mitgeteilt wurde. Das Gelingen schwieriger und seltener Nachzuchten ist allerdings Erfolg eines Zoo- Teams: Tierpfleger/innen, Tierärzte und natürlich auch die Zoodirektoren, die die Voraussetzungen schaffen. Welterstzuchten gab es bei uns vor allem im Vogelhaus unter Leitung von Marion und Jürgen Bock. Dazu gehören der Glockenvogel, der besonders durch seine laute metallische Stimme beeindruckt, sowie die Purpurkehlkotinga. Beides sind Bewohner der tropischen Regenwälder Südamerikas, die sich in der Freiflughalle des Zoos besonders wohlfühlen.

Legendär in Fachkreisen sind die Wuppertaler Zuchterfolge bei Jamaikakolibris und Rauchschwalben. In keinen anderen europäischen Zoo sind bisher Kolibris in so großer Zahl wie in Wuppertal ausgeflogen. Erst neulich waren Tierpflegerinnen aus dem Vogelpark in Singapur bei uns, um die Kolibripflege zu lernen. Rauchschwalben gelangten in den Zoo ohne daß wir es wollten. Eigentlich sind es keine Volierenvögel. Ein Schlechtwettereinbruch zur Zugzeit im Herbst hatte die Schwalben aufgehalten und daran gehindert, in den Süden zu ziehen und zu überwintern. Viele sind erfroren oder verhungert, einige wurden geschwächt in den Wuppertaler Zoo gebracht. Es gefiel ihnen in unserer Voliere und bei unserem Futter, frischen Fliegenmaden, so gut, dass sie alsbald begannen Nester zu bauen und ihre Jungen aufzuziehen, etwas was sonst nur in den Zoos von New York und Sydney gelungen ist, allerdings mit anderen Schwalbenarten. Ein Filmteam

Schuhschnabel, so sieht er auch aus

der BBC hielt sich mit Spezialkameras tagelang bei uns auf, um das Schlüpfen einer Rauchschwalbe aus dem Ei erstmalig zu dokumentieren (für einen großen Film über Schwalben).

Heutzutage züchten Zoos vor allem Tiere, um sie vor der Ausrottung zu bewahren, in manchen Fällen sogar, um sie in noch intakt gebliebenen Lebensräumen wieder anzusiedeln, aus denen sie verschwunden waren. Viele Weißstörche, Uhus und neuerdings auch Bartgeier, Mönchsgeier und sogar Löwenäffchen mit Geburtsort „Zoo Wuppertal" wurden in ihrer ursprünglichen Heimat wieder angesiedelt. Solche Erhaltungszuchten müssen international koordiniert werden. Natürlich beteiligen wir uns daran und führen die internationalen Zuchtbücher für Schwarzfußkatzen, Oman-Falbkatzen und den Pudu, einen der kleinsten Hirsche der Welt, der in Chile und Argentinien zuhause ist. Die weltgrößte Zuchtgruppe von Pudus lebt in Wuppertal. Viele davon haben in anderen Zoos neue Familien gegründet, u.a. sogar in Südafrika.

Andere Zoos haben uns kostbarste Tiere anvertraut, z.B. Schuhschnäbel, Okapis, Zwergschimpansen, Takins, Mittelamerikanische Tapire und Gelbrückenducker. Die beiden letzten sind derzeit die einzigen ihrer Art in ganz Europa. Sowohl Gelbrückenducker als auch Mittelamerikanische Tapire hatten in Wuppertal schon Nachwuchs. Die größte berufliche Herausforderung für einen Tierpfleger ist es, auch solche Tiere zur Fortpflanzung zu bringen, bei denen das noch nie in einem Zoo gelungen ist. Wir nennen das Welterstzucht. Die Zahl der größeren Tierarten, bei denen die Zucht in Menschenobhut noch nie gelungen ist, wird immer kleiner. Zu ihnen gehört der Schuhschnabel oder Abu Markub, ein Storch aus den Sümpfen Afrikas. Zwei davon leben im Wuppertaler Zoo. Von einem Zuchterfolg sind wir noch weit entfernt. Es sind leider zwei Männchen, die auf Schuhschnabelweibchen warten.

leicht Zooalltag, aber der „zweite Blick" lohnt sich gerade hier. Der Flamingoschnabel zum Beispiel ist ein besonderes Ereignis, wenn Sie sich die Zeit zur Beobachtung der Nahrungsaufnahme nehmen: die muskulöse Zunge liegt in der Rinne des Unterschnabels und „pumpt" sich die Nahrung (Algen, Insektenlarven, Krebstiere) in den Schlund. In den Futternäpfen sieht man rote Farbe, denn mit gemahlenem roten Paprika im Futter wird aus dem weißen ein rosa Flamingo. Die Aras dagegen, aus der etwa 330 Arten umfassenden Papageienfamilie, sind von tropischer Natur aus bunt, sie kommen aus Süd- und Mittelamerika und ihre Pflege in Zoos ist wichtig, weil die natürlichen Lebensräume zunehmend zerstört werden. Bei den Aras leben in den Sommermonaten auch Schildkröten, ruhige Nachbarn im Vergleich zu den oft lauten Papageien. Diese Schildkröten kommen aus Europa und Nordamerika, aber in Mitteleuropa ist auch die einfache Sumpfschildkröte inzwischen selten geworden. Sowohl Papageien als auch Schildkröten werden gelegentlich als Haustiere gehalten, für den Schutz dieser Tierarten ist das kaum von Vorteil. Ein guter Zoo ist allemal besser für die Tiere.

Seelöwen rufen ans Wasser

Bei aller wissenschaftlichen Neugierde ist der normale Zoobesucher gewiß vor allem daran interessiert, Tiere kennenzu-

Groß und klein, aber laut

Zottelige Eisbären

Okapi mit Samtfell

lernen und in ihrem Verhalten zu beobachten, die er in der normalen mitteleuropäischen Natur nicht trifft, vielleicht einmal auf Fernreisen kennenlernt, aber auch dort nur ausgewählt und selten. Den bellenden Ruf der **Seelöwen (4)** beispielsweise, der bereits außerhalb des Zoos unerbittlich lockt, wird man höchstens von einem Kalifornienbesuch kennen (in „Fishermans Wharf" in San Francisco etwa), aber wie häufig kommt man schon nach Kalifornien? Seelöwen fühlen sich zumindest der Lautstärke nach als Stars des Zoos, locken mit erprobtem Marketingtalent kleine und große Besucher/innen vor allem zu den beiden Fütterungsterminen (11.30, 15 Uhr) ans große Becken, schwimmen schnell und auch gewandt durchs Wasser, robben sich an Land, freuen sich sichtlich über Heringe und anderes Frischfleisch als Futter. Die drei Damen Barbara, Malibu und Monica kommen tatsächlich, wie die Namen verraten, aus Kalifornien (als Geschenk vom Marineland Los Angeles 1986). Die jeweils lange (elfeinhalb Monate) ausgetragenen Junglöwen kommen regelmäßig und schwimmen bereits nach wenigen Tagen, die letzten vier wurden im Juni 2001 geboren (darunter war eine sensationelle Zwillingsgeburt). Neben dem Seelöwenbecken ist eine kleinere Anlage für „Kurzkrallenotter" und dahinter erhebt sich die bereits 1911 errichtete und 1989/91 neu gestaltete Anlage für die mächtigen **Eisbären (5)** aus der Nordpolarregion. Dorthin kommt man wahrscheinlich noch seltener und auch der dortige Bestand ist bedroht, es sind nur noch maximal 20.000 Eisbären anzutreffen. Die Eisbären werden mit Robben, Fischen, aber auch mit pflanzlicher Nahrung gefüttert, haben in dieser Anlage eine beheizte Wochenstube und besonders reizvoll ist es, daß man die Eisbären unter Wasser schwimmen sehen kann, erstaunlich elegant und offensichtlich mit großem Wohlgefallen. Das letzte Jungtier wurde 1995 geboren und die warme Stube entsprach der schützenden Schnee- oder Eishöhle, in der die Eisbärmütter mitten im Polarwinter ihre Jungen zur Welt bringen, die bei Geburt etwa 650g wiegen.

Zwei weitere Tierarten, die am und im Wasser leben, zumindest gerne tauchen, trifft man rechts und oberhalb der Felsengrotten für Seelöwen und Eisbären (in zwei Anlagen, die der Zooverein 1971 und 1981 gestiftet hat): zum einen die **Pinguine (6)**, Brillenpinguine mit einem auffallenden weißen Kopfband (deshalb wohl der Name) und die größeren Esels- und Königspinguine mit gelbem Halskranz. Letztere nutzen gerne den klimatisierten Innenraum (6°), denn sie kommen aus kühleren Gegenden, aus der Subantarktis (die Brillenpinguine von der Südküste Afrikas). Auffallend ist die sehr unterschiedliche Eleganz der Tiere: unter Wasser stromlinienförmig gleitend, an Land eher watschelartig schreitend. Merkwürdig bewegen sich auch die kräftig gebauten kanadischen **Biber (7)**. Sie haben eine Anlage mit Biberburg und Wasserbecken, umrahmt von angenagten Baumstämmen, denn Biber bauen bekanntlich recht große Dämme (um den Wasserstand von Bächen und kleinen Flüssen zu stauen) und eben „Burgen" u.a. für den Winter. Jährlich verbraucht jeder Biber rd. 4.000 kg Holz mit Rinde. Neben der Biberanlage kommt man ins **Aquarium und Terrarium (8)**, u.a. mit einem großen Achteckbecken (und mehreren kleineren) mit großen und kleinen Fischen in allen möglichen Formen und Farben (insgesamt über 1.300 Fische gibt es im Wuppertaler Zoo!). Ihre Namen beschreiben sie oft hinreichend: „Sechsstreifenkaiserfisch", „Blauer Segelflossen-Doktorfisch",„Wimpelfisch" (mit schwebender Wimpelflosse),„Gefleckter Schlangenkopffisch", „Goldbartwels" etc. etc. Das Terrarium zeigt Lurche, Frösche und Echsen, aber auch Neuguineakrokodile (mit zwei Jungtieren vom Juni 2000), Boas (mit einer Nachzucht vom Mai 2001), Pythons, Nattern, Ottern und Giftschlangen. Gesichert sind sie alle.

Bevor Sie sich anschließend auf eine „Bergtour" im Gelände unseres zoologischen Gartens machen, sollten Sie sich noch einige Huftiere rund um das alte Elefantenhaus ansehen, das für die **Tapire (9)** umgebaut wird. Diese Unpaarhufer (vier Zehen vorne und drei Zehen hinten) schwimmen übrigens auch sehr gerne. „Tonka", der Mittelamerikanische Tapir, ist der erste seiner Art, der jemals in einem deutschen Zoo gepflegt wurde. Er ist eine Leihgabe des Zoos Columbus (Ohio), zwei weitere Tapire haben die Zoos in San Diego und Wichita geschenkt. Auch diese Tiere aus Mittelamerika mit ihrer charakteristischen Schnauze sind von Ausrottung bedroht. Ähnliches gilt für die mit ihrem samtenen Fell sehr edel auftretenden **Okapis (10)** aus den afrikanischen Kongo-Regenwäldern. Sie ernähren sich vom Laub der Regenwaldbäume und sind sehr wärmebedürftig. Im Umfeld dieser Huftiere sind rassige Geparden sowie große Greifvögel (Möngsgeier, Harpyien) und Vierhornschafe zu sehen.

Über den Berg: Vom Steinbockfelsen nach Patagonien

Die sich jetzt am besten anschließende „Bergtour" bestätigt den besonderen Ruf des Wuppertaler „Gartens für Tiere", zeigt aber auch, wo noch Erweiterungen und Verbesserungen möglich sind: nicht nur Huftiere flanieren in freier Natur, auch für Wildkatzen könnte man geschützte Freigehege schaffen (wie bereits in ande-

Tierlandschaften im Zoo, Patagonien zum Beispiel

ren Zoos), wenn der Wuppertaler Zoo nicht an der jetzigen Mauer enden würde (das ist der Wunsch aller Zoofreunde bis zum 125.Geburtstag 2006). Der Rundgang beginnt am **Steinbockfelsen (11)**, der aus den Jahren 1910/11 stammt und nicht ohne Grund an Hagenbeck in Hamburg erinnert: Hagenbeck hat die Anlage damals geplant und die Tiere geliefert, die Rechte mußten den geldtüchtigen Hamburger abgekauft werden. Hier leben große Sibirische Steinböcke, die bis nach Zentralasien, sogar bis nach China verbreitet sind. Hierher sollte man in den Wintermonaten kommen, dann kämpfen die erwachsenen Böcke gerne miteinander, mit großer Wucht und Lautstärke. Die Beobachtung dieser Tiere über die Jahreszeiten hinweg ist auch wegen der unterschiedlichen Hornbildung interessant – und von April bis Juni werden Kitze geboren, oft in Zwillingswürfen. Gleich neben der Steinbockarena sehen Sie das eher seltene Pinselohrschwein, ein ulkiges Tier aus Afrika und Madagaskar (im Zoo Duisburg gezüchtet) mit den charakteristischen langen Haaren am Ohr. Hinter dem Steinbockfelsen ist eine Anlage für Antilopen und Zebras, vor allem die Bongoantilopen aus Afrika mit ihren gedrehten Hörnern sind sehenswert. **Afrikanische Haustiere (12)** finden Sie anschließend in einem größeren Gehege versammelt: westafrikanische Zwergziegen, Watussirinder aus Zentralafrika, nordafrikanisch-vorderasiatische Dromedare, auch Hausesel (mit unbestritten afrikanischer Abstammung). Dromedare, Esel, Ziegen und Schafe begleiten oft die nomadisierenden Viehzüchter Afrikas und Arabiens, dabei können Dromedare bis zu 17 Tage ohne Wasser auskommen. Die Natur- und Lebenswelten solcher „Tierfamilien" werden hier wie an anderen Tiergehegen auf interessanten Schautafeln erläutert.

Oberhalb finden Sie das inzwischen eng gewordene Großkatzenhaus für Löwen, Tiger, Panther, Leoparden und andere Katzen. Das sind wilde, stolze Tiere hinter Gittern und den Wunsch nach mehr Freiraum für sie teilen Zoo und

Publikum gleichermaßen. Ein bißchen Savanne würde deutlicher machen können, wie diese Tiere leben.

Die kleinen putzigen **Erdmännchen (13)** fühlen sich dagegen in ihrer mit selbst gegrabenen Bauten durchsetzten kleinen Anlage sehr wohl, sie sonnen sich sehr gerne (und sei es vor dem elektrischen Heizstrahler) und ihre bekannte aufrechte Standhaltung auf den Hinterbeinen ist keineswegs Neugierde, sondern Sicherung denn eigentlich sind sie scheu und vorsichtig (obwohl ihre gefährlichsten Gegner, die Greifvögel, hinter ihnen in streng vergitterten Volieren leben). Sie stammen aus den Trockengebieten des südwestlichen Afrika und leben in Familienverbänden mit bis zu 30 Mitgliedern (so steht es im Zooführer). Die drei Volieren für Greifvögel sind zwar groß, aber der Lebensraum der z.T. großen Tiere(sogar mächtige Kondore sind darunter) ist eng und sie sitzen daher auch etwas träge auf ihren Ästen. Daher ist es gewiß richtig, daß sich der Zoo am „Wiederausbürgerungsprogramm" für Bartgeier beteiligt: seit 1986 wurden bereits 80 Bartgeier in den Alpen, in Österreich, der Schweiz und Frankreich wieder angesiedelt.

Bei den Greifvögeln sind Sie bereits an den höchsten Stellen des Zoos angekommen, der Weg geht rund um eine große Wiese bzw. Weide mit Tieren aus **Patagonien (14)**, also Südamerika und dessen Natur- und Lebenswelt wird an der Anlage unterhalb erläutert. Der Blick geht von einem schützenden Unterstand aus (es darf also ruhig regnen) bis zum Zoorestaurant hinunter, über die Kranich- und Pelikanwiese hinweg bis zum Wassergeflügel. Eigentlich müßte man hier eine Picknickpause machen können (in der späteren Waldschenke ist das Picknicken ohnedies ausdrücklich untersagt, vom Zoowirt, keineswegs vom Zoodirektor). Sie sehen vor allem drei Tierarten: die straußartigen Darwinnandus, die hoch-

Milu, chinesischer Davidshirsch

beinigen Guanakos und die hoppelnden Maras, die Pampashasen. Auf dieser patagonischen Weide am Rande des Burgholzes herrscht zu unterschiedlichen Jahres- und Tageszeiten eine merkwürdig und zugleich vertrauliche Atmosphäre, an dem durchlaufenden Bach sieht man Wassergeflügel aus Südamerika und gelegentlich kommt auch ein nachbarlicher Kranich zu Besuch.

Ein besonderes Tiersortiment sehen Sie noch am oberen Weg links: Nabelschweine (aus Süd- und Nordamerika), Hängebauchschweine (aus Vietnam), Takins (aus den Bergwäldern Nepals, Bhutans, Burmas und Chinas), Milus (Davidshirsche aus Ostchina), Weißlippenhirsche (aus Tibet), Rentiere (hier als Hausrene, also keine aus den großen wandernden Herden), Kiangs (das sind Halbesel aus dem Hochebenen Tibets).

Eine der größten zoologischen Kostbarkeiten aus der Familie der Hirschen finden Sie allerdings nicht hier, sondern am „Überwinterungshaus“ unterhalb des Vogelhauses. Das sind die **Pudus (15)** aus Chile und Argentinien, die kleinsten Hirsche der Welt, etwa 40 cm hoch und um 10kg schwer, ein etwa 8 cm langer Spieß ist das Geweih des Männchen. Der natürliche Lebensraum dieser Tiere ist zu 90% verlorengegangen, der Wuppertaler Zoo führt das internationale Zuchtbuch für den Pudu, koordiniert seine Erhaltung in europäischen Zoos und seit 1973 wurden 164 Geburten gezählt (meistens in den Monaten April bis Juni, jeweils bei Geburt weniger als 1 kg wiegend).

Bären, Wölfe, Elefanten und alle Affen

Es wird viele Zoobesucher geben, die sich die Mühe des genauen Studiums der verschiedenen Tierarten (etwa im Bereich der Huftiere oder auch Vögel) gar nicht machen, und die auch die Spannung versäumen, die in der Tierbeobachtung über Jahres- und Tageszeiten hinweg bestehen kann. Sie suchen nach der Exotik, registrieren die Gefahren und Kämpfe unter Tieren (und sogar den Gefahren für Menschen) und schätzen den Unterhaltungswert mancher Tierensembles, von den Seelöwen bis zu den verschiedenen Affen. Familien (und auch einzelne Kinder) können ganz unterschiedlich auf die zunächst fremde Tierwelt reagieren: mit wachsender Erfahrung (und Kenntnis), mit Spannung und Entspannung in der Regelmäßigkeit. Wenn sich schon das Fernseh- und sonstige Medienverhalten auf die Reaktion von Zoobesuchern (vor allem den kleineren) auswirkt, dann hat der Zoo eigentlich auch die Chance, zur aufregenden Serie zu werden, denn eigentlich passiert im Zoo ständig Neues – und das „Flanieren mit Tieren“ kann zum anhaltenden Abenteuer werden.

Das gilt bereits für **Bären und Wölfe (16)**, obwohl es in ihrem Gehegen jeweils nur wenige sind: das Rudel weißer arktischer Wölfe kommt aus Nordamerika und fast alljährlich gibt es Nachwuchs (meistens im Mai und dann gleich mehrfach). Wolfsrudel zu beobachten ist angewandte Soziologie: mit ausgeprägter Rangordnung und einem ausgewählten Set an Bewegungen und Äußerungen, bis zum lauten Wolfsheulen (und sei es als Antwort auf eine Feuerwehrsirene). Bären sind träger, aber das täuscht. Erstens sind sie groß und kräftig (bis 3 m lang und entsprechend hoch, wenn sie sich drohend aufrichten) und zweitens können Sie auch erstaunlich schnell sein, jedenfalls in freier Wildbahn, in ihrer Heimat in Alaska etwa, auf der Kodiakinsel. Sie fressen alles, auch Pflanzen und gerne Wurzeln, besonders gerne Lachse, denn deren Fett schafft ein gutes Winterpolster, mehr als vier Monate können sie in ihren Winterhöhlen schlafen. Hier werden auch die „cubs“ geboren, die jungen Bären, die ihre Mutter oft mehr als zwei Jahre begleiten. Zur Bärenanlage sollte man mehrfach gehen, denn die Bären ruhen sehr gerne, aber sie wandern auch und der neue Blockholzstand erleichtert es, die Anlage einzusehen.

Seit 1995 ist das **Elefantenhaus (17)** eine große Attraktion des Wuppertaler Zoos (das ältere wurde 1926/27 gebaut). 3000 Quadratmeter Außengelände (hügelig und mit Wassergraben, Bäumen und Gattern) und 1340 qm Innenraum lassen ein vielseitige Elefantenleben zu (das auf Tafeln erläutert wird): von der Fütterung bis zum frischen Bad, von der Siesta im Freien bis zur Freizeitmalerei mit dem Rüssel. Die Elefanten leben in kleinen Verbänden, ihr Sozialverhalten ist gut geregelt. Die frühere indische Leitkuh „Siwa“, bei allen Zoobesuchern besonders beliebt (und seit 1955 hier), ist vor kurzem gestorben. Jetzt ist „Wankier“ die Leitkuh, sie kam 1983 als etwa 3jähriges

Ulrich Schürer

Unsere Elefanten: afrikanische Jumbos im Jumbo

Während meiner Streifzüge zu den Elefanten Afrikas gelang es, Kontakte zum Krüger Nationalpark in Südafrika zu knüpfen. Es ist ein riesiges Schutzgebiet von der Größe der Niederlande, ringsum elefantensicher eingezäunt. Im Nationalpark hatten sich die Elefanten so stark vermehrt, daß sie begannen, die Pflanzen, von denen sie selbst und andere Tiere leben, zu zerstören. Deshalb mußten die Bestände durch Jagd reguliert und junge Elefanten an anerkannte Zoologische Gärten abgegeben werden. Als solcher ist der Wuppertaler Zoo auch in Afrika bekannt. Außerdem wollten wir in der neuen, modernen Elefantenanlage eine Zuchtgruppe afrikanischer Elefanten aufbauen.

Die Vorbereitungen eines Elefantentransports nehmen Monate in Anspruch. Genehmigungen nach dem Washingtoner Artenschutzübereinkommen wurden von den südafrikanischen und deutschen Behörden ohne Schwierigkeiten erteilt. Ein Kaufvertrag mit dem Nationalpark wurde geschlossen. Elefantensichere große Transportkisten, geeignet für Jumbos im wörtlichen und übertragenen Sinne, mußten in Südafrika in Auftrag gegeben werden. Den Transport vom Nationalpark zum Flughafen Jan Smuts in Johannisburg und die Transportbegleitung organisierten unsere Freunde im Zoo Pretoria. Bei der South African Airways SAA buchten wir einen Flug, letztlich war es ein gecharteter Jumbo. Nicht ganz einfach war es, die Landegenehmigung für den Flughafen Düsseldorf zu bekommen, man wollte den Elefanten-Jumbo nach Amsterdam umleiten. Der dem Zoo sehr verbundene, leider viel zu früh verstorbene Landtagsabgeordnete Uwe Herder half, ebenso der Chef der Staatskanzlei unseres Ministerpräsidenten Johannes Rau, unser Dezernent setzte sich

Wohnliches Elefantenhaus mit Bad und Malstube

ein und mein tüchtiger Mitarbeiter Dr. Thomas Kauffels (heute Direktor des Opel-Zoos in Kronberg) koordinierte den Transport vom Flughafen zum Zoo. Die Flughafengesellschaft schenkte uns sogar die Landegebühren, das hatte den Wert von zwei Elefanten. Wie auch immer, die fünf Afrikaner kamen schließlich in Wuppertal gesund, wenn auch etwas müde, an.

Ich hatte den besseren Teil der Elefantenangelegenheit erwischt, hatte Urlaub genommen und war mit meiner Frau auf eigene Kosten zum Krüger Nationalpark gereist. Sie hat mich im Urlaub selten so umtriebig gesehen. Meine Aufgabe war es, möglichst schöne und gesunde Elefanten auszusuchen, bei der Verladung dabei zu sein und natürlich die Kontakte zu den vielen Menschen zu pflegen, die uns in Südafrika geholfen haben. Den schlechteren Teil hatte Dr. Kauffels. Er hatte dafür zu sorgen, daß die Elefantenhausbaustelle fertiggestellt wurde, damit die Elefanten ein Dach über dem Kopf hatten. Es war so wie immer, das Haus wurde in allerletzter Minute fertig, ihr neues Zuhause.

Jumbo ist heute synonym für groß und tatsächlich war der afrikanische Elefantenbulle „Jumbo“ der größte seiner Art und lebte Ende des 19. Jahrhunderts im Zoo London. In der hochangesehenen „Zoological Society of London“ wurde er den Verantwortlichen zu gefährlich und 1882 beschlossen sie, ihn an Phineas Barnum zu verkaufen, den Zirkusbesitzer und Werbekünstler (man nannte ihn den „Vater des Humbug“). Mit Schiff kam „Jumbo“ nach New York, Barnum erreichte enorme Publicity, aber „Jumbo“ wurde 1885 von einem Schnellzug überfahren, der dabei entgleiste. Der Name blieb unsterblich.

Jungtier aus Simbabwe nach Wuppertal, in ähnlichem Alter kamen 1995 fünf afrikanische Jungtiere aus dem Krüger-Nationalpark in Südafrika in den Wuppertaler Zoologischen Garten.

Fast am Schluß des Rundgangs treffen wir auf eine Menge **Affen (18)**. Die in der Regel bald recht unterhaltsame, auch heitere Kommunikation mit diesen „Herrentieren“ hat gewiß viel damit zu tun, daß auch der Mensch zu der fast 200 Arten umfassenden Ordnung der Primaten gehört. Wir suchen daher gerne nach menschlichen Reaktionen, Verhaltensweisen und Mienenspielen und meistens tun uns die Affen auch diesen Gefallen.Das trifft auf die kleineren Äffchen sogar noch eher zu als auf die großen und manchmal auch etwas plumpen „Menschenaffen“, mit dem etwas groben „Flachkopf“ des nachbarlichen Neandertalers lassen wir uns ja auch nicht gerne vergleichen. Die zoologisch ehrgeizige Präsentation der Primaten geschieht in mehreren Anlagen nebeneinander: dem bereits 1928 eröffneten und 1985 renovierten alten Affenhaus (mit Halbaffen, Neuweltaffen und Altweltaffen), der 1966 erbauten Gibbonanlage am Zooeingang,dem 1978 fertiggestellten Menschenaffenhaus und noch 2001/02 soll eine Außenanlage für Orang Utans hinzukommen.

Die gesamte Affengeschichte soll hier nicht erzählt werden, dazu gibt es den Zooführer und die Zooführungen. Drei der vier Menschenaffenarten, Gorilla, Schimpanse und Zwergschimpanse, kommen aus Afrika, der Orang Utan als größter baumlebender Primat (bis zu 200kg schwer) kommt aus den tropischen Regenwäldern Sumatras und Borneos. Alle Menschenaffen sind in ihren natürlichen Lebenswelten stark bedroht, internationale Zuchtprogramme sollen ihren Bestand sichern. Die am seltensten gepflegte Menschenaffenart ist der vergleichsweise schlanke Zwergschimpanse oder Bonobo, die Wuppertaler Gruppe ist eine „Zuchtleihgabe“ der Zoos in Stuttgart und Frankfurt. Noch größer als die Orang Utans sind die am Boden der Regenwälder lebenden Gorillas, die bis zu 275 kg schwer werden können.

Was die Artenpflege in den Zoos der Welt bedeutet, kann man an den „Goldkopflöwenäffchen“ deutlich machen: Anfang der Siebziger Jahre gab es weniger als hundert goldgelbe Löwenäffchen in allen Zoos der Welt, heute sind es etwa 500 und das sind mehr als in freier Wildbahn. In Wuppertal wurden bisher 28 Äffchen aufgezogen und eine komplette Familiengruppe konnte 1992 zur Wiederansiedlung in Brasilien zur Verfügung gestellt werden. Die Aufzucht der jungen Äffchen ist außerordentlich schwierig, denn sie haben ein Geburtsgewicht von etwa 55g.

Goldkopflöwenäffchen, neugierig

Zurück zu den Kleinsten: Insekten und Kolibris

Viele Zoobesucher beginnen ihren Rundgang in den Affenhäusern und enden auch dort. Das ist kein Wunder, denn mit den Affen und ihrer Alltagskultur kann sich jeder stundenlang beschäftigen und das sogar immer wieder neu. Unser Rundgang geht noch einmal zu den Vögeln zurück, vielleicht sogar mit dem kleinen Umweg zu den einheimischen Vögeln (incl. Eulen). Danach kommt man an Kranichanlagen vorbei (und begegnet vielleicht erneut dem flanierenden Paradieskranich) und steht etwas ratlos vor einem dicht und hoch gewachsenen Garten, dem **Insektengarten (19)**: hier kann man z.B. Hummeln und Schmetterlinge an ihren Futterpflanzen beobachten, die Erläuterungen sollen es erleichtern. Dann aber erreicht man das **Vogelhaus (20)** mit zwölf inneren und sechs äußeren Volieren, vor allem aber mit der Freiflughalle für Kolibris und andere tropische Vögel. Man hat das warm-schwüle Erlebnis eines tropischen Regengartens und mehr als 50 Vögel leben hier, schwirren um uns herum, stehen in der Luft (die Kolibris schaffen das durch ihren raschen Flügelschlag), suchen sich ihre Nahrung: Blütennektar, Pollen, Insekten und Spinnen. Mit einer Nährlösung aus verschiedenen Zuckersorten, Vitaminen und Aminosäuren wird der Blütennektar ersetzt, auf überreifen Bananen werden die Fruchtfliegen speziell gezüchtet. Helle und dunklere Vogelstimmen mischen sich, manchmal herrscht große Konzertlaune im Vogelhaus, Kammerkonzertklang allerdings.

Die Straßenmusik der Tiere im Zoo wird uns zum Ausgang begleiten: weder die Seelöwen noch die Papageien geben gerne Ruhe, seltener ist der Trompetenstoß der Elefanten. Den akustischen Grundton im zoologischen Garten in Wuppertal geben, hört man genau genug hin, die vielen Vögel an: zwitschernd, schnatternd, kreischend, pfeifend, singend, manchmal in Koloraturen, oft im Chor.

Öffnungszeiten des Zoologischen Gartens:
täglich 8.30-18 Uhr (im Winter bis 17 Uhr), an Sonn- und Feiertagen (Sommer) 8.30-18.30 Uhr.
Tel. 0202/2747-0, Fax 0202/741888 (Direktion), 5638005 (Verwaltung)
Internet: www.zoo-wuppertal.de
Email: kontakt@zoo-wuppertal.de

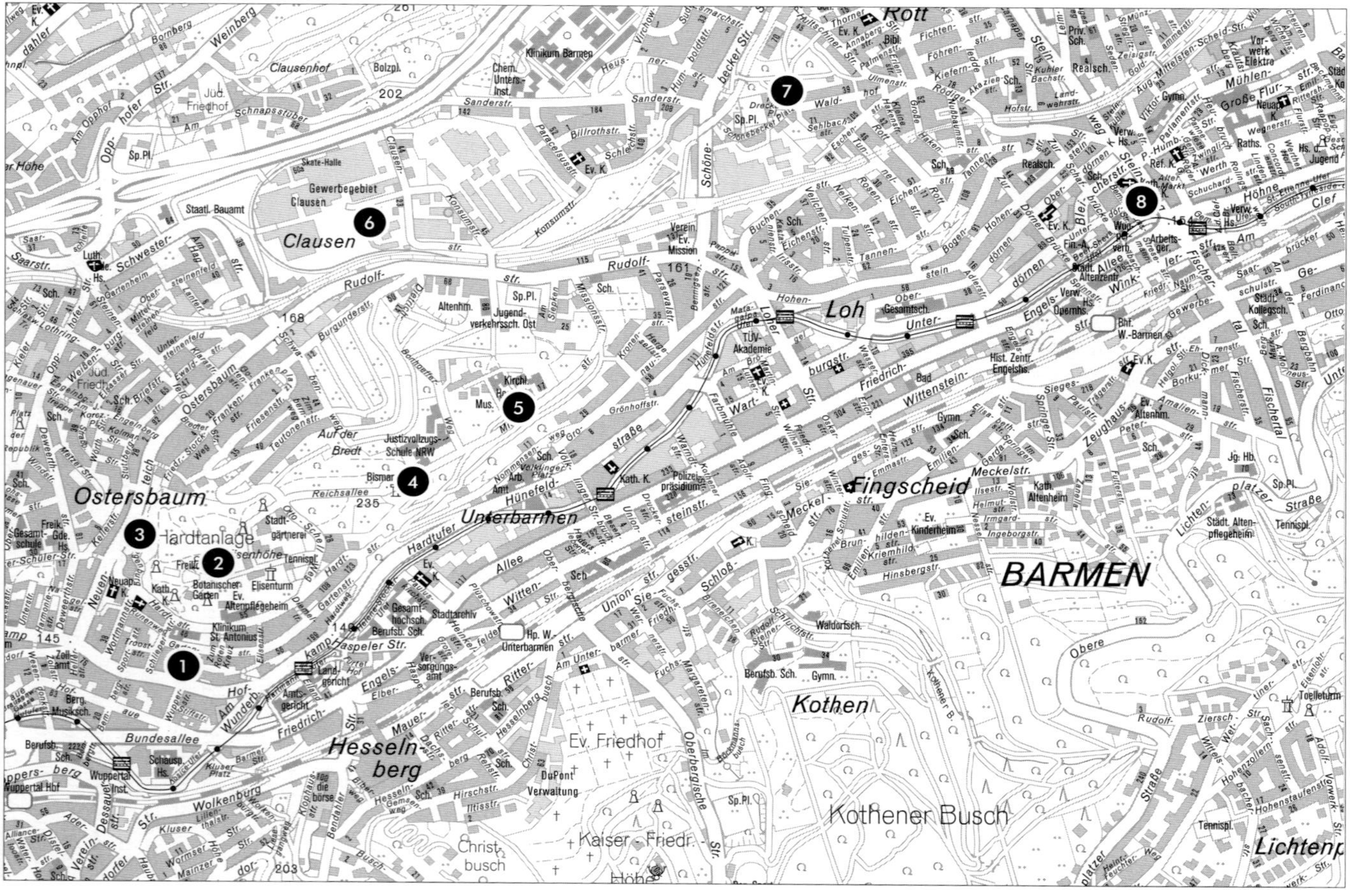
BARMEN
Rott
Loh
Fingscheid
Unterbarmen
Kothen
Kothener Busch
Hesseln berg
Clausen
Ostersbaum
Hardtanlage
Christ busch
Lichtenp
1
2
3
4
5
6
7
8

Zwischen Hardt und Rott

Eine grüne Stadtwanderung nach Barmen

Rundgang 10: *Start an der Schwebebahnstation Kluse, Ziel ist der Alte Markt in Barmen.*
Dauer: *zwei Stunden*

Der Weg von Elberfeld nach Barmen geht eigentlich durchs Tal, wir gehen diesen Weg über die Berge: über die Hardt und am nördlichen Talhang entlang, durch eher friedliche Wohnstadtquartiere und den Rotter Berg. Wir starten an der Kluse, gehen durch die Wupperstraße zur **„Abelertreppe" (1)**, benannt nach Georg Abeler, dem Gründer des Uhrenmuseums (1906-1981). Eine moderne Skulptur (von Will Brüll) weist den Weg nach oben, der Blick zurück zeigt Schauspielhaus und Universität. Die Treppe führt zur Gartenstraße ins Wohnviertel an der Hardt, etwas weiter rechts über eine weitere Treppe auf die Hardtstraße. Hier steht das frühere Rote Kreuz-Krankenhaus, heute ein Altenpflegeheim der Diakonie: „Wohnen mit Komfort und Service mit Herz" wird für die Wohnungen der Dresen-Stiftung versprochen. Treppen führen nach oben und unten. Die „Diemeltreppe" z.B. erinnert an Dr.Johann Stephan Anton Diemel (1763-1821), den Stifter der Hardt-Anlagen. Diemel war Wundarzt aus Elberfeld, daher von der Heilkraft der Natur sehr überzeugt. Auf der Hardt selbst (unweit des Kinderspiel-

Stadtpark Hardt, Elberfeld zu Füßen

platzes steht natürlich noch ein richtiges Denkmal: als geflügelter Jüngling an einem Sockel lehnend, mit Aeskulap-Stab und Schlange, gewiß etwas kitschig geraten (Imhoff 1823). Um zur Hardt zu kommen, müssen Sie aber noch den Otto Schell-Weg hinauf. Otto Schell (1858-1931) war Schulrektor in Elberfeld und als Heimatforscher zugleich ein wunderbarer Geschichtenerzähler. Besonders von Denkmälern erzählte er gerne, z.B. die Geschichte der „Freiheitseiche" (s. nächste Seite).

Die Hardt mit „Freiheitseiche" und Bismarckturm

Zur „Freiheitsseiche" führt dann ein größerer Rundgang durch die Hardtanlagen, lohnenswert ist er allemal. Der Weg Elisenhöhe geht links am Tennisplatz des HTC (Hardt Tennis Club) vorbei, rechts sehen Sie die Stadtgärtnerei, die diese und andere Parkanlagen mit viel Sorgfalt und Naturliebe pflegt, nicht selten durch Bürgervereine („Verschönerungsvereine") aktiv unterstützt, leider durch andere Bürger auch immer wieder behindert (mutwillige Zerstörungen haben zugenommen). Ihr Rundgang beginnt gleich mit einem Kleinod, dem 1.5 ha großen und zweifellos wunderschönen **Botanischen Garten (2)** mit seinem orange/weiß gestrichenen Wahrzeichen, dem Elisenturm (den man auch besteigen kann). Der Turm leuchtet von weitem, obwohl er nur 21.40 m hoch ist (aber an der höchsten Stelle der Hardt steht, also bereits 220 m über dem Meeresspiegel), er trägt weiße Pilaster und ein schmuckes Gesims, hat einen kleinen Kuppelsaal mit runden Fenstern, eine Boden- und eine Dachterrasse und als Krönung einen kleinen weißen Pavillon. Bereits 1883 wurde der Turm errichtet und mit Elise war natürlich die Gemahlin des in Elberfeld besonders beliebten preußischen Kronprinzen (und späteren Königs) Friedrich Wilhelm IV gemeint. Der Botanische Garten selbst wurde an anderer Stelle der Hardt zunächst als Schulgarten angelegt (1890), 1910 mit dem Garten der „Eller'schen Villa" verbunden, die mit schönen Schmucksteinen ausgestattet ist und gut zur z.T. exotischen Blumen- und Pflanzenpracht paßt. Der Garten ist 1,5 ha groß, hat vielerlei Baumbestand und gut erläuterte Pflanzungen, inzwischen auch ein Schaugewächshaus – mit „Sukkulenten", also wasserspeichernden Pflanzen. Die Atmosphäre mit Stühlen und Bänken ist ruhig und anregend zugleich. Gegenüber dem Garten ist das „Hardt-Café" mit geräumiger Kaffeeterrasse (an Sommerabenden auch Biergarten). Etwas unterhalb blicken Sie an einem Platz mit Eisengitter in die Waldbühne hinunter (und auf den Kinderspielplatz). Die Waldbühne mit gelbem Bühnendach wird mitunter im Sommer bespielt. Der weitere Weg führt unter hohen Bäumen hinüber zu einem großen Grillplatzhaus (das man auf Anfrage für 50 DM mieten kann). Den Berg hinunter (mit Blick auf Elberfeld) sehen Sie zwei einfache Springbrunnen auf einer bepflanzten Terrasse. Darunter finden Sie das Gedenkstein-Ensemble rund um die **„Freiheitseiche" (3)**, im November 2000 wieder restauriert. Auf den weiteren Wegen Richtung Osten (und Barmen) gibt es gut ausgestattete Aussichtsplätze mit Bänken, auch manche weitere Skulptur, u.a. den Gedenkstein für den früheren Reichspräsidenten Friedrich Ebert und im Rosengarten eine sinnende Frauenfigur von Friede Classen. Die Reichsallee (durch die auch eine Stadtbuslinie fährt) zwischen großen Liegewiesen führt zum aus Blocksteinen errichteten **Bismarckturm (4)**, mit dem Familienwappen derer von Bismarck als einzigem Schmuck. Er wurde erst 1907 gebaut, aber auch zu Kaiser Wilhelms Zeiten (also Wilhelm II.) hielt man im

Bild links: Botanischer Garten mit Elisenturm

Die „Freiheitseiche“

Otto Schell, Denkmäler der Stadt Elberfeld, 1904 (Auszug)

Am 9. November 1813 zogen die Kosaken in Elberfeld ein. Vor dem alten Rathause an der Turmhofsstraße hielten die fremden Gäste auf ihren kleinen zähen Rossen, mit der eigenartigen Tracht und den wilden Zügen. Neugierig drängte sich die Bevölkerung der Stadt um die „Befreier Deutschlands“, während die Spitzen der Behörden, Oberbürgermeister Brüning voran, auf der hohen Rathaustreppe standen und sie empfingen. Man sah ja in ihnen die, welche die fliehenden Despotenkneckte verjagten“. „Mit Tränen in den Augen rief der Vater seiner Gattin und seinen Kindern zu: Die Retter sind nahe! Alles lief, mit weißen Tüchern als Friedenszeichen in der Hand, der unbekannten Nation entgegen, die unsere Sprache nicht kannte; alles wünschte ihnen Heil zum Siege. Unter dem Jubelschrei Hoch leben die Alliierten! Führte die Menge der Bürger drei der Sieger um 11 Uhr morgens vor unser Rathaus; Elberfeld und die ganze Gegend war gerettet.“ ...

Das war die Zeit, in der Elberfeld und das Bergische aus seinem engherzigen Partikularismus herausgerissen wurde und in die Schwingungen des gesamten nationalen Lebens eintrat; es war der Augenblick gekommen, wo es höheren nationalen Aufgaben entgegen geführt wurde, weit erhaben über die kleinlichen Fragen lokaler Interessen und eng begrenzter Stammesangelegenheiten; der 9. November 1813 war der letzte Tag der französischen Herrschaft, welchen Elberfeld erlebte, und der Tag, der es mit dem großen Vaterlande unlöslich verknüpfte.

Die Bedeutung dieses Befreiungstages erkannte man auch hierorts und gründete den ersten patriotischen Verein der Stadt: die Eichengesellschaft. Um jedoch diesen Befreiungstag der

Vom Neumarkt auf die Hardt (1894 „überführt“)

Nachwelt unauslöschlich ins Gedächtnis zu prägen, pflanzte man zum „unvergeßlichen Andenken am 9. November 1814 inmitten des Neumarktes eine junge Eiche. Die Eichengesellschaft setzte sich die Pflege derselben als ein Symbol echt vaterländischen Sinnes und Geistes zu ihrem Ziel, wenn sie in einem Artikel sagte: „Fremde Völker setzten uns früher Freiheitsbäume ohne Wurzeln, gleichsam zum Schimpf und Unterjochung der Deutschen. Jetzt wollen aber deutsche Männer einen deutschen Baum, der ewig wächst und grünt, zum Andenken der großen Völkersschlacht pfanzen." Die „Freiheitseiche" auf dem Neumarkt grünte und gedieh über den Gräbern der Toten und dem regen Marktleben. Sie war ein stetes Erinnerungszeichen an die große Zeit.

Um aber ihre Bedeutung noch zu erhöhen, beschloß die Eichengesellschaft, sie mit einem Denkmal zu umgeben.Auch dieser Plan gedieh zur Tat und zwar im Jahre 1817. Vermittelst einer vom 26. September 1817 datierten Kabinettsorder erteilt der König seine Zustimmung. Dieses Aktenstück hat folgenden Wortlaut: „Ich kann den guten Sinne, welcher aus dem von der Bürgerschaft in Elberfeld errichteten Denkmal hervorleuchtet, nicht mißkennen und finde mich auf die Anzeige vom12. September d.Js. veranlaßt, den Einwohnern hierdurch meinen Beyfall zu bezeugen. Potsdam, den 26. September 1817. (gez.) Friedrich Wilhelm."

Vier runde Säulen, welche von Kugeln mit goldig leuchtenden Flammen gekrönt sind, bilden, durch ein hohes Eisengitter verbunden, das Denkmal. Drei Säulen mit entsprechenden Inschriften sind dem Andenken der drei verbundenen Herrscher geweiht. Die 4. Säule trägt folgende Inschrift. „Zum Andenken des 9. November 1813 des Einzugstages der ersten verbündeten Truppen. Errichtet von der Eichengesellschaft." Eine Tafel auf dem Gitter meldet: „Errichtet auf dem Neumarkt. A.D.1817. Überführt nach der Hardt im November 1894." ...

Königswidmung in Gold:
seit 2000 wieder restauriert

Das alte Eichendenkmal mit einer jungen, frisch grünenden Eiche hat nun seine Stätte gefunden auf der waldumrauschten Höhe der Hardt, erhaben über dem Gewirr der Großstadt, auf einem Platz, wo auch der Geist der Vergangenheit zu uns spricht. Dort möge die Eiche grünen und gedeihen unter der sorgsamen Pflege der Eichengesellschaft und unsern Nachkommen künden von alten Zeiten, auf daß auch hier Geibels Wort sich erfülle: „Aber in den Wipfeln ging's Wie ein Gruß aus alten Zeiten".

Wuppertal immer noch einiges vom alten Kanzler. Solche Bismarcktürme gab es auch anderenorts, weil Bonner Studenten die Idee aufbrachten, am Tag seines Geburtstages (also am 1. April) alljährlich Feuer auf den Bergen anzuzünden, „dem dahingeschiedenen Altreichskanzler zu ehrendem Gedächtnis". Für diese Türme wurde sogar ein Wettbewerb ausgeschrieben, daher haben die Bismarcktürme an unterschiedlichen Orten die gleiche schlichte Form. Zwischen den politischen Parteien und ihrer Presse gab es auch im Wuppertal durchaus Streit um den Sinn solch „steinerner Altäre". Immerhin waren sich die beiden Städte Elberfeld und Barmen in dieser Frage dann doch einig, denn wie die Schwebebahn war der Bismarckturm eine Gemeinschaftsleistung, zumal der Turm direkt auf der Grenze zwischen beiden Städten steht. Die Bismarckfeuer gibt es zwar heute nicht mehr, aber wenn an Wochenenden von April bis Oktober auf dem Turm eine Fahne weht, kann man ihn auch besteigen und weit ins Wuppertal sehen.

Vom „heiligen Berg" in die Wohnquartiere Loh und Rott

Die Missionsstraße führt vom Bismarckturm (als östlichem Hardt-Eingang) nach Barmen herunter. Man sprach früher vom „Heiligen Berg", weil neben der Pädagogischen Hochschule/Akademie (heute Justizvollzugsschule) auch die evangelische Kirchliche Hochschule hier ansässig war, eine Hochschule mit einer durchaus bedeutsamen Tradition. Ein Dietrich Bonhoeffer-Weg erinnert an den von den Nazis umgebrachten Theologen (1906-1945). Eine Besonderheit ist ebenfalls im Gebäudekomplex der Hochschule zu besichtigen, das kleine, aber interessante **Völkerkundemuseum (5)** der „Vereinten Evangelischen Mission" (VEM) mit Sammlungen aus den ehemaligen Missionsgebieten in Afrika und

„Vorwärts", 200 m Vorderfront

Asien und Informationstafeln zu Themen wie Kolonialismus, Entwicklungshilfe und Apartheid (täglich 8-16 Uhr geöffnet). Das neuere Gebäude der VEM „als Gemeinschaft von Kirchen in drei Erdteilen" finden Sie übrigens etwas weiter unten an der Rudolfstraße. Die Missionsstraße führt am Hang entlang, Treppen und Wege wollen Sie ins Tal locken, gehen Sie aber bis zur Rudolfstraße durch, denn dort sehen Sie links Richtung Elberfeld ein großes Klinkergebäude mit bedeutsamer Sozialgeschichte: die frühere Zentrale der **Konsumgenossenschaft „Vorwärts-Befreiung" (6)** am Klausen, 1928 errichtet und ein hervorragendes Zeugnis des „Neuen Bauens" in Wuppertal, damals das größte Genossenschaftsgebäude in Deutschland (200 m mißt allein die Vorderfront). Rd. 50.000 Haushalte wurden von hier aus versorgt, etwa 1.000 Mitarbeiter waren beschäftigt, im Festsaal am Klausen traf man sich noch bis in die Siebziger Jahre zu politischen Versammlungen und Festen. Danach wurde das Gebäude von der Fa. Happich genutzt, einem Wuppertaler Familienbetrieb aus der Automobilzuliefererindustrie mit großen Fabrikationsräumen nebenan (fast die meisten deutschen Autos hatten irgendein „Happich-Teil"), heute produziert hier ein amerikanisches Unternehmen Autozubehör. Gegenüber (an der Rudolfstraße 74-76) war früher die Baugenossenschaft „Bergische Bauhütte“ untergebracht, einschließlich der früheren Ziegelei Rittershaus. 1920 gab es in der Folge des Kapp-Putsches auch harte Arbeiterkämpfe „auf Klausen“.

Von der Rudolfstraße geht in Höhe des neuen Missionsgebäudes die Parsevalstraße in das ruhige Wohnquartier Loh, die Wohnhäuser mit kleinen Vorgärten zeigen gediegenes Kleinbürgertum, einfach geschmückt. An der Gronaustraße haben Sie nach rechts und links überraschende Blicke: rechts auf Elberfelds Türme und Hochhäuser und links auf die neugestaltete, recht hohe, fast festliche Eichentreppe, die auf den „Rotter Berg“ führt. Vom Loher Platz müssen Sie ganz schön steigen, um zum Rott zu kommen. Gehen Sie durch die Eichenstraße (mit zwei Schulen, davon trägt eine den Namen des Schwebebahn„gründers“ Eugen Langen) bis zur Straße Rott und dann links bis zur

Eichentreppe auf den „Rotter Berg“

Siedlung **Waldhof (7)**. Hier hat die Stadt wie auch am Sedansberg 1927/28 Wohnungsbau als soziale und zugleich dekorative Stadtentwicklung betrieben, das Prinzip ruhiger Wohnhöfe mit bewußter Nachbarschaftsbildung wird hier beispielhaft vorgeführt. Zwischen Häusern, die zum Teil Jugendstil-Schmuck zeigen (etwa an der Erlenstraße), ist eine harmonisch geschlossene Siedlung entstanden, mit einfachen Arkadenergänzungen, die wie Bühnenbilder wirken. Ein begrünter Anger vor dem größeren Quergebäude unterstreicht das wohnliche und beschauliche Bild. Aber dieser gemütliche Wohnhof ist keine Ausnahme, die weiteren Nachbarstraßen auf dem Rott (meistens nach Baumarten benannt) bestätigen den sympathischen Eindruck: hier wohnt man stadtnah und trotzdem in ruhiger Nachbarschaft. Kleine und wenig größere Geschäfte sowie Gaststätten fügen sich ein, der Hauptverkehr führt über die Carnaper Straße am Quartier vorbei. Im alten Sinne könnte man von einer kleinen Dorfgemeinschaft „Rotte“ sprechen, überschaubar, gut sortierte Sozialstruktur, hier eher ohne Distanz zwischen Privatheit und Öffentlichkeit, man kennt sich jedenfalls gut und verträgt sich wohl auch (hört man).

Barmens Kathedrale: St. Antonius

Die Rödigerstraße können Sie für den „Abstieg“ nach Barmen nutzen, an den alten roten Backsteinviadukten der nicht mehr benutzten Rheinischen Bahn entlang, inzwischen mit grünen Büschen durchsetzt. Bald sehen Sie schon den behäbigen Turm der Gemarker Kirche über den Dächern der Barmer City. Aber der Rotter Berg hat eine eher katholische Tradition und eine damit verbundene dramatische NS-Geschichte. In der Tannenstraße ist der „linke Katholik“ und „Offizier im Widerstand“ Bernhard Letterhaus geboren, am Platz des Geburtshauses

„Ein Mann wie eine Stichflamme"

Bernhard Letterhaus (1894-1944)

Bernhard Letterhaus

„Wenn nur die Arbeiterschaft am Denken bleibt", dieser Satz des 1894 in der Rotter Tannenstraße geborenen Verbandssekretärs der Katholischen Arbeiterbewegung und Widerstandskämpfers steht auf der Gedenktafel an seinem Geburtshaus. Dieser Satz war mehr als ein Lebensmotto. Der junge Bernhard Letterhaus war durch ein gläubiges katholisches Elternhaus geprägt, im damaligen Barmen in religiöser Minderheit. Aber auch die soziale Lage war von Not, Sorge und Armut bestimmt, der Besuch einer höheren Schule war zunächst nicht möglich. Nach der Volksschule wurde er Bandwirkerlehrling, aber wegen hervorragender Leistungen in die Höhere Fachschule der Textilindustrie aufgenommen, deren „Fabrikantenlehrgang" er erfolgreich absolvierte. Er wurde Betriebsassistent in einer Maschinenfabrik, bildete sich selbst weiter, nahm aktiv an den Kursen des Zentralverbandes christlicher Textilarbeiter teil. Im Ersten Weltkrieg war er Soldat, kam verwundet zurück, jetzt erst recht sozial engagiert. Bildung und Formung der christlichen Arbeiterschaft wurde sein Ziel, er wurde Sekretär des Zentralverbandes in Düsseldorf, ab 1927 Verbandssekretär der Katholischen Arbeiterbewegung.

Bernhard Letterhaus, „ein Mann wie eine Stichflamme" (so hieß es bald) wurde zum kämpferischen Repräsentanten eines „linken Katholizismus". Schon 1928 ging er in die Politik, wurde für das Zentrum Mitglied des preußischen Landtags, unterstützte Brüning, opponierte gegen Papen, nach Hitlers Machtergreifung kritisierte er das Reichskonkordat. Er verstand die Begeisterung vieler Leute für den Nationalsozialismus nicht, bereits nach einer ersten Hitler-Rede hatte er seiner Frau Adele gesagt: „Wenn der an die Macht kommt, ist das der Anfang vom Ende". Später erzählte er ihr allerdings nicht, daß er mit Widerstandsgruppen Kontakt hatte, weil er befürchtete, daß sie den Verhören der Gestapo nicht standhalten würde. Im Krieg wurde Bernhard Letterhaus Hauptmann in der Abteilung des Admiral Canaris, knüpfte Beziehungen zwischen den verschiedenen Widerstandsgruppen und war im Kabinett für ein neues, besseres und friedliches Deutschland als Arbeitsminister vorgesehen. Nach dem mißglückten Attentat vom 20. Juli wurde er vom Volksgerichtshof zum Tode verurteilt und am 14. November 1944 in Plötzensee hingerichtet.

wird an ihn erinnert, die Katholische Hauptschule an der Carnaper Straße trägt ebenso seinen Namen wie der Weg, an dem die zentrale Katholische Kirche in Barmen steht, **St. Antonius (8)**.

Mit einem Besuch dieser bemerkenswerten Kirche, beim Barmer Rundgang ausgespart, soll unsere Stadtwanderung beendet werden. Die größte und älteste Barmer Gemeinde ist dem hl. Antonius von Padua (1195-1231) geweiht, dem franziskanischen Kirchenlehrer, der sich für die Rechte der Armen eingesetzt hatte. Im Mai 1708 legten die Franziskaner aus Hardenberg-Neviges den Grundstein für die erste Antoniuskirche am Alten Markt, 1825 erfolgte ein klassizistischer Neubau, 1867 eine neugotische Ergänzung. 1943 wurde die Kirche schwer beschädigt. Im September 1973 wurde der heute großzügige Neubau mit Pfarrzentrum eingeweiht, entworfen von Prof. Rudolf Steinbach/Horst Kohl. Jetzt hatte endlich auch die große Gemeinde der Barmer Katholiken ihre zentrale Kirche, das entsprach dem (im Vergleich zu früheren Jahrhunderten) katholischen Bevölkerungsanteil von rund 25 Prozent. Der evangelische Anteil (vor allem reformiert) ist aber immer noch doppelt so groß.

Ein Innenhof schafft dem Kirchenzentrum St. Antonius eine Ruhezone zwischen Pfarrsaal/Bücherei und dem romanisch anmutenden Turm von 1880. Der große Kirchenraum selbst (für 2.500 Menschen, darunter 600 Sitzplätze) hat ein Mittel- und zwei Seitenschiffe, der hohe Chor erhebt sich 26 Meter über dem Altar, das Dach ist in zwei Gegenbewegungen konstruiert und gibt dem Innenraum eine festlich kathedrale Form. Mittelpunkt des Innenraums ist der

Moderne Kathedrale: St. Antonius

mächtige Hochalter aus Anröchter Dolomit. Das Alterkreuz ist eine typisch spanisch-barocke Arbeit aus der Zeit um 1620. In der anschließenden Taufkapelle mit neobarockem Taufstein stehen ein kostbarer Osterleuchter aus Bronze (von Josef Welling) mit Szenen aus dem Alten Testament (Auferstehung und Erlösung) und ein dreiteiliger Flügelaltar des Kölner Malers Peter Hecker: er zeigt den Pfarrpatron St. Antonius, dem Maria mit dem Jesukind erscheint, den Hl. Suitbertus von Kaiserswerth, der dem Bergischen Land das Evangelium brachte, und Erzbischof Engelbert von Berg auf dem Weg nach Schwelm, wo er 1225 in der Nähe von Gevelsberg ermordet wurde. Josef Welling schuf auch einen eindrucksvollen Kreuzweg mit großen Bronzeplatten. Aus Kastilien stammt die „Traubenmadonna" (1620), eine wunderbare frühbarocke Statue mit Kind, aus Tirol die hölzerne Antoniusstatue aus dem 17. Jahrhundert. Die Kirche ist für die Barmer City zentraler Ort des Gebets, Treffpunkt der katholischen Gemeinde und Ort für große Orgel- und Chorkonzerte.

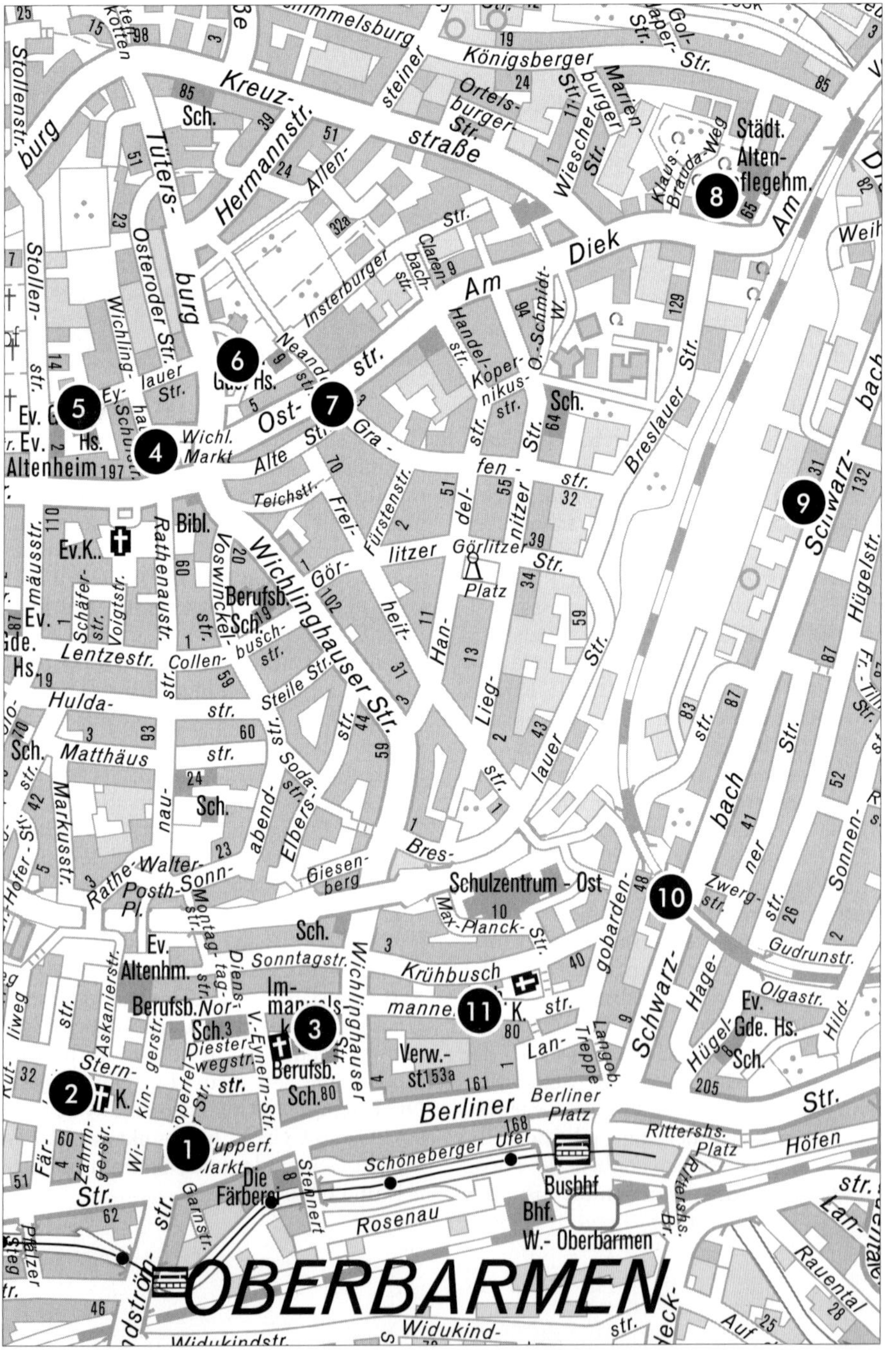
OBERBARMEN
Königsberger
Kreuz-
straße
Hermannstr.
Tüters-
burg
Osteroder Str.
Stollenstr.
Stollen-
str.
Wichling-
lauer
Str.
Am
Diek
Ost-
str.
Alte
Str.
Teichstr.
Wichlinghauser Str.
Frei-
heit-
Görlitzer
Platz
Görlitzer
Str.
Han-
del-
Lieg-
nitzer
Str.
Breslauer
Str.
Schwarz-
bach
Hügelstr.
Insterburger
Str.
Claren-
bach-
str.
Allen-
steiner
Ortels-
burger-
Str.
Marien-
burger
Str.
Wiescher
Str.
Klaus-
Brauda-Weg
Städt.
Alten-
pflegehm.
Handel-
str.
Koper-
nikus-
str.
O.-Schmidt-
W.
Sch.
Bibl.
Ev.K.
Rathenaustr.
Voswinckel-
str.
Berufsb.
Sch.
Fürstenstr.
Colleh-
busch-
str.
Steile Str.
Lentzestr.
Hulda-
str.
Matthäus
str.
Markusstr.
Ev.
Gde.
Hs.
Altenheim
Ev.
Hs.
Wichl.
Markt
Schäfer-
str.
Voigtstr.
Rathe-
Walter-
Posth-
Pl.
Sonn-
abend-
str.
Soda-
str.
Elbers-
str.
Giesen-
berg
Bres-
lauer
Schulzentrum - Ost
Max-Planck-
Str.
Montag-
str.
Diens-
tag-
str.
Sonntagstr.
Ev.
Altenhm.
Berufsb.
Sch.
Im-
manuels
K.
Krühbusch
str.
K.
Verw.-
st.
Lan-
gobarden-
str.
Langob.
Treppe
Schwarz-
bach
Hage-
ner
Str.
Zwerg-
str.
Gudrunstr.
Olgastr.
Ev.
Gde. Hs.
Hügel-
Sch.
Sonnen-
Askanierstr.
Nor-
Diester-
wegstr.
V.-Eynern-Str.
Wichlinghauser
Str.
Berufsb.
Sch.
Stern-
K.
Wupperf.
Markt
Die
Färberei
Schöneberger Ufer
Berliner Platz
Berliner
Str.
Rittershs.
Platz
Höfen
Busbhf
Bhf.
W.- Oberbarmen
Rosenau
Stennert
Garnstr.
Zähringerstr.
Fär-
Str.
Widukind-
Widukindstr.
Rauental
Auf
Rittershs.
Br.
1
2
3
4
5
6
7
8
9
10
11

„Wichelkusen" und der Barmer Osten

Über die „Kultur der Leute" und viel Gewerbe

RUNDGANG 11: Start an der Station Wupperfeld, Ziel ist Oberbarmen/Berliner Platz. Dauer: 1,5 Stunden.

Sowohl Elberfeld als auch Barmen demonstrieren die Sozialgefälle in ihrer Stadtstruktur deutlich, zwischen Briller Viertel etwa und der Elberfelder Nordstadt, zwischen Zooviertel und dem Arrenberg, ebenso zwischen Toelleturm-Viertel und dem Sedansberg. Im Barmer Osten gibt es diese Unterschiede zwar auch, aber das Sozialniveau ist insgesamt eher niedriger oder zumindest gleichförmiger. Zum Teil spielt auch die eigenständige historische Entwicklung eine Rolle. Langerfeld z.B. ist wirklich ein eigenes kleines Städtchen (am ehesten mit den „Bergstädten" Ronsdorf und Cronenberg vergleichbar).

Und „Wichelkusen", also Wichlinghausen (das allerdings zum Stadtbezirk Oberbarmen gehört), ist in Anlage und Häusern noch immer ein Kleinstädtchen. Die Geschichte geht jedenfalls bis ins 13.Jahrhundert zurück, damals war es tatsächlich eine Hofsiedlung: mit dem Oberhof „Wichmarinchusen" und verschiedenen kleineren Höfen, z.B. „Westkotten". Aber am Westkotter Bach entwickelte sich wie an der Wupper die Bleicherei und die weitere industrielle Entwicklung (vor allem in der zweiten Hälfte des 18.Jahrhunderts) war durchaus rasant. Man sieht es noch in z.T. großen Fabrikgebäuden (die oft leer stehen und immer noch auf eine neue Nutzung warten), in großen Bahnanlagen (an der nicht mehr genutzten „Rheinischen Strecke"), vielen kleinen und mittleren Gewerbehöfen. Und man sieht reiche Villen und auch hier geschmückten Gründerzeitfassaden an ärmeren Mehrfamilienhäusern. Alte Fotos zeigen eine lebendige Stadtstruktur und eigene Urbanität. Es ist allerdings eine überschaubare Einheit, es wird nur selten mit Pracht geprotzt, die Arbeit stand im Mittelpunkt, der Alltag, die „Kultur der Leute". Kirchen hatte man ebenfalls genug, Gaststätten auch, große Kulturgebäude fehlen vielleicht, dazu fuhr man dann nach Barmen und Elberfeld. Das war ja nicht weit.

Vom „Bleicherbrunnen" zum „Gottesbrünnlein"

Vom Schwebebahnhof Wupperfeld kommen Sie rasch zum **Wupperfelder Markt (1)**, unmittelbar an der Berliner Allee gelegen. Es ist ein einladender Platz mitten im Durchgangsverkehr, durch Sträucher geschützt, gemütlich möbliert, gastronomisch gut bestückt, „Kiek em rin" wird man aufgefordert, ein „Müllmuseum" macht neugierig (ein Lokal ist mit rd. 2.000 Kostbarkeiten ausgestattet, die man in Mülltonnen gefunden hat), Eiscafé und Eckkneipe fehlen ebenfalls nicht. Und mitten auf dem Platz steht der hübsche „Bleicherbrunnen" von 1884, dreistufig, ganz oben steht der Bleicher und schwingt seine „Güte",also die Wasserschaufel, vier Delphine speien das Wasser. Gegenüber bietet übrigens das Programmkino „Cinema" gute Filme an.

Gehen Sie links die Straße Bredde hoch, sehen Sie die lutherische **Wupperfelder Kirche (2)**, 1779/85 erbaut, typisch spätbarock mit Zwiebeldachturm und Laterne, mit Rundbogenfenstern und Mansardendach. Eberhard Haarmann ist jener Architekt, der auch das Engelshaus entwarf und das ist auch kein Wunder, denn Johann Caspar Engels war hier Ge-

meindemitglied und hatte sich für den Kirchenbau (wohl auch finanziell) eingesetzt, damit man nicht mehr nach Wichlinghausen zum Gottesdienst mußte. Die reformierte Gemarker Gemeinde hatte einige Straßen weiter ebenfalls eine eigene Kirche gebaut, allerdings erst 1867/69 (als zweiten Predigtort für Gemarke). Sie erreichen die Kirche über die Von Eynern-Straße. Diese **Immanuelskirche (3)** wird allerdings nicht mehr für regelmäßige Gottesdienste genutzt, sondern wurde mit Hilfe von Land, Stadt und Sponsoren zu einem akustisch vorzüglichen Konzert- und Veranstaltungsort umgebaut, von einem eigenen Trägerverein (seit 1984) organisiert. Hier singt (und probiert) die berühmte „Kantorei Barmen Gemarke“, es gibt Orgelkonzerte und Kammerkonzerte, aber auch literarische und Jazz-Veranstaltungen, ein eigenes kulturelles Zentrum für den Barmer Osten. Neben der Kirche ist das Berufskolleg Barmen untergebracht.

Für den weiteren Weg geht es in der Normannenstraße kurz links, dann die kleine Dienstagsstraße hinauf über die Sonntagsstraße in die Montagsstraße, jetzt hat Sie die „Kultur des Alltags“ wirklich gepackt. Unter die stillgelegte Rheinische Strecke hindurch geht es über eine Treppe hinauf bis zur Sonnabendstraße. Die Sonnabendstraße links hinauf erreichen Sie durch die Huldastraße die Rathenaustraße. Hier ist es sauberer als unter dem Bahndamm, die Wohnhäuser wirken aber einfach. Hier wohnen Arbeiterfamilien, wohl auch einfache Angestellte. Etwas weiter aufwärts schmückt man sich wieder mit Gründerzeit- und gar Jugendstilfassaden. Neben buntem Putz mit Girlanden, Blumenpflanzen, Köpfen und Fabeltieren sehen Sie blumengeschmückte Schieferbauten und später schöne Fachwerkarchitektur, ein Schmuckstück z.B.

Bild links: So war es einmal im alten „Wichelkusen“

Früher in Wupperfeld

an der Ecke Rathenau/Lentzestraße. Und einige gute Eckkneipen gibt es auch.

Durch die Rathenaustraße erreichen Sie bald das Zentrum, den **Wichlinghauser Markt (4)**. Schon vorher liegt links die Wichlinghauser Kirche (1864/67 erbaut, die frühere von 1743 stand mitten auf dem Marktplatz). Der heutige Marktplatz ist leider kaum mehr als ein Verkehrskreuz, mit Ampeln vollgestellt, von Geschäftsgebäuden eingekränzt. Nur auf der linken Seite wurde vor einer steinernen Balustrade ein kleiner Platz mit Bäumen und Bänken freigehalten, ein schöner Marmorbrunnen von Hans Georg Hiby hält flehentlich zwei Hände, auf denen das Wasser sprudelt. Für einen Stadtplatz ist das zu wenig.

Aber sehen Sie sich aufmerksam das Umfeld an. Gegenüber der Kirche zum Beispiel stehen zwei alte Schieferhäuser, bereits um 1800 gebaut. Tatsächlich fühlt man sich trotz des rauschenden Autover-

„Kultur der Leute" am alten Markt

kehrs um zwei Jahrhunderte zurückversetzt, wenn man sie sieht und genügend Phantasie besitzt, sich das Leben in diesen Häusern vorzustellen. Um ihren Erhalt mußte gekämpft werden, die Restaurierung beschränkte sich auf das Notwendigste, das Leben in diesen Häusern war einfach und bescheiden und ist es noch heute. Nur wenig Schmuck ist zu finden, ein gestalteter Türknopf immerhin und helle Fensterrahmen, wenige Blumen und ein sich vordrängender Baum. Auf der Kirchenseite zum Markt hin sieht es etwas wohlhabender aus, neben einen repräsentativen eisernen Gittertor zum Kirchvorplatz wohnte der Pfarrer in einem schönen alten Pfarrhaus aus dem Jahre 1805:eine zweiflügelige Pfeilertür mit ausdrucksvollen Löwenköpfen, die Wände neu mit Schiefer bedeckt, Fenster und Türen leuchten weiß. Daneben steht die „Alte Apotheke" (1834-43) als geputztes Haus mit stolzem Giebel, Eckpilastern und angedeuteten Rundbögen. Das ist schon klassischer preußischer Baustil und etwa aus der gleichen Zeit stammt die „Alte Schule" in der Wichlinghauser Schulstraße (jetzt Kindertagesstätte). Durch diese Schulstraße nördlich erreichen Sie bald eine gut erhaltene Straßenzeile, die wie eine Puppenstube aussieht, die **Eylauer Straße (5)**, früher „Neue Straße" (in die „Alte Straße" kommen wir noch). Das ist dann Alt-Wichlinghausen aus dem Bilderbuch, aus alten Fotos wohlbekannt: ein Ensemble mit Schiefer- und vor allem auch Fachwerkhäusern ist erfreulicherweise sehr geschlossen geblieben und wurde inzwischen auch weitgehend restauriert. Bemerkenswert sind neben schönem Fachwerk viele alte, z.T. barocke Türen. Gegenüber auf der Anhöhe sieht man ein weiteres hohes Fachwerkhaus,das Hofeshaus **„Im Dahl“ (6)**,und weitere folgen in einer Straße, die versponnen-nostalgisch immer noch „Tütersburg“ heißt (was das auch immer bedeuten mag). In der kleinen grünen Ruhezone gegenüber finden Sie das „Gottesbrünnlein“, die Jahreszahl 178(1) ist nicht ganz verläßlich, aber das Motto ist eindeutig: „Gottes Brünnlein hat Wasser die Fülle“. Ortseinwärts kommt man wieder zum Markt, der leider keiner mehr ist, aber immerhin Treffpunkt für diejenigen, die mit dem Bus in die Stadt fahren wollen, oder hier vor Ort Geld holen, das Notwendigste einkaufen oder vielleicht auch nur ein Buch in der Stadtbibliothek ausleihen wollen (darum war gekämpft worden).

Neben der Sparkasse geht die **Alte Straße (7)** aufwärts, früher noch qualitätsvoller bebaut, aber immer noch mit schönen kleinen Häusern ausgestattet. Ein „Altes Gasthaus“ bietet einen „Abendtisch“ an, bei weiteren Häusern fallen kleine Blumengärten auf. Die Straße führt zur verkehrsreichen Oststraße/Am Diek, dort sehen Sie Gasthöfe, Gewerbehöfe und einige für den Stadtteil

Alte „Alte Straße“, immer noch

Gastfreundliche Villa Halstenbach

typische Fabrikgebäude aus früherer Zeit. Heute könnte man in manchen leerstehenden Gebäuden auch Wohnlofts und Ateliers unterbringen, erste Ansätze gibt es bereits. Gehen Sie vielleicht einmal die Kreuzstraße hinauf, an der Kreuzung zur Allensteinstraße etwa gibt es gar eine Fabrikfront in reinstem Jugendstil. Bei weiterer Stadtentwicklung ist dieses Quartier durchaus ein Geheimtip, die Traditionen sind noch spürbar, die Bevölkerung ist gut gemischt, aber erst langsam finden sich neue Nutzungen.

Früher hatten auch reichere Unternehmer in Wichlinghausen gewohnt. Am Diek kann man es wenigstens in zwei prominenten Gebäuden noch sehen: „Abendfrieden“ (Nr.28) ist ein im „bergischen Barock“ erbautes schmuckvolles Palais. 1897 wurde der festliche Mittelteil als Treppenhaus zwischen zwei ältere Fachwerkhäuser gebaut, verband beide

„Ob dem Knapp“ steht das Hofeshaus „im Dahl“

Über ein „Bergisches Haus“

„Wer vom Wichlinghauser Markt kommt, sieht schon bald das alte Haus auf einer kleinen Anhöhe – ob dem Knapp – stehen, man kann es nicht übersehen; es will auch beachtet sein. Wir verweilen und zählen die Stockwerke der hohen Giebelwand einschließlich Keller: sieben bis zur Giebelspitze! Leider ist sie als einzige verschiefert und verschalt, ihr Gesicht verdeckt. Das stattliche Haus wurde 1632 erbaut, wir haben es noch älter geschätzt. Hier oben steht es gesichert und kann noch manches Jahr auf den flutenden Verkehr herabsehen. Früher war es anders: nur ab und zu stampfte im Schritt ein Gaul mit Wagen die steinige Straße bergan, oder ein anderer im munteren Trab zum Markt. Jetzt sausen die Wagen mühelos bergan. Die Zeit eilt und wir eilen mit. Wir steigen den gewundenen Pfad hinan, und bald liegt die Stirnwand vor uns. Zunächst steht man hilflos vor den vielen Balken, aber dann ordnet sich das Bild: die Haustür mit den Seitenfenstern betonen die Mitte, hier durchschneidet die Deele das Haus; links im überbalkten Keller muhten die Kühe, Eingang für die ‚Milcherzeuger‘ von der hohen Giebelwand aus; rechts nach dem Berge zu liegt das starke Gewölbe, man sieht die Bruchsteinwand mit Luke hervortreten. Auch die Fenster betonen die uralte Dreiteilung. In den Teilen 1 und 2 liegen drei Stockwerke übereinander. Der Bauherr – Bauer – muß ein reicher Mann gewesen sein, der über viele Felder und Wiesen gebot. Die starken Eichenbalken bei engen Gefachen sind umgewandelte Taler, die er aus gesicherter Truhe hervorgeholt hat.“

Das alte Hofeshaus, hoch gefacht

Diese einfühlsame Beschreibung des Hofeshauses „Im Dahl“, das in der „Tütersburg“ auf einem „Kamp“ liegt, stammt vom in Solingen geborenen und in Barmen arbeitenden Zeichenlehrer August Arensmeier (1885-1973) und er beschreibt in seinem Buch „Hüser on Hüsker“ (Born-Verlag 1961/1987) an vielen Beispielen „schönes altbergisches Fachwerk“. Das Haus in Wichlinghausen wird gerne als ein Muster für den Typus des „bergischen Hauses“ beschrieben, auch in der Dokumentation des Rheinischen Landeskonservators über „Das Bergische Patrizierhaus bis 1800“ (Ruth Schmidt – de Bruyn).

Teile durch ein Kranzgesims, rahmte sie durch Eckpilaster ein, gestaltete ein schönes Portal mit Balkon. Bauherr war damals Paul Mittelsten-Scheidt, heute wird das Haus mit seinem schönem Garten als Altenheim angemessen genutzt. Und etwas weiter auf der linken Seite folgt am Diek Nr.47 (neben einem noch größeren städtischen Altenheim) die **„Villa Halstenbach" (8)**. Sie wurde bereits 1796 von der Familie Lekebusch gebaut, rund hundert Jahr später kam ein Seitenflügel mit festlichem Saal hinzu. Der Inhaber der Gummiband- und Maschinenfabrik Willy Halstenbach (1886-1953) erwarb das Haus 1922 und machte daraus eine einladende und auch gastfreundliche Villa für Freunde der Kunstgeschichte, Literatur und Theologie. Halstenbach gehörte seit 1943 zur Bekennenden Kirche, bot vielen berühmten Theologen wie Karl Barth, Johannes Schlingensiepen, Martin Niemöller und Hans Lilje Platz für geheime Treffen, auch Juden konnte hier in der NS-Zeit Schutz vor der Gestapo finden. Nach dem Krieg gab es literarische Abende und im Gärtnerhäuschen eine Privatschule (u.a. mit Johannes Rau als Schüler), danach wohnte Helmut Kahlhöfer hier, der Gründer der Kantorei Barmen-Gemarke und Organist der Immanuelskirche. Nach dem Kriege wurde in der Villa Halstenbach bedeutsame Politik gemacht: Pastor Hermann Lutze, Dr.Otto Schmidt, Dr.Klaus Brauda, Robert Pferdmenges und auch Gustav Heinemann trafen sich hier und berieten über die Gründung einer „christlichen Sammlungspartei", der heutigen CDU.

Gegenüber geht es in die Breslauer Straße, wiederum zwischen einer klassizistischen Villa und einem Schieferhaus, an dessen Torpfosten die Jahreszahl 1790 steht. Jetzt können Sie entweder die Breslauer Straße eher langweilig wieder zurück nach Oberbarmen spazieren oder Sie machen den interessanteren Umweg durch die **Schwarzbach (9)**. Bis zur Eisenbahnunterführung gehen Sie dann einen größeren Bogen und sehen bald eine vielfache Industriebrache: große Fabrikgebäude stehen leer, ein riesiges Bahngelände zeigt den früheren Industrieverkehr, sie sehen hohe Schornsteine, neues Gewerbe siedelt sich erst zurückhaltend an (am ehesten Supermärkte). Links und gegenüber folgt der Stadtbezirk Nächstebreck mit vielen neuen Gewerbeflächen, die Hügelstraße führt zu früheren Sozialsiedlungen am Klingholzberg (mit garstigem Ruf in der Stadt, daher heute weitgehend aufgelöst). Gehen Sie die Verkehrsstraße Schwarzbach hinunter, wenigstens bis zur Langobardenstraße. Auf der rechten Seite sieht man viele Reste alten Gewerbes, am größten die frühere Seifenfabrik Luhns. Das Firmengelände **Luhns** ist auch verkehrshistorisch bedeutsam: hier entstand 1874 das wohl einzige deutsche Straßenbahndepot einer Pferde-Bahn (mit einem Pferdestall für 200 Pfer-

Schwarzbachviadukt, gemalt von Carl Grossberg

Husch-Husch grüßt aus Heckinghausen. Ein Wuppertaler Original, das keineswegs nur Legende war

Mit dem Namen „Husch-Husch" verbinden sich im Wuppertal zahlreiche Legenden und Possen, aber er hat wirklich gelebt und das nicht nur in Heckinghausen auf der anderen Wupperseite, wo er immerhin geboren wurde: am 2. August 1886 als Peter Held. Sein Markenzeichen war der Margarinekarton, mit dem er sein „Geschäft" betrieb, den Kleinhandel mit Kurzwaren, mit Knöpfen und Schnürsenkeln, Garnröllchen und Näh- und Sicherheitsnadeln, auch Bleistiftstummel hatte er im Angebot. „Husch-husch, Husch-husch, im Wolbernbusch" (Waldbeerenbusch) riefen ihm die Kinder nach und manchmal verprügelte er sie auch, wenn er sie erwischen konnte. Gegenüber „Kunden", die nichts kauften, wurde er schnell zornig und reagierte mit saugroben Beschimpfungen, nicht bei allen war er beliebt, für viele war er ein „fiesen Käl".

Andererseits zeigen die zahlreichen Berichte und Geschichten, daß Husch-Husch zum Stadtbild gehörte, eine gewisse Romantik des Straßenlebens umgab ihn, noch heute werden ihm Lieder und Reden über „das wirkliche Leben" in der Stadt in den Mund gelegt, die „Wuppertaler Originale" mit Mina Knallenfalls, Zuckerfritz und Husch-Husch sind eine beliebte Karnevalsgruppe. Fotos zeigen den wahren Peter Held als breitschultrigen, mittelgroßen Mann mit schwarzem Vollbart am kraftvollen Schädel, dieser meistens mit einem verbeulten Filzhut bedeckt, er trug alte Anzüge mit Weste und winters einen dicken schwarzen Mantel. Er war nicht gut auf den Beinen und trug bald einen Stock. In Heckinghausen hatte er sein Stammlokal „Zum leckeren Dröppchen", auch ohne festen Wohnsitz fand er regelmäßig Unterkunft in Wohnasylen und Männerheimen, sommers auch schon mal unter freiem Himmel.

Die Wuppertaler (in Elberfeld und Barmen gleichermaßen) nahmen durchaus Anteil an seinem Schicksal und als er 1936 einmal erkrankte, sogar ins Krankenhaus gelegt wurde, mußten die Zeitungen beruhigen (auf Bitten der Krankenhausverwaltung): „Es wird also mitgeteilt, daß Husch-Husch in Behandlung gewesen ist wegen einer Erkrankung, deren Charakter wir oben andeuteten, daß er aber nunmehr wieder hergestellt zu seinem Geschäft und zu seinen Geschäftsfreunden zurückkehren wird. Vielleicht wird man nach der Zwangserholung und äußeren Erneuerung Mühe haben, das Original von gestern in dem Heute sofort auszumachen. Aber das wird sich dank der Zähigkeit, mit der Husch-Husch an Gewordenem und Gewohnten festhält, bald wieder geben. Eine mögliche Metamorphose wird dann bald wieder ausgetilgt sein. Husch-Husch lebt also und sieht der Zukunft, die mit dem beginnenden Frühling für ihn rosig anzuschauen ist, mit größter Gelassenheit entgegen."

In den weiteren Jahren (der NS-Zeit) bewies Husch-Husch oft genug nicht nur dickes Fell, sondern auch manche Zivilcourage und Stadtarchivar Dr. Werner hat dazu manche mutige Anekdote gesammelt. Auf dem Neumarkt in Elberfeld soll Husch-Husch laut geschimpft haben: „Wir brauchen keinen

Führer mehr“. Auf der Polizeiwache wurde er gefragt, ob er denn wahnsinnig sei und er antwortete erstaunt: „Wir brauchen doch wirklich keinen Führer mehr. Wir haben doch schon einen.“ Anfang November 1937 wurde ihm dennoch der Prozeß gemacht, wegen Landstreicherei und Bettelei. Sechs Wochen Haft (man sang darauf: „Husch-Husch, das Original sitzt nun in Bad Bendahl“) und anschließend zwei Jahre „Nachhaft“ im Arbeitshaus Brauweiler. Danach kam Peter Held nach Elberfeld zurück, zunächst ins „städtische Versorgungshaus“, die weiteren Spuren führen in das psychiatrische Krankenhaus Langenfeld (früher Galkhausen), wo er am 28. November 1953 verstarb.

Weitere Geschichten zu den Wuppertaler Originalen: Heinrich-Karl Schmitz, Wolfgang Winkelsen, Klaus J.Burandt (Illustrationen), Originale aus dem Wupper-Tal, Born Verlag Wuppertal 1993

de!) und auch die spätere Anbindung der vorbei führenden Eisenbahn an das Fabrikgelände war fortschrittlich, im dritten Geschoß der Fabrik wurden die Bahngeleise ins Werk geführt und die Wagen konnten ihre Ladung durch einen Trichter entladen.

Auf der linken Seite der Schwarzbach und dort die Hänge hinauf wird gewohnt, keine wohlhabende Bevölkerung, viele Arbeiterfamilien, ein durchaus lebendiges Wohnumfeld in Schulnachbarschaften (von der Hauptschule Hügelstraße bis zur Gesamtschule an der Heinrich-Böll-Straße), mit beliebten Sportvereinen, auch lokaler Gastronomie. Die Langobardenstraße führt wieder zur Berliner Straße, also ins Zentrum Oberbarmens zurück. Aber vorher sehen Sie kleine Gärten hinter den Häusern und ein berühmtes rot-dunkles **Eisenbahnviadukt (10)** aus Stein und Stahl.Der 1894 in Elberfeld geborene Carl Großberg hat es 1927 gemalt, mit schattenlosen Häusern und dunklen, leeren Fensteröffnungen über menschenleeren Straßen. Von hier aus sehen Sie auch, daß der Schwarzbach eines der vielen Seitentäler des Wuppertals geprägt hat (wie vorher schon der Westkotter und der Wichlinghauser Bach). Die städtebauliche Wirklichkeit wird jetzt wieder freundlicher, die Fassadenfronten in verhaltenem Gründerzeitstil werden dichter. An der Normannenstraße steht die große zwei-

Schwebebahnhof Oberbarmen

türmige katholische Kirche **St. Johann Baptist (11)**, eine dreischiffige hohe Hallenkirche, 1888-1890 gebaut, durch Bomben zerstört, bis 1950 wiederaufgebaut. Hinter der Kirche erhebt sich das Schulzentrum Ost mit dem „Carl Duisberg-Gymnasium“. Der Name der Schule ehrt den 1861 in Heckinghausen geborenen Sohn eines Bandwirkers, der zum berühmten Chemiker wurde, ab 1912 Generaldirektor der Fa.Bayer (schon in Leverkusen), später (1925) auch Gründer des Chemiekonzerns IG Farben, 1935 starb er. Über die Langobardentreppe (von der Kirche aus östlich) kommen Sie zum Berliner Platz zurück. Von hier fahren Schwebebahn und Busse, die Busse fahren auch nach Langerfeld und Beyenburg, die nächsten Ziele.

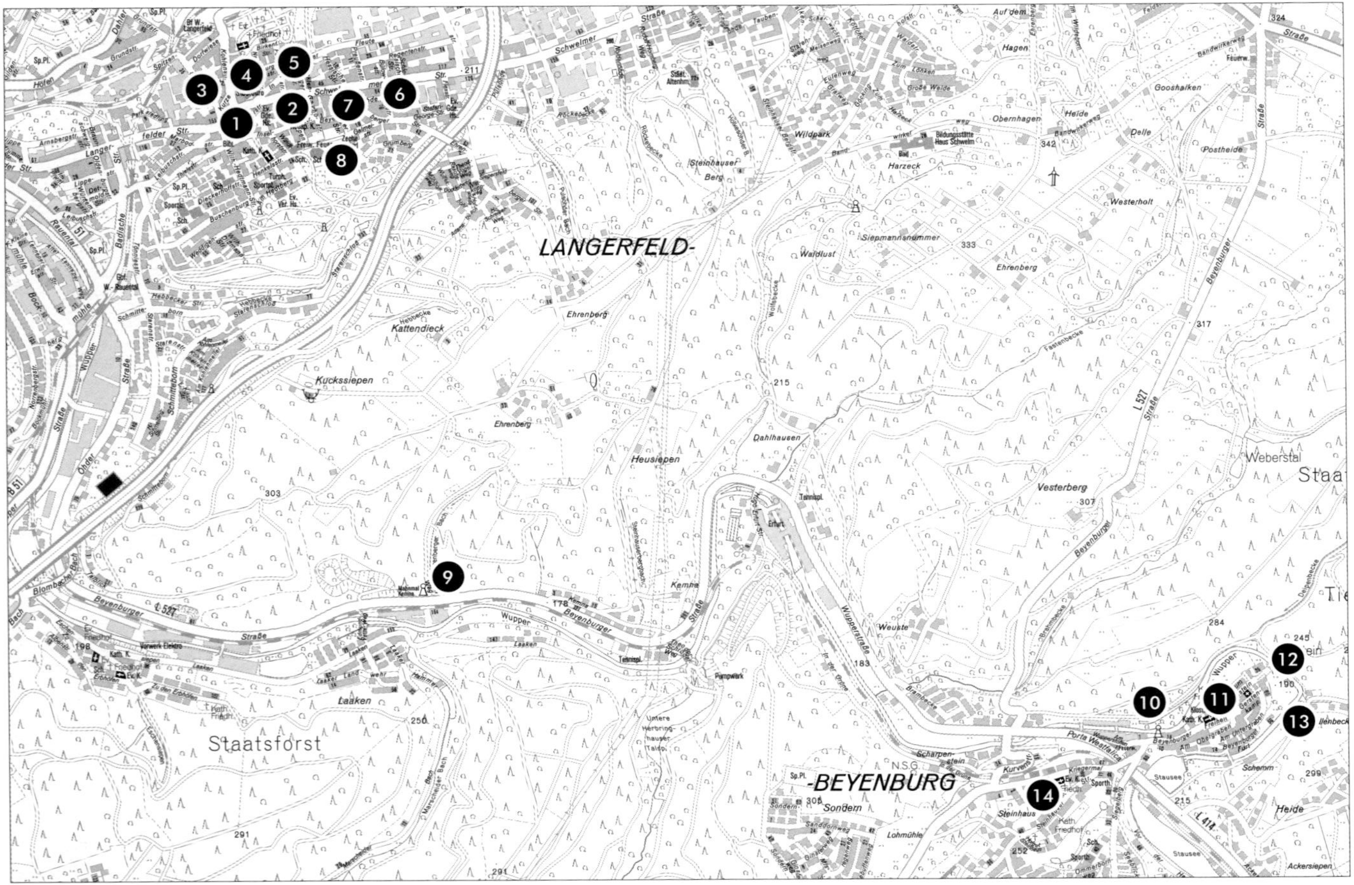
LANGERFELD-
-BEYENBURG
Staatsforst
Weberstal
Kattendieck
Kuckssiepen
Ehrenberg
Heusiepen
Dahlhausen
Waldlust
Siepmannsnummer
Westerholt
Vesterberg
Laaken
Wupperstraße
Beyenburger Straße
Schwelmer Straße
L 527
1
2
3
4
5
6
7
8
9
10
11
12
13
14

Langerfeld und gar Beyenburg

Zwei fast schon westfälische Idyllen

Rundgang 12: *Start am Langerfelder Markt (ab Berliner Platz mit dem Stadtbus), Rückfahrt mit dem Bus 616/626 von Beyenburg.*
Dauer: *drei Stunden.*

Unser zwölfter Rundgang führt in einen Stadtbezirk, der von den anderen vielfach abweicht. Wir verlassen keineswegs das Wuppertal, erleben die Wupper sogar in fast jugendlicher Verfassung, zwar schon recht arbeitsam (wie viele Fabriken zeigen), aber auch beschaulich und sonntäglich. Die beiden Orte, die hier zu einem Stadtbezirk verbunden werden, verhalten sich zu den zentralen Stadtbezirken Elberfeld und Barmen eher marginal, wirken sehr autonom (was sie natürlich nicht sind) und vor allem grenzüberschreitend. Langerfeld und Beyenburg sind tatsächlich „fast schon westfälische Idyllen“, obwohl Beyenburg historisch rheinisch-fränkisch ist. Beyenburg ist außerdem eng mit der Stadtentwicklung Barmens verbunden, zu früher Zeit gehörte Barmen zum „Amt Beyenburg“ und nicht umgekehrt, wurde Barmen also aus dem Beyenburger Amtshaus „regiert“. Zwischen Langerfeld und dem älteren Ortsteil Beyenburg gibt es also manchen Unterschied und zudem eine gute Strecke Wegs. Fahren Sie also am besten mit dem Bus vom Barmen/Oberbarmen ins Zentrum von Langerfeld und später von dort (allerdings erneut über Oberbarmen) nach Beyenburg. Wenn Sie sich genügend Zeit nehmen wollen, ist auch der wunderschöne Spaziergang über den Ehrenberg und die Kemna nach Beyenburg empfehlenswert oder mindestens der Waldspaziergang ab Kemnabrücke.

Langerfelder Markt: Altbergische Häuser, Ehrenmal und Uhr

Waschende Frauen am Langerfelder Markt

Mit dem Stadtbus kommen Sie direkt am **Langerfelder Markt (1)** an. Aus der alten Chaussee von Barmen nach Schwelm (seit 1790) ist zwar inzwischen eine viel befahrene Landstraße bzw. Stadtstraße geworden, aber der „dörfliche" Platz mit bergisch-märkischen Schieferhäusern ist geblieben. Die Alte Kirche (1768) steht etwas seitlich, bestimmt aber das Platzbild immer noch. Das Gasthaus davor macht sich allerdings recht breit. Dazwischen sprudelt ein Brunnen und Ulle Hees hat ihn mit waschenden Frauenfiguren bestückt. Auf dem Platz selbst steht ein Kriegermal (für die Gefallenen der Einheitskriege 1866 und 1870/71). Zwischen eher kleineren Geschäften (vom Eissalon bis zum Schuster) hat auch die Stadtbibliothek schöne Räume gefunden (ein gutes Zeichen für die Literaturfreude der Langerfelder).

Aber lassen Sie sich noch etwas Zeit für die Stadt- oder Ortsgeschichte Langerfelds. Sie können sich ja in eines der Marktcafés setzen. Zur eigenen Stadt hat es Langerfeld zwar nie gereicht, weil man zunächst zu Schwelm und dann (ab 1922) zu Barmen gehörte. Aber die Geschichte ist außerordentlich lebendig und dynamisch, der Ort lag früh an vielbefahrenen Verkehrswegen, hatte eine vielfältige Wirtschaftsentwicklung und ein reges gesellschaftliches Leben. Diese Geschichte ist außerdem gut erzählt worden, der Lehrer Günther Voigt war ein „Stadtpädagoge" besonderer Art, der „Bürgerverein Langerfeld" ist immer noch ein engagierter Begleiter von Geschichte und Entwicklung des Stadtbezirks, an vielen historischen Häusern hängen kleine Erläuterungstafeln. Man ist selbstbewußt hier und stolz auf seine Geschichte.

Bild links: Stolz auf das Westfalenroß: Hofeshaus Cleff

Das „Amtshaus" ist gut geschmückt

Warum sollen nicht schon die Römer über Langerfeld gezogen sein? Mit wenigstens zwei Straßennamen (nach den Heereskönigen Ariovist und Odoaker) wird nahegelegt, daß einer der alten Händlerwege von Köln über Beyenburg und Schwelm nach Norden sich hier gekreuzt haben könnten, vielleicht mit einer Straße vom Rhein über Hilden und Elberfeld nach Schwelm. Sicher ist wohl, daß es im 8. und 9. Jahrhundert erste

Waldrodungen (zu einem „Feld“) gegeben hat und daß sich dann Bauernschaften hier angesiedelt haben. Die „ehrbaren Leute“ Tilman und Gertrud von Langerfeld sind jedenfalls die ersten urkundlich bezeugten Hofbesitzer, denen Heinrich von Gottes Gnaden Abt zu Siegburg „die sämtlichen Höfe von Langerfeld, die uns dienstpflichtig sind“ verlehnt hat. So nannte man es damals wie bereits in Elberfeld (dort wird das erste „Lehen“ schon 1161 bezeugt) und der Abt verdankte seinen Langerfelder Besitz wohl ebenfalls dem Kölner Erzbischof. „Drei Pfund Wachs, alle Jahre auf St. Michaels Tag zu bezahlen“ war der Preis. Die entsprechende Urkunde, die demnach erstmals von „Langerfeld“ spricht, stammt aus dem Jahre 1304 und liegt noch heute im Hauptstaatsarchiv in Düsseldorf.

Bleicher schwingen ihre Güten

Danach gab es weitere Lehen, u.a. vom Ritter zu Volmestein und vom Grafen von Berg. Jedenfalls wuchs der Hofesort, 1486 werden bereits 31 Höfe gezählt. Weiteres Gewerbe kam hinzu: mit Hilfe von Holzkohlen schmolz man Eisenerz in Rennöfen, man stellte Nägel und Sichel, Kessel und Sensen, Sägen und Pfan-

Ein altes Bleicherhaus, noch heute an der Öhde

nen her, Schmiede siedelten sich an. Bald wurde auch Kohle gefördert, Steinbrüche genutzt, Lenneschiefer und Grauwacke, Kalkstein abgebaut. Man handelte mit Bau- und Brennholz, aber auch mit Vieh und Butter. Um 1450 begann dann die **Bleicherei**. Das lag nahe, denn die weiten Wiesen an den Bächen und der Wupper mit klarem und eisenfreiem Wasser bei feuchtem Klima boten sich an. Das Rohgarn bezog man aus vielen Gebieten (der eigene Flachanbau lohnte sich nicht) und die gebleichten Garne fanden guten Absatz, der Garnhandel und das Fuhrwesen wurden lukrativ. Aus den bisherigen Haferkästen zur Aufbewahrung von Getreide entstanden „Garnkästen“ (der letzte, 1957 beim Autobahnbau abgebaute, ist im Freilichtmuseum in Kommern/Eifel zu sehen). Später geriet man durch dieses einträgliche Gewerbe natürlich in Konflikt mit den anderen Orten im Wuppertal, zumal es den Elberfelder und Barmer Bleichern 1527 gelungen war, das „Garnnahrungsprivileg“ zu erringen (s. dort). Die Langerfelder (und Schwelmer) Bleicher ließen es aber darauf ankommen, produzierten sogar in der Grafschaft Mark billiger bei geringeren Löhnen für die Bleicherknechte. Mehrfach stritt man um Verträge, es kam zu Formen des Garnschmuggels, zu wechselseitigen Beschlagnahmen und Verhaftungen, fast entbrannte ein richtiger „Garnkrieg“ im Wuppertal. Von der Langerfelder Garnbleicherei erzählt noch heute die beliebte „Bleichergruppe“ des Langerfelder Bürgervereins. In der „Öhde“ (der Wupperaue auf dem Weg nach Beyenburg) können Sie noch immer mehrere **Bleicherhäuser (2)** sehen, die allerdings alle erst zu Beginn des 18.Jahrhunderts entstanden sind. Besonders schön ist das Bleicherhaus Kikuth in der Öhder Straße 51 mit Schiefer, Fachwerk und Schindeln sowie einer geschnitzten Tür, auch eine große Garnkammer ist erkennbar.

Aber zurück zum Langerfelder Markt. Obwohl durch Straßenbau und Sanierung vieles zerstört worden ist, konnte so manches Gebäude mit wertvollen Erinnerungen erhalten und sogar saniert werden. Beziehungsreich sind auch Straßennamen. Die Kohlenstraße gegenüber der Kirche folgt dem alten Transportweg für Kohle (noch 1780 sollen an manchen Tagen über 50 Kohlentreiber mit je vier oder fünf Pferden durch den Ort gezogen sein), die Spitzenstraße benennt eine der späteren Textilspezialitäten Langerfelds, die Produktion von schönen Spitzen. An einzelnen Häusern muß man auch auf die Hausinschriften achten, am Haus Schwelmer Straße 8 („Hof Langerfeld“) neben der Kirche liest man auf einem schwarzen Holzbalken die Namen von „Johan Langerfeldt“ und „Sophia Prins“ sowie den Text des 25. Psalm und das Jahresdatum 1677. Das war also noch während der Franzoseneinfälle in die Mark und das Psalmgebet hofft auf Gott: *„Lasz mich nicht zuschaden werden dasz sich meine Feinde nicht frewen über mich“*.

Gegenüber in der Spitzenstraße 9 steht als besonderes Schmuckstück, gut erhalten bzw.restauriert, das **Hofeshaus Cleff/Tönnies (3)** mit einer vergleichbaren Inschrift auf dem Türbalken von 1680: *„Auf Gottes Gnaden hab ich vertrauwet und auf sein Wort dis Haus gebauwet. Der helfe mir das es werde volendt zu seinem Lob und gutem Endt.“* Immerhin sind beide Häuser und das Haus Püls/Schulte in der Schwelmer Straße 140 die drei ältesten nachweisbaren Häuser in Langerfeld. Das älteste Haus (noch vor 1600 erbaut) war ein „Längsdielenhaus“ in der Spitzenstraße 13. Es wurde leider 1965 abgerissen. Ebenfalls recht alt sind noch die Häuser Odoakerstraße 1 und 3. Die Dorfschule in der Spitzenstraße 4 (mit Langerfelder Wappen) wurde 1810 erbaut, hatte z.T. bis zu 180 Kinder in einer Klasse, noch bis 1874 wurde hier unterrichtet. Bei den weiteren Rundgängen rund um den Langerfelder Markt kann man manches

Am Schnürriementisch

„Schätzchen“ entdecken, manche Idylle. Das frühere **Amtshaus (4)** steht in der Schwelmer Straße 15. Das Amt Langerfeld (auch für Nächstebreck) gehörte seit 1887 zum Kreis Schwelm, an der Spitze stand ein Amtmann (mit zwei Beigeordneten),an der Spitze der Gemeindevertretung ein Gemeindevorsteher. Im Amtshaus waren die Gemeindeämter untergebracht, im Nebengebäude die Amts- und Gemeindekasse sowie die Amtssparkasse. Heute sitzt hier die Stadtbezirksverwaltung mit dem „Stadtbüro“.

Die gewerbliche Geschichte Langerfelds ging nach Dreißigjährigem

Krieg und den Franzoseneinfällen mit dem Zuzug von Leinewebern und Bandwirkern weiter, gefördert durch Preußen, zu der die Grafschaft Mark seit 1701 gehörte. Aber erst in der zweiten Hälfte des 18.Jahrhunderts nahm dieser Wirtschaftszweig einen großen Aufschwung. Bald „klapperte das ganze Dorf", berichtet Günther Voigt und belegt es mit einer Zeichnung eines Pastor Müller aus dem Jahre 1789: *„Der Bandstuhl ist in einem Wohnraum vor einem großen Fenster aufgestellt, an dem eine junge Frau wirkt. Vor dem Bandstuhl sitzt eine ältere Frau, die von einem Ständer Garn auf Rollen windet. Auf dem Tisch sind ein angeschnittenes Brot, eine Kranenkaffeekanne, die sogenannte Dröppelminna, und eine irdene Tasse mit Untertasse zu erkennen. Die dritte Person ist nicht zu sehen. Der schlafende Hund erweckt den Eindruck eines friedlichen und ruhigen Bildes. Den Lärm eines Bandstuhles und den Staub beim Wirken kann die Abbildung nicht wiedergeben."* Tatsächlich war die soziale Lage der Bandwirker schwierig, die Familie wirkte und spulte den ganzen Tag, Kinder ab sechs Jahren mußten mithelfen. Ein solches Bandwirkerhaus kann man in Langerfeld noch in der **Beyeröhde 24 (5)** sehen, zweistöckig und mit auffallend vielen Fenstern. Der größte Raum war Arbeits-, Wohn- und Schlafraum gleichermaßen, hier standen Bandstuhl, Bett, Tisch und Stühle und eine Steinkohleofen.

Für eine historische Geschichte müssen Sie aber doch noch am Marktplatz bleiben. Zwischen dem Gasthaus und der Kirche ist ein kleiner versteckter Platz, auf dem ein **Brunnen „Waschende Frauen"** steht. Langerfeld hatte immer schon wenig Wasser (trotz Bächen, Brunnen und Brandteichen). 1725 wurden deshalb zwei Fontänen angelegt, die obere ist (verschalt) heute noch an der Ecke Inselstraße/Wilhelm-Hedtmann-Straße zu sehen, die untere in der Nähe von Cleffs Hof in der Spitzenstraße. In mitgebrachten Bottichen durfte man hier auch Wäsche waschen, aber nur zu bestimmten Zeiten, weil sonst an der unteren Fontäne

Nur zu bestimmten Zeiten, sonst gab es Wasserstreit

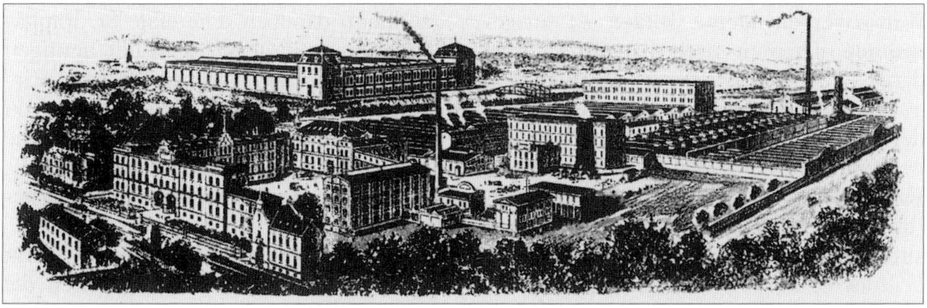

Blühende Textilindustrie: Spitzen-Fa. A&E Henkels

nur schmutziges Wasser ankam. Sechs Jahre lang dauerte dieser Wasserstreit, an den der Brunnen noch immer erinnert. Diese und andere Geschichten aus Günther Voigts Stadtbuch werden immer wieder gerne erzählt, weil sie „dem gantzen Dorf Ergerniß gemachet".

„Langerfelder Spitzen" – Fabriken und sogar eine Zeche

Für die weitere textile Wirtschaftsentwicklung Langerfelds war „Schnürriemen" das neue Stichwort. Das Bleichen und Wirken, Spinnen und Spulen wurde vielfältig fortgesetzt und auch in Langerfeld blieb Heimindustrie die Grundlage der Entwicklung. Aber die weitere Technisierung ließ sich nicht aufhalten. Bald wurden Spinnmaschinen eingeführt, Fabriken entstanden, Peter Wichelhausen erwarb die Rauentaler Mühle und ließ sie zu einer Spinnerei und Tuchfabrik ausbauen. Schon um 1750 war es gelungen, Schnürriemen maschinell herzustellen, besser gesagt Spitzen zu klöppeln, vierspulige „Riemengänge" kamen in Betrieb, z.T. durch Wasserkraft angetrieben. Spätestens nach der „Franzosenzeit" (also nach 1813), die einen Rückgang gebracht hatte, ging die industrielle Entwicklung rasch. Nicht nur große Baumwollspinnereien entstanden (seit 1824 auch mit Dampfkraft angetrieben), sondern auch Schnellbleichereien, Färbereien, Leinenfabriken, Bandfabriken, Litzen- und Spitzenfabriken. 1865 wurde in der Oehde der Grundstein zur später weltberühmten Firma Bemberg gelegt. Der Durchbruch kam durch weitere technische Erfindungen, z.B. der ersten Spitzenmaschine im Jahre 1877 (W. Hedtmann, A. Schmiedel, W. Flasdieck), die ab 1878 der Firma A&E Henkels die Spitzenfabrikation erlaubte, die bahnbrechend wurde und der Firma Weltruf (und Filialen in Italien und USA) brachte. Das stolze Fabrikgebäude kann man noch heute an der Langerfelder Straße (vom Markt aus westlich) bewundern. Daß diese Textilindustrie wie in der anderen Wuppertaler Städten in den ersten Jahrzehnten des 19.Jahrhunderts groß aufblühte, aber nach dem Zweiten Weltkrieg weitgehend in sich zusammenbrach, ist bekannt.

Der weitere Ortsrundgang braucht keine langen Wege. Geht man die Beyeröhde bis zum Schluß durch, trifft man noch einmal auf eine liebevoll restaurierte alte Bandfabrik (Kafka) und gegenüber in einem Wohnhaus aus der Zeit der Jahrhundertwende auf ein **Kindermuseum (6)** ‚als Sammlung von Kindern für Kinder, betreut von engagierten Pädagog/innen: selbstgebastelte Musikinstrumente, viele Figuren und Malereien, die reichen Ergebnisse regelmäßiger Postkartenaktionen mit Kindern aus aller Welt (die in

Wettbewerben kleine Bilder zu ausgewählten Themen nach Langerfeld senden).

Auf dem Rückweg trifft man am modernen Gartenhallenbad am Timpen noch auf ein Denkmal für die **Zeche Karl (7)**. Von 1879-1895 haben etwa fünfzig Arbeiter hier erneut versucht, den altbekannten Bestand an Eisenerz und Galmei (Zinkspat) abzubauen, anschließend zu waschen und auf Eisenwagen zu den Barmer Bahnhöfen zu transportieren (die neuen Eisenbahnen passierten Langerfeld zwar, aber einen Güterbahnhof gab es erst ab 1911). Die Fördermenge war allerdings zu gering: 1884 wurden noch 5373 Tonnen Eisenstein und 1746 Tonnen Galmei gewonnen, schon 1891 waren es nur noch 1360 bzw. 181 Tonnen. Es bleibt die Erinnerung an ein wenig Bergbaukolonie und Grubenkultur. Ein Fußweg bringt Sie von hier zur durchaus eindrucksvollen katholischen Kirche **St. Raphael (8)** mit einem schönen Garten, einer katholischen Grundschule (Windthorststraße) und einem Jugendheim daneben. Die erste St. Raphaelskapelle stand ab 1884 an der heutigen Marbotstraße, 1911 wurde die neue Kirche an der Inselstraße eingeweiht. Von hier aus kommen Sie durch eine schöne Kastanienallee zurück zur Odoakerstraße oder spazieren durch Insel- und Arioviststraße.

Bevor Sie vom Langerfelder Markt (über Oberbarmen und dann durch die Öhde und Kemna) nach Beyenburg fahren, sollten Sie sich noch für **das westfälische Langerfeld** und den politischen Kampf darum interessieren. Ganz verwunden hat man es hier immer noch nicht, daß man zum Rheinland gehört: *„Wat litt mi an däm Volk geleggen, dat ümmer bloß vom Rhine prohlt"*. Der Kampf darum ist allerdings friedlich geworden: man zeigt stolz das Westfalenroß an Hauswänden, in den Langerfelder Gaststätten ist vorrangig Schwelmer Bier im Ausschank und der Langerfelder Dialekt ist erkennbar eher westfälisch als rheinisch (was einem gebürtige Langerfelder gerne auch ungefragt beweisen). 1912 hatte man

Fachwerk mit Schiefer neben Wohnhaus mit buntem Steinputz

noch einmal vergeblich den Antrag auf Erhebung zur eigenen Stadt gestellt, immerhin mit guten Argumenten: die Einwohnerzahl hatte sich seit 1895 fast verdoppelt (auf 15808), je Einwohner wurden 17.75 Mark Steuern gezahlt, der Wirtschaft ging es gut, Baugelände gab es genug, auch Gas und Wasser sowie Bürgersteige an den Straßen (!). Der Schwelmer Landrat lobte auch das Volksschulwesen. Allerdings fürchtete Landrat Harz um „die Existenzfähigkeit des Kreises Schwelm". 1913 kam die offizielle Nachricht, „daß dem Antrag nach Lage der Verhältnisse keine Folge gegeben werden kann." Aber zehn Jahre später kam es noch schlimmer.

Im August 1922 beschloß der preußische Landtag die Eingemeindung Langerfelds (und Nächstebrecks) nach Barmen. Die vertraglichen Vereinbarungen dazu hatte die im März 1919 neugewählte Gemeindeversammlung selbst vorbereitet. Jetzt bildete sich allerdings ein kämpferischer „Westfalenbund", um das Gesetz wieder aufzuheben. Bei der nächsten Wahl der Stadtverordnetenversammlung erhielt die Liste „Los von Barmen" 55% der Stimmen im Ortsteil. Das Heimatgefühl wurde beschworen, die Treue zum Westfalenland, es gab Kundgebungen, Flugblätter und Denkschriften, der „Langerfelder Anzeiger" wurde das Sprachrohr des Protestes.

Tatsächlich war die kommunale Neuordnung noch keineswegs abgeschlossen. Die Idee der Barmer, jetzt gleich ganz Schwelm mit Barmen zu verbinden, setzte sich nicht durch, dafür entstand 1929 die neue Stadt Wuppertal – und Barmen war wie Langerfeld nur noch ein Teil einer rheinischen Großstadt (heute mit Beyenburg gemeinsam ein „Stadtbezirk"). Mindestens der 1928 gegründete Bezirksverein Langerfeld (heute Bürgerverein) hält die westfälische Fahne hoch, pflegt die heimatlichen Traditionen und das Brauchtum der Bleicher, jetzt als Geschichte des gesamten Wuppertals. Das stimmt ja auch.

Fährt man dann mit dem Stadtbus über Oberbarmen (einmal umsteigen) nach Beyenburg, sieht man noch einiges von dieser Tradition: die z.T. erhaltenen Bleicherhäuser in der Öhde, die großen Fabriken im Wuppertal, also Bemberg (heute Accordis) in Öhde, Vorwerk (mit der „Kobold"-Produktion) in Laaken, die große Papier- und Tapetenfabrik Erfurth in der großen Wupperschleife hinter Kemna, das Metallwerk Hindrichs-Auffermann (noch hinter Beyenburg).

Die Siedlung Kemna ist aber zugleich

KZ-Mahnmal Kemna

ein Ort böser Erinnerung an die NS-Zeit. NS-Regime und zweiter Weltkrieg haben viele Spuren hinterlassen, schon 1942 fielen die ersten Bomben auf Langerfeld, noch im März 1945 zerstörten Luftangriffe Langerfelder Bahnanlagen, auch viele Gebäude wurden zerstört. Im Tal der Wupper selbst wird an eine frühere Putzwollfabrik erinnert, eingerichtet als Übergangslager für politische Gefangene, die z.T. später in die Moorlager im Emsland verlegt wurden. Das **Mahnmal KZ Kemna (9)** wurde zum 50. Jahrestag 1983 von Schülern und Jugendlichen errichtet: *„Auf dem gegenüberliegenden Fabrikgelände bestand von Juli 1933 bis Januar 1934 das Konzentrationslager Kemna. Hier wurden über 4.000 Gegner des Nationalsozialismus gequält*

Der Mensch ist vogelfrei

Karl Ibach, Kemna Wuppertaler Konzentrationslager 1933-34, Peter Hammer Verlag 1981

„Im Gewöhnlichen geschahen die Verhaftungen der Kemna-Insassen auf Grund des ersten Terror-Gesetzes des Hitler-Staates, der Verordnung zum Schutze von Volk und Staat vom 28.2.1933. Durch die fragwürdige Gestalt des Polizeipräsidenten Veller war die Personalunion zwischen SA und Polizei hergestellt. Mißliebige, angeblich staatsfeindliche Personen konnten durch die Schutzhaftverfügung willkürlich verhaftet und auf unbestimmt-beliebige Zeit festgehalten werden. Meistens wurden diese Verhaftungen von der neu gebildeten Geheimen Staatspolizei auf Anregung oder im Einvernehmen mit der örtlichen SA- oder Parteiführung verfügt. Jedoch sorgte auch die Wachmannschaft eigenhändig für die Auffüllung ihres Lagers. So verhaftete der Truppführer Ernst Maikranz von Heckinghausen den Arbeiter Hans Fischer auf offener Straße und überführte ihn in das Lager, wo er mit diesem auf eigene Art zwischen ihnen bestehende Differenzen erledigte" (S.45)

„Aus der Masse der Wuppertaler SA wurden die brutalsten, hemmungslosesten Schläger-Naturen für den Dienst in der Kemna ausgesucht. Durch die örtliche Herkunft der Wachleute kam ein besonderes Moment auf, wodurch sich die Kemna wesentlich von anderen Konzentrationslagern unterscheidet. In allen Lagern war die Wachmannschaft von allerorts zusammengewürfelt und sah in den Häftlingen eine anonyme unterschiedslose Masse, die wohl von ihnen malträtiert und schikaniert wurde – aber mehr handwerksmäßig, unpersönlich-geschäftlich. Bei der SA in der Kemna war das anders. Hier kam ein starkes persönliches Moment hinzu. SA-Mannschaft und Häftlinge kannten sich persönlich, großenteils aus politischen Auseinandersetzungen." (S.21)

„Der Tiefbauarbeiter Theodor Deis kam am 23.9.1933 in das Lager. Da er Leiter des Kampfbundes gegen den Faschismus gewesen war, wurde er dem Lager als besonders gefährlich gemeldet. Schon bei der Einlieferung, als er mit dem Gesicht zur Wand stand, wurde er von ihm nicht bekannten Wachmannschaften geschlagen und getreten. Bei der Aufnahme der Personalien sagte der Beschuldigte Wolff zu den anwesenden Wachmannschaften, sie sollten ihm erst mal einige geben. Daraufhin wurde er mit Gummiknüppeln, einer Peitsche und einem Spazierstock geschlagen. Nachdem er seine Personalien angegeben hatte, stieß ihm der Beschuldigte Weischet einen Ballen altes Zeitungspapier in den Mund, beugte ihn mit dem Kopf nach vorne und vier andere Wachmannschaften schlugen dann auf Deis ein, darunter der inzwischen verstorbene Feußner. Dann wurde er mit den Kleidern in die Wupper gejagt und hier wiederholt untergetaucht. Am Ufer stehende Wachmannschaften warfen auch mit Steinen auf Dies, wobei er mehrfach getroffen wurde."

„Sonntags waren die umliegenden Höhen des Lagers das Ausflugsziel vieler Angehöriger der Inhaftierten, die einmal einen Blick von ihrem Mann, Vater oder Bruder erhaschen wollten, wie auch von vielen Neugierigen und Sensationslüsternen, die mit einem gewissen prickelnden Gefühl die berüchtigte Hölle einmal aus respektvoller Entfernung betrachtete ... Eines Sonntags stürmte eine Meute der SA. den Berg hinan, packte sich willkürlich 2 Männer, Vater und Sohn, und schleppte sie ins Lager. Diese beiden wurden daraufhin 3 Wochen festgehalten." (S.46)

Karl Ibach berichtet

und gefoltert". Karl Ibach, Sozialdemokrat und Gewerkschafter, einer der jugendlichen Häftlinge, hat bereits 1948 in seinem Kemna- Buch über dieses Lager berichtet.

„Byenburg", die „Freiheit" und die Herren des Kreuzes

Ob mit dem Stadtbus oder über den Ehrenberg zu Fuß (oder wenigstens ab der Kemnabrücke auf dem Waldweg), Sie sollten Beyenburg durch die „westfälischen Pforte" betreten, wenigstens dort haltmachen. Sowohl Gasthof als auch Busstation am Ortseingang heißen „Porta Westfalika", allerdings wird der Gasthof nicht mehr betrieben, obwohl er einer der ältesten im Bergischen Land war, 1472 auf der Grenze zwischen Rheinland und Westfalen entstanden, am alten Reise- und Transportweg der „Hansestraße" von Köln nach Soest bzw. von Brügge nach Norddeutschland. Aber schon früher, im Jahre 1302, schenkten die Grafen von Berg den „Bienenberg" dem flämischen Orden der Kreuzbrüder, denen sie bereits 1298 die Kapelle ihres 1189 erstmals urkundlich erwähnten Hofes „Steinhaus" überlassen hatten. Erst 1485 begannen die Mönche mit dem Bau des Klosters,1497 mit dem Bau der Kirche. Vom Kloster blieben allerdings nur Reste des Kreuzganges erhalten, noch 1806 gingen wertvolle Buchschätze bei der sinnlosen Verbrennung der Klosterbibliothek verloren. Die Grafen von Berg hatten im 14.Jahrhundert ihren Herrschaftsbereich in Ämter unterteilt und die Befestigungsanlage in Beyenburg (eine richtige Burg war es nicht, ein festes Steinhaus reichte aus) war Sitz des Amtes Beyenburg, von dem aus im 15.Jahrhundert Barmen und die Kirchspiele Radevormwald, Lüttringhausen und Remlingrade verwaltet wurden, wahrscheinlich auch ein Teil von Schwelm. Und im Schutz und Vorgelände des Sitzes des bergischen Amtmannes entwickelte sich die Freiheit Beyenburg.

Nach Beyenburg hinein führt eine Straße „Am Wupperstollen". Solche Stol-

In Alt-Beyenburg

Schon immer Postkarten-Idylle, links noch mit Burgmauer

len wurden oft vom Fluß abgeleitet, wenn z.B. eine Fabrik die Wasserkraft für ihren Betrieb nutzen wollte. Sie sehen gleich links eine solche Garnfabrik, früher Hasenclever & Hüser, dann WGF (Wuppertaler Garnbleicherei), inzwischen spricht ein modernes Schild von „Colcoton“ (also wohl farbiges Garn). Der Weg führt in der romantischen Wupperschleife am Hang des Bilsteins zunächst in den katholischen Teil des Ortes, mit hübschen verschieferten Fachwerkhäusern, weißen Türen und Fenstern (aber auch einzelnen Barocktüren und -figuren). Die Straße „Am Kriegermal“ zur anderen Seite ist dagegen die zentrale Achse des evangelischen Teils jenseits der Eisenbahn (die allerdings kaum noch befahren wird). Von den nördlichen Höhen kommt die alte Hansastraße herunter, in etwa auf der Trasse der Steinhauser Straße.

Die „Beyenburgh“ stand rechts im heutigen Garten des inzwischen privat genutzten früheren Amtshauses. Man muß schon sehr suchen, um noch Mauerreste der alten Burg bzw. des Steinhauses zu finden, denn sie wurde bereits während der großen Kriege des 17.und 18. Jahrhunderts mehrfach erstürmt und dann auch zerstört. Im 16. Jahrhunderts hatte der Reformator Peter Lo in Beyenburg Zuflucht und Unterstützung gefunden, das damals an die Grafen von Waldeck verpfändet war. Die alte Ämtereinteilung hat die französische Gesetzgebung zu Napoleons Zeiten beseitigt. Als das Bergische Land dann zu Preußen kam, wurden Beyenburg und die Bürgermeisterei Lüttringhausen Teile des 1816 gebildeten Kreises Lennep, erst 1929 kam es zu Wuppertal. Dem Amtshaus sieht man seine gehobene Bedeutung zwar kaum noch an, aber die gesamte Einheit des Ortes strahlt ruhiges Selbstbewußtsein aus. Hinter dem Amtshaus lockt die **Beyenburger Freiheit (10)**, eine schmale Straße zum Verlieben, eingezwängt zwischen Wupperschleife und Stausee.

Zu Zeiten der Burg war hier natürlich Handel und Gewerbe, eben die „Freiheit" des mittelalterlichen Marktes im Umfeld und unter dem Schutz einer Burghoheit. Wohl jedes der Häuser hatte noch vor wenigen Jahrzehnten ein Geschäft oder einen Handwerksbetrieb, vom Bäcker bis zum Schuster, vom Textilgeschäft bis zum Tante-Emma-Laden (früher nannte man es wohl Spezialitätengeschäft oder Kolonialwarenhandlung), auch einen Gasthof mit Seeterrasse gab es noch lange. Hier pulsierte urbanes öffentliches Leben. Inzwischen ist die „Freiheit" privatisiert und zum Einkaufen fahren auch die meisten Beyenburger in die Supermärkte nach Langerfeld, Schwelm oder aber Oberbarmen. Ein Bäckerladen und ein Blumenladen sind geblieben, ein paar Gasthöfe selbstverständlich. Die „Dorfgemeinschaft" hält gut zusammen, trifft sich nicht nur bei gemeinsamen Festen, Nachbarschaften werden gepflegt, obwohl die Zahl der „Zugereisten" groß ist. Hört man genau hin, wird dennoch gut „gekallt", nicht eindeutig westfälisch allerdings.

Zur Nachbarschaft gehören auch die Kreuzbrüder, denn sie sind seit 1963 als Seelsorger wieder in der Pfarre präsent. Wahrscheinlich prägen sie das geistige und gesellschaftliche Klima des Ortes noch immer, die Reste des Klosters mit der hervorragenden Kirche **St. Maria Magdalena (11)** bestimmen jedenfalls das Ortsbild. Die Kirche steht als gotischer Steinbau hoch über den Dächern der bergischen Wohnhäuser und gibt sich mit einem vergleichsweise kleinen Turm dennoch bescheiden. Pater Vos, der leitende Kreuzbruder des Ortes, ist der allgegenwärtige Garant der zentralen Bedeutung von Kirche und Orden in Beyenburg, er ist, das spürt man in allen Gesprächen, präsent und engagiert zugleich. Ein neues Denkmal vor der Klosterkirche erinnert an den Ordensgründer Theodor von Celles. Der inzwischen offene Klostergarten strahlt Ruhe aus, ein hoher Brunnen mit den Dachreitern des früheren Klostergebäudes speit Wasser, hohe Bäume spenden Schatten, eine wahrlich hübsche Skulptur zeigt die Namensgeberin der Klosterkirche, Maria Magdalena.

Klösterlich barock im gotischen Bau

Und eine Informationssäule macht darauf aufmerksam, daß Beyenburg Teil und Station auf dem Pilgerweg des heiligen St. Jakob zum „himmlischen Jerusalem" ist.

Während nur noch ein Teil des Kreuzganges erhalten geblieben ist, ausgestattet mit einigen schönen Stücken des Kloster-

Kreuzherren-Gründer Theodor von Celles

schatzes, hat die spätgotische Kirche aus dem Ende des 15. Jahrhunderts spätestens seit der letzten Restaurierung (1972) ihre alte Pracht behalten und ist zweifellos eines der bedeutendsten sakralen Bauwerke im Bergischen Land (vergleichbar nur noch mit dem Altenberger Dom).Sie wirkt von außen mit hohen Fenstern zwischen Strebepfeilern und mit einer fünfteiligen Apsis betont schlicht, hat nach Zisterzienserart keinen hohen Turm, sondern nur einen spitzen Dachreiter. Innen ist die Ausstattung aus der Zeit um 1700 barock gestaltet, jedenfalls durch das damals eingefügte geschnitzte Chorgestühl, die Beichtstühle, die Kanzel und vor allem auch mit dem prächtigen Hochaltar mit einem Ölgemälde der Kreuzigung, gemalt von einem Rubensschüler. Auch Orgelbühne und -prospekt stammen aus dieser Zeit. Die behutsame Restaurierung hat in der Sakristei ältere Fresken mit pflanzlichen Motiven freilegen können.

Geht man von der Kirche aus den Weg weiter, am früheren Pfarrhaus und dem Friedhof vorbei, kommt man schließlich an der Gaststätte **„Zum Bilstein" (12)** zur Wupper. Von hier aus führt ein Privatweg zum unteren Teil Beyenburgs. Empfehlenswert ist aber auch der Spaziergang auf der anderen Wupperseite, über den Steg und dann rechts bis zur Beyenburger Furt. Dort kann man zwar mit dem Auto noch durch das Wasser fahren, aber eine Brücke führt in den unteren Teil Beyenburgs zurück, mit hübschen Stein- und Schieferhäusern. Rechts kommt man zur Gaststätte „Zur Alten Bruderschaft" und dieser Name weist (wie die gegenüberliegende Schützenhalle) auf die traditionelle **„Schützenbruderschaft St. Anna et Katharinae" (13)** aus dem Jahre 1383.

Wenn jährlich hier das Schützenfest gefeiert wird (und 1983 natürlich auch das 600jährige Jubiläum, mit Festbroschüre), dann erinnert man trotz schwieriger Quellenlage daran, daß im Mittelalter Bruderschaften das geistliche und soziale Leben in der Kirche geprägt haben. Schützenbruderschaften „schützten" wohl vor allem vor Raubüberfällen und sicherten das Leben in der Gemeinschaft. Wenn die uralte Rolle „Regeln und Constitution der Schützenbruderschaft St. Annae und St. Catharinae zum Steinhaus, aufgerichtet 1383" zutrifft (und das hat der Regierungspräsident Düsseldorf noch 1970 amtlich bestätigt), dann soll *„des Ersten Sonntags nach deß H. Sacraments-Tag ...*

Beyenburg evangelisch mit Kirche und Gemeindehaus

alsdan im Kirspel der Vogel geschossen werden". Man soll dabei auch essen (und der Schützenkönig soll dazu eine „Thonne Guten Biers" geben), für „Liechter und Kertzen" wird von jedem Bruder „Ein Pfundt Wachs" erwartet. Zwei Pfund Wachs und eine halbe Tonne Bier kostet es, wenn man sich nicht wie Brüder verhält, wenn man jemand „durch Teuffels List (Dass Gott Verhüte) Verführet". Und die gesammelte Maßregelung für alle Schützenbrüder endet mit der Mahnung *„Warnach Ein Jeder wirt Wissen sich zu Richten und vor Schaden zu Hüten"*. Und das gilt noch immer und das jedes Jahr, jedenfalls in Beyenburg. Der Vorstand der Schützenbrüderschaft wacht darüber.

Im unteren Beyenburg gab es früher einen offenen Mühlengraben, der eine Getreidemühle antrieb. Heute stehen überwiegend gut gepflegte Fachwerk- und Steinhäuser in den Gassen des „Untergraben" und des „Obergraben", liebevoll mit Blumen geschmückt. Vom Obergraben kommt man über eine Treppe wieder zur Beyenburger Freiheit und von dort auch noch in den evangelischen Teil des Ortes. Die **Evangelische Kirche (14)** von 1865/66 ist natürlich nur neogotisch mit einer durchaus eindrucksvollen eintürmigen Fassade, daneben steht ein modernes Gemeindehaus. Sehenswert sind mehrere ältere Häuser, vor allem aber auch der stillgelegte Bahnhof von 1887, zweigeschossig und in einem malerischen Stil, mit reichlichen Holzverzierungen, mit Giebeln und schönem Fachwerk. Genutzt wird er als kultureller und auch therapeutischer Treffpunkt einer anthroposophischen Gemeinschaft.

Wenn Sie nicht noch einen Spaziergang in die umliegenden Wälder oder wenigstens um den langen Stausee (an dem Sportvereine ihre Vereinshäuser betreiben, gelegentlich auch mit spannenden Regatten) anschließen wollen, fährt Sie ein Stadtbus der Linien 616 und 626 wieder zum Berliner Platz zurück, die Schwebebahn fährt von dort nach Barmen und Elberfeld.

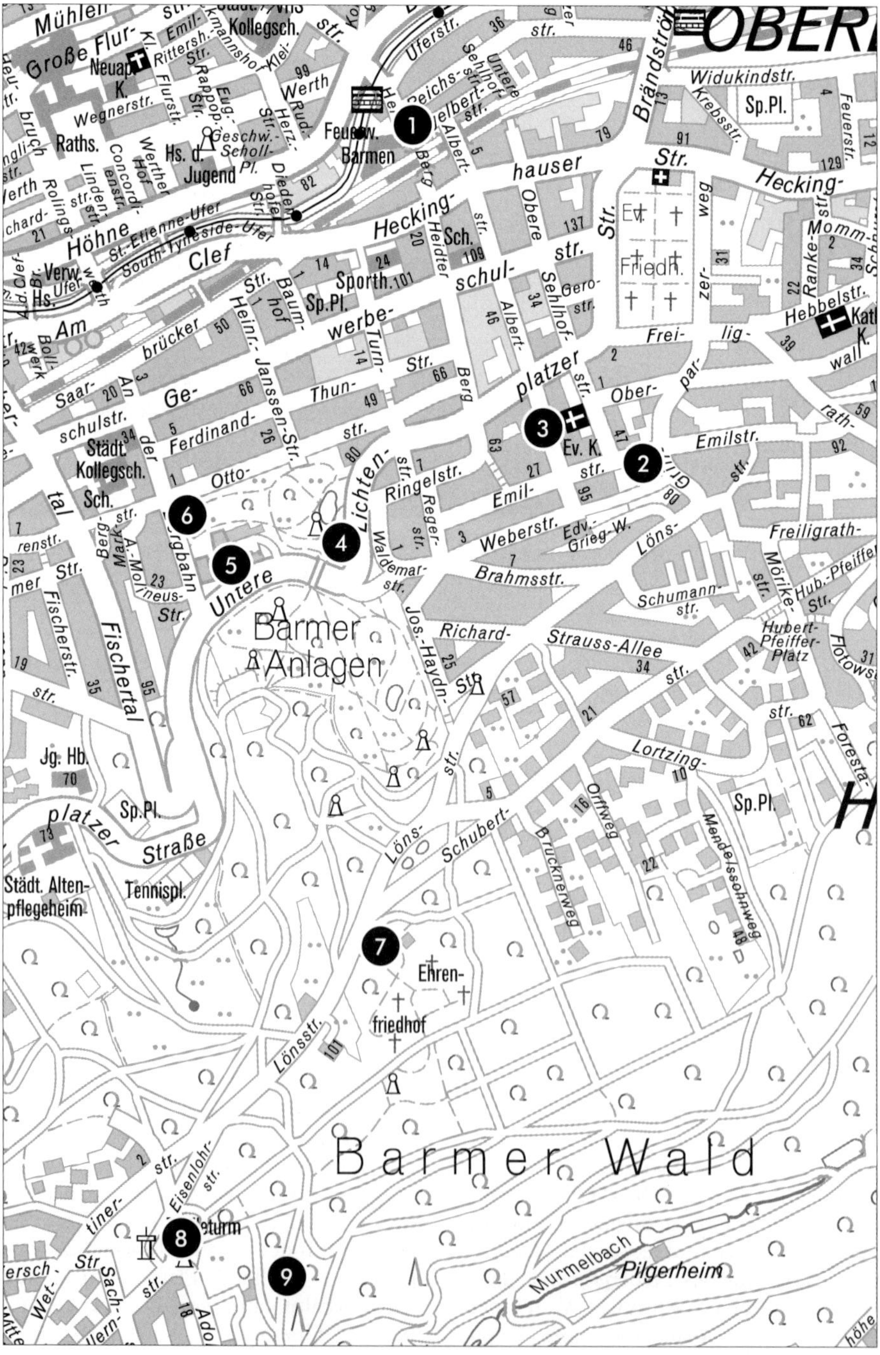
OBER
Mühlen
Große Flur-
Neuap. K.
Kollegsch.
Rittersh.
Emil-
Kl. Flurst.
Rappop. Str.
Wegnerstr.
Werth
Rud.
Uferstr.
Reichs-
Sehlhof-str.
Untere
Brändström-
Widukindstr.
Krebsstr.
Sp.Pl.
Feuerstr.
Raths.
Hs. d. Jugend
Geschw.-Scholl-Pl.
Feuerw. Barmen
Herz.-Str.
Dieden-hofer Str.
Concordienstr.
Werther Hof
Linden-str.
Rolings-str.
Höhne
St.-Etienne-Ufer
South-Tyneside-Ufer
Clef
Verw. Hs.
Ad.-Clef-Br.
hauser
Str.
Hecking-
Heidter
Sch.
Obere
Sporth.
Sp.Pl.
Baum-hof
Heinr.-Janssen-Str.
schul-
Gero-str.
Ev. Friedh.
Frei-
lig-
zer-weg
Mommsen-
Ranke-str.
Hebbelstr.
Kath. K.
wall
Am
Boll-werk
brücker
Saar-
An der
Ge-
werbe-
Turn-
Thun-
Str.
Berg
Albert-
Sehlhof-
platzer
Ober-
par-
rath-
Emilstr.
schulstr.
Städt. Kollegsch.
Sch.
Ferdinand-
Otto-
str.
Lichten-
Ringelstr.
Reger-str.
Emil-str.
Ev. K.
str.
Griff-
tal
Weberstr.
Edv.-Grieg-W.
Löns-
Freiligrath-
Mörike-
Hub.-Pfeiffer-Str.
Berg-str.
Mark-
A.-Molineus-Str.
Bergbahn
Untere
Waldemar-str.
Brahmsstr.
Schumann-str.
Fischerstr.
Fischertal
Barmer Anlagen
Jos.-Haydn-Str.
Richard-Strauss-Allee
Hubert-Pfeiffer-Platz
Flotowstr.
Lortzing-
Foresta-
Jg. Hb.
Sp.Pl.
platzer Straße
Städt. Altenpflegeheim
Tennispl.
Löns-
Schubert-
Brucknerweg
Orffweg
Mendelssohnweg
Sp.Pl.
Ehren-friedhof
Lönsstr.
Barmer Wald
Eisenlohr-str.
tiner-
Str.
Sach-
Murmelbach
Pilgerheim
höhe
1
2
3
4
5
6
7
8
9

Auch ohne Bergbahn zum Toelleturm

Der Barmer Süden mit traurigen Erinnerungen

Rundgang 13: *Start am Schwebebahnhof Werther Brücke, Rückfahrt mit dem Stadtbus.*
Dauer: *zwei Stunden.*

Dieser Stadtrundgang auf die Barmer Südhöhen ist eigentlich kurz, aber dafür steil, und prächtig ist er allemal. Der Autor kann nichts dafür, daß Wuppertal hier so gefällig ist. Der harmonische Eindruck täuscht dennoch. Gerade auf den Wegen nach „Hochbarmen" kann niemand die Erinnerung an die katastrophale Zerstörung Barmens während des Zweiten Weltkrieges löschen. In einer einzigen Nacht wurde eine Stadt radikal verändert. Gerade hier macht die Erinnerung die Verluste präsent, die Wuppertal und vor allem der Stadtteil Barmen erlitten hat. Wenn Sie sich alte Fotos ansehen, sehen Sie die völlig veränderte Silhouette der Stadt, verbunden mit einem gravierenden Identitätsverlust einer einstmals blühenden Stadt. Erinnerungstafeln machen Sie aufmerksam, was hier alles einmal stand, Denkmäler erinnern an die Opfer der Kriege, eindrucksvoll lädt an der oberen Lönsstraße der Barmer Ehrenfriedhof zur Besinnung ein. Die gleiche Lönsstraße führt auf halber Höhe zum Wohnort des Grafen von Stauffenberg (Nr. 25), zeigt lokale Spuren des Widerstands gegen Hitler (auch Generaloberst Höppner wohnte am Toelleturm).

Verluste des Krieges und der Nachkriegszeit wirken immer noch nach: ehemals stolze Attraktionen Barmens auf den Südhöhen, das Planetarium und die Stadthalle, sind verschwunden, ebenso die Barmer Bergbahn. Nicht nur der Stadtteil Barmen hat wertvolle Orientierungspunkte verloren, Kultur- und Freizeitorte für alle Gruppen der Bevölkerung, gesellige Treffpunkte, Plätze und Gebäude der Identifizierung, des städtischen Lebens, der urbanen Gesellschaft. Es sind nicht nur ältere Bürger/innen, die immer wieder von der Bombennacht oder aber auch von den schönen Jahren erzählen,„als die Bergbahn noch fuhr". Auch jüngere kennen die alten Fotos, fragen nach städtischen Erlebnisorten, vermissen den adäquaten Ersatz. Es ist wohl so, gerade hier an einem eigentlich landschaftlich reizvollen Ort: man kann nicht ohne Erinnerung leben, nicht unbefangen, muß auch von den Verlusten reden.

Stehengeblieben: Hofeshaus, Villen und alte Treppen

Immerhin ist einiges stehengeblieben oder wurde gut restauriert. Der alte Jugendstilbahnhof **Werther Brücke (1)** wurde originalgetreu wiedererrichtet. Und im Stadtbezirk Heckinghausen-Heidt findet man gut erhaltene ältere Häuser, je weiter man den Südhang Barmens nach oben steigt. Die Kernbebauung an der durchgehenden Heckinghauser Straße ist neueren Datums, wirkt entsprechend schmucklos. Rund um den alten Gasometer gibt es zwar ein jährliches „Bleicherfest", man pflegt gerne Erinnerungen und Traditionen. Aber das Haus z.B., in dem Friedrich Bayer geboren wurde, steht nicht mehr, sein erstes Chemielabor gibt es nur noch als Foto in der Firmengeschichte. Der Stadtbezirk Heckinghausen-Heidt hat immerhin eine heute nicht mehr vollständig erkennbare soziale Baugeschichte, die sich etwa von der strikteren Quartierstrennung im Elberfelder Norden deutlich unterscheidet. Hier lagen die Fabriken an der Wupper, im unteren Teil des Heidter Berges waren die Quartiere

des Proletariats, auf halber Höhe die Häuser des Mittelstandes und oben auf dem Bergrücken, in „Hochbarmen“ also, die Villen der Oberschicht. Jetzt ist die Struktur gemischter geworden, einiges bleibt aber erkennbar.

Trotz der starken Kriegsschäden gibt es bauliche „Schätzchen“. Dazu gehört ein altes „Hofeshaus“, also eines jener Häuser, die vor mehreren Jahrhunderten das Bild des frühen Barmen bestimmt haben. Dazu sollten Sie vom Schwebebahnhof den Heidter Berg hinaufgehen, die Heckinghauser Straße, die Gewerbeschulstraße und die Untere Lichtenplatzer Straße überqueren und bis zur Emilstraße gehen. Dort sehen Sie als Nr. 46 ein schönes altes Fachwerkhaus, das **Hofeshaus Lütterkus-Heidt (2)**, um 1600 errichtet, erfreulicherweise 1986 durch einen privaten Nutzer vor weiterem Verfall gerettet. Für solche alten Wohnhäuser war es typisch, daß die „Gefache“ eher klein waren und daher nur sehr kleine Fenster zuließen. Es gibt Spuren von Bleiverglasung, die Fenster haben z.T. Blendläden. Der Name verweist wohl auf den Erbauer, den Garnmeister Johann Peter Lüttringhaus, in der weiteren Folge wurde der Besitz aber mehrfach zwischen Erben aufgeteilt, im 19. Jahrhundert wurde es sogar zum reinen Mietwohngebäude mit vierzehn Mietern. Die neuen Nutzer zeigen mit alten Sammlungsgegenständen, daß sie sich gerne auf das alte Ambiente eingestellt haben. Aber auch die alte Herdstelle wurde in der historischen Form wiederhergestellt, die Fußböden erhielten wieder Natursteinplatten und Holzdielen. Treppen und Türen, Wände und Decken wurden dem historischen Gebäude angepaßt. Das Haus wirkt überraschend hoch und gegenüber anderen Hofeshäusern stolz und stattlich, das

Bild links: Das ist jedenfalls geblieben: Toelleturm mit Brunnen

Restauriert: das alte Hofeshaus (von 1600)

Satteldach erstreckt sich z.T. auch noch über den verschieferten Anbau.

Wenn Sie Zeit und Lust haben, können Sie noch im anschließenden „Komponistenviertel“ bummeln und prächtige Gründerzeit-Villen finden, zwischen Reger- und Weber-Straße, Richard Strauss-Allee und Lortzingstraße. Von der Emilstraße aus führen mehrere Straßen ins Tal. In der Oberen Sehlhof-Straße steht die neuromanische **Lutherkirche (3)** von 1909/11: ein massiger Bau mit kassettierter Tonnendecke und einem „Triumphbogen“ vor dem Chor („Bei dir ist die Quelle des Lebens, und in deinem Licht sehen wir das Licht“, Psalm 36,109). Für das Licht sorgten zwei strahlende Ro-

Nach dem Angriff: Blick ins Fischertal

senfenster in Ost und West und für den Klang eine wunderbare Führer-Orgel (hier beginnen daher in der Regel die jährlichen Wuppertaler Orgeltage). Der Wuppertaler Maler Gustav Wiethüchter (zugleich berühmter Barmer Kunstgewerbelehrer aus der im Krieg zerstörten Kunstgewerbeschule) hatte einen Zwölfapostelfries und den Lutherkopf am Turmeingang geschaffen, die aber bei der Renovierung der Kirche in den Fünfziger Jahren verschwanden. Erhalten blieben die vermutlich ältesten Wuppertaler Kirchenglocken.

Leider nur noch Reste sind von der alten Bremme-Brauerei an der Albertstraße zu sehen. Oberhalb wird in der Lönsstraße Nr.25 an Wirken und Tod von Claus Graf Schenk von Stauffenberg gemahnt, der während des zweiten Weltkrieges als Rittmeister und Versorgungsoffizier in Wuppertal stationiert war und von 1939-1943 hier wohnte. Stauffenberg führte am 20. Juli 1944 das gescheiterte Attentat auf Adolf Hitler in der „Wolfsschanze" durch, ein Standgericht in Berlin hat ihn am gleichen Tag verurteilt und erschossen. Auch der später hingerichtete Widerstandskämpfer Generaloberst Erich Hoepner wohnte in Wuppertal, der als neuer Reichskanzler vorgesehene Carl Goerdeler kam nach dem Bombenangriff in die zerstörte Stadt. Von der Lönsstraße erreichen Sie (über die Brahmsstraße) den Eingang zu den Barmer Anlagen.

Erinnerungen, Verluste: Nicht nur die Bergbahn fehlt

„Es hat keinen Zweck, die Gefühle zu beschreiben, die mich bewegten, als ich vom Toelleturm ab auf die Ruinenstadt Barmen und auf

„Ganz Barmen ist eine tote Stadt"

Die Nacht der Zerstörung: 29./30.Mai 1943

„Bomben auf Wuppertal" heißt ein von Herbert Pogt herausgegebenes Buch mit Dokumentationen und Augenzeugenberichten über die Bombenangriffe auf Wuppertal in den Nächten 29./30.Mai und 24./25.Juni 1943. Neben anderen berichtet Marliese Burris (Jahrgang 1922) aus der Albertstraße über die Erlebnisse der Bombennacht. Es war am Abend nach einem schönen Sonnentag, der mit einem Theaterbesuch und dem anschließenden Heimweg durch die Barmer Anlagen geendet hatte. Man hatte sich sicher gefühlt, weil Wuppertal als für den Feind unauffindbar galt, im Tal liegend und oft durch Nebel versteckt. Dann aber ertönte Sirenenalarm, man begab sich in den Keller, nicht besonders eilig, es war wohl wieder nur ein Überflug wie schon so oft.

„Auf dem Weg dorthin schaute ich dann doch einmal aus dem Flurfenster, und in diesem Augenblick blendete mich aus allernächster Nähe (über dem Dach der Brauerei Bremme) ein Leuchtfeuer, schlicht ‚Christbaum' genannt, dem ein Geräusch voraus ging, welches an 1.000 vom Sturm umschlagende Regenschirme erinnerte. Das war nun kein Überflug mehr, der anderen Zielen galt, nein grausam wurde mir bewußt, daß nun wir ‚dran' waren. Vor Entsetzen fast unfähig weiterzugehen, starrten nun auch meine Eltern aus dem Fenster, bis das Rauschen der Luftminen und die ersten Detonationen den gezielten Angriff erkennen ließen und uns in den Luftschutzkeller trieben .. Der letzte Blick aus der Kellertür erfaßte riesige, für mich zunächst unerklärliche Feuerwände, die vom Himmel zu fallen schienen. .. Dann fiel plötzlich ein Lichtschein in den Keller und kurz darauf stoben Funken durch einen zunächst noch kleinen Spalt. Die hölzerne Hoftür, die zum Keller führte, stand in hellen Flammen und bald ergoß sich eine feurige Flüssigkeit in den Flur. Erst später erfuhr ich, daß dies die Auswirkung der für mich so rätselhaften Feuerwände war. Es wurde Phosphor aus den Flugzeugen geschüttet und in Verbindung mit der Luft entzündete sich dieser zu riesigen Feuerwänden, die alles, was erreicht wurde, unweigerlich vernichteten."

Und Luise Rompf (Jahrgang 1915) aus der Emilstraße berichtet nach der Flucht aus dem Keller eines brennenden Hauses in die Straßen und Parks der Barmer Südstadt: „Was wir in den Barmer Anlagen sahen, war grauenvoll. Vor uns lagen Bäume, Sträucher und Wiesen von dunkelgrauem Qualm durchzogen, der von den brennenden Häusern des Fischertals herüber wehte. Mittelpunkt dieser Häuser war die brennende Frauenklinik, mit einem großen roten Kreuz auf dem Dach gekennzeichnet. Überall auf den Wiesen sah ich sie liegen, die kranken, schwangeren und gebärenden Frauen dieser Klinik. Wir hörten das Knistern der rundum lodernden Flammen und zwischendurch das Stöhnen und Schreien der Frauen und das Plärren der eben geborenen Säuglinge. Krankenschwestern liefen hin und her, um zu helfen und unter die auf den Wiesen liegenden Frauen Decken zu legen."

Vor der Zerstörung: Barmer Stadthalle und Planetarium

das zur Hälfte zerstörte Elberfeld heruntersah". Carl Friedrich Goerdeler, einer der führender Köpfe des Widerstands gegen Hitler (Oberbürgermeister von Leipzig, 1945 in Plötzensee hingerichtet) war im Juli 1943 nach dem Bombenangriff nach Wuppertal gekommen, um sich ein eigenes Bild von den Zerstörungen zu machen. Noch zwei Jahre vor dem Kriegsende hatte man anderenorts, auch in Berlin, noch keineswegs zugeben wollen, wie stark Städte im Westen des Reichs bereits vom Krieg betroffen waren, daß die englische Luftwaffe die Vereinbarung Churchill/Stalin einhielt, die russische Front durch Bomben auf deutsche Städte zu „entlasten", in Deutschland selbst eine „Zweite Front" zu errichten. Elberfeld und Barmen waren im Mai und Juni Ziele dieser Luftangriffe und da sich die Piloten mit der städtischen Gemengelage offensichtlich nicht gut auskannten, waren durch vorzeitige Bombenabwürfe auch Ronsdorf, das Gebiet am Toelletrum und Heckinghausen-Heidt gravierend getroffen worden. An diese wohl nachhaltigste Veränderung der Stadt erinnern eher hilflos Gedenktafeln und Denkmäler. Alles andere muß man erzählen, Augenzeugen befragen, auf alten Fotos ins Gedächtnis rufen. Vergessen sollte man es jedenfalls nicht.

Der heutige Stadtbesucher wird dennoch das nahe Grün genießen, dazu laden die **Barmer Anlagen (4)** auch ohne Attraktionen wie Stadthalle und Bergbahn ein. Sie werden immer noch vom privaten „Barmer Verschönerungsverein" (s. Uwe Eckardt) betreut und gepflegt, alte und große Bäume geben viel Schatten, Bänke laden zum Ausruhen ein, um einen Teich mit Fontäne wachsen Blumen und Büsche, einige alte Treppenbauwerke (z.B. die einstmals prachtvolle Dickelbach-Treppe zur Haydn-Straße, mit schöner Skulptur als Kunstschmuck) brauchen allerdings größere Erhaltungsinvestitionen.

Ein alt gewordenes Schild an einer runden Sitzbank um eine hohe Linde erzählt von einer jetzt auch schon fast hundert Jahre alten Schüleraktion (von vier Barmer Höheren Schulen): 1905 jährte sich zum hundertsten Male der Todestag von Friedrich von Schiller, mit einem Festumzug zogen die Schüler in die Barmer Anlagen, um die **„Schillerlinde"** zu pflanzen, Schülerkapellen spielten Beethoven, ein Reiterlied wurde gesungen, aus Schillers „Glocke" wurde zitiert: *„Holder Friede, süße Eintracht, weilet, weilet freundlich über dieser Stadt! Möge nie der Tag erscheinen, wo des rauhen Krieges Horden dieses stille Tal durchtoben."* Dieser Wunsch des Dichters blieb ein frommer. Den Schülern wurden im Übrigen damals wesentliche Teile von Schillers Werk vorenthalten (zum Beispiel die allzu freiheitlichen „Räuber" paßten einigen frommen Schulen und Lehrern nicht). Immerhin durfte die „Schillerlinde" stehen bleiben und Schillers Dramen blieben auf dem Spielplan der Theater.

„Holder Friede, süße Eintracht ..."

An einen anderen Dichter erinnert bereits seit 1900 ein stolzes Bronzestandbild: der in Barmen geborene Emil Rittershaus (1834-18987) war wahrlich ein „Feiertagspoet", Autor des Westfalenliedes, Freund von Freiligrath und Siebel, zu Revolutionszeiten aber durchaus gesellschaftskritisch („Der Kaiser braucht Kanonenfutter"). Ein anderes Denkmal in den oberen Barmer Anlagen ehrt den Pädagogen und Förderer der „Gemeinschaftsschule", Friedrich Willhelm Dörpfeld (1824-1893), seine Lebensleistung wird auf dem Sockel mit dem Satz zusammengefaßt: „Er hatte unser Volk lieb, und die Schule hat er uns erbaut." Sein Sohn war übrigens der berühmte Troja-Archäologe Wilhelm Dörpfeld (1853-1940), ein „Altgrieche honoris causa", nach ihm wurde das altsprachliche Elberfelder Gymnasium am Johannisberg benannt.

An der Unteren Lichtenplatzer Straße, die die Barmer Anlagen durchschneiden, steht seit 1956 das Gebäude der „Barmer Ersatzkasse" (wie das Elberfelder „Glanzstoff-Hochhaus" von Hanns Dustmann erbaut). Inzwischen ist die Krankenversicherung (eine der größten in Deutschland), als „Kaufmännischer Verein von 1867" in Barmen gegründet, auf Lichtscheid noch erheblich erweitert worden. Dieser Standort hat aber eigentlich eine ganz andere Tradition: hier standen bis zur Zerstörung in und nach dem Kriege die **Barmer Stadthalle (5)** und gegenüber das beliebte Planetarium. Schon 1872 hatte es ein hölzernes Restaurant mit Konzertpavillon gegeben, ein Aussichtsturm kam bald hinzu. Im September 1897 wurde die Stadthalle festlich eingeweiht, aus den Mitteln des Verschönerungsvereins, aber mit rd. 700.000 Mark Kosten doppelt so teuer wie geplant (aber nicht einmal halb so teuer wie die ebenfalls bereits beschlossene Elberfelder Stadthalle!). Architekt war der Kunstgewerbeschuldirektor Erdmann Hartig, der

Postkarte mit Stadthalle und Bergbahn

Stil war „malerisch“ mit vielen Türmen, mit Arkaden, Pilastern, bunten Malereien und reichlich Stuck, die italienische Hochrenaissance war auch hier (wie in Elberfeld) erkennbar. Man brauchte viel Platz, denn Barmen hatte wenige andere Veranstaltungsräume, bis zu 1800 Personen konnten in der Barmer Stadthalle gleichzeitig beköstigt werden. Im Konzertsaal gab es beliebte und gut besuchte Konzerte, vor allem des städtischen Orchesters, aber ebenso Chorkonzerte, Veranstaltungen für Kirchen, Vereine, Schulen und Soldatenverbände, später Kundgebungen, und zwar sowohl der Nazis als auch zum Beispiel der Bekennenden Kirche (Gemeindetag zum Abschluß der Reichssynode 1934). Der Bombenangriff in der Mainacht 1934 hat die Stadthalle vollends zerstört, weder sie noch das Planetarium wurden wieder aufgebaut. Zu Konzerten mußte man nach dem Kriege nach Elberfeld gehen.

Das **Planetarium** gegenüber der Barmer Stadthalle war 1926 (wie das erweiterte Stadthallenrestaurant) eröffnet worden: mit einer 25 m breiten und 15 m hohen zweischaligen Kuppel, auch technisch (das Projektionsgerät kam natürlich von Zeiss Jena) eine der ersten, größten und modernsten Einrichtungen der Welt, 16 Projektoren konnten über 8.000 Fixsterne, 18 weitere Lichtwerfer Galaxien und Sternhaufen zeigen. Eine breite Treppe führte zum Planetarium (mit 800 Plätzen), links und rechts vom Eingang hatte Paul Wynand mit zwei Figuren Mars und Venus allegorisiert. Die Bombenangriffe haben das Gebäude nur z.T. zerstört, aber die Kuppelhülle hatte einen Riß erhalten, durch den Feuchtigkeit eindrang. 1955 wurde es daher abgerissen.

Bis 1959 fuhr immerhin noch die **Barmer Bergbahn (6)**, 1894 als erste zweigleisige Zahnradbahn der Welt errichtet, auf einer 1,6 km langen Strecke von der Wupper bis zum Toelleturm, 171 m Höhenunterschied mußten überwunden werden. Die Fahrt endete dort, wo heute noch der Name eines Gasthauses („Zur alten Bergbahn") daran erinnert. 1892 hatte man eigens eine Aktiengesellschaft gegründet, die Fa. Siemens & Halske erhielt den Zuschlag, der Verschönerungsverein überließ ein Teilgelände zur freien Nutzung, die Stadt übernahm die vermehrte Unterhaltung der Wege. Die erste Fahrt am 16. April 1894 fand große Begeisterung. Vom Toelleturm aus wollte man auch (allerdings mit Dampfzügen) die Verbindung zur Ronsdorf-Müngstener Eisenbahn schaffen, der Plan sollte noch Cronenberg und von dort aus die Kohlfurth und Solingen (heutige „Museumsbahnen") anschließen. Nur 12 Minuten dauerte die durchschnittliche Bergfahrt, die Steigung betrug rund 10.5%, die Kraftstation (am heutigen Platz des Heizkraftwerkes) brauchte je zwei Dampfdynamos mit 500 und 1.000 PS. Die ersten acht Wagen waren 2,15 m breit und 8,62 m lang und faßten 46 Fahrgäste, anfangs noch getrennt zwischen 3. und 2. Klasse, die beiden Wagenmotoren leisteten 60-85 PS, aber genauso wichtig waren die vier Bremsen. Die Stillegung der Bergbahn in den Fünfziger Jahren war kommunalpolitisch heftig umstritten, rund fünf Jahre lang ging der Streit, im März 1958 beschloß der Stadtrat mit großer Mehrheit die Stillegung. Bis zur tatsächlich letzten Fahrt am 5. Juli 1959 gingen die Proteste allerdings weiter, vergeblich. Viele Fotos, Erinnerungen und Geschichten und ein kleines Denkmal mit Achse, zwei Rädern mit Zahnkranz sind übriggeblieben.

Die Barmen Anlagen enden am Barmer Wald mit schönen Waldwegen und Baumalleen. Versäumen Sie nicht, den **Ehrenfriedhof (7)** an der Lönsstraße zu besuchen, auf dem Gefallene beider Weltkriege liegen. Die Anlage ist eindrucksvoll in Terrassen gestaltet, mit einer eleganten

Den Krieg hatte die Bergbahn überstanden

Uwe Eckardt

Über die „Lust zu neuen Anpflanzungen“

Im Zuge der Industrialisierung erlebte Barmen seit der Mitte des 19. Jahrhunderts eine stürmische Aufwärtsentwicklung. Nach wie vor dominierte die Textilindustrie, die sich jedoch nicht mehr ausschließlich auf die Herstellung der „Barmer Artikel“ beschränkte, sondern die Produktpalette beispielsweise um Spezial- und Futterstoffe sowie Eisengarn erweiterte. Dadurch gewannen nicht nur Zulieferfirmen, sondern vor allem die Farben und Maschinenfabriken an Bedeutung. „Rauchende Schornsteine“ galten als Sinnbilder des Fortschritts.

Mehrere Barmer Unternehmer erkannten die mit dieser Entwicklung verbundenen Gefahren und gründeten am 8. Dezember 1864 den Barmer Verschönerungsverein, unter anderem mit dem Ziel, „dem für unser Thal so höchst verderblichen System des Ausrodens aller Waldculturen entgegenzuwirken und die Lust zu neuen Anpflanzungen nach Kräften anzufeuern“. Den Vorsitz übernahm Wilhelm Werlé. Mit rd. 1.200 Talern Startkapital wurden auf den Barmer Südhöhen die ersten Waldgrundstücke oberhalb des Ringeltals an der Lönsstraße erworben, die Keimzelle der heute fast 100 ha großen Barmer Anlagen.

Die Stadt Barmen zahlte ab 1866 einen städtischer Zuschuß von 300 Talern und 1870 beschlossen die Stadtverordneten die Absichtserklärung, wonach die Anlagen ungeteilt „in Gegenwart und für alle Zukunft“ zu erhalten seien. Bereits nach wenigen Jahrzehnten hatte der Verein sein ehrgeiziges Ziel erreicht und mit Mitgliedsbeiträgen, Tombolaerlösen, Zuschüssen, Schenkungen und Stiftungen einen der schönsten und größten Bürgerparks in Deutschland geschaffen. Mit der Arrondierung des Geländes ging der Ausbau der Parkanlage Hand in Hand. Der Düsseldorfer Hofgartenarchitekt Joseph Clemens Weyhe entwarf den Plan, der Barmer Garteninspektor Peter Schölgen setzte ihn in mehreren Jahrzehnten unter Einbringung eigener Ideen in die Tat um.

Ein klug durchdachtes Wegenetz erschloß die Anlagen mit seinen schön gestalteten Plätzen, Treppen, Schutzhütten, Bänken und künstlich angelegten Teichen. Denkmäler erinnern an die Toten der Kriege 1864/66 und 1870/ 71, an den Vereinsgründer Wilhelm Werlé, den Unternehmer Ludwig Ringel, den Dichter Emil Rittershaus und den Pädagogen Friedrich Wilhelm Dörpfeld.

Der Park diente nicht nur als grüne Lunge. Der Barmer Verschönerungsverein, eine der ältesten Bürgerinitiativen des Bergischen Landes, verlieh ihm nach und nach durch die Errichtung mehrerer Gebäude und die verschiedensten Veranstaltungen zusätzliche Attraktivität. Die Meierei im Fischertal lud zu „Milchkuren“ ein. Die erste Waldgaststätte in unmittelbarer Nähe des Kriegerdenkmals (1874) war ein beliebtes Ausflugsziel der Barmer Bevölkerung an Sonn- und Feiertagen. An ihre Stelle trat 1897 die Stadthalle, 1894 war bereits die Bergbahn eröffnet worden, 1926 kam das Planetarium hinzu.

Der Barmer Verschönerungsverein leistete Pionierarbeit, an der sich die Verschönerungsvereine in Ronsdorf (1869), Elberfeld (1870) und Cronenberg (1893) orientierten. Der Elberfelder Verein verfolgte unter den Vorsitzenden Gustav Platzhoff und August v.d. Heydt das Ziel, bestehende städtische Grünanlagen und Parks zu pflegen und bei ausreichend großem Eigenkapital durch Ankauf die öffentlich genutzten Waldungen zu vergrößern. Große Verdienste erwarb er sich bei Erschließung und Ausgestaltung des Mirker Hains, des Nützenbergs, der Friedenshöhe und des Friedrichsbergs zu Naherholungsgebieten. Der Barmer Verschönerungsverein hat seine Aufgaben beibehalten, er erhält und pflegt die Barmer Anlagen (trotz der kriegsbedingten Verluste).

Löwenskulptur von Paul Wynand auf hohem Sockel als künstlerischem Blickfang. Die Sockelinschrift des NS-Dichters Will Vesper (1882 in Barmen geboren) wirkt gewiß zwiespältig, obwohl sie nicht aus der NS-Zeit stammt. Etwas oberhalb steht auch noch das Denkmal für die Opfer des Kapp-Putsches (mit einem Reliefbild eines Saatgut ausstreuenden Mannes), inzwischen wiederhergestellt, nachdem die Nazis die Erinnerung an der „Märzgefallenen" ausgelöscht hatten.

Vom Bildhauer Paul Wynand war früher auch der Brunnen am **Toelleturm (8)** gestaltet worden, aber die bronzenen Brunnenkinder, die auf Delphinen ritten, gibt es nicht mehr, nur die schöne Wasserschale ist übriggeblieben. Der Toelleturm ist inzwischen mit großem Engagement Wuppertaler Bürger, Firmen und Vereine wieder hergerichtet und saniert worden (rd. 1 Million DM hat es gekostet, 1990 konnte er wieder eingeweiht werden). Bereits 1887 war er aus Beyenburger Grauwacke gebaut worden, die Familie Toelle hatte ihn für ihren Senior Ludwig Ernst Toelle, Industrieller, aber auch Luftfahrtpionier, gestiftet. Sie können (und sollten) den Turm auch besteigen, denn Sie sind hier an einer der höchsten Stellen der Stadt, 333 m über dem Meeresspiegel und der Turm ist noch weitere 26 m hoch, der Rundblick ist entsprechend schön und weit.

Das Wohnviertel am Toelleturm ist und wirkt wohlhabend, obwohl die Bomben der Mainacht 1943 auch hier viele schöne Villen zerstört hat. In der Adolf-

Paul Wynands eleganter Löwe zu Ehren der Gefallenen

Vorwerk-Straße, in Hohenzollen- und Hohenstaufenstraße finden Sie aber noch reich geschmückte Häuser. In der Adolf-Vorwerk-Straße Nr. 29 wohnte 1937/ 38 Generalmajor Erich Hoepner als „Standortältester“ (und feierte hier auch beliebte Tanzfeste), Ende 1938 wurde er Oberbefehlshaber des XVI. Armeekorps und 1942 zwangsmäßig zur Ruhe gesetzt (weil er eigenmächtig den Rückzug seiner Truppen angeordnet hatte, um unnötige Opfer zu vermeiden), als Beteiligter am Widerstand gegen Hitler wurde er 1994 in Berlin-Plötzensee hingerichtet. An ihn erinnerte nach dem Krieg auch der Namen eine der großen Wuppertaler Kasernen.

Der Name Adolf Vorwerk repräsentiert nicht nur eine große Wuppertaler Unternehmerfamilie(ab 1883 Barmer Teppichfabrik Vorwerk & Co, heute durch Elektrogeräte und Staubsauger bekannt, Vorwerk & Sohn als Textilfabrik), sondern gerade an diesem Ort auch bewußte Stadtgestaltung. Wahrscheinlich war ihm Hamburgs Blankenese das attraktive Vorbild für die Bebauung der Barmer Südhöhen. Aber Adolf Vorwerk (1833-1925) hatte auch für Formen der Volksbelustigung und des Freizeitvergnügens großes Interesse. Die Barmer Anlagen, die Stadthalle und die Bergbahn fanden sein Engagement, aber er hat mit der „Turmbahn“ und dem Luftkurhaus auch Vergnügungs- und Erholungsangebote machen wollen, er wollte die Wälder erschließen, wünschte sich Parks, Sport- und Spielplätze. Das mutigste Unternehmen dieser Art war wohl die „Thurmbahn“ mit Vergnügungspark daneben, wobei er den befahrbaren bunten Panoramaturm auf der Berliner Gewerbeausstellung von 1896 in Berlin gesehen hatte, den er dort für wenig Geld kaufte und 1898 am Ende der

Vorwerk wollte einen Vergnügungspark am „Töllethurm“

Caféterrassen und Tanzsaal: das „Luftkurhaus“ im Park

Hohenzollernstraße aufbauen ließ. Solche Türme waren nach dem Bau des Eiffelturms damals beliebt, die zeitgenössischen Berichte waren aufgeregt, aber ein langanhaltender Erfolg war der Turm nicht. 1908 wurde er wieder abgebaut, vielleicht war den Toelleturm-Bewohnern der Vergnügungslärm auch zu laut. Besser lief dagegen das **„Luftkurhaus“**. Vorwerks erstes Luftkurhaus von 1888 (!) steht heute noch in der Adolf-Vorwerk-Straße 18, ein hölzernes Ferienhaus mit Weitblick, bergisch, aber verspielt. Schon 1892 wurde dann in Formen der Renaissance ein wirklich großes Luftkurhaus gebaut, direkt am Toelleturm, unmittelbar am Hand zum Mumelbachtal. Es war vieles zugleich, Hotel, Café, Restaurant, Festgebäude, vor allem hatte es große gestufte Freiterrassen (für bis zu 2.000 Gäste). Der 1927 umgebaute Festsaal war im Stil des Neorokoko gestaltet, hier gab es Tanztees, Feste, Jazzkonzerte. Die Bomben haben das Haus zerstört, aber der heute wieder zugängliche **„Vorwerkpark“(9)** unterhalb des alten Kurhausortes läßt mit Gartentreppen und Terrassen, mit herrlichen Ausblicken und Ruheplätzen ahnen, wie erholsam es hier gewesen sein mag. Die gute Luft ist schließlich geblieben, die Natur (mit vielen Rhododendron) ist eher noch üppiger geworden.

Nicht nur in diesem schönen Park, sondern auch auf den zahlreichen Spazier- und Wanderwegen trifft man am Toelleturm vor allem an Wochenenden viele Wuppertaler/innen. Man kann von hier ins Murmelbachtal gehen und über den Scharpenacken und durch den Marscheider Wald bis nach Beyenburg wandern (auch auf den „Wupperwanderweg“ treffen). Sie erreichen auf den weiteren Südhöhen bald die „fromme Bergstadt“ Ronsdorf (zum nächsten Stadtrundgang), können aber auch mit dem Bus dorthin oder wieder zurück ins Tal fahren. Nur die Barmer Bergbahn fährt leider nicht mehr.

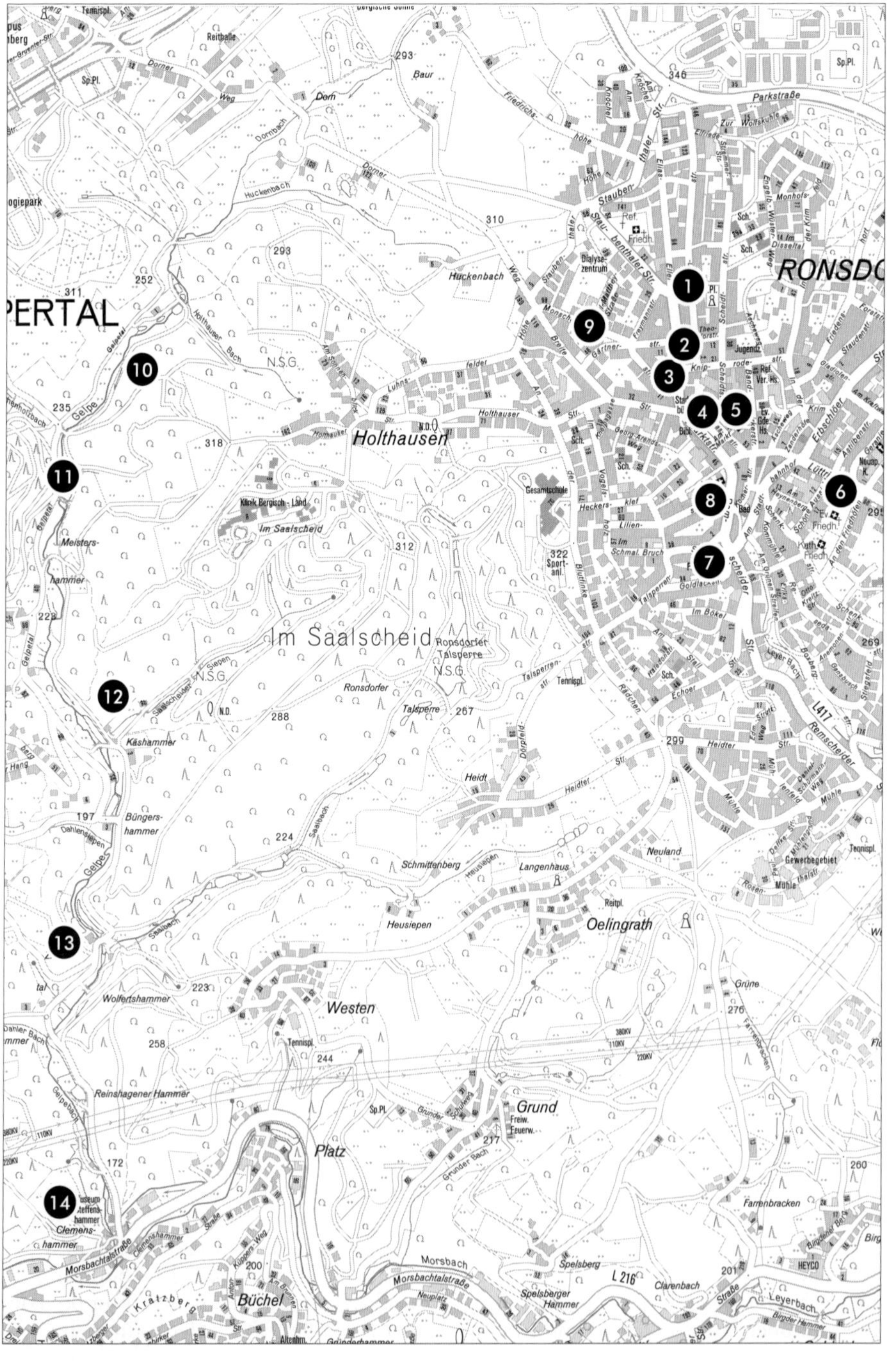
1
2
3
4
5
6
7
8
9
10
11
12
13
14
RONSDO
PERTAL
Parkstraße
Zur Wolfskuhle
Friedrichshöhe
Staubenthaler Str.
Holthausen
Holthauser Str.
Luhnsfelder
Im Saalscheid
Klinik Bergisch-Land
Gesamtschule
Sportanl.
Ronsdorfer Talsperre
N.S.G.
N.D.
Gelpe
Meistershammer
Käshammer
Büngershammer
Saalbach
Wolfertshammer
Reinshagener Hammer
Clemenshammer
Morsbachtalstraße
Morsbach
Huckenbach
Dornbach
Dorn
Baur
Reitballe
Sp.Pl.
Heidt
Heidter Str.
Schmittenberg
Heusiepen
Langenhaus
Neuland
Oelingrath
Westen
Grund
Platz
Büchel
Kratzberg
Spelsberg
Spelsberger Hammer
Clarenbach
Leyerbach
Farrenbracken
Grüne
Gewerbegebiet
Remscheider Str.
L417
L 216
Tennispl.
Gärtnerstr.
Knipprodestr.
Erbschlöer
Lüttringhauser Str.
Talsperrenstr.
Goldlackstr.
Im Bökel
Echoer
Freiw. Feuerw.
HEYCO
Lilienstr.
Heckersklef
Holthauser Bach
Dialysezentrum
Jugendz.

Fromm und aufmüpfig: Ronsdorf

Eine eigene Welt zwischen Blombach und Gelpe

***Rundgang 14:** Mit dem Stadtbus CE 61 (von Barmen) oder CE 62 (von Elberfeld) nach Ronsdorf und zurück von Gelpe/Morsbachtal*
***Dauer:** eineinhalb Stunden (plus Gelpe-Wanderung rd. 2 Std.)*

Ronsdorfer Stadtwappen: fromm und aufmüpfig (Zunge)

Vor der Städtevereinigung 1929, der Stadtgründung Wuppertals, waren die beiden „Bergstädte" Ronsdorf und Cronenberg eigenständige Kommunen, ökonomisch und gesellschaftlich-kulturell profiliert, mit selbstbewußter Geschichte und entsprechenden Traditionen und Erinnerungen. Das wird auch heute noch gepflegt und zweifellos spielt dabei eine Rolle, daß beide Städte bzw. heutige Stadtbezirke nicht im Tal liegen, eine ganz andere Topographie und räumlich eine große Nähe zu den beiden bergischen Städten Remscheid und Solingen haben (und die Kontakte dazu auch nutzen). Beide Stadtbezirke haben neben der Südhöhenlage ihre eigenen Täler nebenan und die Rundgänge werden daher jeweils mit einem Talspaziergang abschließen, weil auch diese zum Profil (und zur Geschichte der früheren Städte) gehören. Ronsdorf macht seine eigensinnige Rolle in der Stadt schon in seinem Wappen deutlich. Wem auch immer steckt der bergische Löwe seine Zunge heraus, vielleicht den Städten im Tal,vielleicht sogar nach Osten, bis Preußen (obwohl Ronsdorf dem preußischen König die frühe Stadtwerdung verdankt). Es mag ja sogar sein, diese selbstironische Variante wird auch erzählt, daß man sich von der eigenen Frömmigkeit abwenden möchte, denn daß auf dem Wappenschild „Der Herr mit uns" steht, mag für viele Ronsdorfer sehr bald zu viel Frömmigkeit gewesen sein. Ansonsten steht man zur frommen Geschichte, pflegt das vielfältige Kirchenleben und hat nichts dagegen, daß die Ronsdorfer noch immer gelegentlich als etwas aufmüpfig gelten.

Elias Eller und das „Neue Zion"

Schon die Stadtgründung von Ronsdorf war ein aufmüpfiger und zudem überraschend rasch realisierter Akt, vielleicht sogar ein politischer Husarenstreich. Er ist mit einem Namen verbunden, der auch heute noch Historiker und manche andere Zeitgenossen aufregt und sogar zu heftigsten Streitgesprächen animiert: man ist entweder „Ellerianer" oder eben nicht. Helmut Böger schreibt in seinen Porträts

Schon über achtzig Jahre Stadt: Ronsdorf 1826

„berühmter & berüchtigter Wuppertaler“ (Graphium press, 1988) über Elias Eller: *„Was ist dem ‚Propheten‘ von Ronsdorf nicht schon alles vorgeworfen worden! Unter dem Mantel der frömmelnden Frömmigkeit habe er so hübsche Dinge wie Sexorgien und seine erste Frau in den Wahnsinn getrieben, beim Tode seiner zweiten habe er nachgeholfen.“* Die Tatsachen sind zunächst etwas einfacher: Elias Eller wird um 1690 auf einem Bauernhof in Ronsdorf-Erbschloe geboren (damals war der Ort aber nur eine kleine Siedlung von vier Höfen, die zum Amt Beyenburg gehörten), er geht nach Elberfeld und wird Bandwirker, nach dem Tode seines Meisters heiratet er dessen zehn Jahre ältere Witwe. In der etwas müde gewordenen Elberfelder Kirchengemeinde der Reformierten gab es Versammlungen kleiner Gruppen, die sich zu einem neuen Glauben „erweckt“ fühlen und ein frommes, pietistisches Christentum pflegen. Elias Elller und die Meisterstochter Katharina nehmen an diesen Versammlungen teil und treffen dort die hübsche Bäckerstochter Anna von Büchel, die in wachsender Hysterie vom Wiederkommen Christi, von Träumen und Visionen, gar vom Weltende spricht. Später, als Anna nach dem Tod von Katharina die zweite Frau Ellers geworden war, berichten Zeitzeugen, sie sei „mit allen Reizen des Teufels ausgestattet“ gewesen. Das Ehepaar Eller übernahm bald die Führungsrolle der neuen Christengemeinschaft, die Anhänger nicht nur im Wuppertal fand. Und als es zu wachsenden Problemen mit den Elberfelder Gemeinden kam, zog Eller mit Sack und Pack, Seidenfabrik und vielen Anhängern aus dem „Babel“ Elberfeld nach Ronsdorf und gründete dort das „neue Zion“. Man pflegte Bibellese, Gesang und Gebet, traf sich zu gemeinsamen „Liebesmahlen“, gründete 1741 mit Zustimmung des katholischen Landesherrn eine eigene Kirchengemeinde, Daniel Schleyermacher wurde ihr erster Prediger. Eine Kirche errichtete man auch. Wie es Elias Eller dann vier Jahre später sogar geschafft hat, der preußischen Regierung die Verleihung der Stadtrechte abzuhandeln, fasziniert

Bild links: Hinter dieser Schule ist/war Elias Eller begraben noch immer, denn Barmen zum Beispiel wurde erst 63 Jahre später eigene Stadt. Aber König Friedrich II. (also „der Große") hatte auf Grund eines alten Vertrages den Schutz der Protestanten im Bergischen übernommen oder hatte andere politische Hintergedanken. Zumindest war wohl einer der Ratgeber der Stiefsohn Ellers und dieser selbst übernahm später Agentendienste für den König. Der König bedrängte jedenfalls den Kurfürsten (der in Mannheim saß), den Ronsdorfern ihren Wunsch zu erfüllen, obwohl eigentlich sowohl Kurfürst, die Düsseldorfer Regierung und das Beyenburger Amt dagegen waren. Elias Eller wird natürlich Bürgermeister. Zwei Jahre später kam dann der Landesherr, Kurfürst und Herzog Karl Theodor, zu einem offiziellen Stadtbesuch. Und das war etwas Besonderes, denn während seiner Regentschaft kam der Kurfürst insgesamt nur dreimal in das Herzogtum Berg. Eller war wohl doch ein „Menschenfänger".

Reformierte Basilika aus bergischer Grauwacke

Wie man sich auch immer zu Eller verhält, in Ronsdorf ist man gut beraten, seinen Spuren zu folgen. Die „Elias-Eller-Straße" beginnt jedenfalls schon am Ortseingang an der Parkstraße (die zur hohen Blombachtalbrücke und zur Autobahn führt), der Stadtbus hält hier. Gehen Sie aber am besten (wie einst der Kurfürst bei seinem Stadtbesuch) die parallel laufende **Kurfürstenstraße (1)** hinunter, weil sie ortseinwärts einen besseren Überblick gibt, auch noch mehrere ältere bergische Schieferhäuser zeigt. Denn leider wurde Ronsdorf bei den Bombenangriffen im Mai 1943 stark zerstört (hier fielen viele der Bomben, die noch für Barmen bestimmt waren). Wichtige historische Gebäude stehen nicht mehr, z.T. wurden sie auch nach dem Kriege einer neuen Orts- und Verkehrsplanung geopfert.

Über Ronsdorfer Kirchen und Bandwirker

Auf ein bedeutsames Ensemble treffen Sie allerdings auch heute noch am Ende von Kurfürsten- und Elias-Eller-Straße: die ehemalige reformierte Schule (aus dem Jahre 1828), ein leuchtender Fachwerkbau unter alten Bäumen, für eine Marketingagentur schön restauriert, und die **Reformierte Kirche (2)**. Früher war der Parkplatz der Schule ein Friedhof, u.a. mit dem Grab von Elias Eller. Die stolze, wie auf einem Podest stehende Kirche (mit einer fast festlichen Treppenanlage von der unteren Straße her) ist zwar nicht die alte Eller-Kirche, aber 1855/58 zumindest unter planerischer und gutachterlicher Beteiligung des Kölner Dombaumeisters Ernst Friedrich Zwirner gebaut (die endgültigen Pläne stammen von Friedrich Augustini aus Elberfeld). Es ist eine dreischiffige Steinbasilika und die Fachleute legen Wert darauf, daß nur für die Gesimse und das Maßwerk an den Fenstern Sandstein aus der Mark und von der Mosel verwandt worden ist, während die dicken Quader des Hauptbaus aus bergischer Grauwacke bestehen, vorrangig an den nahen Hängen des Blombachtales abgebaut, also durchaus heimisch sind. Auffallend ist die Dramaturgie der Kirchspitzen. Das Grundgebäude ist ein einfacher Quaderbau, mit schönen Rundbögen der Portale und Rundfenstern aufgelockert. Dann wird aber das aufgesetzte Dach keck durch vier Eckpfeiler in Form kleiner Kapellen garniert und offensichtlich stammen diese gotischen Elemente direkt vom Dombaumeister. Dem entspricht der Turmaufbau, den Sie sich genau ansehen sollten: erst zwei aufeinander gesetzte Quader, geschmückt mit einem Rundfenster und einer kleinen Rundbogenreihe als Abschluß vor dem Gesims, dann zwei Rundbogenfenster mit einem Schaft getrennt und darüber wiederum kleine Rundbogenreihen, auch der seitliche Giebel ist gestuft. Dann folgt ein Oktagon als nächste Stufe mit Turmuhr und Doppelfenstern für den Glockenklang (es sind drei) und die eigentliche Kirchenspitze ist ein wohlgeformter Helm mit Weltkugel, Kreuz und Wetterhahn (aus getriebenem Kupfer mit Blattgold überzogen). In seiner liebevollen Beschreibung der Kirche hat Friedhelm Peters („Unser Ronsdorf") die Symbolik der Turmspitze mit dem Satz erklärt: *„Der gekreuzigte Jesus von Nazareth ist der Herr über die ganze Welt" und der Hahn als Sinnbild der Wachsamkeit ist „Wächter über meinem Glauben, so wie Jesus über Petrus wachte, als dieser ihm die Gemeinschaft aufkündigte".* Man muß demnach in Ronsdorf noch keine der Kirchen betreten haben, um sich gut behütet zu fühlen, und tut gut daran, sich in diesem wohl immer noch recht frommen Stadtbezirk entsprechend zu fühlen (und zu verhalten). Daher ist das Ensemble zwischen Kirche und Schule ein gutes Entree.

Der Innenraum der Kirche ist nicht ganz so symbolbehaftet (und leider auch nicht regelmäßig geöffnet), er hat ein Kreuzgratgewölbe und einen Kanzelaltar in einer halbkreisförmigen Nische, die nach dem Kriege erneuerte Bleiverglasung der Fenster besteht aus farbigem Antikglas. Das Pastoratsgebäude gegenüber (Kurfürstenstr. 6) ist ein repräsentatives Bürgerhaus (1777) mit schönem Giebel, Freitreppe und spätbarocker Innentreppe. Gegenüber in der Kniproder Straße (Nr. 10) steht das CVJM-Jugendheim. Pastor Gerhard Dürselen (1808-1887), hatte die Vorläuferorganisation ge-

Das „Judenhaus" der Familie Löwenthal

gründet, den evangelischen „Jünglingsverein“ (1842) und später auch (gemeinsam mit Henri Dunant) die Weltorganisation YMCA (1855). Dürselen ist in Ronsdorf begraben, nach ihm ist das „Dürselenhaus“ in der Bandwirker/Kniproder-Straße benannt.

In der Elias-Eller-Straße Nr.19 sehen Sie ein bergisch-barockes Haus besonderer Art, mit rund geschwungenem Giebel und einem schönen spitzen Portal, leider stark modernisierten Fenstern. Seit 1842 führte die jüdische Familie Löwenthal hier ein Manufaktur- und Textilgeschäft. Ein Jahrhundert später erklärte die Gestapo das Haus zum **„Judenhaus“ (3)**: Hier wurden jüdische Menschen aus Ronsdorf und Barmen eingewiesen, um darauf zu warten, in Ghettos und Konzentrationslager transportiert zu werden. Auch die Familie Löwenthal starb in Theresienstadt, Litzmannstadt und Auschwitz.

Danach kommen Sie zum **Ronsdorfer Markt (4)**, mit vielen Geschäften, aber wenigen historischen Gebäuden. An das frühere Wohnhaus von Elias Eller erinnert nur noch ein Gedenkstein, aus dem früher stattlichen Rathaus (1842 gebaut, 1943 zerstört)wurde ein funktionales Verwaltungsgebäude (mit Stadtbibliothek). Dabei spielte dieses Rathaus einige Tage lang eine bemerkenswerte Rolle in der Zeit des Kapp-Putsches. In den Tagen des Aufstandes im März 1920 hatten der Chef der Ronsdorfer Sozialdemokraten, Peter Betzold, gemeinsam mit dem Bürgermeister die politische Verantwortung übernommen. Schon in den Tagen der Revolution 1918 führte er die Demonstranten mit der roten Fahne durch die Stadt, jetzt wehte die rote Fahne wieder über dem Ronsdorfer Rathaus. Vom eigentlichen Kampf, der mit der Räumung Remscheids durch die Reichswehrtrup-

Zwei Kaiser wachten über Markt und altem Rathaus

pen endete, wurde Ronsdorf eher verschont. Die „Schlacht um Remscheid" wurde dort geschlagen, aber Peter Betzold blieb eine der prägenden politischen Persönlichkeiten in Ronsdorf. Und es lohnt sich,die Entwicklung der Arbeiterbewegung auch auf den bergischen Südhöhen zu studieren (s. Reiner Rhefus, Spurensicherung 1920, Der Arbeiteraufstand gegen den Kapp-Putsch und die damalige Arbeiterkultur im Bergischen Land, Klartext Verlag, 2000). Einem noch früheren Ereignis in der deutschen Arbeiterbewegung werden wir noch begegnen (Lassalle-Rede).

Der Marktplatz wirkt ohne ein dominierendes Rathausgebäude heute zwar geschäftig, aber eher friedlich-privat. Da seit Beginn des zweiten Weltkrieges auch das 1890 hier errichtete „Zwei-Kaiser-Denkmal" (Wilhelm I. und Friedrich III.) nicht mehr steht (die Statuen wurden eingeschmolzen), sogar der mächtige Sockel 1959 abgebaut wurde (1953 war es wenigstens mit einem Klavier geschmückt worden!), konzentriert man sich jetzt wieder auf die industrielle Ortsgeschichte und das in heiterer Gelassenheit. Auf der mit Beeten, Bäumen, Büschen und Bänken gestalteten Grünanlage steht seit 1980 das lustige **Bandwirker-Denkmal**. Der Düsseldorfer Bildhauer Max Kratz hat ein bronzenes Bandwirkerpaar geschaffen: ihn mit einem „Lewersack" über der Schulter (im Liefersack wurde Ware und Verpflegung transportiert), offensichtlich auf dem Wege zu Kunden, sie mit einem kleineren Sack in der Hand und mit erkennbar freundlich-neckischer Ermunterung zum Abschied.

Bedeutung und Beliebtheit des Denkmals haben natürlich ihren Grund, denn die Bandwirkerei war Gründungsimpuls der Stadt Ronsdorf, bereits um 1800 gab es acht Bandfabriken, zwei Jahrzehnte später waren über hundert Band- und Webstühle in Betrieb, bald wurden Bandfabriken gegründet, aber auch Zulieferfirmen und Färbereien. Die Firma J. H. vom Baur Sohn, die das Bandwirkerdenkmal zu ihrem Firmenjubiläum gestiftet hat, war übrigens eine der ersten, bereits 1805 gegründet. 1900 standen in Ronsdorf ca. 2.000 Bandstühle (!), noch 1925 waren über 50% der in Industrie und Handwerk tätigen Ronsdorfer in der Textilindustrie beschäftigt. Nach dem

Heiter gestimmt: Bandwirkerpaar

Zweiten Weltkrieg und vor allem seit den 60er Jahren ging die Textilindustrie rapide zurück, vor allem die Hausbandwirkereien wurden aufgegeben, heute sind sie weitgehend nur noch Erinnerung. Aber diese Erinnerung ist sichtbar: wenn man aufmerksam auf einige der erhaltenden Schieferhäuser achtet, sieht man den Bandwirkerhäusern ihr früheres Gewerbe an. In einem interessanten Jubiläumsbuch „Unser Ronsdorf" haben Günter Konrad, Josua Halbach, Friedhelm Peters, Marga Rühl u.a. Historisches, Heiteres und Besinnliches zur 250jährigen Geschichte (1745-1995) zusammengetragen (s. nächste Seite).

Inzwischen hat sich **das Wirtschaftsleben in Ronsdorf** erweitert. Nicht mehr das Klappern der Band- und Webstühle bestimmt den Klang, Amboß und Hammer sind hinzugekommen (im Gelpetal werden Sie die Vorläufer sehen), Schmieden haben sich angesiedelt,

Bandwirkerhäuser: Arbeiten & Wohnen

Günter Konrad, in „Unser Ronsdorf“, 1995

Wenn ein Fremder durch Ronsdorf geht und das eine oder andere Fachwerkhaus, das den Luftangriff überstanden hat, näher betrachtet, so wird er eine interessante Feststellung machen. Manche der alten Häuser haben im Spitzgiebel ein

„Wirkskammer“ unterm Dach

Fensterband, das über die ganze Hausbreite reicht. Die äußeren Fenster sind vielfach sogar der Dachschräge angepaßt; fast könnte man denken, daß es sich um den Vorläufer der heutigen Atelierfenster handelt. ... Besonders auffällig ist aber, daß diese Fensterbänder vielfach an der Nordseite der Häuser sind, was auch nicht immer mit der Lage des Hauses erklärt werden kann. Was haben diese Fensterbänder nun für einen Sinn?

Für alte Ronsdorfer ist die Erklärung nicht schwer. Hinter vielen dieser Fensterbänder im Obergeschoß wie auch im Dachgeschoß war früher eine „Wirkskammer“, in der man einerseits viel Licht brauchte, andererseits aber die direkte Sonneneinstrahlung unerwünscht war. In solchen „Wirkskammern“ stand die „Bandmühle“, auch „Getau“ genannt, ein von Hand angetriebener, mehrgängiger Bandstuhl, und die Spulmaschine, die damals als Antrieb noch ein Fußpedal hatte. Bei armen Familien befand sich dann hinter dem Bandstuhl die Schlafstatt, da man sich ein separates Schlafzimmer nicht leisten konnte. So war Wohnen und Arbeiten aufs engste miteinander verbunden.

Meist war die ganze Familie in den Arbeitsprozeß mit einbezogen, was bei dem geringen Einkommen eines Bandwirkers und der oft großen Kinderschar einfach unverzichtbar war. Während der Mann die Bandmühle drehte, erledigten Frau und Kinder die Hilfsarbeiten wie z.B. das Spulen und Haspeln. Die gelegentliche Aussage, daß Kinder den ganzen Tag die Bandmühle drehen mußten, dürfte allerdings nicht zutreffen. Der Grund war einfach der, daß die Bandmühle ganz gleichmäßig gedreht werden mußte, um ein einwandfreies Band zu erhalten. Dazu wären Kindern kaum in der Lage gewesen. Wenn übrigens davon berichtet wird, daß die Bandwirker bei der Arbeit gesungen hätten, so taten sie das vielfach nicht nur aus reiner Lebensfreude, sondern um beim Drehen der Bandmühle einen gleichmäßigen Takt zu halten.

„Mühlstuhl“ in der Bandwirkerei

Schleifkotten, dann auch Werkzeugfabriken, 1858 gibt es die erste Dampfmaschine in Ronsdorf, 1860 wird eine Dampfkesselanlage beantragt (allerdings für den Betrieb einer Mühle und einer Schnapsbrennerei), Handelsunternehmen für Eisen und Stahl entstehen, 1923 werden 36 Werkzeugbetriebe gezählt. Und heute gibt es zwar immer noch sowohl Band- als auch Werkzeugfabriken, aber die Elektroindustrie ist hinzugekommen, Autoschlösser und anderes Autozubehör werden in Ronsdorf produziert, ganz neue Industriegebiete sind entstanden. Aus der ehemaligen „Stadt der Bänder" ist eine bunt gemischte Wohn- und Werk-Stadt geworden.

Um zur „grünen Wohn- und Gartenstadt" zu kommen, von der die Ronsdorfer schon früh geschwärmt haben, müssen Sie allerdings das dicht bebaute Zentrum mit Marktplatz und reichlich mit Werbung bestückten Geschäftshäusern verlassen. Nehmen Sie am besten gleich jene vierzig Treppenstufen, die zur dominierenden **Lutherkirche (5)** hinaufführen. Und mit zehn weiteren Stufen bis zum Altar haben Sie mit jeder Treppenstufe einen der fünfzig Tage zwischen Ostern und Pfingsten hinter sich gebracht. Die Lutherkirche ist die älteste Ronsdorfer Kirche, 1790-1793 gebaut, mehrfach umgestaltet, 1943 zerstört, 1953 wieder aufgebaut. Bei der Gründung hatten die Lutheraner durchaus Probleme, sich gegenüber der herrschenden reformierten Gemeinde (und dem Mannheimer Hof) durchzusetzen, obwohl man bereits rd. 2.000 Gemeindemitglieder nachweisen konnte. Die Zerstörung im Krieg hat zwei wesentliche Änderungen zur Folge: der Turm ist stumpf geworden und der „bergische Aufbau" von Altar, Kanzel und Orgel in einer Einheit wurde aufgegeben.

Vom schattigen Kirchplatz aus kommen Sie in die Bandwirkerstraße, die zur Lüttringhauser Straße hinunterführt. Dort steht noch das alte kaiserliche Postamt von 1893, in der Erbschloer Straße 9 auch das frühere Amtsgericht von 1898 (in der NS-Zeit sogar Sitz der Ortsgruppe der NSDAP). Sie können von hier auch in die „Krim" gehen, die Sie, wenn Sie sie ganz hinaufgehen würden, in schöne Wohngebiete führt: keine Patriziervillen wie in anderen Teilen Wuppertals, sondern eher einfache, oft auch Mehrfamilienhäuser. Weit oben, In der Krim Nr. 42, finden Sie, etwas versteckt, die „Villa Carnap", das Geburtshaus des Philosophen und Mathematikers Rudolf Carnap (1891-1970). Früher war schon das Gebiet „In der Krim" außerhalb des Zentrums und deshalb hieß es auch so: die „Krim" war so etwas wie die „Wallachei" des Ortes, jedenfalls behaupten das ältere Ronsdorfer. Heute ist es hier belebt mit Supermärkten und Gaststätten, das „Toro" stand hier (die Tonhalle Ronsdorf).

Wir gehen aber auf die andere Seite, die Lüttringhauser Straße den Berg hinauf. Kurz vor den **Friedhöfen (6)** sehen Sie rechts einige bergische Häuser (eines ist nach der gut erkennbaren Fensterzeile im Dachgeschoß ein früheres Bandwirkerhaus!) und auf dem Friedhof liegt ein Feld von Ehrengräbern, auch einer der „Märzgefallenen" wurde hier bestattet, Heinrich Söhrmann. Viele andere bekannte Ronsdorfer Namen finden Sie eher auf dem Kommunalfriedhof in der Reinshagenstraße, auch Opfer des Faschismus. Nach einem Gang über den evangelischen und katholischen Friedhof kommen Sie zu einem grünen Platz (auch Spielplatz) und sehen dahinter eine auffallend geschlossene doppelte Häuserzeile (Schenkstraße, dahinter Resedastraße), die in den Zwanziger Jahren von der Stadt Ronsdorf als Wohnhäuser gebaut wurden: zweigeschossig, einheitlich gestaltet, mit Zwerggiebeln, Seitenrisaliten und z.T. auch Erkern. Die vorderen an der Schenkstraße, erkennbar aufwendiger, waren für die bürgerliche Bevölkerung gedacht, die in der dahinter liegenden Resedastraße etwas kleineren und weniger verzierten Häuser für Arbeiter. Solche Wohnsiedlungen finden Sie auch noch

Preußisch einzigartig: die Bandwirkerschule

anderen Stellen, z.B. die Arbeiterhäuser in der Erbschlöer Straße 123/137. Es ist auffallend, daß in Ronsdorf großbürgerliche Prachtvillen wie in Elberfeld und Barmen eher selten sind. Einige finden Sie etwas versteckt, auch im unteren Teil der Schenckstraße. Die Straße „Am Stadtbahnhof", auf die sie dann stoßen, erinnert daran, daß es hier einen Bahnhof der Ronsdorf-Müngstener Eisenbahn gab, noch bis zur Einstellung der Bahn 1959. Über Seitenwege kommen Sie auch direkt zur Straße „Am Grünen Streifen" und zur Remscheider Straße. Von den höheren Hangstraßen Ronsdorfs sehen Sie übrigens sehr deutlich die besondere Lage des Ortes: zwar hoch gelegen, aber zugleich in einer grünen Mulde.

Die Remscheider Straße gehen Sie am besten wieder ortseinwärts (es sei denn, Sie wollten noch einige geschieferte „Bürgerhäuser" in der Goldlackstraße oder Talsperrenstraße sehen. Sie kommen ansonsten zu einer markanten Straßenecke: rechts ein bergisches Restaurant (der etwas seltsame Name heißt „Schlüffken"), gegenüber ein hohes Jugendstilgebäude (mit einer „gemütlichen Kneipe", die dennoch „Hexenkeller" heißt) und links ein klassizistisch wirkendes dreigeschossiges Gebäude, das einen toskanisch rustizierten Sockel und darüber auffallend große Segmentbogenfenster hat. Gesimsbänder betonen die horizontale, Pfeiler zwischen den sechs Fensterachsen die vertikale Ordnung. Und über den beiden Mittelachsen sieht man einen Giebel, der mehrfach gezackt ist. Wenn man Spaß an klassischer Architektur hat, ist dieses Gebäude in seinen klaren Formen ein ästhetisches Vergnügen. Das ist kein Wunder, denn es hatte ja bei seiner Errichtung 1897 eine besondere gestalterische Funktion: hier sollten Bandwirker ausgebildet und qualifiziert werden. Und damals war es die einzige Fachschule dieser Art in Preußen. Das Gebäude der früheren **Bandwirkerschule (7)** wird auch heute noch angemessen genutzt: neben Volkshochschule und Musikschule ist hier ein kleines, vom Bandwebermeister Josua Halbach liebevoll zusammengestelltes **Bandwirkermuseum** untergebracht: u.a. mit einem alten hölzernen Webstuhl aus dem Jahre 1784, einer handbetriebenen „Bandmühle" aus dem Jahr 1836, einen elektrisch betriebenen Jacquardstuhl, aber ebenso einen modernen Nadelautomaten, auch Musterbücher und Lehrbücher sind ausgestellt.

Gehen Sie die Remscheider Straße noch etwas weiter. Rechts sehen Sie ein „Bergisches Haus", mit diesem Namen als gemütliche Gaststätte mit Tradition ausgewiesen. Das schmucklose Wohn-

St. Joseph, noch in Jugendstil mit Neobarock

haus Nr. 24 steht an der Stelle der früheren Gaststätte Mesenholl, in deren Saal im Jahre 1864 Ferdinand Lassalle seine große Rede hielt, die als „Ronsdorfer Schwur" berühmt wurde (s. nächste Seite). Etwas weiter sehen Sie die dritte große Ronsdorfer Kirche, die katholische **St. Joseph-Kirche (8)**. Der Wuppertaler Architekt Arthur Hoffmann hat 1968/69 den etwas brutal wirkenden Betonkubus für eine Kirche gebaut, die schon ganz unterschiedliche Formen hatte. Von 1760-1824 besaß die vergleichsweise kleine katholische Gemeinde nur einen „Betsaal", 1824-1910 wurde eine erste schlichte Kirche gebaut, 1910 eine sehr festliche Kirche zwischen Neobarock und Jugendstil, die 1943 zerstört wurde, 1950 entstand eine dritte Kirche und erst 1969 die jetzige Kirche. Man darf den Neubau sicherlich nicht mit den früheren Bauten vergleichen, wenn man zeitgenössische Architektur für wichtig hält (auch frühere Bauten waren jeweils zeitgenössisch) und daher sollte man sich auch auf die neue Raum- und Lichtgestaltung einlassen. Hier werden horizontale und vertikale Elemente interessant gegliedert, die gewonnenen Raumeffekte sind ohne Zweifel wirkungsvoll und im Innenraum fallen sowohl das große Hängekreuz über dem Altar als auch einzelne alte Statuen auf.

Von hier aus gehen Sie wieder über den Markt (vielleicht mit einer Kaffeepause) und danach können Sie entweder mit dem Stadtbus (bzw. CityExpress) zurück ins Wuppertal fahren (oder auch in andere Stadtteile, etwa Cronenberg) oder Sie folgen mir noch zu einem industriegeschichtlich interessanten und landschaftlich schönen Spaziergang ins Gelpetal. Denn eigentlich gehört es zu Ortsteilen wie Ronsdorf, daß man einerseits nach alten Verkehrswegen aus früherer Zeit sucht und andererseits auch die früh bewirtschafteten Seitentäler der Wupper kennenlernt. Der Industrie-Geschichtspfad „Historisches Gelpetal" (mit entsprechender Broschüre erläutert) lädt dazu besonders ein.

„Alter Elberfelder Weg" und der Weg zur Gelpe

Folgen Sie am besten zunächst dem alten Transportweg der Bandwirker und Kohlenhändler. Dazu müssen Sie die **Monschaustraße (9)** hinaufgehen, die hinter dem Markt an der Elias-Eller-Straße beginnt (als Parallelstraße zur Holthauser Straße). An der Monschau trafen schon in früher Zeit ein von Barmen über Lichtscheid führender Weg mit dem

Der Ronsdorfer Schwur

Ferdinand Lassalles Rede vom 22. Mai 1864 (Auszug aus einem Bericht in Ferdinand Lassalle, Reden und Schriften, Verlag Hobbing, 1926)

Ein Jahr nach der Gründung des „Allgemeinen Deutschen Arbeitervereins" (ADAV) hielt sein Präsident, der „Arbeiterkaiser" Ferdinand Lassalle, auf dem ersten Stiftungsfest eine berühmte, von rd. 2.000 Menschen umjubelte Rede. Schon der Weg von Elberfeld zum Veranstaltungsort in Ronsdorf war ein Triumphzug, über die Straße war eine bekränzte Girlande gespannt: „Willkommen dem Dr. Ferdinand Lassalle, vieltausendmal im Ronsdorfer Tal". Wenige Monate später wurde Lassalle bei einem Duell in Genf erschossen.

In seiner Rede hatte er die großen Erfolge des ADAV im ersten Jahr des Bestehens geschildert, noch einmal die Bedingungen für eine weitere positive Gesellschaftsentwicklung genannt (vor allem das allgemeine und direkte Wahlrecht) und schließlich besorgt gefragt, was passieren würde, wenn er beseitigt würde. Das führte zum dramatischen „Ronsdorfer Schwur".

„Der König hat, die Wahrheit unserer Lehren und die Gerechtigkeit unserer Forderungen anerkennend, eine Regelung der Arbeiterfrage und Abhilfe der Arbeiternot durch die Gesetzgebung versprochen, wie wir dies in unseren Schriften begehrt haben. Allein eine Fortschrittskammer, eine nach dem oktroyierten Dreiklassen-Wahlgesetz erwählte Kammer würde niemals dem König die zu diesem Zwecke erforderlichen Gelder bewilligen und ebensowenig, selbst wenn die Sache ohne Geld zu machen werden, auch nur ihre Zustimmung zu einem solchen Gesetze erteilen. Nur ein durch das allgemeine und direkte Wahlrecht erwählter gesetzgebender Körper würde einem solchen Gesetze seine Zustimmung geben ... Also auch das allgemeine und direkte Wahlrecht, jene unumgängliche formelle Garantie für alles Weitere, jene absolute condition sine qua non ist euch bereits in jenem königlichen Versprechen innerlich, durch die Kraft der Logik eingeschlossen, versprochen worden! (Die Versammlung, welche diesen ganzen letzten Teil der Rede in einer unglaublichen Spannung, so daß man fast jeden Atemzug vernehmen konnte, zugehört hatte, bricht hier in einen nicht zu beschreibenden Jubel aus).

Ein anderer höchst wesentlicher Erfolg unserer Tätigkeit ist die Bildung des Volkes. Unsere Gegner sprechen von Bildung, ohne sie zu verbreiten; wir verbreiten sie, ohne davon zu sprechen! Von welchem anderen Verein, kann ich wohl fragen, ist binnen einem Jahre eine solche Reihe von Schriften ausgegangen, die so geeignet waren, wissenschaftliche Einsicht uns Bildung unter dem Volke zu verbreiten, und die so tief in die Massen eingedrungen sind? (Große Zustimmung).

Möge mit meiner Person diese gewaltige und nationale Kulturbewegung nicht zugrunde gehen, sondern die Feuersbrunst, die ich entzündet, weiter und weiter fressen, solange ein einziger von euch noch atmet! Das versprecht mir und zum Zeichen dessen hebt eure Recht empor! (Die ganze Versammlung erhebt, von der höchsten Aufregung ergriffen, die Hände. Lang andauernde, sich immer wieder erneuernde Akklamationen)."

Alter Blick auf Ronsdorf, mit seinen drei stolzen Kirchen

von Werden oder Düsseldorf über Elberfeld nach Lüttringhausen und Lennep führenden zusammen. Und in Lennep traf der Weg auf die alte „Hansestraße“ von Köln über Beyenburg nach Dortmund. Der Weg von der Monschau über Dorn und Freudenberg nach Elberfeld heißt im Volksmund immer noch der „alte Elberfelder Weg“. Generationen von Bandwirkern sind mit ihrem „Lewersack“ diesen Weg zum „Kontor“ in Elberfeld gegangen, um zu „liefern“. Günter Konrad erzählt in dem Buch „Unser Ronsdorf“: *„Meist gingen sie aus Sicherheitsgründen zu mehreren, und wenn sie schon einmal in Gesellschaft waren, geschah es nicht selten, daß sie auf dem Heimweg in der Wirtschaft ‚Haus Freudenberg‘ hängenblieben und einen Teil ihres Lohnes in ‚flüssige Nahrung‘, sprich Bergischen Korn, umsetzten.“* Die von Barmen kommende Straße war ebenso wichtig, weil auf ihr die für die Eisenverarbeitung benötigte Kohle zu den Hämmern der Kotten in den Tälern transportiert wurde, z.B. auch ins Gelpetal.

An der Gärtnerstraße wechseln Sie links in die Breite Straße, denn von hier aus haben Sie noch einmal einen vergleichsweise nostalgischen Blick zurück, den Sie mit alten Fotos vergleichen können. Sie sehen die Mulde, in der sich Ronsdorf entwickelt hat, gekrönt durch spitze und stumpfe Kirchtürme. Monschau und Breite Straße enden an der Luhnsfelder Höhe und von hier aus kommen Sie ins **Gelpetal (10)**. Über die Lichtscheider Höhen hinweg sehen Sie den Wasserturm, die Hochhäuser der Barmer Ersatzkasse und die hell leuchtenden Dächer der „Bergischen Sonne“, des großen Freizeitbades auf Wuppertal-Lichtscheid. Von der Luhnsfelder Höhe kommen Sie, wenn Sie wollen, auch zur ersten, 1979 eröffneten (und über 50 Millionen DM teuren) Wuppertaler Gesamtschule „An der Blutfinke“, die heute den Namen des Schriftstellers Erich Fried trägt. Mehrere Wege führen

Breite Straße in die Ronsdorfer Mulde

„in die Gelpe“. Gleich gegenüber der Monschaustraße geht der „Dorner Weg“ auf alten Spuren nach Elberfeld, von ihm führt oben in der Siedlung eine Fahrstraße ins Tal, aber schon vorher auch schon ein Feld- und Waldweg durch die kleine Fachwerksiedlung Huckenbach. Über die

„Flüssige Nahrung“ für Bandwirker

Luhnsfelder Höhe kommen Sie „Am Sonnenblick“ ins Tal.

Wie auch immer, Sie werden an der Gelpe landen und vielleicht von dem kleinen Fluß bzw. Bach überrascht sein: das soll der industrielle Motor der bergischen Werkstattregion gewesen sein? Aber warten Sie ab, wenn es erst einmal richtig regnet. Denn natürlich sind auch die bergischen Täler am schönsten, wenn die Sonne scheint, aber bedenken Sie, daß diese Täler ihre Wasserkraft nur dadurch gewonnen haben, daß es immer ausgiebig Regen gab. Wer sollte sonst die vielen Hämmer und Schleifkotten antreiben, von denen auf den zahlreichen Erläuterungstafeln die Rede ist. 280 Liter je Sekunde hat der „Gelpebach“ in den Morsbach fließen lassen, in den er nach 4,4 km mündet. Das hat bis zu 25 Hämmer und Schleifwerke bewegt (und die entsprechenden Wasserräder). Zur verständnisvollen Zeitreise in die Vergangenheit dieser arbeitsamen Täler gehört es also auch, den Regen zu ertragen, ohne den es manche Wirtschaftsentwicklung nicht gegeben hätte.

Der industriegeschichtliche Naturlehrpfad Gelpe (in Broschüren gut erläutert) macht deutlich, daß es wirklich das Wasser war, das die frühe Entwicklung der Eisenindustrie vorangetrieben hatte, und keineswegs etwa die (geringeren) Eisenerzvorkommen in dieser Gegend. Meistens verwendete man für die hier angefertigten Klingen und Werkzeuge etc. Stahl aus dem Siegerland. In Kleinschmieden arbeitete man mit Holzkohle, die ebenfalls (auf den „Kohlenwegen“) herangeschafft werden mußte. Schon im Mittelalter gab es erste Anfänge der bergischen Eisenverarbeitung, bald trieben viele Wasserräder Hämmer und Schleifkotten an, um 1780 waren fast alle bergischen Bäche mit Wassertriebwerken belegt. Der erste Hinweis im Gelpe-Saalbach-Tal stammt aus dem Jahre 1580, von einem „Clemens auf dem Hammer“ war die Rede (die Siedlung im Morsbachtal heißt heute noch so). Einige der bald fünfundzwanzig Hämmer und Schleifkotten entwickelten sich zu kleinen Fabriken. Aber im 20.Jahrhundert ging der Bedarf rasch zurück, nach dem Zweiten Weltkrieg waren nur noch fünf Hämmer in Betrieb, der Büngershammer wurde 1973 als letzter stillgelegt, der Steffenshammer ist noch als einziger in Betrieb, als Museum am Ende des „Gewerbetals".

Und damit ging eine dramatische industriegeschichtliche Entwicklung zu Ende, denn im 18.Jahrhundert galt das Bergische Land als eines der größten zusammenhängenden eisenverarbeitenden Gebiete in Deutschland. Das währte bis zum Aufstieg der Ruhrstahl-Industrie in der zweiten Hälfte des 19. Jahrhunderts. Cronenberger Sensen, Solinger Stahlwaren, Remscheider Werkzeuge waren Wertbegriffe geworden, industrielle Impulse waren davon ausgegangen. Und bis weit ins 20.Jahrhundert hatte es sich dabei im Gegensatz zu den Großfirmen des Ruhrgebietes um kleine und höchstens mittlere Familienbetriebe gehandelt. Der Beruf des Eisenarbeiters, des Schmieds und des Schleifers war allerdings hart und wenig romantisch. Bei der Arbeit am Schleifstein wurden Schadstoffe frei, Wasser spritzte umher, die Räume waren zugig und kalt, im Winter mußte das Wasserrad häufig von Eis befreit werden. Erst recht im Vergleich zu den Textilarbeitern der gleichen Zeit und Gegend galten die Eisenarbeiter als rauh und ungestüm. Dennoch war man an Neuerungen interessiert, wollte den Betrieb gerne immer wieder verbessern, neue Maschinen einführen, auch Dampfmaschinen. Der „industrielle Impuls" dieser Jahre war auf Entwicklung bedacht, auf Innovationen. Das war auch notwendig, denn eine immer größer werdende Bevölkerung mußte ernährt werden.

Die Gelpe entsteht durch die Vereinigung von Dorner- und Huckenbach und fließt nach 4.4 km in den Morsbach. An der „Gründung", also dem Zusammenfluß der beiden Bäche, steht die „2-Pfennigs-Brücke", früher einmal eine Zollstelle zwischen Ronsdorf und Elberfeld. An der Mündung steht der Steffenshammer und dort ist bereits Remscheid. Den ganzen Fußweg an der Gelpe entlang erläutern die Tafeln des Lehrpfades mit Texten und Zeichnungen das frühere Bild der „Industrie im Tal". Leider sind die meisten Hämmer, Kotten und Fabriken zerstört, aufgegeben, abgerissen. Die Phantasie

Harte Arbeit im Kotten

muß helfen, sich das Arbeitsleben vor 200-300 Jahren konkreter vorzustellen.

Am **Oberen Jansenkotten (11)** dem ersten größeren Haltepunkt im Gelpetal (mit der ersten großen Übersichtstafel des Lehrpfades) muß es noch vor etwas mehr als hundert Jahren sehr betriebsam zuge-

Der „Käshammer" blieb erhalten

gangen sein, 1882 arbeiteten hier noch 14 Gehilfen, die Schleifsteine wurden sowohl durch ein Wasserrad als auch durch eine Dampfmaschine angetrieben. Sie sehen noch den dazu passenden Schornstein. Ebenfalls entdecken Sie Ruinen, die an eine frühere Gaststätte erinnern, „Bergisch Nizza" genannt (die erst 1943 bei den

Bombenangriffen zerstört worden ist). Auf dem weiteren Weg treffen Sie auf die kleine Siedlung „Gelpe“, die bereits am Ausgang des Mittelalters bewohnt war und heute einige schöne alte Fachwerkhäuser zeigt, darunter den gemütlichen „Gelper Hof“ (von 1882). Anschließend sehen Sie ein Ensemble, das inzwischen wieder zum Schmuckstück des Gelpetals geworden ist, den **Käshammer (12)**. Er gehört übrigens zu Ronsdorf, während andere Betriebe auf

Alter Hammer mit Wasserkraft

Elberfelder, Cronenberger oder Remscheider Gebiet liegen. Lange Zeit war das schöne Hammergebäude mit seinem malerischen Fachwerk und den hellen und großen Fenstern gefährdet, vom Verfall bedroht. Inzwischen strahlt es wieder. Das Wassertriebwerk wird bereits im 17. Jahrhundert erwähnt, seit 1825 als Käshammer, andere sprechen vom „Höltershammer“. 1829 hatte der Hammer drei Wasserräder, zwei davon für Blasebälge der Schmiedefeuer. Es wurde vorindustrieller Edelstahl (Raffinierstahl) produziert und im Obergeschoß außerdem eine Seidenwinderei betrieben. Die großen Fenster sollten das ausreichende Licht bringen. Neben dem Hammer ist ein Hammerteich gestaut und etwas höher finden Sie ein Gasthaus (mit „Bergischen Waffeln“ auf der Karte). Im Hammergebäude selbst wohnt jetzt ein Architekt, dem mit Hilfe der Denkmalpflege die Rettung des Gebäudes zu danken ist.

An der nächsten größeren Wegzweigung liegt als touristisches Zentrum des Gelpetals die Ausflugsgaststätte **„Zum Zillertal“(13)**: mit reichhaltiger Speisekarte, bergischer Kaffeetafel,Tanzvergnügen und Minigolf. Es wurde erst 1904 erbaut und hat eine entsprechend buntgemischte Architektur, immerhin eher bergisch als zillertalerisch. Hier müssen Sie sich über den weiteren Weg klarwerden. Die Zillertaler Straße führt nach Cronenfeld und Cronenberg hinauf. Das Saalbachtal führt nach Ronsdorf zurück, hinauf zur Ronsdorfer Talsperre, auch „Saalbachtalsperre“ genannt, 1898/99 erbaut, bis 1956 als Trinkwasserreservoir für Ronsdorf genutzt. Aber wir werden bei der Stadtwanderung „Rund um Wuppertal“ noch direkt daran vorbeikommen.

Der Gelpe-Lehrpfad geht vom „Zillertal“ noch etwas weiter, wenn auch auf Remscheider Gebiet. Aus zwei Gründen ist dieser kurze Besuch in der bergischen Nachbarstadt **Remscheid** empfehlenswert (aber ersetzt natürlich keineswegs ein intensiveres Entdecken von Remscheid und Umgebung, aber das wären weitere Rundgänge ins Bergische Land). Erstens ist die industriegeschichtliche Tradition die gleiche, gehört mit dem Betrieb des Gelpetals zusammen, der Steffenshammer ist sogar der einzige Hammer in Betrieb. Zweitens finden Sie im nahen Gerstau (Wanderweg kurz vor der Morsbachtalstraße rechts) eine direkte Busverbindung nach Elberfeld.

Der kleine Ortsteil **Clemenshammer (14)** gehört zu Remscheid-Lüttringhau-

Zillertal im Gelpetal

sen und Sie sehen ein gut erhaltenes Ensemble mit Kotten aus dem 17. und bergischen Bürgerhäusern aus dem 18. Jahrhundert. Von „Clemens auf dem Hammer" war schon 1580 die Rede gewesen, schon 1607 gab es hier einen Schleifkotten, ein Hammergebäude mit zwei Feuerstellen sowie eine Eisenhütte, die Eisen aus Erz gewann. Von den vielen verschiedenen Hämmern im Gelpetal ist der **Steffenshammer** als einziger erhalten geblieben und wurde Teil des Remscheider Werkzeugmuseums (in der Regel nur einmal monatlich samstags in Betrieb, Telefon 02191/162519, www.remscheid.de). 1746 wurde er erbaut, bis 1928 lief sein heute noch erhaltenes großes Wasserrad auf vollen Touren. Den Unterschied zwischen einem oberschlächtigen, hinterschlächtigen und unterschlächtigen Wasserrad wird man einfach erklären können, wenn man weiß, daß es darum geht, wo das Wasser auf das Rad treffen soll. Im Gelpetal sehen Sie an vielen Stellen (auch auf Zeichnungen und Fotos), wie die Kotten und Hämmer aufgebaut waren, wie die Teile zusammengehörten, wie die Abläufe waren. Nicht immer kann man sich dann schon den Betrieb vorstellen. Egon Viebahn hat für den Arbeitskreis „Historisches Gelpetal" alle Erläuterungstexte noch einmal zusammengestellt (s. Literaturliste), das ist verdienstvoll. Alles weitere ist Ihrer Phantasie überlassen, so ist das bei Zeitreisen. Heute spaziert man gemütlich durch diese grünen Täler, begleitet von eher beschaulichen Bächen, früher war es hier geschäftig, gab es harte Arbeit, hingen viele Familien von dem Ertrag dieser Arbeit ab.

In seiner Neujahrspredigt 1801 hat der Lüttringhauser Pastor Friedrich Willhelm Elbers den Wohlstand der verflossenen Jahrzehnte beschrieben, bevor im 9. Jahrzehnt die „glücklichen Jahre begannen, wo Handel und Fabriken blüheten" und „getrieben durch unsere wohltätigen Bäche" 62 Hämmer und 215 Schmieden „gingen". Vorher jedenfalls, im siebten Zehntel, *„trieften Gottes Fußstapfen über unsere Gemeinde so recht vom Fette. Das waren Zeiten, wo Glück und Segen sich über alle Stände verbreiteten"*. Das waren Zeiten ...

Bei „Clemens auf dem Hammer":
der Steffenshammer

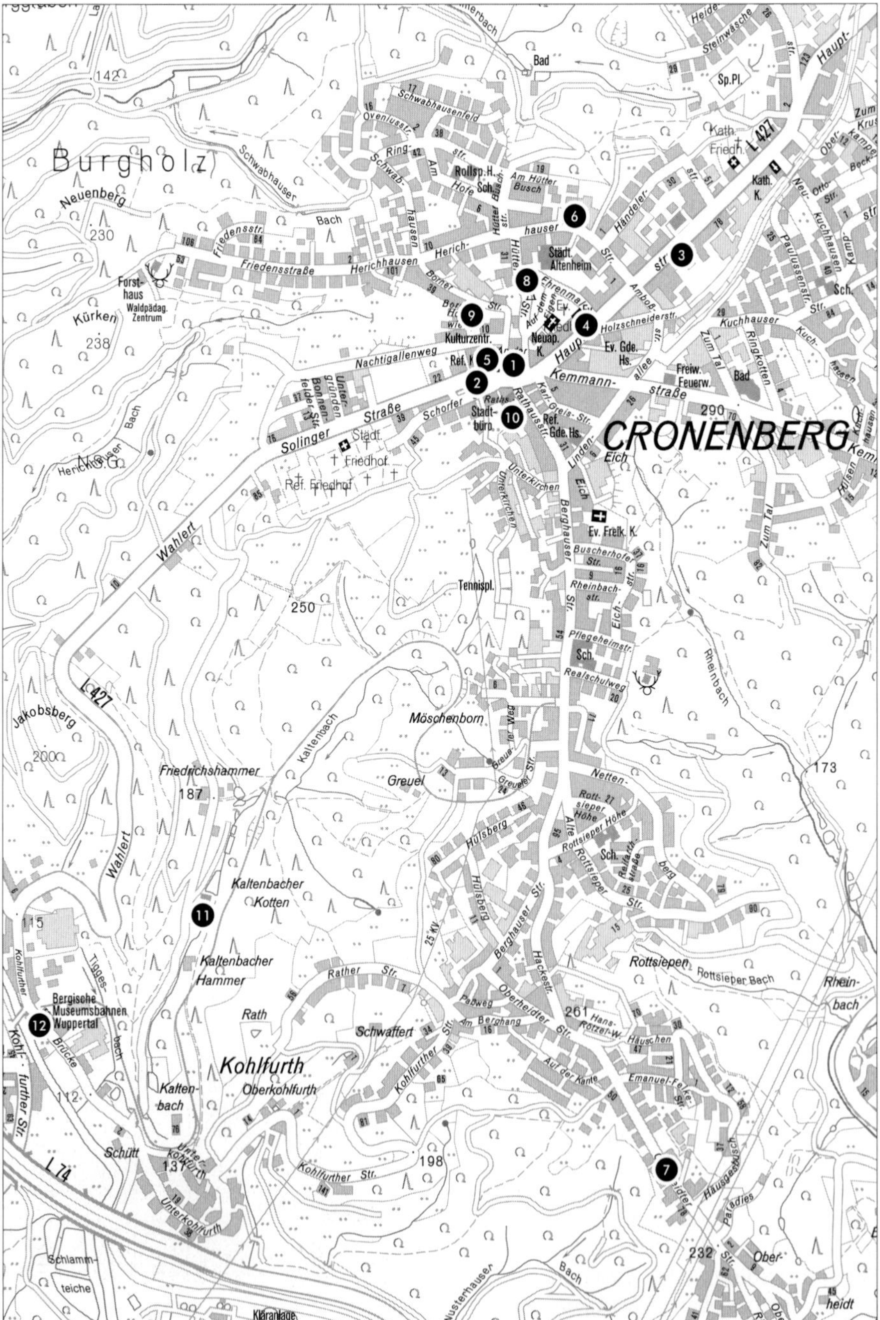

Burgholz
Neuenberg
230
Forsthaus
Waldpädag. Zentrum
Kürken
238
Friedensstraße
Friedensstr.
Schwabhauser Bach
Schwabhausenfeld
Ovenjusstr.
Ringstr.
Am Hofe
Schwabhausen
Rollsp.H.
Sch.
Am Hütter Busch
Hütter Busch str.
Herichhausen
Herichhauser Str.
Borner
Bad
Steinwäsche
Heide
Sp.Pl.
Kath. Friedh.
L 427
Kath. K.
Hauptstr.
Händeler str.
Städt. Altenheim
Ehrenmal
Ev.
Friedh.
Neuap. K.
Kulturzentr.
Nachtigallenweg
Ref. K.
Unter-gründen
Bonnenfelder Str.
Solinger Straße
Schorfer
Raths
Stadtbürp.
Rathausstr.
Karl-Greis-Str.
Ref. Gde.Hs.
Städt. Friedhof
Ref. Friedhof
Holzschneiderstr.
Amboß
Ev. Gde. Hs.
Lindenallee
Kemmannstraße
Freiw. Feuerw.
Bad
Zum Tal
Ringkotten
Kuchhauser
Paulussenstr.
Neuenkuchhausen
Sch.
290
CRONENBERG
Eich
Unterkirchen
Berghauser Str.
Ev. Freik. K.
Buscherhofer Str.
Rheinbach-str.
Eichstr.
Tennispl.
Pflegeheimstr.
Sch.
Realschulweg
Wahlert
N.S.G.
Herichhauser Bach
250
Rheinbach
Möschenborn
Greueler Weg
Greueler Str.
Greuel
Jakobsberg
200
L 427
Friedrichshammer
187
Kaltenbach
173
Nettenberg
Rottsieper Höhe
Alte Rottsieper Str.
Sch.
Reinertstraße
Hülsberg
Wahlert
Kaltenbacher Kotten
115
25 kV
Rottsiepen
Rottsieper Bach
Rheinbach
Kaltenbacher Hammer
Tigges-bach
Kohlfurther Brücke
Bergische Museumsbahnen Wuppertal
Rather Str.
Rath
Schwaffert
Hackestr.
Oberheidter Str.
Am Berghang
261
Hans-Rotzel-W.
Häuschen
Auf der Kante
Emanuel-Felke-Str.
Kohlfurth
Oberkohlfurth
Kohlfurther Str.
Kaltenbach
112
Schütt
137
Unterkohlfurth
L 74
198
Hausgesbusch
Paradies
232
Ober-heidt
Riedel
Bach
Wusterhauser
Schlammteiche
Kläranlage

Werkzeugkiste Cronenberg

„Dat Dorp“ mit Frühindustrie und Eigensinn

Rundgang 15: *Mit dem Stadtbus CE .. nach Cronenberg und mit CE von Kohlfurth zurück*
Dauer: *2-3 Stunden.*

Wenn Sie den Rundgang durch Cronenberg, die zweite „Bergstadt“ auf Wuppertals Südhöhen, unmittelbar an Ronsdorf und das Gelpetal anschließen wollen, denn das paßt durchaus zur gemeinsamen Industriegeschichte, dann werden Sie vom Zillertal statt zur Ronsdorfer Talsperre zurück den Weg nach Cronenberg hinauf nehmen, aber das ist ein langer Weg. Der normale Rundgang startet „im Dorp“, also im Zentrum Cronenbergs, an der „Hütte“. Die Cronenberger reden gerne von ihrem „Dorp“ und das ist keine Bescheidenheit, sondern selbstbewußte Ortsgeschichte. „Cronberga“ war ein Hofesdorf mit wenigen Höfen und zur Stadt wurde Cronenberg frühestens 1808, nachdem das Herzogtum Berg unter Napoleon französisch geworden war. 1815 fiel auch Cronenberg an die Preußen und 1827 wurde es offiziell als Stadt anerkannt. Der Stolz auf Cronenbergs Geschichte ist groß, denn man ist sicher, daß Cronenberg eigentlich die älteste Siedlung des heutigen Wuppertals ist. Jedenfalls hat man bereits im Jahr 2000 den 950.Geburtstag gefeiert, hat entsprechende Ortsschilder aufgestellt und freut sich schon heute auf die 1000-Jahr-Feier im Jahre 2050.

Aber mit solchen Geschichtsdaten kann man auch spielen. Tatsächlich wird „cronberga“ in einer Urkunde erwähnt, mit der eine Edelfrau Adelheid zur Zeit des Abtes Gerold (1033-1050) dem Stift Werden im Tausch u.a. ihren Hof in Velbert sowie mehrere „Hufe“(mansi) mit allen Nutzungsrechten überträgt. Einer dieser „Hufe“ ist wohl der Hof „Zum Eigen“ im Bereich des heutigen Cronenberg (eine kleine Straße im Zentrum nennt den Namen noch). Und 1312 wurde der Ort als „villa seu parochia“ bezeichnet, also als Kirchspiel. Die erste Kapelle war den heiligen Ewalden geweiht. Die stolze Festschrift des Cronenberger Heimat- und Bürgervereins aus dem Jahre 2000 nimmt jedenfalls die Urkunde der Edelfrau Adelheid als ausreichenden Beweis für das Cronenberger Gründungsdatum, die Chronik des Stadtarchivs zitiert das Datum ebenfalls. Die Festschrift der Cronenberger gibt allerdings zu, daß man dann auch den ersten

An „de Hötte“ beginnt „dat Dorp“

Wuppertal - Mitte
Remscheid
Autobahn
Ortsteil Sudberg

Hinweis auf den Oberhof Lüntenbeck im Bereich Vohwinkel-Sonnborn ernstnehmen muß, der von einer Äbtissin des Frauenkonvents in Gerresheim berichtet, die Sonnborn bzw. den Hof Lüntenbeck heranzieht, um das Stift mit Brot, Fleisch und Käse zu versorgen. Und dieser Hinweis stammt bereits aus dem Jahre 870 und dann hätte man die 1000-Jahr-Feier Vohwinkels und gar Wuppertals bereits um mehr als ein Jahrhundert verpaßt. Sicher sind sich glücklicherweise die Historiker nicht. Feiern darf man also in Cronenberg allemal. Und das tut man gerne („nur fieren es nett").

Sensenschmiede und Werkzeugmacher

Wenn sich Cronenbergs Historiker ihrer „Notarin" Adelheid sicher sind, dann ist gewiß noch weniger umstritten, daß das industriegeschichtliche Profil Cronenbergs weder durch Bleicher oder Bandwirker wie in den meisten anderen Städten bzw. Stadtteilen des heutigen Wuppertals bestimmt wird, sondern eindeutig durch die Eisen- und Werkzeugindustrie. Das Cronenberger Wappen zeigt es: ein bergischer Löwe, der in seinem Vorderpranken ein Sensenblatt hält. Der Löwe hat allerdings nur einen Schwanz, das mag man interpretieren wie man will.

Nicht nur in den hammerbestückten Tälern (s. Industriepfad Gelpetal), sondern auch bei einer aufmerksamen Busfahrt aus dem Tal nach Cronenberg hinauf sieht man die Schwerpunkte der Industrieentwicklung: auffallend viele Werkzeug-, eisen- und metallbezogene Firmen und Fabriken säumen die Straßen, am Ende Zwanziger Jahre waren etwa 80% aller Beschäftigten in über 200 Metallbetrieben tätig. Und in Cronenbergs Zentrum wollen wir unseren

Bild links: Krings Eck mit Kirche, Cronenbergs Mitte

Löwe mit Sense, das Wappen

Rundgang daher auch **„An der Hütte" (1)** beginnen, denn der Name verweist offensichtlich auf eine frühere Schmelzanlage zur Verarbeitung von Erzen, die man hier fand. Wenn man als „Hütten" kleinere Häuser meint, stimmt auch das, denn das Fachwerkhausensemble im Ortskern ist vergleichsweise klein, allerdings auch beschaulich-verwinkelt, fast ein wenig spitzwegisch, „em dorp" eben. Aber von den einstmals über fünfzig Wohnhäusern sind nur noch wenige in historischer Form zu sehen, weil viele de großen Stadtbrand von 1829 zum Opfer gefallen sind. Das Haus „An der Hütte Nr. 10" zeigt noch eine alte Balkeninschrift von 1725, andere haben alte holzgeschnitzte Türen und weiße Fenster in historischem Fachwerk, bunte Blumen blühen vor den Türen. Etwas größer sind die Häuser auf der anderen Straßenseite

Uwe Eckardt

Mit dem Sensenprivileg zur Werkzeugstadt

Während die früh dokumentierte Hufe „in cronberga“ mit dem Tafelhof Elberfeld einen Hofesverband bildete (der 1176 in den Besitz der Grafen von Berg kam) und es (bis 1825) auch eine kirchliche Vereinigung mit Elberfeld gab, war das frühe Cronenberg wirtschaftlich eher enger mit dem Remscheider Raum verbunden. Seit dem Mittelalter galt der Ort als Hauptsitz des bergischen Kleineisengewerbes, dessen Spuren (Rennfeueröfen im Burgholz und Schlackenhalden) bis in das 11. Jahrhundert zurück reichen. Einer späteren Überlieferung zufolge handelten bereits 1240 Hansekaufleute mit Cronenberger Sensen und Futterklingen. Entscheidende Impulse für den wirtschaftlichen Aufschwung gab das 1600 von Herzog Johann Wilhelm I. von Berg verliehene Privileg, das allein den Sensenschmieden und Schleifern in den Ämtern Elberfeld, Beyenburg und Bornefeld erlaubte, Sensen herzustellen und zu schleifen. Nach dem Hauptsitz der damaligen bergischen „Eisenindustrie“ setzte sich die Bezeichnung „Cronenberger Handwerks-Privilegium“ durch. Die Herstellung der Sensen und der sich über weite Teile Europas erstreckende Handel mit ihnen bestimmten bis in das 18. Jahrhundert das Leben in Cronenberg, das auch Sitz des Zunftgerichtes wurde.

Dennoch gab es auch immer wieder Rückschläge. Wegen seiner Lage an einer wichtigen Fernverkehrsstraße wurde der Ort häufig von durchziehenden Truppen heimgesucht. Seuchen und Fleckfieber wüteten im 17. Jahrhundert, dennoch stieg die Einwohnerzahl bis 1711 wieder auf 2.074 Personen an. Durch die märkische Konkurrenz und die Einführung der Wasserhämmer gerieten viele Handschmiede zeitweise in eine wirtschaftliche Krise, die sie dadurch auffingen, daß sie ihre Betriebe zur Ausnutzung der Wasserkraft in die Täler der Gelpe und des Morsbachs sowie der anderen Wupperzuflüsse verlegten. Auch die Umstellung auf die Produktion von Beilen, Äxten, Hämmern, Messern, Sägen und Nägeln förderte den wirtschaftlichen Aufstieg. Allerdings erlaubte erst die Erfindung der Dampfmaschine und später der elektrischen Antriebsaggregate die schrittweise Rückverlegung der Produktionsstätten in den eigentlichen Ort. Dies führte zu dem noch heute für Cronenberg typischen Nebeneinander von Wohnen und Arbeiten.

Durch ein Dekret des französischen Landesherrn erhielt Cronenberg den Rang einer selbständigen Stadt („commune“) mit Johann Abraham von den Steinen als Bürgermeister an der Spitze. Preußen, an das der Ort 1815 mit dem Großherzogtum Berg gekommen war, anerkannte Cronenberg jedoch erst 1827 durch eine Verordnung des Königs als Stadt an. Seit 1861 bildete Cronenberg mit den Bürgermeistereien Mettmann, Haan, Wülfrath, Velbert und Hardenberg den Kreis Mettmann.

Im 19. Jahrhundert hielt der wirtschaftliche Aufschwung an. 1829 und 1834 verursachten zwei schwere Brände im Ortskern große Schäden. Wesentliche Verbesserungen der Infra-

Schleifer im alten Kotten

struktur erfolgten während der Amtszeit des Bürgermeisters Albert Kemmann, der zwischen 1885 und 1920 die Errichtung der städtischen Gas- und Wasserwerke sowie die Anbindung an die benachbarten Elektrizitätswerke förderte. Mit der Eröffnung der Eisenbahnstrecke Steinbeck-Cronenberg 1891 erhielt das „Dorp" den für die exportorientierte Kleineisenindustrie wichtigen Anschluß an das Staatsbahnnetz. Seit 1900 wurde zusätzlich die Straßenbahnverbindung zu den Nachbarstädten ausgebaut.

Der überdimensional hohe Turm des 1900 errichteten (und im 2.Weltkrieg zerstörten) Rathauses war Ausdruck des gesicherten Wohlstandes und des gewachsenen Selbstbewußtseins der „Werkzeugstadt auf grünen Höhen", die zu dieser Zeit 10.220 Einwohner zählte. Erster Weltkrieg, Inflation und französische Besetzung (1923/24) hinterließen auch in Cronenberg Spuren, insgesamt aber war 1929 die wirtschaftliche Lage der auf 14.400 Einwohner angewachsenen Stadt gesund. Der damals pro Person berechnete sogenannte steuerliche Fehlbetrag lag auf den Südhöhen sehr viel niedriger als in den umliegenden Städten. Dennoch anerkannten die Cronenberger, wenn auch zum Teil widerstrebend und zögernd, die Notwendigkeit der vom preußischen Landtag beschlossenen Städtevereinigung zum 1.August 1929, die den Verlust der kommunalen Selbständigkeit bedeutete. Auf die Bewahrung seines charakteristischen und unverwechselbaren Eigenlebens blieb Cronenberg allerdings weiterhin bedacht.

„Bergische Einheit" von Altar, Kanzel und Orgel

und zu diesem Ensemble rund um die starke „Friedenseiche"(1870/71) gehört am Anfang eines der ältesten Häuser, **„Krings Eck" (2)** mit der Jahreszahl 1705 im Balken. Die Häuser der Schorfer Straße passen dazu, sogar das auffallend barock geschmückte „Haus Cleff",das allerdings erst 1911 entstanden ist. Auch in den anderen Städten des heutigen Wuppertals war Neobarock bekanntlich ein beliebter Stil zu dieser Zeit (wenn man nicht schon mutig zum Jugendstil überging).

Dem Stadtbild Cronenbergs fehlt zwar der zentrale Marktplatz, aber das frühere und heutige Bild des Zentrums hat dennoch eine klar erkennbare Dominante. Fast noch deutlicher als im frommen Ronsdorf wird Cronenbergs Mitte durch Kirchtürme bestimmt. Schon wenn sie mit dem City-Express von Elberfeld heraufkommen, den sich sehr selbständig empfindenden Ortsteil Hahnerberg und auch noch Cronenfeld passiert haben, sehen Sie in der Hauptstraße Nr.96 in moderner, aber doch schiefergedeckter Form die katholische Kirche **St. Ewald (3)** (vorher, seit 1842, eine St. Joseph-Kirche) und hier wird Ihnen gleich kirchliche und Cronenberger Geschichte erzählt: als Illustration des Lesepultes, den Bert Gerresheim (der Schöpfer des Barmer Stadtbrunnens, wie erinnerlich) geschaffen hat, von den englischen Mönchen Ewald also bis zu den Werkzeugmachern der Cronenberger Hartwarenindustrie. Näher im Zentrum folgt, massiv aber doch bescheiden die lutherische

Emmaueskirche (4) von 1856/57 an der Hauptstraße (mit einer schönen Kanzel aus dem 17.Jahrhundert), kraftvoll- zentral dann die **Reformierte Kirche (5)**. Sie steht seit 1771 hier und ist die eindeutige Mitte, auch wenn sie um sich herum wenig Platz hat. Klare Formen, Bruchsteinmauerwerk als Kontrast zum schwarz-weißen Umfeld, Rundbogenfenster als Wandgliederung. Gebäude und Turm wirken zwar stark und mächtig, aber der bergische Zwiebelturm mit seiner hohen Laterne bestimmt dennoch ein barock-heiteres Bild der Kirche, keineswegs verspielt, sondern wunderbar passend zum Fachwerkensemble zu seinen Füßen. Hier sieht man die Unterschiede zu vergleichbaren Wuppertaler Kirchtürmen am Kolk in Elberfeld oder in Wupperfeld in Oberbarmen. Diese Kirche strahlt und ist sich selbst genug, ist auch in der Innenausstattung ehrlich geblieben. Man findet noch die bergische Einheit von Altar, Kanzel und Orgel, für reformierte Verhältnisse reich geschmückt, Rokoko in Cronenberg. Hinzu kommen Barockbalustraden an den umlaufenden Emporen. Und über der Kanzel schwebt ein Posaunenengel, der eine Bibel in der Hand hält (wohl aus dem Ende des 17. Jahrhunderts). Die Decke ist als Kontrast betont schlicht, das Gestühl ist in warmem Holz gehalten. Das ist eine schöne Kirche, im Ensemble ihres Umfeldes vielleicht sogar die schönste Kirche in Wuppertal, wenn St. Laurentius und St. Antonius das zulassen und Maria Magdalena (in Beyenburg) ohnedies unvergleichlich bleibt. Die Verhältnisse stimmen, die Kirche bleibt „em Dorp".

Ansonsten fällt es schwer, von Cronenberg einen Überblick zu gewinnen, gar einen vollständigen Rundgang zu machen. Man kann die Herichhauser Straße bis zum Forsthaus am Burgholz hinaufgehen, sieht in dieser alleeartigen Straße noch manches schöne bergische Haus, das **Haus Nr. 32 (6)** wirkt mit seinem reichhaltig verzierten bergischen Barock aus Schiefer und Holz mit opulentem Mansardendach wie eine bewußte Demonstration gegen das moderne Bauen der Zwanziger Jahre, denn es ist erst 1933 entstanden. Man sollte in diesem Cronenberger Wohnquartier aber auch wissen, daß es am Hütterbusch ein schönes, vereinsgetragenes Freischwimmbad gibt und an der Straße „Am Hofe" eine eigentlich unscheinbare Halle, in der regelmäßig an Wochenenden ein mehrfacher deutscher Meister Rollschuhhockey (RSC) spielt. Das ist zumindest sportpolitische Zeitgeschichte. Die Kemmanstraße auf der anderen Seite der Hauptstraße kann man bis zum Morsbachtal (Steffenshammer!) hinuntergehen (oder fahren), passiert dabei ein schmuckes „Gartenhallenbad" (städtisch) und sieht erneut manche metall- oder werkzeugbezogene Betriebe. Die Rathaus- bzw. Berghauser Straße (mit weiteren schönen und auch älteren Häusern) führt bis an das äußerste Ende Wuppertals, nach **Sudberg (7)**, dort ist es fast schon Solingen (und man sieht die bergische Nachbarstadt auch). Mit mehr Zeit wird (und muß) die große Stadtwanderung „Rund um Wuppertal" auch dieses ferne Sudberg umrunden.

Im Zentrum Cronenbergs ist der Rundgang enger: das Ensemble rund um die Kirche ist nicht besonders groß, das

Schule Borner Straße mit Kultur

Als das stolze Rathaus noch stand

große Straßenkreuz lenkt von so manchem schönen Haus ab (z.B. auch auf die frühere Gaststätte Picard von 1880, heute Fotostudio). Aber Sie sollten doch noch die Hütter Straße hinuntergehen, „Auf dem Eigen“ passieren (dort war vor fast 1000 Jahren der Gründungshof des Ortes), das wirkungsvolle **Ehrenmal (8)** zum Gedenken an die Toten des Ersten Weltkrieges betrachten. Gehen Sie auch zur **Borner Straße Nr. 1 (9)**. Hier steht seit 1831 das Gebäude der früher „vereinigten“ evangelischen Schule, im Jahre 1984 wurde daraus ein Kulturzentrum, zunächst sogar mit Galerie und Musikschule, heute vorrangig nur noch Stadtbibliothek und das beliebte „Theater in Cronenberg“, kurz „TiC“, ein Geheimtip für Freunde musikalischen Theaters, aber auch anderer Theaterformen von ernst bis heiter, mit mehreren kleinen Spielorten im gleichen Haus, mit eigenem Schauspiel- und Musikensemble und mit einer Anziehungskraft, die auf die gesamte Stadt ausstrahlt.

Früher gab es in Cronenberg selbstverständlich ein eigenes großes **Rathaus (10)**, von dem heute allerdings nur noch ein Stadtteilbüro übriggeblieben ist. Das Rathaus war gründerzeitlich gebaut und sah auch so aus, 1900 war es eingeweiht worden, rd. 188.000 DM hatte es gekostet. Natürlich waren die Cronenberger zu Zeiten der eigenen Stadtregierung stolz darauf, betrieben aktive Kommunalpolitik und trafen sich anschließend im beliebten Ratskeller. Dennoch war die Geschichte dieses Rathauses nur kurz, wechselhaft allemal. Einige Tage im Jahre 1920 zum Beispiel war es vermeintliches Waffenlager, zu Zeiten des Kapp-Putsches, als ein Marsch von 1.000 Solinger Männern und Frauen (am 16..März) von Solingen über die Kohlfurther Brücke nach Elberfeld zogen und dieser Demonstrationszug zum Ausgangspunkt für die blutigen Auseinandersetzungen zwischen der Arbeiterschaft und den putschenden Militäreinheiten wurde (nachzulesen bei Reiner Rhefus, Spurensicherung 1920). An der Grenzkontrolle in der Kohlfurth (es war die Grenze zwischen dem eigenständigen Deutschen Reich und dem von den Engländern besetzten Brückenkopf rechts des Rheins) durften die Solinger keine Waffen bei sich tragen und im Cronenberger Rathaus vermutete man Waffen der Bürgerwehr, allerdings fand man keine. Wenig später wurde das Rathaus zum Heerlager der Arbeiterarmee. Die „Märzgefallenen" erhielten ihre Gräber auf dem reformierten Friedhof, auf deren Grabplatte ein Text aus einem Lied des Barmer Arbeiterkomponisten Adolf Uthmann verspricht: „Das Banner kann stehen, wenn der Mann auch fällt". Tatsächlich ist die weitere Geschichte Cronenbergs in der Weimarer Republik, jedenfalls bis zur Machtergreifung der Nazis, sehr stark auch von führenden Sozialisten bestimmt (von der USPD bis zur starken KPD) allein drei sozialdemokratische Oberbürgermeister Wuppertals bis zur Gegenwart kommen aus dem „Dorp": Robert Daum, Hermann Herberts und Dr. Hans Kremendahl, Bundestagsabgeordnete beider großer Parteien aber auch. Allemal sind die „Dorper" erst einmal Cronenberger.

„Picken" und Singen. Schon im 19.Jahrhundert gab es in Cronenberg ein sehr reges Kultur- und Freizeitangebot, vor allem in Vereinsform. Hierzu gehörten viele Chöre und Gesangvereine, bereits 1878 auch eine Theatergesellschaft „Fröhlichkeit" in Sudberg und 1888 einen

Wo man gerne singt: die „Obrams"

Die Schleifergruppe des Kottens

„Leseverein" (übrigens auch in Sudberg!). Schon 1876 wurde ein Cronenberger Geschichtsverein gegründet und 1892 der Bürgerverein. Viele Sport- und Freizeitvereine entstanden, darunter als Besonderheit Brieftaubenvereine und vor allem Hahnenköpp- und „Pick"-Vereine. Dabei muß man aufgehängten (in der Regel toten) Hähnen möglichst geschickt den Kopf abschlagen. Noch am Vorabend des ersten Weltkrieges lädt der Hahnenverein „Lustige Brüder" ins „Taubenhaus" zu einem Winterfest ein: mit großem „Preiskrähen und Gackeln". Schon 1909 wird auch eine Stadtbibliothek/Volksbücherei gegründet (bis dahin bestand nur eine Zweigstelle aus Elberfeld), 1919 erhielt Cronenberg (die Weimarer Verfassung hatte es vorgegeben) eine Volkshochschule. Und am 16. August 1925 erlebte das Cronenberger Chorleben einen konzertanten Höhepunkt: rd. 500 Sänger aus 13 (!) Männerchören vereinigten sich zum gemeinsamen Konzert. Der Cronenberger Männergesangverein ist übrigens heute noch einer der größten Laienchöre in Wuppertal, zu seinem Jahreskonzert muß man immer nach Elberfeld fahren, weil nur die Stadthalle ausreicht, um alle Besucher zu fassen. „Wo man singt, da laß dich ruhig nieder ...

„Böse Lieder“ gab es auch. Die in Cronenberg umstrittene „Eingemeindung“ ins größere Wuppertal (der Stadtrat war 20:6 dagegen, die Cronenberger Fabrikanten waren weitgehend dafür) war gerade vollzogen, da erreichten die Vorboten der Machtergreifung der Nazis auch Cronenberg: eine Wahlveranstaltung der NSDAP mit dem späteren Gauleiter Straßweg am 27. September 1930 im „Deutschen Kaiser“ in Cronenfeld, bereits im November eine weitere Versammlung im „Hahnerberger Hof“ mit dem Aufruf zum Boykott jüdischer Warenhäuser, bei der Reichspräsidentenwahl 1932 erhält Hitler fast doppelt so viele Stimmen wie Hindenburg, 1933 hängen die Hakenkreuzfahren am Cronenberger Rathaus und der Arzt Dr. Greiff (NSDAP) wird neben Robert Kothe (KPD) in den Wuppertaler Stadtrat gewählt (aber die KPD erhielt keine Mandate mehr), die Gleichschaltung erreichte auch Cronenberg, alle Arbeitervereine (mit Ausnahme des gleichgeschalteten „Volkschores“) wurden verboten, für die „Beschaffung nationaler Arbeit“ werden Spenden gesammelt. Im Juni 1943 wird auch Cronenbergs Zentrum von Bomben getroffen, 1944 ebenfalls. Für kurze Zeit erhält Cronenberg im April 1945 noch einmal einen eigenen Bürgermeister. Danach beginnt der Wiederaufbau, die Schulen werden wieder geöffnet, das Kultur- und Vereinsleben erwacht neu. Das Selbstbewußtsein ist stark geblieben, die Wirtschafts- und Sozialstruktur gemischt, das Vereinsleben im „Dorp“ ist nach wie vor rege, das größte jährliche Fest heißt „Werkzeugkiste“ und gespendet wird der Überschuß für die „Lebenshilfe“. Nach wie vor ist man auf den Wuppertaler Höhen schnell im Grünen, denn zwei Drittel der Cronenberger Fläche ist tatsächlich Wald.

Es ist ein erholsamer, aber auch arbeitsamer Wald. Durch ein solches Waldtal führt noch einmal ein industriegeschichtlicher Pfad, den Sie bis zum Ortsteil Kohlfurth gehen sollten. Die Solinger Straße, die hinunterführt, zeigt Beispiele Cronenberger Eisen- und Metallindustrie, deren Wandel Anpassungsfähigkeit beweist oder auch nicht. Auf der linken Seite gehen Sie am großen reformierten Friedhof entlang und wenig später führt ein Weg ins Kaltenbachtal. Schon in den Kriegszeiten des 18. Jahrhundert kamen Soldaten durch dieses Tal über Cronenberg nach Elberfeld: „preußische Husaren, Sachsen, Schweizer, Franzosen, kaiserliche Truppen, Kroaten und Panduren“ werden von Georg Kroh in einer Schul-Festschrift aufgezählt, begleitet von Frauen, Marketendern und fahrendem Volk. Hier kamen aber auch die Solinger entlang, als sie 1920 ihren revolutionären Marsch nach Elberfeld unternahmen.

Die Geschichte des Tals hat allerdings nicht zuletzt eine hohe industrielle Bedeutung, von der man noch etwas sehen kann: im **„Manuelskotten“ (11)**, der zum Historischen Zentrum der Stadt gehört und von einem engagierten Förderverein (mit vielen Cronenberger Mitgliedern) betreut wird. Noch um 1880 gab es im Kaltenbach sechs Wassertriebwerke:

Manuelskotten, noch immer aktiv

Hans Kremendahl

Mein Cronenberg: „wo Tröu noch es kein affgedragen Deng"

„Cronenberg statt Wuppertal" – so lautete noch vor einigen wenigen Jahren die Inschrift eines Buttons, der im Wuppertaler Stadtbezirk Cronenberg herausfordernd getragen wurde. Ja so sind sie, die Cronenberger: Rau und eigenwillig, geradeheraus mit ihrer Meinung, sehr selbstbewusst und auf Eigenständigkeit bedacht!

Ein solcher Cronenberger bin auch ich – ob das wohl für einen Oberbürgermeister von ganz Wuppertal eine gute Voraussetzung ist?

Unsere Stadt wurde 1929 aus sechs ehemals selbständigen Gemeinden zusammengefügt. Um das Spannungsfeld der Barmer und der Elberfelder weiß jeder – weniger bekannt ist, daß sich die „Bergvölker" mit der damaligen Gebietsreform sehr schwer getan haben. Bis heute sind die Ronsdorfer stolz darauf, daß sie als einzige der damals beteiligten Kommunen mit schwarzen Zahlen in der Stadtkasse in die vereinigte Stadt Wuppertal eingetreten sind. Probleme mit knappen Kassen gab es also schon damals. Und in Cronenberg haben sich Viele gewehrt und darauf bestanden, als eigenständige Kommune weiter zu existieren. Mein eigener Großvater hat in den zwanziger Jahren massiv für die Selbständigkeit Cronenbergs gekämpft.

Dies alles ist Geschichte. Ebenso ist es Geschichte, daß Cronenberg im Jahre 1050 als einer der ersten heutigen Stadtteile von Wuppertal urkundlich erwähnt wurde: Von dem Notar und Heimatforscher Dr. Justus Bockemühl wurde diese Erwähnung entdeckt – Anlass genug, im Sommer 2000 ein großes Stadtteilfest zum 950jährigen Jubiläum Cronenbergs zu begehen.

Der Cronenberger ist stolz auf seinen schönen alten Ortskern: Die reformierte Kirche mit dem Zwiebelturm, unstreitig die schönste im Bergischen Land, Krings Eck als wohl ältestes erhaltenes Cronenberger Gebäude, „de Hötte" als ein wohl einmaliges Ensemble kleinräumiger bergischer Häuser – selbstverständlich hat dort auch der Cronenberger Heimat- und Bürgerverein mit seinem rührigen Vorsitzenden Hans Otto Bilstein seinen Sitz. Dieser Ortskern ist gemeint, wenn man „nach Cronenberg" oder „ins Dorf" geht. Ansonsten ist Cronenberg zwar ein Stadtbezirk, aber keineswegs ein homogener Ort: Die Hahnerberger und Küllenhahner (trotz geografischer Nachbarschaft genau zu unterscheiden) fühlen sich eben als solche, und nur in zweiter Linie als Cronenberger, in dritter als Wuppertaler. Ansonsten gibt es Kuchhausen, Schwabhausen, die Kohlfurth, die Blaustadt (benannt nach dem Kaufmann Gustav Blau, der um die Jahrhundertwende preiswerten Wohnraum für Arbeiter errichtet hat), Berghausen, Sudberg, und noch so manchen Ort, der auf seine Eigenständigkeit bedacht ist. Wenn auf dem Sportplatz an der Hauptstraße oder an der Riedelstraße der Cronenberger Sportclub und der SSV Sudberg gegeneinander spielen, übertrifft dieses Lokalderby an Spannung und Zuschauerengagement bei Weitem die kürzlich stattgefundene Oberligapaarung WSV gegen Borussia Wuppertal.

Traditionell gehört zu Cronenberg – darin dem übrigen Wuppertal erstaunlich ähnlich – die Eigenständigkeit der Konfessionen. Wenn ein reformierter Junge ein lutherisches Mädchen heiratete, war das schon eine „Mischehe". Von einer Eheschließung mit einem katholischen Partner ganz zu schweigen. Mein Großvater mußte als Konfirmand einmal in der Woche zum Unterricht und Sonntags zum Gottesdienst zu Fuß von der Kohlfurth nach Elberfeld zur niederländisch-reformierten Gemeinde gehen – nur weil sein Vater sich mit dem damaligen reformierten Pastor über eine Bibelauslegung überworfen hatte.

Ja, und natürlich das Platt: Zweimal im Jahr machen die „Obrams" von mehreren hundert Menschen besuchte Plattkallerabende. Obrams nennen sie sich nach dem berühmten mundartlichen „Obrams-Lied" des Cronenberger Heimatdichters Robert Lütters, das die Erlebnisse eines braven Bürgers im Revolutionsjahr 1848 schildert. Das Cronenberger Platt unterscheidet sich von anderen Wuppertaler Mundartausprägungen durch eine Reihe von Begriffen, die nur oder fast nur in Cronenberg verständlich sind. Wenn ein Cronenberger von „geilen" spricht, ist damit weder das zeitweilige Teenagerkultwort (etwa: superaffengeil) noch etwas Sexuelles gemeint – der Begriff heißt einfach kaufen und kommt von „Geild = Geld". „De tweide Kier" heißt das zweite Mal; in Ronsdorf versteht man das auch, in Barmen oder Elberfeld schon nicht mehr. Den Ur-Cronenberger erkennt man daran, daß er nach maximal zwei hochdeutschen Sätzen automatisch in sein heimisches Platt verfällt. Etwa so: „Ich hab´ doch gesagt, das ist ein wichtiges Problem, do müessen wer ehs drüever kallen!"

Ansonsten ist Cronenberg nebst Remscheid die Wiege der Werkzeugindustrie. Bis heute haben sich traditionsreiche Familienunternehmen als Weltmarktführer behauptet; Zangen und Meißel, Maurerkellen, Schrauben, Hämmer, Äxte und Beile und viel anderes Werkzeug kommt nach wie vor aus Cronenberg und wird dort von einer Arbeiterschaft produziert, die zwar auch längst international zusammengesetzt, aber doch immer noch von gestandenen Cronenbergern geprägt ist. Cronenberg entzieht sich jedem Flächennutzungsplan – wohnen und arbeiten waren dort immer auf engstem Raum vereint. „De Schmette hengerm Hus" charakterisiert die Siedlungsstruktur. Heute gilt das – die Cronenberger haben es natürlich gewußt – wieder als durchaus modern!

Ja, und ein Cronenberger als Oberbürgermeister: Immer dann, wenn es für Wuppertal schwierig wurde, mußten Cronenberger ran: Der erste demokratisch gewählte Nachkriegsoberbürgermeister, Robert Daum, kam vom Küllenhahn. Der Ur-Cronenberger Hermann Herberts war zweimal Oberbürgermeister unserer Stadt, als Sozialdemokrat begleitet von seinem Bürgermeisterkollegen Hans Rauhaus (CDU), der zugleich zu seinen besten persönlichen Freunden gehörte. Heute bin ich als überzeugter Cronenberger Oberbürgermeister von Wuppertal, der erste Bürgermeister ist der Küllenhahner Peter Jung. Und wir haben uns vorgenommen, an die Tradition von Hermann Herberts und Hans Rauhaus anzuknüpfen. Motto: Je mehr Cronenberger an der Stadtspitze, desto besser für Wuppertal.

Ich liebe unser Dorf mit seinen eigensinnigen, selbstbewußten, manchmal sturen, aber immer gradlinigen und verläßlichen Menschen. Um es noch einmal mit Robert Lütters zu sagen: „Wo Tröu noch es kien affgedragen Deng, ech sinn on bliew en Cruonenberger Kenk."

Postkartengruß aus der „Gartenwirthschaft“ an der Wupper

zwei Hammerwerke, drei Schleifkotten und eine Mühle. Der Manuelskotten als der jüngste ist als einziger übriggeblieben. Eigentlich hieß er „Kaltenbacher Kotten“, aber der Name des Vorbesitzers Emanuel Morsbach hat sich inzwischen eingeprägt. Morsbach hatte den um 1850 errichteten Kotten im Jahre 1867 erworben, hatte dort gelernt, war „Halblöhner“ gewesen, d.h. für den halben Gewinn des Schleifers. Geschliffen wurden wohl vor allem Messer und wohl auch Sensen, noch immer ist hier Betrieb: für Cuttermesser (zur Fleischverarbeitung) im Auftrag eines Remscheider Betriebs. Wo heute noch ein Schleifer arbeitet, waren es früher bis zu achtundzwanzig. Allerdings stand der Kotten damals einige Meter weiter bachabwärts, denn 1901 war der alte Kotten abgebrannt. Der Manuelskotten wurde ständig modernisiert, vor allem in den Antriebsarten: das oberschlächtige zwölfspeichige Wasserrad arbeitet immer noch (und das Wasser kommt aus dem gestauten Teich nebenan, und zwar von oben), aber auch Dampfmaschine (inzwischen ersetzt), Dieselmotor, Generator und Elektromotor waren hinzugekommen. Über Transmissionen werden die Schleifsteine und Polierscheiben angetrieben. Der Kotten ist im Sommer regelmäßig geöffnet (Tel. 0202/563 6498 oder 476129).

Etwas oberhalb des Manuelskottens kann man auch die „Museumsbahnen“ erreichen, die von der Kohlfurth an ausgewählten Sonntagen bis nach Cronenberg fahren (das letzte Teilstück ist in Arbeit): mit alten Straßenbahnen aus unterschiedlichen Städten mitten durch den Wald. Zu Fuß durchs weitere Kaltenbachtal erreicht man den Ortsteil **Kohlfurth (12)** und findet dort ein bergisches Ensemble von Wohnhäusern und Gaststätten, früher schon und heute wieder ein beliebter Ausflugsort an der Wupper. Ein großer Biergarten ist mutig als „Strandcafé“ ausgewiesen, auf der Solinger Seite (über die frühere Straßenbahnbrücke erreichbar) finden rasante Motorradfahrer ihren regelmäßigen Treffpunkt im „Café Hubraum". Die Wochenendattraktion auf Wuppertaler Seite ist das **Straßenbahnmuseum** mit einem Betriebshof, einer „Bücherstraßenbahn" (für entsprechende Fachliteratur) und der romantischen „Waldstraßenbahn" : sie fährt mit mehreren Haltepunkten in Wagen aus unterschiedlichen Städten auf gut gepflegter Trasse (von den Vereinsmitgliedern liebevoll und fachlich engagiert betreut) durchs Kaltenbachtal fast bis Cronenberg und wieder zurück, sie fährt in der Regel alle zwei Wochen sonntags (Tel. 0202/4702512, email bmb@wtal.de). Der City-Express CE 64 führt zurück in die Städte.

Die Kohlfurth ist (für kombinierte bergische Rundgänge) eine gute Station für weitere natur-, stadt- und industriegeschichtliche Entdeckungen, die auch bemerkenswerte Ziele der Nachbarstadt einbeziehen: die Stadt **Solingen** selbst ist eine eigene Entdeckungsreise wert und kann mit weiteren Erkundungstouren ins Bergische Land verbunden werden. Dazu ist empfehlenswert, das Buch „Mit Feuer und Wasser" (Klartext-Verlag, 2000) zu lesen, das vom Netzwerk Industriekultur Bergisches Land e.V. herausgegeben wurde. Hier finden Sie Informationen zu Stationen der Industriekultur zwischen Wupper und Sieg, von Altena bis Wuppertal. Eine dieser Stationen ist die Müngstener Brücke südlich von Kohlfurth. Bei der Stadtwanderung „Rund um Wuppertal" werden wir nahe

Die „Waldstraßenbahn"

herankommen, geeignet für einen Abstecher zur 1897 eingeweihten, wohl höchsten Eisenbahnbrücke Deutschlands (107 m hoch, 170 m gespannt). Auch einen Wupperspaziergang nach Schloß Burg kann man damit verbinden.

Von der Kohlfurth fahren Sie mit dem „CityExpress" direkt nach Elberfeld zurück. Sie können aber auch den Wanderweg „W" zu einem Rundweg durch das Burgholz nutzen. Interessant ist die fußläufige Verbindung zum nächsten Wuppertal-Rundgang in Vohwinkel. Dieser Weg führt allerdings durch Solinger Gebiet, ein besonders schönes sogar: der romantische Marktplatz von Gräfrath liegt am Weg, das „Deutsche Klingenmuseum" ebenfalls und auch noch das innovative „Museum Baden". Sogar Dinnebiers bemerkenswerten „Lichtturm" werden Sie sehen. Aber Vohwinkel erreichen Sie bekanntlich auch direkt, am besten mit der Schwebebahn.

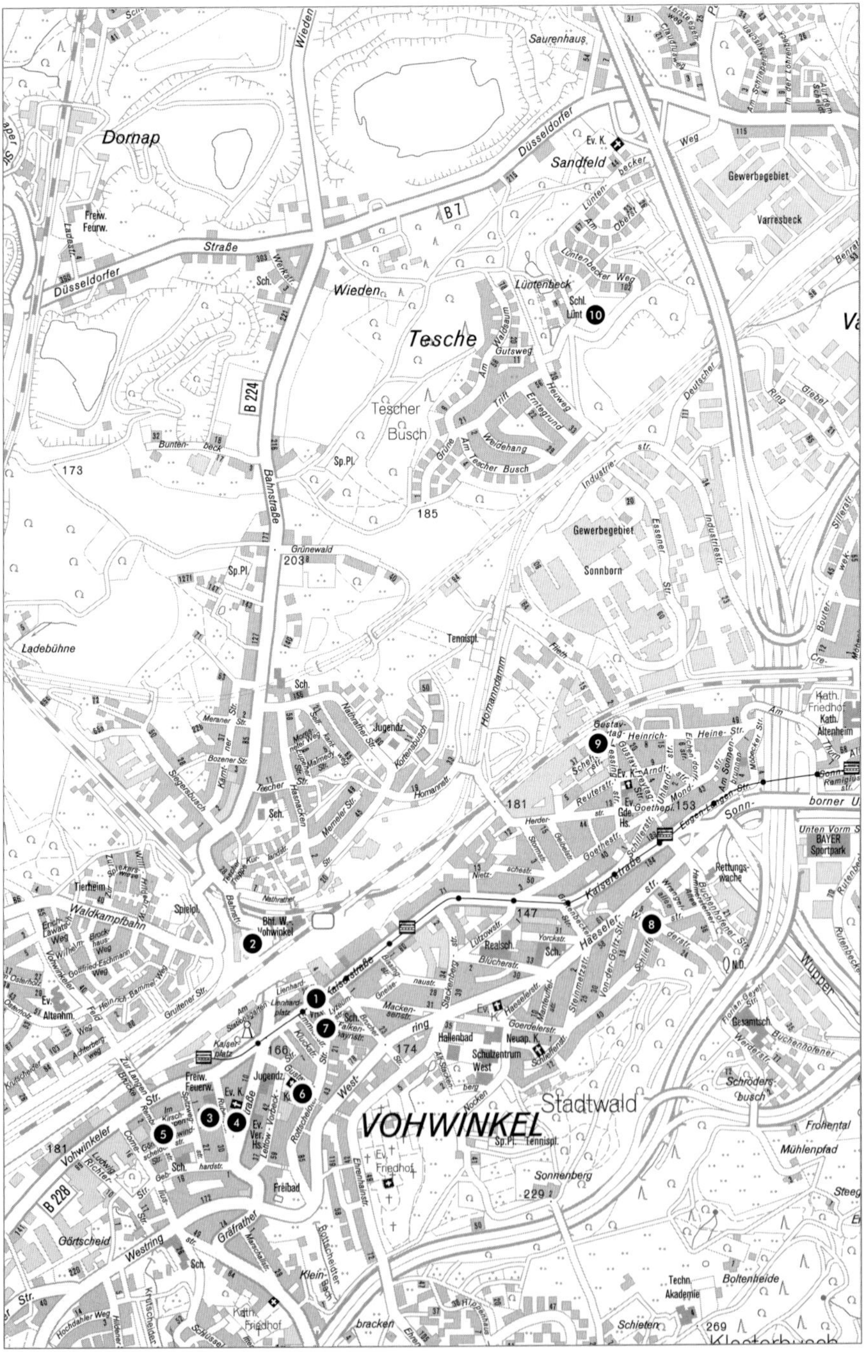

Dornap
Saurenhaus
Sandfeld
Ev. K.
Düsseldorfer Straße
B 7
Freiw. Feuerw.
Ladestr.
Gewerbegebiet
Varresbeck
Wieden
Tesche
Lüntenbeck
Schl. Lünt
Tescher Busch
Gutsweg
Heuweg
Trift
Erntegrund
Weidehang
Am Tescher Busch
Lüntenbecker Weg
B 224
Bahnstraße
Bunten-beck
173
185
Sp.Pl.
Grünewald
203
Industriestr.
Gewerbegebiet
Sonnborn
Essener Str.
Deutscher Ring
Ladebühne
Tennispl.
Homannstr.
Homanndamm
Jugendz.
Kortenbusch
Sch.
Siegersbusch
Meraner Str.
Bozener Str.
Nathrather Str.
Memeler Str.
Hasnacken
Heinrich-Heine-Str.
Reuterstr.
Goethestr.
Ev. Gde. Hs.
Kath. Friedhof
Kath. Altenheim
Unten Vorm Steeg
BAYER Sportpark
Rettungswache
181
153
Kaiserstraße
Eugen-Langen-Str.
Tierheim
Spielpl.
Waldkampfbahn
Bhf. W.-Vohwinkel
147
Realsch.
Blücherstr.
Lützowstr.
Häeseler-Str.
Von-der-Goltz-Str.
Steinmetzstr.
Buchenhofener Str.
N.D.
Wupper
Gesamtsch.
Schrödersbusch
Ev. Altenhm.
Gruitener Str.
Lienhardplatz
Kaiserplatz
Am Stationsgarten
160
174
Westring
Hallenbad
Neuap. K.
Schulzentrum West
Stadtwald
Freiw. Feuerw.
Jugendz.
Ev. Ver. Hs.
Rubensstraße
Frohental
Mühlenpfad
VOHWINKEL
181
Vohwinkeler Str.
B 228
Sp.Pl.
Tennispl.
Ev. Friedhof
Sonnenberg
229
Freibad
Görtscheid
Westring
Gräfrather Str.
Boltenheide
Techn. Akademie
Kath. Friedhof
Schieten
269
Klosterbusch
1
2
3
4
5
6
7
8
9
10

Das Tor zum Westen: Vohwinkel

Jugendstil, Flohmarkt und Weihnachten im Schloß

***Rundgang 16:** Ab Schwebebahnstation Vohwinkel, zurück mit dem Bus … ab Schloß Lüntenbeck*
***Dauer:** 2-3 Stunden.*

Vielleicht ist Vohwinkel ja tatsächlich der älteste Stadtbezirk Wuppertals, wenigstens in seinem Sonnborner Teil, oder konkreter noch im „Hof Lüntenbeck" als Versorgungsstandort für das Frauenstift in Gerresheim. Über das ältere und heutige Schloß Lüntenbeck wird ohnedies zu reden sein, spätestens zum Abschluß des Rundgangs durch Vohwinkel. Und das ebenfalls ältere Gut Schöller (von dem als „Schoulare" 1182 erstmals die Rede ist) gehört zur ersten Etappe der Wanderung rund um Wuppertal. Der Name „Vouinkel" oder „Vowynkele" taucht erstmals in der ersten Hälfte des 14.Jahrhunderts auf, wird meistens als „Fuchswinkel" interpretiert und so zeigt es auch das frühe Stadtwappen. Das muß nicht richtig sein, es kann auch einfach „vor dem Winkel" heißen. Aber lassen wir den Vohwinklern ihren schlauen Fuchs. Die sonstige Geschichte Vohwinkels ist eher jünger und vor dem Bau der Eisenbahn von und nach Düsseldorf im Jahre 1841 auch nicht besonders dynamisch. Vor gut zweihundert Jahren, nämlich im Jahre 1815 wohnten erst rund 500 Menschen hier, 1850 waren es allerdings schon 2800 und bis zur Städtevereinigung 1929 wurden es 17500, heute sind es rund 33.000.

Die frühe landwirtschaftliche Prägung hat sich in diesem Zeitraum stark verändert, obwohl der hohe landschaftliche Anteil geblieben ist: viel Wald und Wiesen. Die tatsächliche Entwicklung Vohwinkels war immer schon von Verkehrswegen bestimmt: vom Rhein her führte eine Handelsstraße ins Sauerland und in die Mitte Deutschlands und kreuzte sich im „Fuchswinkel" mit den „Kohlenwegen", die von der Ruhr ins Bergische Land führten. Später kamen die Eisenbahnen hinzu: von Düsseldorf nach Elberfeld, von Vohwinkel nach Essen-Steele (die 1847 gebaute „Prinz Wilhelm-Bahn"), durch die „Rheinische Strecke" ergänzt. Seit 1900 verbindet die Schwebebahn Vohwinkel mit den anderen Städten des Wuppertals. Ein Obus fährt nach Solingen. Die letzte dynamische Verkehrsentwicklung durch die Autobahn A 46 von Düsseldorf (und den großen Autobahnen von Rhein und Ruhr) bis nach Dortmund hatte gravierende Auswirkungen, nicht nur positive: Vohwinkel wurde zwar erst recht zum „Tor des Westens", aber der Bezirk Sonnborn durch das „Sonnborner Kreuz" in seinem historischen Kern zerstört und isoliert, mancher Verkehr wurde danach am Stadtbezirk vorbeigeführt. Zahlreiche Handelsbetriebe und Einkaufszentren siedelten sich entlang der Autobahn an, auch und erst recht vor den Toren der Stadt, in der Nachbarstadt Haan etwa.

Und diese „aggressive Nachbarschaft" des kleinen Haan ist zumindest historisch pikant, denn Vohwinkel war nach den Befreiungskriegen schon einmal der Bürgermeisterei von Haan unterstellt. Es ging zwischen 1820 und 1929 ohnedies hin und her: 1820 werden die Kreise Mettman und Elberfeld vereinigt, 1860 wird Elberfeld selbständig, Vohwinkel bleibt bei Mettmann, 1867 bekommen Vohwinkel und Sonnborn eine eigene Bürgermeisterei, 1888 kommt Sonnborn wieder zu Mettmann, 1921 wird Vohwinkel Kreisstadt, 1929 kommt es zu Wuppertal.

Z
28
KRONE

Darf man sich dann wundern, daß Vohwinkel sich mit eigener Profilierung schwertut, daß viele Vohwinkler gerne pendeln, nach Elberfeld und Barmen, aber auch nach Düsseldorf oder sonstwohin? Mobilität stärkt zwar die Anpassungsfähigkeit, schwächt aber auch die örtlichen Bindungen, das eigene ökonomische und kulturelle Profil eines Stadtbezirks. Man flüchtet gerne, entweder in die nahen Großstädte oder in die geschlosseneren Kleinstädte des bergischen und niederbergischen Landes. In Gräfrath und Gruiten trifft man abends und an den Wochenenden vermutlich viele Menschen aus Vohwinkel, vielleicht auch in Haan und Hilden (oder gleich in der Düsseldorfer Altstadt oder etwa auch im Barmer Brauhaus?).

Krosige Mischung. Kommt man mit der Schwebebahn, ist der erste Eindruck eher krosig, die Hausfassaden mit ihrer z.T. schreienden Werbung mischen alle möglichen Stile: Stuckfassaden sieht man neben Waschbeton, Schieferfachwerk neben einfachem Steinputz und häßlichen Verschalungen, warmgetönte Klinkerwände wechseln mit Jugendstilgirlanden ab, dazwischen die grünen Rundbrücken der Schwebebahn, unten mit Betonmanschetten vor aggressiven LKWs geschützt (einmal hatte es vorher schon einmal einen bösen Crash gegeben). Ein Rundgang durch Vohwinkel bewegt sich daher entweder auf einen sehr engen Raum, etwa rund um den Kaiserplatz, oder muß längere Wege gehen, die dann schnell im Grünen landen. Das muß nicht immer so gewesen sein, wie man an einigen gut erhaltenen Wohnvierteln sehen kann, gar mit einer auffallenden Häufung von schönen Jugendstilbauten. In Vohwinkel trifft man ebenso auf architektonische Folgen der in Wuppertal ohnedies nachhaltigen Gründerzeit der vorletzten Jahrhundertwende. Im Vergleich zu den zentralen Stadtteilen Wuppertals ist viel Gebäudesubstanz erhalten, der Krieg jedenfalls hat weniger zerstört als die Verkehrsplanung der Nachkriegszeit.

Bild links: Über den „größten Flohmarkt" schweben

Lautes Zentrum, aber mit Heimatstil

Unser Rundgang wird nicht vollständig sein können, aber soll das Gesicht Vohwinkels in wesentlichen historischen und baulichen Schwerpunkten zeigen, auch hier wie so häufig „auf den zweiten Blick". Der Weg führt bewußt vom lauten Zentrum des „Kaiserplatzes" in die ruhigen Wohnviertel mit Maler- und Dichternamen und den reinsten Jugendstil erlebt man bei den „Generälen". Den Abschluß bildet der Weg zu jenem Schloß, das vielleicht doch die älteste Siedlung der ganzen Stadt gewesen sein kann, als es noch die Äbtissin von Gerresheim mit Brot, Fleisch und Käse zu versorgen hatte. Das alles ist mit schönen Geschichten verbunden, aber die Zeitreise beginnt in der Gegenwart. Vohwinkel biedert sich nicht an, hat aber einiges zu bieten.

Vom „Kaiserplatz" zum Malerviertel

Die Schwebebahn endet (wie schon „erfahren") in einer Kopfstation. Die zentrale Straße Vohwinkels konnte man bereits von oben besichtigen: viele ältere und neue Gebäude durcheinander, manche schöne Fassade, manche abweisende Gebäudefront, Wohn- und Geschäftshäuser,

Kaiserstraße mit „Stützbogenallee"

einige Fabriken und viele Gewerbehöfe, wenig markante Architektur. Am markantesten ist zweifellos die Architektur der „Landstrecke" der Schwebebahn: eine „Allee" von runden Stützbogen, an denen die Schwebebahn hängt, im Bereich Vohwinkel durch zwei weitere Stationen, z.T. modernisiert, unterbrochen. Auf der rechten Seite kann ein großes rotes Backsteingebäude auffallen, das früher die Seidenfabrik Gebhard war, etwas später auch ein verziertes Holzgebäude, die fast malerische Holzhandlung Kolk & Co.. Angestammte Vohwinkler könnten die Wirtschaftsgeschichte des Stadtbezirks vor allem auch der Nachkriegszeit bei einem langen Spaziergang daran zählen (und erzählen), daß sie die Handwerks- und Gewerbebetriebe nennen, die in dieser zentralen Straße einmal bestanden haben und weitgehend nicht mehr vorhanden sind, ersetzt durch Läden und Servicebetriebe unterschiedlicher Art, vom Lampengeschäft bis zum Videoshop, vom Eislokal bis zum Supermarkt. Anspruchsvoll heißt diese zentrale Durchgangsstraße **Kaiserstraße (1)** und sie ist wohl ausnahmsweise keinem bestimmten Kaiser gewidmet, Kaiser Wilhelm II schon gar nicht, obwohl dieser bei seiner Probefahrt mit der Schwebebahn 1900 kurz hier war. Auch die Vermutung, die Vohwinkler hätten hier Napoleon verehrt, ist gewiß übertrieben, denn zur Franzosenzeit wohnten hier nicht einmal fünfhundert Menschen und noch 1840 standen in Vohwinkels Zentrum gerade drei Häuser, eine Herberge für Fuhrwerke, ein Haus an der Straße nach Dornap und ein weiteres Wirtshaus, das später zum ersten Eisenbahnbüro wurde. Und erst mit der Eisenbahn ging es bekanntlich aufwärts.

Flohmarkt. Mindestens einmal im Jahr ist die Schwebebahnfahrt über der Kaiserstraße leichter zu bewältigen als ein Spaziergang auf der Straße. Immer am letzten Septemberwochenende findet hier ein riesiger Flohmarkt statt, lt. „Guinness Buch der Rekorde" der größte der Welt, unter den regelmäßigen wohlgemerkt. Die Fülle der (immer noch weitgehend privat bestückten) Verkaufsstände zwischen Antiquitäten und Plunder ist in der Tat beeindruckend, das Gedränge der vielen Hunderttausenden Besucher/innen drückt mindestens ebenso. Jedes Jahr gibt es neue prominente Schirmherren und oft regnet es auch wirklich.

Die Kaiserstraße endet am „Kaiserplatz", der aber kaum ein wirklicher Platz, sondern eher ein Verkehrskreuz ist. Wenn man, wie immer wieder zu empfehlen ist, nach oben blickt, sieht man außer dem dominierenden Schwebebahngerüst auffallende Elektroleitungen für die „Obusse", die nach Solingen und Schloß Burg fahren. An der Straßenecke erkennt man neben anderem Fassadenschmuck ein geschiefertes Haus eines sehr prägenden Vohwinkler Architekten, Richard Wellershaus (1868-1949). Das Wohn- und Geschäftshaus ist 1908 entstanden, zeigt auffallende Eckpilaster und weiß geschmückte Giebel- und Fenster. Reiner Jugendstil ist das noch keineswegs, eher „bergischer Heimatstil" und das war schon damals keineswegs kritisch gemeint. Blaugrauer Schiefer mit weißen Fensterrahmen und schön geschwungenen Giebelrahmen putzt ungemein, gefällt auch heute noch.

Die Bahnstraße aufwärts kommt man am „Lienhardplatz" vorbei, der aber selten Markt- und öfter Parkplatz ist und durch einen längeren Tunnel unter der breiten Bahnanlage erreicht man den **Bahnhof Vohwinkel (2)**, einen durchaus bemerkenswerten Bau aus dem Jahre 1908, repräsentativ und festlich mit seinen drei gestaffelten Gebäude, wie Kirchenschiffe aneinandergefügt, mit Fenstergiebeln über breitem Portal und einem Türmchen auf einem hohen Mansardendach als Krönung. Die Frontseite

Festliches Portal, der „Inselbahnhof"

des Gebäudes hat einen Mittelrisalit, die Gebäudeecken werden durch Zwillingspfeiler aus Naturstein bestimmt. Zwei Sandsteinreliefs zeigen als ältere Verkehrsmittel eine Reisekutsche und ein

Drehscheibe für viele Dampfloks

Segelschiff (allerdings etwas zu groß für die Wupper, aber wohl als Gruß an die Welt gemeint). Der Vorplatz wird durch zwei weitere ergänzende Gebäude eingerahmt, ein Eilgut- und das alte Postgebäude. Wenn man noch berücksichtigt, daß die innere Vorhalle ein Tonnengewölbe besitzt und Jugendstil-Einrichtungen erkennbar sind, kann man sich durchaus vorstellen, daß dieser Bahnhof bei sorgfältiger Pflege und vielfältiger Nutzung auch wieder zentrale Aufgaben für den Stadtbezirk übernehmen könnte. Dieser Bahnhof ist ja offensichtlich deshalb so aufwendig und groß geworden, weil man sich vor hundert Jahren eine attraktive Verkehrsverknüpfung vorstellen konnte. Man hatte ihn als „Inselbahnhof“ als Ersatz für den bereits 1873 erbauten (sehr viel zentraler gelegenen) klassizistischen früheren „Reichsbahnhof“ errichtet, weil man Platz brauchte für einen Verschiebebahnhof für Güter, für die Verknüpfung unterschiedlicher Verkehrslinien, man war stolz auf die Drehscheibe für Lokomotiven. Bei einer stärkeren Vernetzung des Bergischen Landes (etwa im Rahmen der „Regionale 2006“) könnte man hieran anschließen, Vohwinkel könnte wieder bergischer Knotenpunkt werden.

Hier tagte der Stadtrat, hier wird man getraut

Gehen Sie vom Eisenbahnhof wieder zum Schwebebahnhof zurück. Sie passieren dann nicht nur das erweiterte Gelände „Stationsgarten“, auf dem man bald neue Wohnungen bauen möchte (damit die Pendler nicht in ihre Arbeitsstädte oder in den Landkreis Mettmann ziehen), sondern auch noch die kleine, bislang eher bescheidene Grünanlage, in der ein Denkmal für Turnvater Jahn auf die frühe Sportbegeisterung der Vohwinkler aufmerksam macht. Von dort aus sehen Sie ein zentrales Quartier Vohwinkels, die Rubensstraße ist bereits ein Teil des „Malerviertels“, beide zentralen Kirchen des Stadtteils sind in der Nähe und unübersehbar strahlt das alte Rathaus herüber. Neben den zahlreichen stuckgeschmückten Hausfassaden (schon der erste Blick auf die beiden Eckhäuser wirkt wie ein festliches Portal) fallen die glasfenstergeschmückte Fassade und der bunt verspielte Turm des ehemaligen **Rathauses (3)** sofort ins Auge. Die alte Kreisstadt zeigt sich. Das ist Gründerzeit pur, 1897-99 erbaut, nach allen vergeblichen Versuchen der architektonischen Fachleute kaum ei-

Wieder Gründerzeit pur: das Rathaus

ner bestimmten Stilrichtung zuzuordnen, aber es macht etwas her, zeigt den Wunsch des selbständigen Vohwinkels, sich öffentlich darzustellen (die Rathäuser in Elberfeld und Cronenberg sind nur wenig später entstanden). Auch heute lassen sich junge Vohwinkler Paare gerne im „Verwaltungshaus“ trauen, der ehemalige festliche Ratssaal ist zum Trausaal geworden. Man protestierte auch heftig, als aus dem Trausaal ein stattliches Gemälde aus dem Von der Heydt-Museum aus restauratorischen Gründen wieder ins Depot wandern sollte (obwohl dieses Bild von Albert Baur jr. die Heimkehr des toten Erzbischofs von Köln nach Schloß Burg zeigt, nicht eben ein ermunterndes Motiv für junge Eheleute).

In der parallelen Gräfrather Straße findet man das königliche Pendant zum demokratischen Rathaus: im repräsentativen Landratsgebäude (von 1900) amtierte und wohnte der königliche Landrat des Kreises Mettmann – mit Kutsche und Pferden. Zwischen Rubens- und Gräfrather Straße finden Sie eine der beiden zentralen Kirchen Vohwinkels, die **Evangelische Kirche (4)**, 1890 eingeweiht, im neugotischen Backsteinstil der Architekten Plange und Hagenberg. Gehen Sie aber auch in den umliegenden Straßen des „Malerviertels“ etwas spazieren: noch nicht so ausgeprägt wie auf dem weiteren Weg sehen Sie in der Spitzwegstraße, aber auch in der Rembrandt- und Schwindtstraße, und zusätzlich in der Gräfrather- und Corneliusstraße hervorragend erhaltene Jugendstilbauten mit all den Elementen und Figuren dieses Baustils. Sehen Sie sich beispielhaft die Häuserzeilen in der **Rembrandt- und Spitzwegstraße (5)** an. Im Jahre 1905 hat der Vohwinkler Baumeister Louis Steinmetz die Häuserzeile Rembrandtstraße 8-12 gebaut, von ihm stammen noch viele Häuser in Vohwinkel, vielleicht hat er sogar den Bahnhof gebaut. Trotz einiger Modernisierungen sieht man in der Rembrandt-Zeile noch Barockmotive, aber auch die typischen floralen Elemente des Jugendstils.

Drei Elemente fallen besonders auf: die runden Eingänge im Hochparterre mit schönem Bogenschmuck (manchmal sogar etwas orientalisch), die dreigeteilten großen Fenster und die schönen Giebel, die in die Mansardendächer integriert sind. In der Spitzwegstraße ist das Fassadenbild noch bunter, obwohl die Grundfarben klar und hell geblieben sind. Die Eigentümer waren überwiegend Vohwinkler Geschäftsleute, auch Sparkassen zogen hier ein, es gab Handwerker als

Jugendstilzeile Spitzwegstraße

Bewohner, in jedem Fall ist die Sozialstruktur mittelstandsorientiert. Das Muster für die Häuser ist der Typ „Vorstadtvilla“, entsprechend sind Erker, Türme, Balkone, kleine Vorgärten und bleiverglaste Fenster beliebt. Das Ensemble Spitzwegstraße 16-22 ist zwar nicht „spitzwegisch“ (dieser Namenspate der Straße war doch etwas älter und eher romantisch-verspielt), aber zweifellos besonders dekorativ. Man wollte „herrschaftlich“ wohnen, legte Wert auf entsprechend große Gesellschaftsräume. Allerdings wurden nach dem ersten Weltkrieg viele Häuser auch als Mehrfamilienhäuser genutzt (wie heute). Einzelne größere Einzelhäuser des Jugendstils sehen Sie in der Rembrandtstraße 18a, in der Gebhardstraße 15, in der Rubensstraße 14 (das war die Villa des Möbelfabrikanten Fudickar) und in der Gräfrather Straße 13/13a (für die Inhaber der Holzhandlung Kolk & Wagemann, deren Geschäft in der Kaiserstraße steht). In der Gräfrather Straße (z.B. 9, 11 und 18) und in der Corneliusstraße gibt es weitere auffallende Häuser, ebenso in der Rubensstraße (z.B.Nr.20). Aber die sensible Pracht des Jugendstils ist noch in weiteren Vohwinkler Wohnquartieren zu finden, vor allem am Hammerstein. Dorthin führt der weitere Rundgang.

Gehen Sie am besten die Gustavstraße hinauf (von der Gräfrather Straße abgehend), auf der rechten Seite steht die zweite große Kirche Vohwinkels, die katholische Pfarrkirche **St.Maria Empfängnis (6)**,erst 1907 geweiht, stilistisch enstprechend gemischt, eine dreischiffige Basilika aus Sandstein mit kraftvollem Turm. Zur Ausstattung gehört der Altar mit einer Michaelsfigur auf einem alten schwarz-weißen Marmoraufsatz (1700, als Votivgabe aus dem Bonner Münster) und eine Renaissancekanzel (aus Aachen gestiftet). Gehen Sie links in die Rottscheider Straße zu einem alten Schulgebäude, das sowohl Zentrum der Volkshochschule ist als auch einmal Stammort des NRW-Rockbüros war. Heute ist hier die nostalgisch-interessante **Schulhistorische Sammlung (7)** untergebracht, die Schüler, Lehrer und Eltern an alte Schulzeiten erinnert (was nie nur negativ sein muß). Der weitere Weg führt die Mackensenstraße hinauf, am großen Schulzentrum und Schwimmbad vorbei, erreicht über die Goerdelerstraße die Schlieffenstraße mit den Seitenstraßen Steinmetzstraße, Von-der-Goltz-Straße, Werderstraße, Hammersteiner Weg und der stark befahrenen Parallelstraße Haeseler-Straße. Trotz der militärischen Namen sind Sie damit in einem Jugendstilquartier von überraschender Vielfalt und Qualität angelangt.

Formen des Jugendstils und der Weg zum Schloß

In diesem Teil Vohwinkels wird prächtig gewohnt. Mit der gegenwärtigen Lebens- und Wirtschaftswelt des Stadtbezirks hat dieses Wohnen vermutlich wenig zu tun. In solch geschmückten Häusern des Jugendstils wohnt man auch dann, wenn man schon lange nicht mehr in Vohwinkel arbeitet, vielleicht nicht einmal in Wuppertal, man ist schließlich in einer knappen halben Stunde in Düsseldorf. Aber schon der Jugendstil zu Beginn des letzten Jahrhunderts hatte seine eigenen soziologischen, ökonomischen und auch kulturellen Wurzeln, vielleicht sogar eine eigene gesellschaftliche Ideologie. Daran muß man erinnern, wenn man sich in einem Quartier wie diesem an schönen Fassaden, Figuren und Formen begeistert. Wieder einmal empfiehlt sich der „zweite Blick", der hinter die Fassaden. In ihrer lesenswerten Jugendstil-Dokumentation schildert Hella Nußbaum auch die sozialen und kulturellen Hintergründe und wertet frühere Wohn- und Besitzstatistiken aus.

Die „Jugendstilbewegung" war nicht nur eine Gegenbewegung zum munteren, wahllos Stile sammelnden Historismus der Gründerzeit, sondern ebenso Aufbruch junger künstlerischer Avantgarde gegen ihre Väter (auch die in den Kunstakademien).Man wollte die Verbindung von Kunst und Leben wiederherstellen, Kunst, Handwerk und Produktion erneut zusammenbringen, am liebsten sogar in Künstler- und Lebensgemeinschaften, in „Künstlerkolonien" etwa. Die mittelalterliche Bauhütte war Muster für neue künstlerische und bauli-

Jugendstil zwischen Sonne und Adler

che Produktionsformen als das isolierte Kunstatelier. Kunsthandwerker sollten zugleich Möbel, Tapeten, Bildteppiche und kunstvolle Bücher herstellen. Man wollte sich daher mit der Arbeiterbewegung verbünden. Der Alltag sollte ästhetisiert werden, das Gesamtkunstwerk Symbol für die Erneuerung des Lebens durch die Kunst sein. Das sprachliche Pathos dieser Erneuerung war nicht ungefährlich und das nationale Sendungsbewußtsein nicht so fern.

Der Hammerstein hatte noch Platz für weitere Wohnbauten und entlang der Schwebebahn waren Fabriken entstanden, z.B. die von Elberfeld verlagerte Baumwollspinnerei F. A. Jung. Hinzu kamen weiteres Textilgewerbe, Seidenfabriken, Färbereien, auch bald Chemiebetriebe. Man hatte eigene Eisenbahnanschlüsse geschaffen, früh auch Arbeiterhäuser gebaut, danach Miethäuser und Villen für leitende Angestellte. Hinzu kamen Häuser und Wohnungen für weitere Fabrikanten, für Kaufleute, für Bauunternehmer und Architekten, auch gehobene Beamte der Eisenbahn und Post brauchten Wohnungen, Lehrer und andere Dienstleistungsberufe ebenfalls. Die heutige Sozialstruktur sieht man den Häusern ohnedies nicht mehr an, offensichtlich sind die Besitzverhältnisse gemischt, nur der Schmuck der Fassaden ist geblieben. Sehen Sie sich um, wenn Sie zum Beispiel an der Straßenecke **Schlieffen-/Werderstraße (8)** stehen oder die Fassadenzeile an der Haeselerstraße betrachten. Der besonders eifrige Baumeister Louis Steinmetz hat sowohl die 1903/1904 entstandene, eher klassizistische Doppelvilla Werderstraße 7/9 (für die Fabrikanten Gebr. Fudickar) als auch das Mehrfamilienhaus Haeselerstraße 78 gebaut. In der Schlieffenstraße 56/58 entstand eine stilbunte Doppelvilla für die Fabrikanten Simons und Lordick, in der Werderstraße Nr.8 die stilreinere Villa des Kaufmanns Bode (1903 Architekt Adolf Wolfsholz). Wunderbare florale Motive und große Bleiglasfenster sind in der Wrangelallee Nr.3 zu erkennen, große Drachenfiguren schmücken das Haus Schlieffenstraße Nr. 73 (1903 für den Kaufmann Adolf Reith). Man muß sehr genau auf die Fenster und die Türen achten, auf von außen erkennbare große bleiglasgeschmückte Treppenhäuser, auf schmiedeeiserne Treppen und Balkongitter, auf Landhauszitate an den Wänden und die Formenvielfalt der Dächer. Das bleibt das wichtigste Erbe dieser Stilepoche: während die Gründerzeit sich darin gefiel, frühere Bau- und Kunststile zu zitieren und zu mischen, hat der Jugendstil nach eigenen und dabei möglichst naturnahen Formen gesucht. Es

Floraler Jugendstil

Hella Nußbaum, Jugendstilspuren in Wuppertal-Vohwinkel, Verlag Müller + Bußmann, 1997, S.110

„Kurz nach der Jahrhundertwende tauchen vor allem in der Zeilenbebauung, aber auch an den repräsentativen Dop-

pelhäusern und Villen florale Jugendstilelemente neben dem weiter bestehenden historistischen Formenrepertoire auf. Es sind überwiegend die floralen Jugendstilformen, die in der Alltagsarchitektur aufgegriffen werden und den Fassadenschmuck nach der Jahrhundertwende bereichern. Häuser mit ausschließlich floralem Dekor und/oder rhythmisch-dynamischen Linien sind vergleichsweise selten. Weitaus häufiger finden sich Mischformen aus historistischen und floralen Motiven oft auch in Verbindung mit Heimatstil-Elementen.

Die häufigsten Motive sind Pflanzendekors in großer Vielfalt, mal realistisch, mal stilisiert, mal zu einem dynamischen Liniendekor abstrahiert. Die Dekors konzentrieren sich an Giebeln, Fenstern und Eingangsbereichen. Ein besonders beliebtes Motiv sind stilisierte, in die Fläche verlagerte Girlandenvariationen aus dem Repertoire der traditionellen Stile. Wiederholt taucht die Sonne auf. Motive aus der Tierwelt werden weitaus weniger verwendet. Vereinzelt finden sich Vögel (Eule, Schwan, Pfau im Gitterwerk), Drachen, Löwen, Schmetterlinge.

So tauchen auch in der Alltagsarchitektur der Kleinstadt Vohwinkel noch jene Motive auf, die in der ‚hohen' Kunst der Jahrhundertwende thematisiert wurden, Motive, die auf die Vielfalt und Schönheit der Natur, die Wachstumsprozesse, die Ambivalenz allen Seins, den daraus resultierenden Veränderungsprozessen und gleichzeitig auf spirituelle Dimensionen der materiellen Erscheinungswelt verweisen:

- die Sonne, die als zentrales Symbol lebenspendender Kraft erst alle Wachstumsprozesse innerhalb der Schöpfung ermöglicht;
- Drachen und Löwen als Symbole erdgebundener Naturkräfte und deren Gegenpole (z.B. Vögel), die sich in die Lüfte erheben können;
- Schmetterlinge als Inbegriff der Metamorphose, die in ihrer Entwicklung verschiedene Stadien (Raupe, Larve) durchlaufen, ein Spektrum von Gegensatzpaaren in sich bergen und besonders deutlich auf die geistige Dimension der Verwandlung verweisen;
- der Pfau als Symbol der Schönheit, die der gesamten Schöpfung inne-

wohnt, aber auch der Polarität von Vergänglichkeit und Ewigkeit;
- der Schwan, der ‚die Jugendstilkünstler .. wegen seiner malerischen, schneeweißen Silhouette, wegen seines langen, bogenförmig geschwungenen Halses und wegen seines majestätischen Gleitens auf Teichen und Wasserläufen' (Hiltrut Kier) reizte;
- öfter findet sich das Motiv des Frauenkopfes auf den Fassaden.

Nicht der Mensch an sich wurde im Jugendstil thematisiert, sondern die Frau.

Die Frau faszinierte als Tänzerin (wegen der fließenden Bewegung des Tanzes bzw. des Schleiers, der die Tänzerin umwehte), als zwiespältiges, unergründliches Mysterium ... Ein wichtiges Attribut der Frauen waren ihre langen, üppigen Haare, die die Phantasie der Künstler herausforderte, die, sich wie Schlangen um ihren Kopf windend, auf die Triebnatur des Weibes, oder zu frühlingshaftem Blumenschmuck drapiert, auf ihre Jungfräulichkeit verweisen oder in Verbindung mit Krone und Flügeln das Wesen eines Engels und einer Himmelskönigin assoziieren. Ein Widerschein davon spiegelt sich durchaus noch in den an den Häusern gefundenen Frauenbildnissen."

blieben Zierformen, Schmuckelemente, aber diese fanden Eingang in die Alltagsarchitektur, in den Wohnungsschmuck, in Formen und Gestaltungen für Möbel, für Gebrauchsgegenstände. Die Vohwinkler Bauherren kümmerten sich nicht unbedingt um besonders reine Jugendstilformen, freuten sich über Varianten des beliebten „bergischen Heimatstils", aber durch die auffallend starke Konzentration in den Wohngebieten (das „Dichterviertel" kommt noch hinzu), entstand ein z.T. überraschend wertvolles Straßen- und auch Stadtbild. Man muß nur hinsehen, sich auch Zeit nehmen, den Motiven nachgehen.

Im Hammersteiner Viertel (nach den Straßennamen auch „Generalsviertel" genannt) liegt an der Florian-Geyer-Straße (noch kein General, aber immerhin ein früher Landsknechtsführer und Bauernkrieger) die Vohwinkler Gesamtschule. Von ihr kann man in die Rutenbeck und zum großen Klärwerk Buchenhofen gelangen. Der weitere Rundweg führt aber die Hammersteiner Allee hinunter und am neuen Schwebebahnhof entlang zwischen älteren Häusern ins „Dichterviertel": Goethe und Schiller, Herder und Geibel, Storm und Nietzsche, Reuter und Arndt, Uhland und Eichendorff sowie Scheffel, Heine und Freytag sind in Straßennamen präsent. Auch hier findet man noch so manches schöne Haus, sogar noch ein besonders herausragendes Schmuckstück, die **Seidl-Villa (9)**, ein Jugendstil-Bauwerk des Münchner Architekten Emanuel von Seidl (1856-1919), Bruder des noch etwas berühmteren Gabriel von Seidl (aber das Deutsche Museum hatte Gabriel begonnen und Emanuel zu Ende geführt). Emanuel von Seidl hat wohl 180 Bauten hinterlassen, darunter etwa ein Drittel Villen und Landhäuser. Die Villa in der Scheffelstraße 41 (heute Restaurant Scarpati) ist eines von vier Wuppertaler Seidl-Häusern (zwei am Brill, eines am

Schloß Lüntenbeck war Guts- und Herrenhaus

Toelleturm), aber das einzige noch vorhandene. Es wurde 1907 für den Fabrikanten Wilhelm Vogel gebaut, dessen Eisen- und Holzfirma auch von Elberfeld nach Vohwinkel verlagert worden war (auch in die Scheffelstraße, gleich nebenan). Auch Seidl baute keinen reinen Jugendstil (wie noch in Barmen und Elberfeld), sondern spielte mit vor- und zurückspringenden Gebäudeteilen, mit Giebeln und Türmen, Erkern und Veranden, auch die Dachlandschaft hat viele Formen. Das alles wiederholt sich in der Innengestaltung, dort wird der Jugendstil besonders deutlich, an den Haustüren etwa, im schmiedeeisernen Gitterwerk, in den bleiverglasten Fenstern, im Holzschnitzwerk, auch in manchen Elementen der inneren und äußeren Verputzung. Wenn Sie im Restaurant essen sollten (es ist nicht billig, aber edel und gut), lohnt sich ein Spaziergang durchs ganze Haus.

„Dichterviertel". Der weitere aufmerksame Spaziergang durch das Quartier läßt noch so manches entdecken: schöne florale „Putzskulpturen" am Haus Goethestraße 23, einfache geometrische Ornamente am Haus Goethestraße 34, originell mit geschwungenen Stuckbändern geschmückte glatte Fassaden in markantem Hell-Dunkel-Kontrast und eine schöne Fenster- und Türgestaltung in der Herderstraße 62/64, auch schöne Eisengitter an der Arndtstraße 7. Aber das reicht dann auch an Schmuck-Elementen für wohnliche Häuser mit wohlhabenden Besitzern, obwohl man in manchen jugendstil-geschmückten Mietshäusern inzwischen alltäglich und preiswert wohnt. Jetzt steht für Vohwinkel noch das Schloß

Lüntenbecker Testamente und andere Nachlässe

Seit der frühen Gerresheimer Frauenstift-Geschichte des Hofes war Lüntenbeck im Besitz mehrerer Familien, die es durch Erbschaften bzw. Erbschaftsverträge weiterreichten. 1427 verpachtet Jutta, die Gerresheimer Äbtissin, das Gut an Rutger von Karnap und dessen Ehefrau Guda (für 50 Malter Hafer im Jahr), 1472 kommt es in den Besitz der Familie von Mallinckrodt und 1528 durch Ehevertrag mit Agnes von Mallinckroth zur Familie des Wilhelm von dem Bottlenberg gen.Schirp, die es über 250 Jahre behält. Über einen Ehevertrag mit der Nichte des letzten von dem Bottlenberg übernimmt 1784 Clemens August von Syberg das Gut, kauft es aus der Bindung an Gerresheim frei und entläßt auch die abhängigen Höfe aus dem Hofesverband. 1792 gelang das Gut in bürgerliche Hand, zunächst an den Elberfelder Kaufmann Johann Plücker, dann an den evangelischen Pfarrer und Konsistorialrat Carl Ludwig Pithan, 1889 schließlich an Gustav Römer und dessen Frau Marie Antoinette Wülfing, die das Gut erstmals selbst bewirtschaften. Deren Erben verkaufen dann das „Schloß“ an die Stadt Elberfeld (1906), erst 1971 erhält es wieder einen privaten Besitzer (zunächst nur in Pacht).

Aus dem Vertrag zwischen Agnes v. Mallinckroth und ihrem Sohn Wilhelm v. dem Boltenberg gen.Schirp (1588):„Agnes van Mallinckroth, Witwe des edlen und ehrenfesten Wilhelm von dem dem Buddelenberch genannt Schirp bekundet: Angesichts ihres Alters und der Mühe ihrer großen Haushaltung habe sie sich entschlossen, von allen ihren Gütern sich selbst zu ihrem Unterhalt und als Witwensitz das Sinderen in der Herrschaft von Wiß, Grafschaft von Berghund Kirchspiel Varsschefeld, mit den dazugehörigen Erbgütern und Rechten auf Lebenszeit vorzubehalten. Ihre anderen folgend genannten Güter aber ihrem Sohn Wilhelm von dem Buddelnenberch genannt Schirp zu übertragen. Erstens soll es von nuhn an erblich besitzen Haus und Edelmannssitz Lüntenbeck mit Ausnahme der alten Küche, der Stube, des Käsekellers und ihrer Kammer sowie der Gemächer oberhalb der Küche. Ausgenommen sein und ihr auf Lebenszeit zu ihrer Nutzung vorbehalten bleiben soll auch der angrenzende Krautgarten, dem seinerzeit auf Schirps Anordnung der Pferdestall Platz gemacht hat; er ist von der Mühle bis zur Hauswand mit einer Mauer oder einem Plankenzaum zu umgeben ... Für die Überlassung genannter Güter soll Schirp seiner Mutter, solange sie lebt, jedes Jahr auf Martini anliefern achtzehn Malter Roggen, fünfzehn Malter Gerste, sechs Malter Weizen, fünfundzwanzig Malter Hafer, fünfundzwanzig Wagen gutes Buchenholz mit Reisig sowie sechs tadellos fette Schweine ....“

Franz Arnold v. dem Bottlenberg gen. Schirp (1720-1784) hatte durch Erbschaften das Gutsvermögen vermehrt, auch vieles renoviert, allerdings in seinem Testament für diffizile Auflagen gesorgt, zumal er keine leiblichen Erben besaß. Den Klöstern Hardenberg und Lennep, sowie dem Ronsdorfer Pastor vermachte er erkleckliche Summen, für die sie insgesamt 110 Messen lesen sollten. Seine Erben verpflichtete er, in Lüntenbeck an Sonn- und Feiertagen „messhalten, und das Evangelium mit der Explication wie bisher gebräuchlich lesen zu lassen“. Neben dem Knecht Joseph Winter und der

Haushälterin Schlomer hinterließ der alte Junggeselle seinem Jäger Henrich Grotenbeck 100 Rtl. Außerdem sollte dieser „des verlebten Herrn vollige Jagdgerätschaft oder dafür 50 Rtl. erhalten" und „die Kleidung oder Leinen" oder anstelle dessen noch einmal 50Rtl. erhalten. Da ein späteres Testament aber darauf verweist, daß Grotenbeck das

Lüntenbecker Weihnachtsmarkt

Geld nicht unbedingt sofort erhalten müsse, aber die verwandtschaftlichen Erben wußten das offensichtlich zu verhindern.

Über das Inventar des Gutes vor der „Römerzeit" (von 1889 bis 1968 gehörte Lüntenbeck der Familie Römer, ab 1906 in Pacht) gibt Carl Ludwig Pithans Nachlaßinventar Auskunft, das im Hauptstaatsarchiv Düsseldorf liegt. Die Einrichtungsgegenstände jeden Raumes finden sich ebenso aufgelistet wie alle Dekorationsstücke und der Inhalt der Schränke. Das Kücheninventar ist säuberlich geordnet nach zinnernen, kupfernen, hölzernen, irdenen, blechernen, gläsernen und porzellanenen Sachen aufgeführt. Zwölf Bettstellen mit ihren Strohsäcken und Matratzen, Unter- und Oberbetten sowie Kissen und Decken sind verzeichnet. Die besseren Zimmer waren dem Zeitgeschmack entsprechend mit Kirschbaummöbeln bestückt und enthielten auch einige Gemälde und Kupferstiche. Im großen Saal befanden sich außerdem neun Gipsköpfe mit Konsolen. Auf dem Hof in Lüntenbeck fanden sich neben einer Brandspritze und diversen Gerätschaften verschiedene Mengen Roggen, Weizen, Hafer, Gerste, Erbse, Raabsamen, Heu, Grummet, Kleeheu und Buchenholz. In den Stellen hatte man 6 Pferde, 8 Kühe, 1 Stier, 1 Zugkalb, 4 Schweine, 30 Hühner und 10 Enten, angetroffen ...

Gustav Römer (1844-1904) hat versucht, das Gut zu erweitern und zu modernisieren, aber er hinterließ 150.000 Mark Schulden und acht Kinder. Daher verkaufte seine Witwe das Gut für 824.000 Mark an die Stadt Elberfeld. Sein Sohn Karl Friedrich (1877-1941) blieb als Pächter auf dem Hof und war in der NS-Zeit aktiver Ortsbauernführer. Dessen Sohn Friedrich Herwarth (1918-1968) führte Hof und Landwirtschaft (z.T. gemeinsam mit seinem älteren Bruder Karl Gottfried) bis zu seinem Tode weiter. Seine Witwe verließ den verwahrlosten Hof und zog mit ihren Kindern nach Elberfeld.

Quellen:
Antonia Dinnebier, Lüntenbeck Haus-Hof-Gut (Eigenverlag),
Dr. Michael Knieriem, „Schloß" Lüntenbeck, in: Adelssitze, Burgen, Feste Häuser im Wuppertal (Born-Verlag 1975)

aus, vielleicht auch nur das „Herrenhaus“ eines Gutshofes. Zwischen Scheffelstraße und Heinrich-Heine-Straße bildet sich der kleine Gustav-Freytag-Platz. Die Bahnunterführung geht in die „Flieth“ und wenig später führt rechts ein Fußweg zur Industriestraße, dort führen ein weiterer Eisenbahntunnel und ein direkter Weg zum **Schloß Lüntenbeck (10)**.

Lüntenbeck war, wie gesagt, nie ein wirkliches Schloß, sondern ein Rittergut und die erste Notierung stammt mindestens aus dem Jahre 870 (bei den Lieferungen für das Frauenstift in Gerresheim), als Lüntenbeck zum Oberhof Sonnborn gehörte. Die weitere Geschichte ist lebhaft und wechselhaft zugleich, aber eines ist klar: erst die späten bürgerlichen Besitzer haben vom „Schloß“ gesprochen und auch das „Herrenhaus“ ist erst Anfang der zweiten Hälfte des 17.Jahrhunderts entstanden. Nach dem Brand der Wirtschaftsgebäude 1825 ist die Gesamtanlage seit 1830 so erhalten geblieben, wie sie heute zu sehen ist, ab 1971 durch den heutigen Besitzer liebevoll restauriert und kreativ genutzt. Im Mittelpunkt steht das barockartige Haupthaus mit steilem Schieferdach und einem Eckturm, der eine achtseitige geschieferte Dachhaube trägt. Dach und Turm haben als Verzierungen drei kleine Zwiebeln mit barocken Wetterfahnen. Die Fenster haben z.T. Schlagläden, die vordere Tür sieht barock aus, über dem Türsturz der hinteren (älteren)Tür steht: „1755 – Soli deo gloria“ (Ehre sei Gott allein). Links im Hof steht ein Fachwerkhaus, hier wohnten die Pächter, die das Gut bewirtschafteten, auffallend ist der in den Hang gebaute Keller mit Tonnengewölbe aus Bruchstein. In der linken Gartenecke erinnert ein schöner Mühlenturm (wieder mit Zwiebelaufsatz und Wetterfahne von 1760, mit dem Wappen der Freiherrn v. dem Bottlenberg) an die frühere Getreidemühle (als der Lüntenbecker Bach noch genügend Wasser hatte), in der rechten Ecke neben dem Haupthaus stehen ein Backhaus und ein Gesindehaus. Die restlichen Gebäude sind eine große Scheune und ein Stall (heute als Atelierhaus und Werkstatt genutzt), der geräumige Hof ist durch eine Mauer abgegrenzt und hat ein Rundbo-

Mühlenturm im Gutsgarten

gentor aus Bruchstein mit einem kraftvollem Torturm daneben. Zwei Urnen (mit Gesichtern) schmücken den Torbogen und rahmen den Blick auf das „Schloß“ ein.

Seit 1971 wird Lüntenbeck in vielfacher Hinsicht modernisiert: wertvoller Gebäudebestand gerettet (1984 wird die Hofanlage unter Denkmalschutz gestellt), die Stallungen in helle Ateliers umgewandelt, Agenturen nutzen die Räume des „Schlosses", Gastronomie wird eingerichtet (aber leider wieder aufgegeben), ein Weindepot bietet in den vorgelagerten Gewölbekellern ein großes Sortiment von trockenen bis süffig-lieblichen Weinen an, der Hof wird für „Kulturpromenaden" und Kunstaktionen genutzt, für kulturelle und soziale Aktivitäten ist ein Kulturort mit Atmosphäre entstanden, der neue Hausherr ist gerne Gastgeber für innovative Ideen. Am schönsten ist es an zwei Adventswochenenden, wenn im Schloßhof der „Lüntenbecker Weihnachtsmarkt" zelebriert wird, mit Künstlerständen und Schwedenpunsch, viel Kunsthandwerk und Apfelpfannkuchen, Holzspielzeug und Früchtewein, mit ruhiger klassischer Stimmungsmusik, aber kräftigem Gedränge vieler Menschen.

Wetterfahne

Johannes Dinnebier hat auf dem Hof Lüntenbeck seine Firma für Lichtplanung und „Licht im Raum" untergebracht, hatte „Schloß Lüntenbeck" (so sagt man immer noch und meint es auch so) zunächst von der Stadt in Erbbaupacht genommen,, inzwischen auch gekauft. Hier wird über „Lichtkonzepte" für Gebäude, ja sogar für Städte und Regionen nachgedacht, hier erfand er beispielsweise die modernen „Lichtskulpturen" der Historischen Stadthalle am Johannisberg, aber auch den Gräfrather Wasserturm als „Lichtobjekt" (der uns bei der großen Stadtwanderung begegnen wird). Tochter Antonia Dinnebier beschreibt die Geschichte Lüntenbecks als eine zunehmende „Verstädterung": „Wenn die alten Gemäuer nun in neuem Glanz erstrahlen, so bedeutet das keine Rückkehr in alte Zeiten, die bauliche Wiederherstellung und Unterhaltung Lüntenbecks beruhen vielmehr gerade auf dem Abschied von seiner ursprünglichen Bestimmung als Herrensitz und landwirtschaftlicher Gutshof. Seine Nutzung besteht heute aus einer Mischung von Gewerbe und Wohnen, die das Ambiente Lüntenbecks schätzt und nicht mehr seine Befestigungsqualitäten, seine Ländereien oder Zehnteinkünfte ..."

Geht man aufmerksam durch diese Stadt, auf jeder der siebzehn Stadtwanderungen, wird man manche Zeitreise in alte Stadtstrukturen unternehmen können und manche Stadtgeschichte erzählt von Erinnerungen, Erfahrungen und Ideen für das Leben in unserer Stadt. Sie werden auf viele Initiativen einzelner Persönlichkeiten treffen, die zu unterschiedlichen Zeiten die Städte im Wuppertal geprägt haben, auf manche sichtbare Spur urbaner Stadtpolitik (und auch manche Zerstörung und Verwundung), moderne „Schloßherren" sind selten geworden, aber „Gründer" gibt es noch immer. Die Gründerzeit der vorletzten Jahrhundertwende hat das Bild Wuppertals stark geprägt und es sind nicht nur bunte Fassaden übriggeblieben, zu neuen Gründerzeiten muß man ermuntern. Eine Gründungsidee hat „Schloßherr" Johannes Dinnebier bereits für das Zukunftsprojekt Regionale 2006 angeboten: man sollte diese Bergische Region und ihre Städte „leuchten lassen". Und dazu müssen sie

Das Schloß heute (mit Lichtskulptur)

viel mehr Menschen als bisher erst einmal entdecken.

Von Lüntenbeck fährt ein regelmäßiger Bus (Nr.629) nach Elberfeld oder Vohwinkel zurück, mindestens aber zu einer Schwebebahnstation, zwei weitere Buslinien (601,611) halten an der Düsseldorfer Straße/Schliepershäuschen. Und die Wanderung „Rund um Wuppertal“ passiert Schloß Lüntenbeck ebenfalls. Zu Fuß ist der Zugang ohnedies am angemessensten.

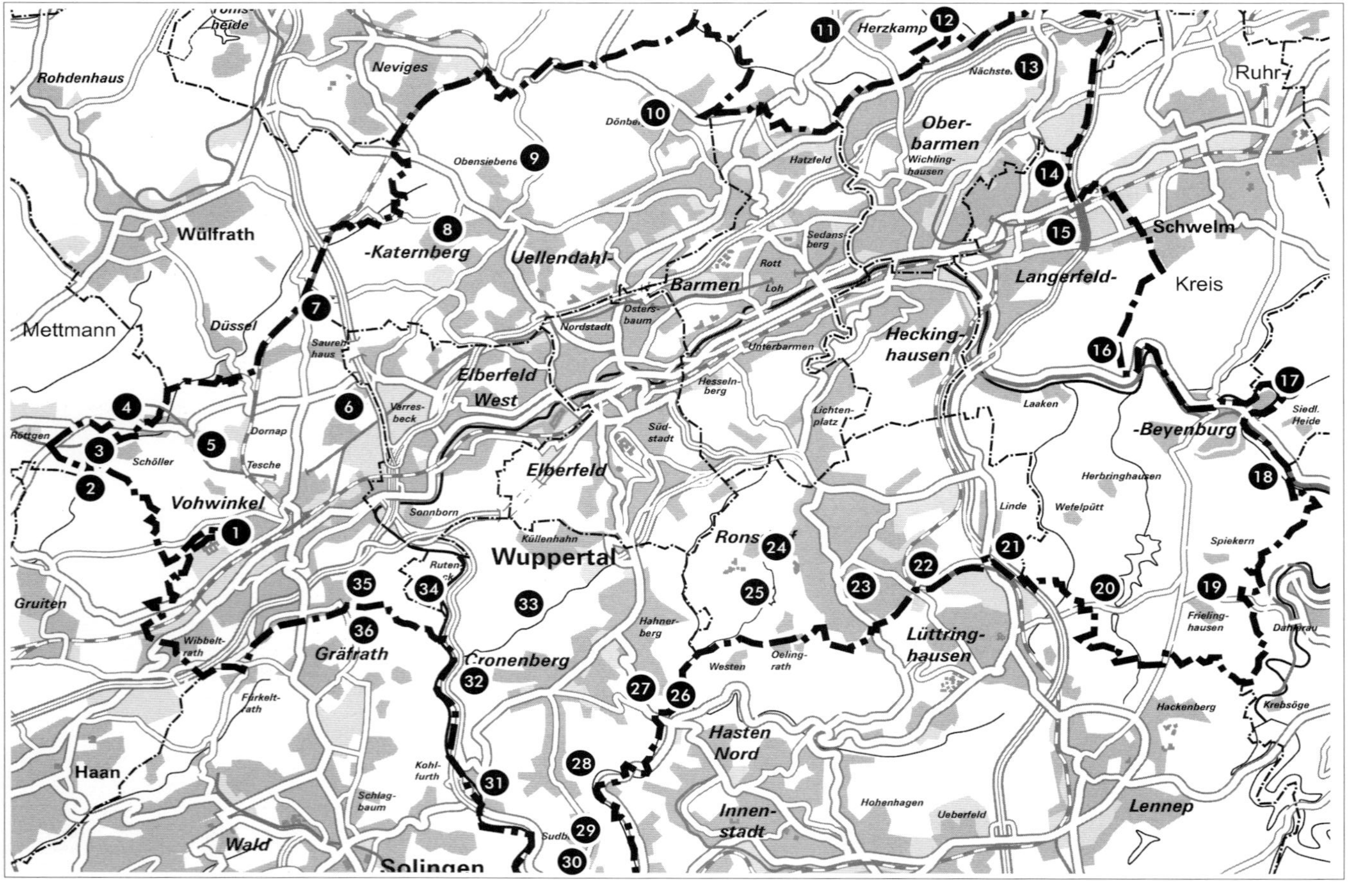

Rohdenhaus
Neviges
Herzkamp
Nächste.
Ruhr
Dönbe.
Ober-
barmen
Wichling-
hausen
Hatzfeld
Obensiebene
Wülfrath
-Katernberg
Uellendahl-
Barmen
Sedans-
berg
Rott
Loh
Schwelm
Langerfeld-
Kreis
Mettmann
Düssel
Saurenhaus
Nordstadt
Oster-
baum
Unterbarmen
Hecking-
hausen
Elberfeld
West
Varres-
beck
Hesseln-
berg
Lichten-
platz
Laaken
Süd-
stadt
Rottgen
Dornap
Schöller
Tesche
-Beyenburg
Siedl.
Heide
Elberfeld
Herbringhausen
Vohwinkel
Sonnborn
Linde
Wefelpütt
Küllenhahn
Wuppertal
Spiekern
Gruiten
Ruten-
Hahner-
berg
Frieling-
hausen
Wibbelt-
rath
Gräfrath
Cronenberg
Westen
Oeling-
rath
Lüttring-
hausen
Hackenberg
Krebsöge
Hasten
Nord
Haan
Kohl-
furth
Schlag-
baum
Innen-
stadt
Hohenhagen
Ueberfeld
Lennep
Wald
Solingen
1
2
3
4
5
6
7
8
9
10
11
12
13
14
15
16
17
18
19
20
21
22
23
24
25
26
27
28
29
30
31
32
33
34
35
36

Wandern rund um die Stadt

Hundert Kilometer und mehr durch Wald und Felder

Rundgang 17: *in achte Etappen mit Start und Ende am Schwebebahnhof Vohwinkel.*
Dauer: *Acht Mal 3-4 Stunden.*

Die Wanderung folgt dem ***Zeichen W*** *des „Sauerländischen Gebirgsvereins (SGV), die dazugehörende WANDERKARTE hat das Landesvermessungsamt herausgegeben. Das Zeichen ist auf den Wegen gut gestreut, nur selten muß man etwas suchen (vor allem in Wohnsiedlungen). Oft kreuzen sich Wanderwege, manchmal lohnen Seitenwege.*

Daß Wuppertal im Grünen liegt, ist bei den bisherigen Rundgängen und Stadtwanderungen bereits deutlich geworden. Mehr als zwei Drittel der Stadtfläche sind Wald und Feld, Landwirtschaft und sonstiges Grün. Das ist nicht nur Erholungsgebiet, das sind ebenso ökonomisch genutzte Flächen und die ökologische Bedeutung des „Mikroklimas“ der Stadt kennt man inzwischen auch. Jeder Wald, jedes Maisfeld, jede freie Wiese und jedes Bachtal (Siepen) tragen dazu bei. An mehreren Stellen gibt es reichlichen Anlaß, auch die „Zeitreisen“ in Wuppertals Geschichte fortzusetzen. Am Rande der Stadt entdecken Sie manche Geschichte, nicht nur Erdgeschichte, sondern auch Ortsgeschichte, und manche zusätzliche Stadtgeschichte läßt sich erzählen.

Zu jeder Jahreszeit kann man Wuppertal umwandern, etwas beschwerlicher gewiß bei Regen und Schnee (dann mit einigen Umwegen), aber zwischen Frühling und Herbst ist der Reiz des Klima- und Farbenwechsels besonders groß. Zum Teil ist der wechselnde Landschaftsreiz dieser Rundwanderung über Berg und Tal, durch Wald und Feld, wenn auch immer bewußt und spürbar am Rande einer großen Stadt (man sieht sie oft), derart spektakulär und schön, daß man sich wundert, keine Kurtaxe bezahlen zu müssen.

Der „Wuppertaler Naturführer“, herausgegeben vom früheren Direktor des Fuhlrott-Museums Dr. Wolfgang Kolbe (Born Verlag 1992) ist neben der Wanderkarte wahrscheinlich die beste (und zudem handliche) Begleitinformation der Wuppertal-Wanderer. Hier werden nicht nur 24 kürzere und ergänzende Wanderungen beschrieben, sondern auch die Natur des Wuppertals erzählt: über Vögel und Insekten, Rehe, Füchse und sogar Schlangen, über Bäume und Pflanzen, Blumen und Wiesen und vieles andere mehr. Das Buch hilft, auch die Natur zu entdecken, aufmerksam zu werden, genauer hinzusehen.

Mitnehmen sollte man auch etwas Eßbares und Trinkbares, denn die Gaststätten am Weg sind eher rar. Aber viele Bänke laden zu einem Picknick ein, oder zu einer relaxenden Pause, vielleicht sogar zur Pause mit einem guten Buch.

Start in Vohwinkel: Auf den Spuren des Eulenkopfes

Erste Etappe. Anreise mit der Schwebebahn. Ab Lüntenbeck mit 629 oder 601 zurück.

Wir starten die Wanderung rund um Wuppertal am Schwebebahnhof Vohwinkel und Sie können nach den acht beschriebenen Etappen auch hierher zurückkehren, jede andere Wegekombination ist natürlich möglich, Zeit brauchen Sie ohnedies, feste Schuhe übrigens auch. Bequem ist die Rundtour um Wuppertal keineswegs, es gibt steile und steinige Hänge, schmale Gänge, aber in der Regel sind die Wege breit und fest. Schon die erste Etappe ist mehrfach interessant, da-

W

Kopf eines Raubvogels oder doch ein „Eulenkopf“?

her läuft sie auch weitgehend parallel zum **„Eulenkopfweg“**, der von früher Erdgeschichte erzählt und zeigt, wo in riesigen Gruben Kalkgestein gewonnen und in hohen Öfen gebrannt wird. Der Eulenkopf ist ein besonders geformter Stein, ein rundliches Stück mit hakigem Fortsatz wie der Kopf eines Raubvogel, der Volksmund meinte aber, Eule passe am besten und sei noch am friedlichsten. Das Zeichen sieht daher auch wie eine Uhu-Nase aus. (s. Paul Reising, Neues vom Eulenkopfweg).

Vom Schwebebahnhof gehen Sie rechts bis „Zur Langen Brücke“ über die Eisenbahn, die Sie überqueren. Durch „Wohnhöfe“ neuerer Art am Krutscheider führt der Weg, bald (z.B. an einem Spielplatzpfosten) sehen Sie beide Wegeszeichen, das „W“ und den stilisierten Eulenkopf. Das Schild „Naturschutzgebiet“

Bild links: Wegweiser: Wupperwanderweg (und „Eulenkopfweg“)

mahnt Sie zur Sorgfalt. Durch einen kleinen Hain und die Straße „Am Osterholz“ treffen Sie auf einen Feldweg, der nach links und dann über ein Feld halbrechts ins **Osterholz (1)** führt (hier irritiert die Zeichengebung etwas). Der friedlich-lichte Wald, meist Buchenhain mit Ilex und anderen Büschen als Unterholz, erhält bald eine dramatischere Dimension, denn auf der linken Seite sperrt Maschendrahtzaun ein Gelände ab und Sie sehen ein brutal-massives Betongebäude, modern aber wehrhaft und das hat seinen guten Grund: Sie passieren die riesige Justizvollzugsanstalt der Stadt, das Gefängnis also, inzwischen liebevoller „Simonshöfchen“ genannt (weil die Straße, die hinführt, so heißt). Früher war das Gefängnis mitten in der Stadt, hinter einer großen Mauer am Bendahl, direkt gegenüber den Justizgebäuden. Das wurde zu klein, jetzt hat man hier fast 500 Plätze, Zellen also, das reicht wohl inzwischen, nicht immer.

Brücke über die Düssel

Der Weg durchs Osterholz führt weiter und kommt mit Blick bis nach Gruiten und hinüber zur Roßkamper Höhe (mit der IC- und ICE-Bahnstrecke dazwischen) auf Felder und Weiden. An einem großen Maisfeld (und wir werden noch vielen begegnen) wird auf einem Schild von Christoph Kolumbus erzählt, der vor rd. 500 Jahren den Mais nach Europa brachte, und daß der Mais heute zu den „C4-Pflanzen" gehört, die durch Photosynthese sehr viel Sauerstoff freisetzt (mehr als jeder Mischwald). Auf diese Weise wird Umweltbildung für Wanderer betrieben. Bald überquert man (Bushaltestelle „Neu Amerika" an der Linie 641) die Osterholzer Straße und erreicht einen Wanderparkplatz an der Hahnenfurther Straße, an dem auf großer Karte das ergänzende Naherholungsgebiet Neandertal erläutert wird. Wir sind also bereits im Kreis Mettmann und kurz hinter **Gut Hermgesberg (2)**, auf einem Schild als „Quartet Horse Ranch" angekündigt, finden wir einen vergleichsweise stark fließenden Bach (mit einigen Stauwehren bereits vielfach genutzt), der sich als Fluß Düssel herausstellt, bei Aprath entspringend und bei Düsseldorf (deshalb also!) in den Rhein fließend. Man merkt dem Düsseltal, an dem Sie entlanggehen, die erhebliche Wasserkraft an, die der Fluß, vor allem zu Regenzeiten, entwickeln mag, die Güter haben davon gelebt, die bald sichtbare Mühle in Schöller erst recht, denn sie war eine „Bannmühle", die alle Bauern des Höfeverbandes seit Anfang des 16.Jahrhunderts zwang, am Oberhof Schöller ihr Korn zu mahlen (sie ist aber nicht mehr in Betrieb). Wahrscheinlich war am Standort von Mühle und Hof auch eine Pferdestation: hier konnten Goethe und andere Durchreisende ihre Pferde wechseln oder füttern.

Schöller (3) mit Gutshof, Mühle, Kirche, Gasthaus und einigen älteren und neuen Wohnhäusern gehört erst seit 1975 zu Wuppertal. Die eindrucksvolle Kirche aus Stein stammt bereits aus dem 12.Jahrhundert, der wehrhafte Turm wohl auch, von „schoulare" ist urkundlich erstmals 1182 die Rede, 1375 weist eine andere Urkunde Schöller als Oberhof des Klosters Corvay aus und 1425 entstand das Hofesgericht der „Vier Capellen" (Schöller, Düssel, Gruiten, Sonnborn), das z.B. Streitigkeiten unter den Bauern zu klären hatte. Die Ritter von Schöller bekleideten zwei Jahrhunderte lang hohe Ämter am herzoglichen Hof. 1530 wurde der evangelische Gottesdienst eingeführt, zumal der Humanist Konrad von Heresbach vom benachbarten Gut abstammte und gemeinsam mit Ritter und Dorfpfarrer

Evangelische Kirche Schöller

die Reformation durchsetzte, das noch bestehende Haus Nr.3 war Schul- und Küsterhaus zugleich. Später hat sich die katholische Kirche dann doch noch durchgesetzt, weil der letzte Träger des Namens Schöller dem katholischen Glauben beitrat und seine Erbtochter mit dem katholischen Freiherrn und späteren Reichsgrafen von Schaesberg verheiratet wurde. Im Untergeschoß des Wehrturmes wurde eine kleine katholische Kapelle eingerichtet. Das alte Ritterhaus, außer Turm und Stallungen, wurde gegen Ende des 18.Jahrhunderts abgerissen, durch den in Münster lebenden Dompropst Johann Friedich Bernhard von Schaesberg.

Eine räuberische Schöller-Geschichte aus der Franzosenzeit wird immer noch gerne erzählt: die vom Sterben des Hannes Kob im Jahre 1805. Was davon wirk-

Alt-Schöller, Gutshof und „Bannmühle“

Der Eulenkopfweg – Kalk, nichts als Kalk

Paul Reising, Neues vom Eulenkopfweg (Born-Verlag 1994)

Das Riff. „Die Wissenschaft kann heute nicht nur die Drift der Kontinente vermessen, sie kann auch aus vielen Anzeichen die Bewegung zurückverfolgen. Und da zeigt sich nun, daß vor rund 400 Millionen Jahren im Erdzeitalter des Devon unser Gebiet südlich des Äquators in einem warmen, flachen Meer lag.

Schätze der Erde: Kalkgruben

Auch damals gab es schon Korallen und Stromatoporen, eine inzwischen ausgestorbene Tiergruppe, die man den Schwämmen zurechnet, die aber ebenso wie die Korallen ihre Gehäuse bauten. In dem warmen Meer hatten die Tiere ideale Lebensbedingungen und konnten, da der Meeresboden stetig absank, 5 Millionen Jahre ungestört bauen. Es entstanden Bänke, die mehrere hundert Meter mächtig sind. In dem anschließenden Erdzeitalter des Karbon türmte eine gewaltige Auffaltungsbewegung das Variskische Gebirge über dem Riff auf. Die Erosion trug es in den folgenden Jahrmillionen wieder ab. Daher treten die Kalkbänke des Riffs heute als devonischer Massenkalk zutage, den die Kalkwerke abbauen ..."

Der Eulenkopf. „Als man im Steinbruch noch Handarbeit leistete und mit Brechstange, Hammer und Meißel das Gestein aus der Wand löste, da hatte man noch ein Auge für besonders geformte Steine, die man auch schon mal mit nach Hause nahm. Beliebt war ein rundliches Stück mit hakigem Fortsatz, das dem Kopf eines Raubvogels ähnelte ... Erst später erkannte die Wissenschaft, daß es sich um die Versteinerung eines Meeresbewohners handelt, der in der Zeit unseres Riffs so zahlreich vorkam, daß man ihn als ein Leitfossil des Mitteldevon bezeichnet. 1825 gab ihm der Gelehrte M.J.L. Defrance den wissenschaftlichen Namen ‚Stringocephalus'. Er leitete ihn aus dem Griechischen ab: strinx = Eule und cephale = Kopf, also wieder ‚Eulenkopf'. Die Wissenschaft rechnet das Tier zur Gruppe der ‚Armfüßer'. Sie ähneln Muscheln, allerdings sind die Schalen unterschiedlich groß. Ein wesentlicher äußerlicher Unterschied besteht darin, daß sie mit einem festen Stiel – dem Hinterkörper – am Boden fest verankert sind. Armfüßer lebten hauptsächlich im Erdaltertum."

Der Kalktrichterofen. Der Eulenkopfweg beginnt am Eskesberg. Der Kalktrichterofen am Eskesberg ist massives Wahrzeichen der Elberfelder Kalkindustrie. „Erbaut vor der Mitte des 19. Jahrhunderts tat er viele Jahrzehnte seinen Dienst. Generationen von Kalkwerkern brannten hier den in der Grube Eskesberg gebrochenen Kalkstein zu Kalk. Das System ist einfach. Einen riesigen Trichter füllt man schichtweise mit Kalkstein und Kohle und Koks. Bei etwa 1.200 °C entweicht das Kohlendioxyd, zurück bleibt Kalziumoxid, also gebrannter Kalk. Chemisch sieht das so aus: $CaCO^3$ (Kalkstein) verliert Co^2 (Kohlendioxyd), zurück bleibt CaO (gebrannter Kalk). Der Brennvorgang findet im mittleren Drittel des Trichters statt, der Brennzone. Die aufsteigenden heißen Verbrennungsgase erwärmen die darüber liegenden noch ungebrannten Kalksteine in der Vorwärmzone. Im unteren Drittel des Trichters liegt der bereits fertig gebrannte Kalk. Ihn kühlt die einströmende Frischluft in dieser Abkühlzone. Im Zeitraum von einigen Stunden zieht der Mann am Ofen den gebrannten Kalk ab, das Material rutscht nach, und oben füllen die Männer Steine und Kohle nach. Mit dem Trichterofen hat man die erste großindustrielle, kontinuierliche Produktionsmethode gefunden.“ 1942 ging das Feuer aus.

Kalktrichterofen Eskesberg

Der Kalk und wir. „Man fragt sich unwillkürlich, brauchen wir das alles, die riesigen Gruben, die hohen Öfen und die Mengen an Kalkstein und gebranntem Kalk? Schauen wir uns einmal um!

- Die Ziegelsteine des alten Gebäudes sind in Kalkmörtel verlegt.
- Den Neubau nebenan ziehen die Maurer mit diesen weißen Steinen hoch. Kalksandstein ist das, sagt man Ihnen.
- Leichte Zwischenwände errichtet man problemlos mit Porenbeton, einem Kalkprodukt. ...
- Waren Sie schon einmal in einem Wasserwerk? Dort regelt man die Wasserhärte mit Kalk.
- Oder in einem Klärwerk? Schadstoffe werden durch Kalk ausgefällt? ...
- Bauern und Gärtnern geben dem Boden Kalk, der die Krume lockert, das Bakterienwachstum beschleunigt, kurz den Boden verbessert.
- Vergessen wir nicht die Reinigung der Rauchgase bei den großen Kraft-Werken! Die schweflichen Schwefelanteile bindet den Kalk. ...“

Der Eulenkopfweg begleitet und kreuzt den Wupperwanderweg mehrfach (während der ersten beiden Etappen) und führt in vier Teilen von der Beek zum Gut Steinberg, von der Herzkamper Mulde nach Düssel, von der Düsseler Furt zum Rittergut Schöllern und von der Schöllermühle nach Krutscheidt.

lich wahr ist, weiß man nicht genau. Helmut Böger erzählt es so: *„Überall in deutschen Landen, wo die Franzosen die neue Gleichheits-Ordnung hingebracht hatten, entstanden Räuberbanden. Sie plünderten Bauernhöfe, überfielen Postkutschen und konnten immer sehr schnell untertauchen. Denn die Sympathien der Befreiten, die sich mit den Befreiern nicht so gut zu arrangieren wußten, waren ihnen sicher. So einer war auch der Kob Hannes.“* Er wußte, wo die reichen bergischen Bauern ihr Geld und ihr Silber hatten und nachts holte er es sich, nicht zimperlich im Umgang mit den Beraubten, aber gerecht in der Verteilung des Geraubten. Offensichtlich aber nicht gerecht genug, denn einer seiner Bandenmitglieder verriet ihn, bald faßte man ihn und als er seine Kumpane nicht nennen wollte, steckte ihn das Gericht nackt in den vergitterten Außenrahmen des Turmfensters, bestrich ihn mit Honig und setzte ihn den Fliegen und Wespen aus. „Es widerspricht meinem Gewissen, Witwen und Waisen zu machen“, soll er gesagt haben. Der Friedensrichter ließ ihn in der Schöllerheide an einen Baum erhängen. (Quelle: Helmuth Böger, Berühmte & Berüchtigte Wuppertaler, Graphium press, 1988).

Nach einer kleinen Pause im „Haus Schöller“ (montags geschlossen) führen Pfade entlang des Schöllerwegs nach **Kohlenfurth (4)** ins Zentrum der Kalkwerke mit riesigen Abbaugruben, hohen Brennöfen und umfangreichen Transportwegen, am „Eulenkopfweg“ gesondert erläutert. Hinter der Straßenkreuzung rechts finden Sie den Zugang zum Betriebsgelände (des Werkes „Oetelshofen Kalk“) und dort u.a. auch eine Verkaufsstelle für Natursteine, denn einer der Söhne der Familie Oetelshofen, Jörg H. Iseke, ist Japanologe und kennt sich in kreativer Gartengestaltung aus. Hier werden für die private kunstvolle Gartengestaltung alle möglichen Gesteinssorten angeboten und man wird auch entsprechend beraten (Tel. 02058/80540, Fax 02058/87658, email info@naturstein-iseke.de).

Der eigentliche Betrieb wird erst wirklich sichtbar, wenn Sie den Eisenbahntunnel durchschritten haben und hinter dem Tunnel rechts gegangen sind, am Schlehenweg erneut durch einen Tunnel. Sie hören Geratter, sehen große Kübelzüge auf Gleisen, Fließbänder, die nach oben führen, hohe gelbgetönte Schachtöfen. Hier entsteht Kalk. Würden Sie (entlang des Eulenkopfweges) nördlich und südlich den Transportschienen nachgehen, könnten Sie in riesige Gruben sehen, 100 und mehr Meter tief. Die größten Betriebe sind die Rheinisch-Westfälischen Kalkwerke (RKW) in Dornap, 1888 gegründet (Vorläufer schon 1884). Rd. 3 Millionen Tonnen Steine wurden jährlich gefördert, 2.5 Millionen Tonnen gingen in die Weiterverarbeitung, aus 650.000 Tonnen erzeugten zwei Ofenbatterien 360.000 Tonnen Branntkalk. Zweiter Betrieb war die Firma Rheinische Kalksteinwerke Wülfrath. Und das Wuppertaler Familienunternehmen **Kalkwerke H. Oetelshofen (5)** hat eine ganz eigene Geschichte. Sie begann 1743 mit der Heirat des Wilhelm Oetelshofen mit der Witwe Steinberg (zu Gut Steinberg kommen wir noch) und mit dem späteren Erwerb des Hofes Gerhardsfurth (1858), zu dem ein kleiner Kalksteinbruch gehörte, wo man schon seit Mitte des 18. Jahrhunderts Kalk gewonnen hat. 1900 wurde die eigene Kalkwerk-Firma eingetragen, mußte sich zwischen den beiden Großunternehmen behaupten, sicherte sich aber mit dem Bruch Hahnenfurth ein Vorkommen von großer Reinheit, errichtete in den Dreißiger Jahren auch den ersten der hohen Schaftöfen, konzentrierte sich auf Qualitätsprodukte (z.B. Kalk zur Entsäuerung des Bodens) und Verfahren zur Umwelttechnik. 1993 förderten rd. 100 Mitarbeiter 1 Million Tonnen Kalkstein und brannten 150.000 Tonnen Kalk.

Der Schlehenweg (mit wechselnden Begegnungen des Eulenkopfes) führt an Fachwerkhäusern vorbei, in einem davon werden in einer Schmiede schöne Metallobjekte geformt: Gartentore, Rosenstäbe, Wetterhähne, Sonnenuhren etwa. Neben einem Sonnenblumenfeld grast ein Schafherde. Dann sieht man hohe Abraumhalden, die bei aller Landschaftsidylle daran erinnert, daß hier die Kalkindustrie regiert – mit dem Versprechen, aus den Kalksteinbrüchen später Landschaftsparks zu gestalten. Hinter der Bahnstraße und am Fußballplatz entlang erreicht man schließlich durch eine schloß-angemessene Baumallee die Siedlung Lüntenbeck (man könnte auch „Freiheit" sagen),„Am Waldsaum" heißt die Straße zutreffend und der Gutsweg führt zum Gut oder auch **Schloß Lüntenbeck (6)**. Hier oder auch an der Düsseldorfer Straße kann man neben dem Besuch des Gutshofes und Gartens (manchmal Kunstausstellungen) auch Wein probieren (und kaufen). Der Wupperwanderweg führt durch den Wald hinter dem Schloß (links am Gutshof entlang) zur Straße, zwischen einem großen Gartenbaubetrieb und einem kleinen Ensemble von Antik- und Weinverkauf (Haus Sandfeld). Der Bus 601 fährt zum Hauptbahnhof.

Vom Saurenhaus zum Katernberg und Dönberg

Zweite Etappe. Start am Saurenhaus (Bus 601), ab Dönberg Rückfahrt mit CE 65 oder 627/637 Am Knüppershaus/Winterberger Weg.
Der Weg führt an der Straße Saurenhaus parallel zur Autobahn (nach Velbert/ Essen) in eine Siedlung an der „Düsseler Höhe" mit Straßennamen wie „An der Bük" und „An der Piep". Sie wirkt ruhig und gepflegt, während ein Schild am alten Steinbruch links auf die bestehende Lebensgefahr aufmerksam macht. Das „W" führt über den „Steinberger Weg" in einen Wald, dann durch einen Hohlweg und über Felder – mit Blick auf die Autobahnbrücke hoch über der **Herzkamper Mulde**. Hier kann Erdgeschichte besich-

Autobahn über „Herzkamper Mulde"

Obst, Gemüse und auch Kuchen

tigt werden, denn offensichtlich überbrückt die Autobahn an dieser Stelle eine erdhistorische „Mulde“ zwischen zwei Satteln eines früheren riesigen Mittelgebirges, entstanden in der Zeit des Karbon von etwa 320 Millionen Jahren. Der „Velberter Sattel“ ist wahrscheinlich schon im Devon gebildet worden, wir stehen hier daher sogar an einer Schwelle zwischen zwei Erdzeitaltern. Der in Barmen beginnende „Geopfad“ hatte uns bereits neugierig gemacht.

Der Weg führt zunächst zum **Gut Steinberg (7)**. Die Güter „aufm Steinberg“ lagen im Mittelalter nördlich der alten Kohlenstraße von Düssel nach Gevelsberg, wahrscheinlich im Besitz der Abtei Werden, die damals der größte Grundeigentümer in der Gegend war. Die Daten, die man heute noch auf Mauersteinen am Gutshaus findet, nennen die Jahreszahlen 1784 und 1785. Die Witwe des letzten Steinberg hatte 1743 Wilhelm Oetelshofen geheiratet, Vorfahre der heutigen Kalkwerkbesitzer. Deren Sohn Anton hatte 1784/85 das heutige Gut gebaut, aus den Steinen des nahen Steinbruchs. Das war ungewöhnlich genug, denn Steinbauten waren damals noch selten. Bis 1920 blieb Steinberg im Besitz der Familie Oetelshofen, nach Erbstreitigkeiten wurden Hof und Ländereien verkauft, die Familie hatte sich ohne diese auf die Kalkwerke in Hahnenfurth konzentriert. Das Gut wurde von der Familie Stamm weiterhin landwirtschaftlich genutzt, auf dem „Gondelteich“ fuhren schwere Holzkähne, später wurde wieder ein Biotop daraus, eine artenreiche Tierwelt kehrte zurück. Heute wird es von mehreren Familien bewohnt, aber Bienenstöcke und Gehege für Truthähne sowie ausgiebige Sonnenblumen- und andere Felder belegen die fruchtbare Landwirtschaft.

Unter der Autobahn hindurch geht der Weg den Hang der Mulde hoch zum früheren Hof Kohleiche, 1545 erstmals erwähnt, 1667 verkauft. Heute noch sieht man im Tal dahinter mehrere aktiv betriebene Höfe mit ausgedehnten Feldern und Weiden, viel Vieh und auch Gänsefarmen. Im Norden liegt Aprath im Tal mit der Bergischen Diakonie. Am Weg Kohleiche 50 bietet der Obst- und Gemüsehof Schürmann aus eigenem Anbau an, hausgemachtes Brot und Konfitüren, man kann im Sommer Blumen selbst schneiden, auch eine Kaffeepause mit Kuchen und Apfelsaft machen (Mai - September täglich außer Sonntag, Oktober - April donnerstags bis samstags).Der Wanderweg geht durch einen kleinen Hain und über Felder, der Blick zeigt das riesig wirkende Bayer-Forschungszentrum und die massige Hochhausbebauung am **Eckbusch (8)**.

Durch die ansonsten mit vielen Eigenheimen ausgestattete Siedlung erreicht man über Wildsteig, Moospfad, Farnweg und Ausblick die Nevigeser Straße, die man an der Straße „Am Elisabethheim“ überquert (ein Bus in die Stadt fährt von der Haltestelle „Grenze Jagdhaus“). Kleinbürgerliches Wohnen erlebt man ebenso in der anschließenden Siedlung Metzmachersrath (die kleinen Wohnstraßen nennen viele Märchengestalten) und schließlich trifft man am Rande der niederbergischen Täler und Wälder auf die große, neue Kleingartensiedlung Wolfsholz. Der hohe Fernmeldeturm aus Beton ist ein modernes Wahrzeichen dieses Stadtteils, das „Atadösken“ ein liebenswerter alter Wasserturm. Wir befinden uns im Stadtbezirk Uellendahl-Katernberg, den unsere Rundgänge sonst kaum erreichen (gerade ist eine historische Postkartenbroschüre erschienen, die eine erstaunliche Vielfalt zeigt). Neben vielen Neubausiedlungen gibt es hier einige älteste Höfe: vom Teschemacherhof (1671) an der Uellendahler Straße bis zu den nur wenig jüngeren Höfen in Unterrohleder. Die repräsentative Villa Seyd (am Adalbert-Stifter-Weg) gehört zu den neobarocken Schätzen der Stadt (1886).

Der weitere Weg am Rande der Stadt führt links um die Kleingartensiedlung herum, dann wieder über große Felder und Weiden, hinunter in die Hofschaft **Unterrohleder (9)**. Hier steht unter hohen Bäumen als Fachwerkhaus eine frühere Gaststätte neben einen großen massiven Scheune, ein Reiterhof ist zu finden und zwei besonders alte kleinere Fachwerkgebäude wurden bzw. werden restauriert: die Häuser Unterrohleder Nr.2 und Nr.3, beide mit betont christlichen Inschriften auf Holzbalken: „Christlich leben selig sterben ist das Beste das wir erben. Peter Rohleder Elisabeth Eheleut. Anno 1686 den 11 Augustus“, „Der Mensch lebet nicht allein vom Brod sondern von einem jeglichen Wort Gottes Luc.4 Anno 1688“. Der Wan-

Unterrohleder: „Christlich leben, selig sterben ...“

derweg führt von Unterrohleder über den Woltersberg , den Mutzberger und Stürmannsweg zur Horather Straße nach **Dönberg (10)**. Auch dieser Stadtteil, inzwischen mit privaten Häusern recht dicht bebaut, gehört erst seit 1975 zu Wuppertal. Die Katholische Pfarrkirche St. Maria-Hilf (1865) wurde 1985 durch einen Neubau ersetzt, die Evangelische Kirche aus dem Jahre 1846 wurde in den Sechziger Jahren umgestaltet. Mit mehreren Buslinien (CE 65, 627,637) erreicht man von Dönberg sowohl Elberfeld als auch Barmen.

Buchenhaine, Kohlenwege und Golfgreens: Über Herzkamp nach Uhlenbruch

Dritte Etappe 11 km. Mit Stadtbussen CE 65 und 627/637 nach Dönberg/Winterberger Weg. Rückfahrt ab Uhlenbruch (Bus 606).

Der Winterberger Weg führt ins Niederbergische, in schöne Täler mit alten Bauernhöfen, Pferdeweiden, kleineren und größeren Wäldern und Hainen, gastlichen Wirtshäusern und ausgiebigen Wandergebieten: bis ins Ruhrtal und zu den westfälischen Nachbarn. Man geht auf schattigen Waldwegen mit federndem Boden, schmalen Schneisen zwischen Feldern und Weiden (oft zugewachsen), dann wieder über Höhen mit weitem Rundblick. Gelegentlich ahnt man, daß es hier schon früh Kohlen- und andere Transportwege gegeben haben muß, manchmal wird man auch darauf aufmerksam gemacht. Die Grenze zwischen Wuppertal und den Nachbargemeinden wechselt oft. Der Norden der Stadt wird als ein breiter, weitgehend sehr hügeliger Landschaftsgürtel erlebt, der aus den frühen erdgeschichtlichen Mulden und Satteln entstanden ist. Und es ist von hier auch nicht mehr sehr weit zu den abgestorbenen unterirdischen Kohlewäldern des Ruhrgebietes. An einer Stelle (in Schnee) reichen offensichtlich Kohleflöze bis ins Bergische Land hinein und im nahen Ruhrtal gab es bekanntlich sogar oberirdische Zugänge zur Kohle.

Landwirtschaft im Norden der Stadt: Herzkamp

Vor dem letzten Hof am asphaltierten Winterberger Weg führt der Wanderweg rechts durchs Feld und an einem weiteren Hof entlang, im Tal sieht man eine Mühle. Man trifft viele Pferde (und auf den Wegen z.T. auch reichlich Pferdeäpfel). Auf einer Straße (mit einem Wanderwegweiser am Beginn) überquert man den in diesem Tal bestimmenden Deilbach und der weitere Weg führt in den Lohbusch. Wenn Sie ihn durchquert haben, treffen Sie auf die Straße **Sondern-Herzkamp (11)**; in Sondern gibt es einen sozialtherapeutischen Bauernhof. Der Wanderweg führt sie links neben der Straße talabwärts über die Felder, an Maisfeldern entlang (gut für das Mikroklima) und Schilder machen auf den Tierschutz aufmerksam. In Herzkamp erreichen Sie die Elberfelder Straße: rechts können Sie im Ort eine Pause machen, links geht es an einem Hotel und Restaurant vorbei zu einem Weg Gr. Siepen/Zur Hütte, der Sie wieder von der Verkehrsstraße ins Gelände bringt, an der Kläranlage Herzkamp vorbei, ebenfalls an der Gennebrecker Mühle (Herzkamp gehört zu Gennebreck/Sprockhövel). Neben der Renovierung des Mühlenhofes sehen Sie bald die neueste Nutzungsstufe dieser Landschaft: weite Wiesenflächen mit beflaggten intensiven „Greens" und weißen Sandbunkern. Sie erreichen tatsächlich einen riesigen, grenzüberschreitenden **Golfplatz**, der Sie bis zum Golfhotel Vesper begleitet. Manchmal sehen Sie merkwürdige Wegweiser (z.B. TEE 12), immer wieder treffen sie auf Golfspielerinnen samt ihren Taschen mit verschieden starken Schlägern, ihren putzigen Transportwagen und mit Gesichtern zwischen relaxter Heiterkeit und stolzer Anstrengung. Die Golfwelt ist bekanntlich eine eigene soziale Welt, obwohl diese hier zwischen Herzkamp und Mollenkotten öffentlich zugänglich geblieben ist. Der Wupperwanderweg führt mitten hindurch, im Sommer finden Schnupperkurse für Schüler, Erwachsene und Senioren statt und an der Straße Mollenkotten gibt es eine mit der Stadt Wuppertal gemeinsam entwickelte öffentliche „Driving Range", wo jeder Golftrainingskurse buchen kann.

Alt-Schee: Zoll für Kohle

Aber der Weg von Herzkamp nach Mollenkotten ist auch noch aus anderem Grunde interessant und historisch spannend zugleich. Nach Mühlenhof und Anglerteich, schöner Waldpromenade und erstem Golf-Kontakt kommen Sie in die idyllische Fachwerk-Siedlung **Alt-Schee (12)**. Ein Erläuterungsschild erzählt Ihnen hier die Geschichte der alten Kohlenstraße, an der bereits 1547 erster Steinkohlenbergbau stattfand (in einfachster Stollenform) und später Kohle zu den Fabriken der bergischen Frühindustrietäler transportiert wurde. Hier an der Grenze zwischen dem Herzogtum Berg und der preußischen Grafschaft Mark mußte Ausfuhrzoll bezahlt werden, das Haus Nr. 6 war das „Zollkontor", im Haus Nr. 10 wohnte der „Wegeinspektor". In der nahen Feldscheune ist ein kleines Museum untergebracht. Bald trifft man außerdem auf die alte Eisenbahntrasse, die bereits im 19. Jahrhundert den Transport von Kohle und Eisen einerseits und der Fertigwaren der bergischen Fabriken andererseits übernommen hatte. Den Eisenbahntunnel sollten Sie allerdings nicht durchqueren, der Weg führt direkt zur Schmiedestraße, während der Weg diesseits der Eisenbahn (die Straße heißt auch Eisenbahnstraße) direkt auf den Golfplatz führt, an Hotel, Restaurant und Partyscheune vorbei zur Straße Mollenkotten (am edlen Hotel Juliana). Links an der Straße liegt die öffentliche Golftrainingsanlage (mit den „Bergischen Stuben" als Gaststätte), kurz rechts führt der Holtkamp als Teil des Wanderweges ins Tal.

Der Holtkamp geht zu einer Brücke über die stillgelegte Eisenbahn und hinter der Brücke führt der Wanderweg durch Wald (Hasenkamp) zur Haßlinghauser und Witterner Straße bis **Uhlenbruch (13)**, am „Landhaus Garnefeld". Der Bus 606 fährt zum Langerfelder Markt. Geht man den Wupperwanderweg am Landhaus links noch bis ins Nächstebrecker Industriegebiet, auf einem grünen Weg talabwärts zwischen Fachwerkhaus und rotem kleinem Fabrikgebäude, erreicht man am „Hölkerfeld" einen Stadtbus nach Barmen-Mitte (632).

Von den Hölker Dolinen ins Tal der Wupper

Vierte Etappe 12 km. Vom Alten Markt/Barmen mit dem Stadtbus 632 zum Hölker Feld, von Beyenburg mit Stadtbus 626 zurück.

Vom Barmer Stadtzentrum ist das „Hölker Feld" leichter zu erreichen als die Station Uhlenbruch, ohnedies wollen wir aus zwei Gründen „fremdgehen": das „W-Zeichen" führt auf einige Irrwege bzw. an der hektisch lauten Autobahn entlang. Das muß nicht sein, für „Zeitreisen" kann man Hektik nicht gut gebrauchen. Die eiligen Autofahrer interessieren sich offensichtlich auch überhaupt nicht dafür, auf welchen „Geopfaden" sie sich in dieser Ecke Wuppertals bewegen. Daher wird eine kleine Wegvariante vorgeschlagen: mit dem Stadtbus direkt ins Industriegebiet Nächstebreck, ins **Hölker Feld (14)**, und von dort auf dem „Geopfad" (mit dem Spiralzeichen) durch ein Dolinengebiet. Das Industrie-

Schüler an ihrem „Geopfad"

gebiet zeigt statt Industriekultur nur Zweckmäßigkeit, schmucklose Bürogebäude und Lagerhallen, Straßen und Parkplätze für geräumige Lkws, alltags ist der Verkehr entsprechend heftig. Wichtig ist da nur die Nähe der Autobahn, das hohe Umschlagstempo, wirklich produziert wird meistens anderenorts. Solche Industriegebiete sehen inzwischen überall ähnlich aus, die Chance auf späteren Denkmalschutz ist gering. Das schließt kreative Ökonomie nicht aus, bewirkt aber raschen Standortwechsel, wechselnde Firmennamen. Steigen Sie an der Busstation Möddinghofe aus und gehen Sie am Hölker Feld etwas weiter hinauf, neben der Firma „Pohli“ führt Sie ein asphaltierter Weg (zwischen zwei Gitterzäunen und ohne Wegweiser) nach kurzer Zeit ins geohistorische Naturschutzgebiet Hölken.

Der Geopfad zu Dolinen. Hier im Hölken (= flache Mulde) haben Sie altes Kalkgestein unter den Füßen, gar mit Kalksteinhöhlen, also Dolinen. Die Schüler (und Lehrer) des Barmer Gymnasiums Sedanstraße haben (nach ihrem „Astropfad“) den „Geopfad“ angelegt (und in einer kleinen Broschüre erläutert, die es im Buchhandel gibt), die Dolinen des Hölker Feldes sind die letzte Station. Wenn Sie ins Naturschutzgebiet kommen, finden Sie das Spiralzeichen des Pfades, das bald rechts in einen merkwürdigen Hain führt. Der Boden zeigt viele Wellen, es folgen auffallend große Gruben. Solche Dolinen finden Sie auch noch an anderen Stellen der Stadt, aber hier sind sie besonders auffällig und offen. An der Linderhauser Straße (Gehöft Blumenroth) wurde eine weitere Doline sorgfältig freigelegt (als Arbeitsbeschaffungsmaßnahme), noch immer können weitere Dolinen entstehen (und entdeckt werden). An der Wiese unterhalb des Waldes wird die Entwicklung von Dolinen erläutert: *„Der Boden unter unseren Füßen ist Kalkgestein. Sickert Wasser ein, löst sich der Kalk, vor allem durch seinen Gehalt an Kohlendioxyd. Klüfte und Höhlen bilden sich, die das Wasser unterirdisch führen. Brechen diese Hohlräume ein, entstehen Trichter- oder sogar Grabendolinen, rundliche oder längliche Bodenvertiefungen. Die Grabendoline im Wald vor uns ist allerdings nicht nur ein Werk des Wassers; sie ist auch durch eine Verwerfung und durch menschlichen Eingriff (Kalkabbau) geformt. Unberührter sind die Trichterdolinen. Im Graben findet man typische Karsterscheinungen, Fossilien des Massenkalks, Sinterkalk, Karren, kleine Kalkspatgänge.“* Der Geopfad trägt den Namen des Paläontologen und Geologen Werner Paeckelmann (1890-1952), Schüler des Elberfelder Realgymnasiums und Erforscher des Devons des Bergischen Landes, auch Herausgeber eines geologischen Wanderbuches (1924). In der Broschüre „Geopfad“ wird die geologisch-geohistorische Geschichte Wuppertals seit der Zeit des Devons und Karbons erzählt, also seit mehr als 300 Millionen Jahren – „als Wuppertal am Äquator lag“. Eine lange, lange Zeitreise ist noch immer nicht beendet.

Vom Hölken führt der Weg zur Straße „Zu den Dolinen“ und zurück zum Wupperwanderweg an der Straße Jesinghaus (durch zwei Eisenbahntunnel). Sie sind in **Langerfeld (15)**, unmittelbar an der Autobahnauffahrt sehen Sie rechts den großen Containerbahnhof. Das „W“ führt Sie durch Clausewitzstraße und Fleute zur Schwelmer Straße und beim Schild zu den Hausnummern 138-144 geht der Wanderweg in den Wald hinein. Zwischen Fabriksheds und Fachwerk beginnt eine schöne Waldallee entlang des Pulsöhder Bachtals. Hier wandern Sie durch das Steinhauserbergbachtal über Heusiepen nach Kemna ins Tal der Wupper. Von Heusiepen aus können Sie einen der zusätzlichen Rundwanderwege um den Ehrenberg nutzen, einen Bauernhof „zum Anfassen“ besuchen (mit Produkten „bergisch pur“, u.a. hausgemachtem Käse), zum interessanten Wildgehege gehen, den weiten Blick ins Wuppertal und bis ins westfälische Schwelm genießen. Auf Tafeln und im „Wuppertaler Naturführer“ werden diese Rundwege beschrieben, hier finden Sie auch Informationen über die Tiere und Pflanzen, die hier zuhause sind.

Dann erreichen Sie **Kemna (16)**. Die Idylle des Wuppertals, der wir z.B. an der

Früher traf man sich an der Schankwirtschaft

Kemna-Brücke begegnen, täuscht, wie wir wissen: kaum zwei Kilometer von hier erinnert ein Mahnmal an die grausamen Tage des frühen KZ (s. Rundgang 12). Mehrere Fabriken an der oberen Wupper belegen den frühen industriellen Impuls des Flusses. Vom Wanderweg sieht man z.B. die große Papierfabrik Erfurt. Schon seit 1864 (!) produzierte Hugo Erfurt hier die von ihm entwickelte Rauhfasertapete, die man wahrscheinlich eher für ein junges Produkt gehalten hat. Und die Bahn, der wir mehrfach begegnen, war einmal wichtiger Transportweg für weitere Unternehmen im Tal, die inzwischen ihre Rohstoffe und Fertigprodukte mit Lkws auf unseren überlasteten Straßen transportieren. Zwischen Wiesen, Feldern und Gärten, alten bergischen Fachwerk- und neueren Steinhäusern erreichen Sie **Beyenburg (17)**, für einen ruhigen Ortsbummel bleibt gewiß noch Zeit.

Zwischen Stauseen: Alte Wege nach Lüttringhausen

Fünfte Etappe 15 km. Start in Beyenburg (Stadtbus (616/626 vom Berliner Platz, Rückfahrt von Lüttringhausen (Stadtbus 636).

Der Wanderweg über die Höhen nach Remscheid passiert zwei Stauseen mit ganz unterschiedlichen Funktionen, verläßt für einige Zeit die Wupper, die im Oberbergischen Kreis ihre Quelle sucht, entfernt sich auch wieder vom Westfälischen und erreicht rheinische Siedlungen und Städte. Hier wird man sich außerdem wohl vorstellen müssen, daß über diese Höhen, Siedlungen und Wege bereits im Mittelalter Postkutschen, Reiter und Heere zogen, zumindest die bergischen Grafen von Schloß Burg über Frielinghausen und Beyenburg den Weg ins Westfälische nahmen, für den bergischen Erzbischof von Köln bekanntlich nicht ohne Lebensgefahr. Später wurden auf diesen Transportwegen Langerfelder Garnprodukte an den Rhein gebracht, manches Mal hinter dem Rücken der Elberfelder und Barmer Garnmonopolisten. Bis zum Bau der Eisenbahnen mußten auch alle Produkte der frühen Industrialisierung (und die Zulieferung der Rohstoffe ebenso) den mühsamen Weg über die Höhen und durch die Täler nehmen.

Der Wanderweg führt durch das obere und untere Beyenburg, über die Beyenburger Furt auf die andere Wupperseite: mit Postkartenblick auf Klosterkirche und Fachwerkensemble, mit Erinnerung an den Standort der Burg, am unteren Stausee entlang, unter Straße und Eisenbahn (mit denkmalgeschützter „Hängebauchbrücke") hindurch zum **Beyenburger Stausee (18)** mit drei Bootshäusern Wuppertaler Kanu- und Paddlervereine (auf der Wuppertaler Seite steht noch ein Bootshaus des Ennepetaler Wassersportvereins), auch für die entsprechende Gastronomie ist gesorgt. Hier haben bereits Olympiasieger trainiert, finden immer wieder spannende Bootsregatten statt, die Wuppertaler „Drachenboote" sind die neueste und erfolgreichste Attraktion. Der schöne Uferweg endet an einer Brücke, die den Weg auf die Höhen führt: zunächst in einen Laubwald mit Buchen und Eichen und reichlich Unterholz (Beeren und Farne), später auch mit Tannen. Man hat zunächst noch einen weiten Blick ins Wuppertal, sieht über weite Felder und Wiesen auf Bauernhöfe und Städte in der Ferne, erkennt die dichte Beyenburger Siedlung am Siegelberg und gelegentlich auch das Dach der Klosterkirche. Im Tal links finden Sie die Ortschaft Dahlerau, die bereits zu Radevormwald gehört.

Durch Maisfelder, durch „Wildruhezonen", an einem Windkraftwerk vorbei kommen Sie nach Oberdahl und „Aufm Hagen", passieren die Hofschaft Kotthausen und landen schließlich in Mesenholl mit großer Kastanie (der Bauer hat hier

Bootshaus am Stausee

den Weg etwas versperrt, der Nachbar hat bissige Hunde, aber mit Fragen kommt man dennoch weiter): über „In der Hardt/Hardtplätzchen" und von dort nach **Frielinghausen (19)**, beides stille Ortschaften, die tatsächlich zu Wuppertal gehören, mit eigener freiwilliger Feuerwehr (von 1893) und früher auch eigener

Dorfidylle Frielinghausen

Schule, immer noch mit eigenem Kindergarten. Hier wohnt man offensichtlich besonders friedlich, zu Wanderern ist man freundlich, ein Bus fährt nach Lennep, der Wanderweg geht am Ende des Ortes (Haus Nr. 10) rechts durch die Felder und Kuhweiden zur Schwelmer Straße (Beyenburg-Lennep). „Hier dürfen Sie Blumen pflücken" steht auf einem Schild an einem Blumenfeld, die Sonnenblumen kosten eine Mark, Gladiolen sechzig Pfennig das Geld kommt in eine Tonne, das Messer zum Schneiden muß zurückgelassen werden. Der Weg „Hinter der Cluse" führt durch Wald und Hain, über Stoppelfelder und Wiesen, manchmal den „Röntgenweg" kreuzend (Remscheid ist nahe) in das weitabgesteckte **Trinkwasserschutzgebiet Herbringhauser Talsperre (20)**. Von hier aus erhält Wuppertal (mindestens die Barmer Hälfte) gutes Trinkwasser: bereits in den Jahren 1898-1902 wurde die Obere Talsperre angelegt, die 2.855 Millionen Kubikmeter Wasser faßt. Das Vorbecken (1933 errichtet), an dem der Weg entlang geht, faßt rd. 55.000, das Untere Becken (an der Kemna, 1926/27) rd. 180.000 Kubikmeter. Das Niederschlagsgebiet, das die Talsperre speist, hat eine Größe von 9,32 Quadratkilometer, die Niederschlagshöhe wird mit 1.300 mm angegeben. Verdursten können die Wuppertal also wohl kaum, täglich werden immerhin 85.000 Kubikmeter an das Wuppertaler Wassernetz abgegeben. Der Rest kommt gereinigt aus weiteren Talsperren und vom Rhein.

Um die Talsperre gibt es einen eigenen Rundweg (in gebührendem Wasserschutzabstand), der auch zur Staumauer führt (die Gaststätte ist leider geschlossen), der Wupperwanderweg geht entlang der Straße bis zur Gaststätte Olper Höhe, von dort zum Luckhauser Kotten und zur Hastberger Mühle (mit Gasthaus), danach erneut über Felder und Gehöfte bis zur Autobahn, die man durch einen Tunnel (1993) passiert. Man landet auf dem Betriebshof der Fa. Dirostahl, sieht schwere Stahlblöcke und Stahlreifen und kann gelegentlich auch in den Betrieb hineinsehen. Dann sind Sie aber bald am Grünenplatz, der Weg führt zur Barmer Straße, hier ist Remscheid bzw. sein **Stadtteil Lüttringhausen (21)**. Der wunderschöne Ortsteil Lennep ist ganz in der Nähe (der Bus 656 fährt dorthin), Sie sind aber schon „Zur Grenze" nach Wuppertal (so heißt die Haltestelle), der Stadtbus 636 fährt Sie nach Oberbarmen.

Klausen und Heidt, durch drei Bachtäler

Sechste Etappe 10 km. Nach Lüttringhausen mit 636 von Oberbarmen, ab Gerstau 615 nach Elberfeld.

Die nächste Wanderetappe führt u.a. durch drei Bachtäler, die bereits den Ronsdorf-Rundgang abschlossen. Gestartet wird kurz jenseits der Remscheider Stadtgrenze, im Ortsteil Lüttringhausen (auch Lennep ist wiederum sehr nahe). Wenn man von der Haltestelle „Zur Grenze" Richtung Ortsmitte geht, zeigt ein hölzernes Schild nach rechts den Wanderweg nach **Clausen (22)** an, der zunächst durch eine gepflegte Grünanlage mit Spielplatz, Bolzplatz und Picknickplätzen führt, dann einen Bach überschreitet und auf einer Wiese mit Apfelbäumen landet. „So laßt uns denn ein Apfelbäumchen pflanzen", steht auf einer Informationstafel und im Text heißt es erläuternd, daß man dieses gewiß tun würde, „wenn morgen die Welt untergeht". Im Jahre 1996 haben „Baumpaten" tatsächlich 41 Apfel- und 9 Birnbäume und einen Zwetschgenbaum gepflanzt, die Namen der Paten sind aufgeführt, auf eine Apfelsorte („Bäumches Apfel") wird besonders hingewiesen, weil sie auf den bergischen Lößlehmhängen gut gedeiht und für „Bergisches Apfelkraut" hervorragend geeignet ist. Das wird man gelegentlich ausprobieren müssen.

Eine kleine Baumallee führt links in den Laubwald, die etwas abweisende Mietbausiedlung (in zweifellos wunderbarer Lage) läßt man hinter sich, in einer weiteren Siedlung kommen Sie an einem Minigolfplatz und einem Schützenhaus vorbei („Schützenbruderschaft Zum Kreuz“ von 1355 – also sogar älter als die von Beyenburg ?!), schließlich zeigt eine Kleingartensiedlung ihre gut gepflegte Blumen- und Pflanzenpracht. Danach überqueren Sie die Klausener Straße und etwas weiter links führt der Weg wieder in den Wald hinein – nicht ohne die ernste Mahnung des Remscheider Stadtforstamtes „Der Wald soll allen dienen“. Der schöne „Spazierweg“ im Hain führt rechts nach oben durch einen Tannenwald, man merkt es schon am federnden Boden, eine helle Lichtung wird passiert (mit frischen Baumpflanzungen unter der Hochspannungsleitung). Wir erreichen **Ronsdorf (23)** und die städtische Zivilisation begrüßt uns mit Tennisplätzen, Wohnhäusern und einem Betriebsgelände des Wupperverbandes, der sich laut Werbetafel „für Wasser, Mensch und Umwelt“ einsetzt. Ein Regenüberlaufbecken (abgekürzt „RÜB“) wird hier gebaut und sogar ein „Betriebspunkt der Niederschlagswasserbehandlungsanlage“. Das klingt eindrucksvoll und besorgt um das Wohl der Menschen zugleich.

An der Remscheider Straße (Haltestelle Graben, Bus 670, und Gasthaus) führt der Wanderweg gegenüber über eine steile Rampe in die Heidter Straße und von dort zum „Rädchen“ (mit Hotel). Der weitere Weg führt in den idyllisch kleinen Ronsdorfer Ortsteil **Heidt (24)** mit vielfältigen alten bergischen Häusern (z.T. unter großen Kastanien), mit alter Schule, aber auch kleinen Fabrikgebäuden (für Garten- und Wintertechnik). Links sieht man Remscheid auf den Höhen. Durch einen dunklen Laubengang und über Kuhweiden erreichen Sie den Wald, der zur **Ronsdorfer Talsperre (25)** und ins Saalbachtal führt – bis hinunter ins bereits bekannte Gelpetal. Die 1899 erbaute

Baumpaten für „Bäumches Apfel“ zum Beispiel

Staumauer, nur noch ein Denkmal

Talsperrenmauer ist 180 m lang und rd. 21 m hoch, die Talsperre (bis 1956 in Gebrauch) faßte einmal 300.000 Kubikmeter Wasser. Bis 1970 war hier noch ein Restaurant, die Pumpstation wurde 1975 abgerissen, jetzt werben Informationstafeln dafür, wenigstens die Staumauer zu erhalten. Es lohnt sich, den **Waldlehrpfad** anzusehen, an dem hohe und alte Bäume erläutert werden (von der Douglasfichte bis zur Roßkastanie, von der Weißbuche bis zur Winterlinde), der selbst gestellten Frage „Woran stirbt der Wald?“ schließt sich ein „Kleiner Knigge für Waldbesucher“ an. Und mit dem Abstieg ins Gelpetal beginnt auch wieder der industriehistorische Lehrpfad, der von hier aus bis nach Clemenshammer führt: mit Hinweisen auf frühere fleißige Kotten und Hämmer (gut erläutert auf Tafeln und in der Publikation von Egon Viebahn, s. Literaturliste). Beim Gang durchs Saalbach- und Gelpetal sieht man mehrere Hammerteiche mit ihren Gräben, die das Wasser zu den Wasserrädern leiten. „Kohlpreußen“ nannte man die märkischen Pferdetreiber, die in den Hammerwerken verwendete Steinkohle von der Ruhr ins Bergische transportierten (auf den „Kohlenwegen“, die man noch heute findet), vorher wurde Holzkohle verwendet und daher standen in diesen Tälern auch Holzkohlenmeiler. Vor allem für bergische Qualitätsprodukte wie Raffinierstahl wurde Holzkohle verwendet. Von der frühen Eisenhütte am Saalbach (um 1600) bis zum 1746 erbauten Steffenshammer und den weiteren Entwicklungen zu Fabriken zur „Hartwarenherstellung“ gibt es in den Tälern des Bergischen Landes viele Varianten der Frühindustralisierung.

Das Saalbachtal trifft am „Zillertal“ (mit unterhaltsamer Gaststätte inkl. bergischer Kaffeetafel) auf das Gelpetal, der Wanderweg führt links bis nach **Clemenshammer (26)** ins Morsbachtal mit altem Steffenshammer und immer noch arbeitenden kleineren und mittleren Metallfabriken. Der Wanderweg führt etwas oberhalb der Straße bis zur Bushaltestelle Gerstau (615).

Rund um Sudberg und zurück ins Wuppertal

Siebente Etappe 15 km. Von Gerstau (615 ab Elberfeld) nach Kohlfurth (CE 64 zurück nach Elberfeld).

Von **Gerstau (27)** führt der Wanderweg rechts an der Gaststätte „Zum kühlen Grunde“ und den Häusern der kleinen Ansiedlung vorbei durch die Auen des Morsbachtales, dann etwas oberhalb durch Busch und Wald. Die industrielle Geschäftigkeit des Tales ist immer noch erkennbar: die Fabrik Fritz Ibach stellt Messer und Werkzeuge her (man geht am Fabrikzaun entlang), eine weitere Hartwarenfabrik breitet sich aus, aber ebenso ein Plateau für Reitpferde, der Morsbach selbst wird mit Mauern und Wehren gelenkt und geleitet, seine Wasserkraft wird offensichtlich immer noch genutzt. Schließlich landet man an einer feuchten Aue des Rheinbachs und der Weg führt nach oben. An einem Ententeich steht eine Blockhütte, man sieht weitere „Freizeitkotten". Auch Jogger oder sogar Mountainbiker kommen Ihnen entgegen, erstaunlicherweise weniger Wanderer als vermutet. Schließlich sind Sie auf den Cronenberg-Sudberger Höhen und diese müssen umrundet werden.

Im Ortsteil **Rottsiepen (28)** stehen Wohnstätten für Behinderte, organisiert von der „Lebenshilfe" (die jährliche Cronenberger „Werkzeugkiste" sammelt das Geld dafür).Auf dem anschließenden Höhenweg merkt man die Siedlungsnähe schon dadurch, daß Abwasserspeicher und Gullys zu sehen sind. In der Siedlung selbst (Miethäuser und kleine Eigenheime) sieht man Gartenzwerge und viel Blumenschmuck, Rosenstöcke ebenfalls. Die Bewohner (und die Wanderer ebenso) sind immer schnell im Wald und bald zwischen Wiesen und Feldern mit einem weiten Blick. „Häusgesbusch" heißt die Bergidylle, links sehen Sie aber auch Remscheid auf dem Berg liegen, rechts wird bald Solingen folgen. An der Straße liegt dann der Ortsteil **Oberheidt** und hier finden Sie manches: Kleinindustrie (z.B. die Sägenfabrik Schmahl, aber auch moderne Lasertechnik wird angepriesen), einen Fußballplatz (die Sudberger Fußballer gewinnen so manches lokale Turnier) und die Riedelstraße, die an den 1827 in Cronenberg geborenen Carl Riedel erinnert. Am Geburtshaus in der Hütter Straße 4 hängt eine weitere Erinnerungstafel. Der Apothekersohn war eigentlich Seidenweber, hatte dann aber am Leipziger Konservatorium Musik studiert, gründete den „Riedel'schen" Gesangsverein, war ruhmreicher Chordirigent und Präsident des Allgemeinen Deutschen Musikvereins. Er komponierte auch und schrieb Liedertexte, ein bekanntes Weihnachtslied darunter: „Kommet, Ihr Hirten, Ihr Männer und Frau'n ...".

Dann folgt **Sudberg (29)**, zunächst Mittelsudberg mit vielen Einfamilienhäusern, einer alten (stillgelegten) Schule, einem Hotel und Gaststätten, auch einer „Festwiese" für feuchtfröhliche Begeg-

Clemenshammer im Morsbachtal

nungen. Links erreichen Sie das lieblich-kleine Hintersudberg mit Fachwerk, Schiefer, Blumengärten und Bienenstöcken und kommen durch einen schmalen Weg zwischen Brombeeren und Brennesseln in einer schönes Waldtal. Das verkehrsreiche Morsbachtal ist bereits wieder zu hören, das Rattern der hohen **Müngstener Brücke (30)** ebenfalls. Auf dem abzweigenden Weg mit dem Zeichen „X“ bzw. „X29“ können Sie eine Pause unter der höchsten Eisenbahnbrücke Deutschlands einplanen.

Danach führt Sie der Wanderweg (oft als Höhenweg) zurück ins Wupper-Tal, zwischen Feldern und Pferdekoppeln, durch Waldtäler, am Stiepelhaus vorbei. An der Kohlfurther Straße können Sie direkt nach unten wandern oder etwas oberhalb den Weg über Schwaffert nehmen. Jedenfalls landen Sie entweder im Kaltenbacher Tal (mit Manuelskotten) oder direkt über **Ober- und Unterkohlfurth (31)** an der Kohlfurther Brücke, der CE 64 bringt Sie in die Stadt.

Waldpromenaden durch das Burgholz und über Rosskamp nach Vohwinkel

Achte Etappe 20 km. Zur Kohlfurth mit CE 64 und ab Vohwinkel mit der Schwebebahn.

Die Stadtwanderung „Rund um Wuppertal“ endet mit einer Kur- und Küretappe, einem wahren Sonntagsspaziergang, einer zweifellos attraktiven Folge von schönen Waldpromenaden, zudem lehrreich, denn das Burgholz ist voller natur- und waldkundlicher Überraschungen. Bei dieser Etappe gilt erst recht, daß man getrost auch „Terrainkuren“ (mit Kurtaxe) ausschreiben könnte. Die Wege sind meistens breit und bequem, die Höhenlage ist mit etwa 200-250 m klimatisch gesund, es gibt viele Rastplätze und Schutzhütten. Denn eines stimmt allerdings auch: die Niederschlagsmenge ist überdurchschnittlich hoch, weil sonst auch

Mountainbiker grüßen

Reiterhöfe in Sudberg

Das Arboretum Burgholz: die Wälder der Welt

Informationen aus „Burgholz: vom Versuchsrevier zum Arboretum", Landesforstverwaltung NRW, 2000

Ein „Arboretum" ist eine „Sammelpflanzung von Bäumen und Sträuchern zur dendrologischen Beobachtung und Auswertung" (sagt der Brockhaus) und „Dendrologie" ist die dazugehörige Wissenschaft. Die Landesforstverwaltung hat im Wuppertaler Burgholz mit den regionalen Forstämtern (und deren engagierten Förstern) sowie den naturwissenschaftlichen Vereinen und Institutionen (z.B. dem Fuhlrott-Museum unter früherer Leitung von Dr. Wolfgang Kolbe) ein 250 ha großes Versuchsrevier geschaffen. Aufgabe und Ziel ist der Anbau und die Erprobung fremdländischer Baumarten. Schon ab 1955 hatte der Förster Heinrich Hogrebe damit begonnen, ab 1973 hatte sein Nachfolger Herbert Dautzenberg diese Arbeit fortgesetzt und seit 1999 ist das „Arboretum Burgholz" auch offiziell anerkannt. Hier wird Waldforschung betrieben, werden Entwicklungs- und Erhaltungsversuche mit Fremdbäumen und in Naturwaldzellen unternommen und es werden auch waldpädagogische Programme angeboten (Arbeit mit Schulen, Weiterbildung, Führungen, Projekte).

Zur Waldgeschichte. „Vor den Eiszeiten hat eine ausgesprochene Vielfalt von Baum- und Straucharten Mitteleuropa besiedelt, wie man aus Fossilienfunden schließen kann. Riesige Eismassen, welche von Norden her mit strenger Kälte vordrangen, haben die damalige Pflanzenwelt vernichtet, soweit die Arten sich nicht in Refugien zurückziehen konnten, die von der Kälte der Eiszeiten verschont geblieben waren. Solche Refugien liegen zum Beispiel in Südfrankreich und im Gebiet des heutigen Jugoslawiens.

Nach Ende der Eiszeiten sind die Pflanzen, unter ihnen auch Baum- und Straucharten, aus den Refugien nacheinander ‚zurückgewandert', das heißt mit jeder Generation durch Ausbreitung des Samens ein Stück weiter nach Norden vorgedrungen. Aber nur wenige Arten haben Flucht und Rückwanderung überlebt. Die geringe Zahl von nur etwa 30 Baumarten in Mitteleuropa ist die Folge dieses Selektionsprozesses. Einige Baumarten, unter ihnen Fichte und Tanne, wären ohne Hilfe des Menschen heute noch nicht im Westen Deutschlands angekommen.

In anderen Erdteilen haben sich infolge abweichender klimatischer, geologischer und geomorphischer Bedingungen größere Artenzahlen erhalten können. In Nordamerika sind heute rund 400 Baumarten bekannt.

Unter den jetzigen klimatischen Bedingungen wäre das Burgholz überwiegend ein artenarmer Buchenwald, an südlichen Hängen auch ein Traubeneichen-Buchwald, in Bachrinnen und Tälern ein Erlen-Eschenwald und an tiefgründigen Talschultern auch ein Stieleichen-Hainbuchenwald. Dieser ursprüngliche Wald ist seit dem Mittelalter zu einem Mittelwald mit Bauholz liefernden Oberständern und zwischenständigem Stockausschlag für die Kohle- und Brennholzproduktion umgestaltet worden. Als in der zweiten Hälfte des 19. Jahrhunderts die Steinkohle zum vorherrschenden Brennstoff wurde, hat man die Mittelwaldwirtschaft langsam aufgegeben und erste Aufforstungen verheideter Flächen sowie Ergänzungen verlichteter Bestände mit nicht heimischen Baumarten zum

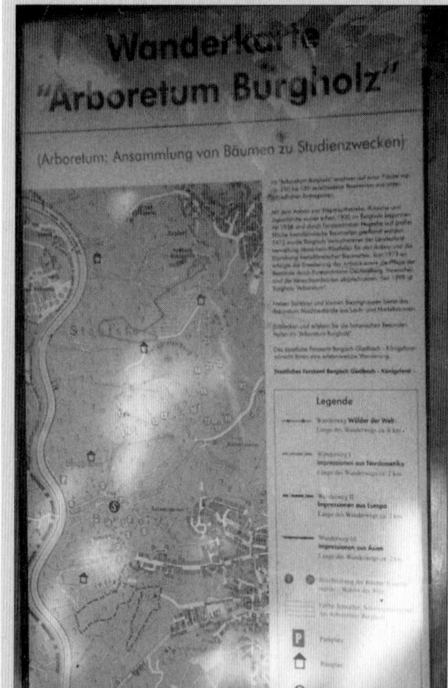

Ansammlung von 130 Baumarten „zu Studienzwecken“

Beispiel mit Fichte, Kiefer und Lärche, später auch mit Weymouthskiefer, vorgenommen. Das war der Beginn des Fremdländer-Anbaus im Burgholz.

Um 1869 bestand etwa ein Drittel des Burgholz aus Nadelwald, davon 20 Prozent Fichte. Noch dominierten Buchen in diesem Wald, Eichen machten 20 bis 30 Prozent der Bestockung aus. Hainbuche, Ulme und Esche waren nur gelegentlich vertreten. Bis zur Jahrhundertwende wurden insbesondere die Eichen begünstigt, weil man für sie gute Absatzchancen als Grubenholz sah. Insgesamt war der Wald des Burgholz nur wenig leistungsfähig, zumal die eingebrachten Nadelbäume, insbesondere die Fichten, unter Rauchschäden litten und die Buchen Schwierigkeiten hatten, sich natürlich zu verjüngen. Auf diese Mängel machte das Forsteinrichtungswerk (mittelfristige Betriebsplanung) von 1955 aufmerksam und schlug vor, fremdländische Baumarten versuchsweise im Burgholz anzubauen, um ihre Wachstumsmöglichkeiten dort zu testen und gegebenenfalls die Leistungsfähigkeit des Waldes zu steigern“ (Alfred Becker)

130 fremdländische Baumarten. Zu den „Impressionen“ aus den „Wäldern der Welt“ gehören u.a. die Kolorado-Tanne aus den USA und die Nikko-Tanne aus Japan, die Nordmanns-Tanne aus dem Kaukasus und die Andentanne aus Chile, eine „lindenblättrige“ Birke kommt aus Japan und ebenso ein „Kuchenbaum“, eine Weihrauchzeder aus Kalifornien und ebenfalls ein Küsten-Mammutbaum (Redwood), die Sitka-Fichte kommt aus dem Nordwesten Amerikas, die Weymouthskiefer aus dem Nordosten, die Sumpfzypresse aus dem Südosten der Staaten. „Fremde werden zu Freunden“ und offensichtlich gelingt es (oder ist es schon gelungen), sie auch in für bestimmte Landschaften Nordamerikas oder Asien typischen gemischten Formationen zu zeigen. „Augenblicklich fühlt man sich in ferne Länder versetzt.“

die Natur nicht so üppig wäre. Den Schlußabschnitt kann man beliebig verkürzen, denn ab Buchenhofen/Sonnborn ist man rasch an einer Schwebebahnstation. Und den Weg nach Vohwinkel können Sie auch nachholen oder mit einem Besuch von Solingen-Gräfrath verbinden.

Der CityExpress führt Sie nach Kohlfurth, aber auch nach **Wahlert (32)**, wo der Wanderweg ins Burgholz abbiegt. Der Wupperwanderweg geht allerdings von der Kohlfurth noch durchs Kaltenbacher Tal und am Manuelskotten schräg links auf den Berg. Bald wird der Waldweg bereits zur angenehmen Promenade, Sie finden Bänke und eine Schutzhütte, ein Aussichtspavillon ist in Bau. Man merkt, in diesem Wald richtet man sich auf viele „Terrain"-Gäste ein. Bald erreichen Sie die Autostraße nach Cronenberg, die Busstation heißt „Wahlert", auf der anderen Straßenseite betreten Sie endgültig das Burgholz.

Neben dem bekannten „W" erscheint ein neues leuchtendes Wegzeichen, ein grünes Blatt (später in unterschiedlichen Formen), Sie haben den Bereich des **Arboretums** erreicht. Das ist zweifellos ein eigenes naturkundliches Abenteuer, gut erläutert in einer Broschüre (im Informationszentrum Döppersberg z.B.), aber auch auf vielen Tafeln am Wegesrand vor Ort. Sie werden uns fast durch das gesamte Burgholz begleiten, erzählen uns viel über die Bäume, erst recht über fremde Bäume. Sie werden nicht alle Details (und alle unterschiedlichen Bäume und Sträucher) bei einem ersten Rundgang erfassen können, zumal es neben einer „Kernzone" vier unterschiedliche Wege sind: beginnend mit „Impressionen aus Europa" und „Impressionen aus Nordamerika" und endend mit „Impressionen aus Asien" und als längeren Wanderweg dazwischen die „Wälder der Welt". Der Wupperwanderweg verläuft nicht immer parallel, aber Sie erfahren bereits viel, später führt Sie dann der Wupperwanderweg ins Tal der Wupper zurück. Zum lohnenden genaueren Studium des „Arboretums" werden Sie wiederkommen müssen.

Die Erläuterungstafeln sind oft mit Zeichnungen illustriert, regen zum Vergleich an, bringen eine eigentümliche Exotik in einen Wald, der bislang eher eng und sparsam sortiert war. Natürlich sind auch die „Deutsche Eiche" vertreten und die „gewöhnliche" Haselnuß, die „gemeine" Hopfenbuche, ebenso Buchsbaum und Vogelbeere (also Eberesche), eine ganze Serie unterschiedlicher Ahornsorten und dazwischen ein frisch gepflanzter Gingko-Baum.

Der weitere Wanderweg führt dann bald ins **Nöllenhammerbachtal (33)** und zu den früheren Kotten, Sie passieren den Burggrafenberg (283 m) am Hang, kommen an Brut- und Laichgebieten vorbei, blicken ins Tal und entdecken am Wegrand Heidebüsche. Waldwege und asphaltierte Forstbetriebstraßen wechseln einander ab, die Waldpromenaden sind auf viele Spaziergänger eingestellt, aus dem alten Bahnhof Burgholz (an der stillgelegten Strecke nach Cronenberg) ist eine Gaststätte geworden, mitten im Wald finden Sie die „paritätische Bildungsstätte". Die „Kaisereiche" lädt zum Gedenken an die Reichsgründung am 18. Januar 1871 ein, am 14. Juni 1871 hatten Primaner des Elberfelder Gymnasiums sie gepflanzt – und im August 1998 hat der Bürgerverein Küllenhahn die Anlage mit Eisengitter und Sitzbank wieder instandgesetzt. Wir sind in der Nähe des Stadtteils Küllenhahn, aber der Wanderweg führt jetzt hinunter ins Tal. Ein grünes Schild der Forstverwaltung zeigt ein weiteres Waldforschungsprojekt: die „Naturwaldzelle" mit „typischen Waldbeständen mit annähernd natürlicher Artenzusammensetzung." Ohne menschliche Eingriffe soll sich diese Zelle ungestört weiterentwickeln und auch „jede forstliche Nutzung ruht" daher.

Beim **Klärwerk Buchenhofen (34)** erreicht der Wanderweg die Wupper, von der Rutenbeck ist es nicht weit bis zur Schwebebahnstation Sonnborn, an der großen Bayer-Sporthalle (Volleyball!) vorbei. Wenn noch Zeit bleibt, können auch die etwa 5 km bis nach Vohwinkel noch gewandert werden. Der Weg führt durch den Klosterbusch und über die Boltenheide, vorbei an der Steeger Eiche und auch an dem **Landhaus Linde (35)**. Wo heute die Technische Akademie Bergisch Land hochqualifizierte Weiterbildung betreibt, war zwischen 1895 und 1910/11 eine Sommervilla des Elberfelder Kaufmanns Hermann Meckel (zugleich Stadtverordneter und selbstverständlich „Kommerzienrat") entstanden, gebaut in den Formen des englischen Landhauses und des bergischen Heimatstils. Kommen Sie dann zur Ehrenhainstraße, dürfen Sie noch zwischen zwei markanten Türmen

Dinnebiers Gräfrather „Lichtturm"

Erinnerung an 1871: Kaisereiche

wählen: rund und schlicht steht rechts ein Wasserturm, eher bescheiden beleuchtet, um so auffallender ist der **Lichtturm (36)** etwas weiter links auf Gräfrather Boden, den Lüntenbeck-Schloßherr und Lichtplaner Dinnebier aus dem dortigen Wasserturm geschaffen hat, ein markantes Zeichen einer kreativen Verbindung von alten und neuen Formen.

Der lange Wupperwanderweg endet in Vohwinkel mit einem Weg durch die z.T. jugendstil-geschmückten Straßen Ittertaler, Schlüssel und Cornelius, vielleicht auch noch einmal Rembrandt- und Spitzwegstraße und dann am Schwebebahnhof. Man könnte auf der anderen Bahnseite noch einmal von vorne beginne, zu anderer Jahreszeit etwa.

Tips & Adressen

Informationszentrum Döppersberg
am Fußgängertunnel zum Hauptbahnhof
mo-fr 9-18 Uhr, sa 9-13 Uhr
Tel. 0202/563 2270/2180.
Fax 0202/563 8052
www.wuppertal.de/presse-und-Stadtwerbung/infozentrum/Welcome.html
e-mail: info@stadt.wuppertal.de

Infotheke Rathaus Barmen
Wegnerstraße. 42269 Wuppertal
mo-mi 8-16 Uhr, do 8-18 Uhr, fr 8-14 Uhr
Tel. 0202/563 6688. Fax 0202/563 8452
e-mail: servicetheke2@GBO.de

Topticket
Kunden-Center, Kartenverkauf
Turmhof Elberfeld, Schwebebahnhof Hbf,
Alter Markt Barmen
mo-fr 7.30-19 Uhr, Sa 9-16 Uhr
Tel. 0202/569 4444

Bergische Universität/ Gesamthochschule Wuppertal
Gaußstraße 20. 42119 Wuppertal.
Tel. 0202/439 2405. Fax 0202/439 2899.
www.uni-wuppertal.de
e-mail presse@uni-wuppertal.de

Die Börse. Kommunikationszentrum
Wolkenburg 100. 42105 Wuppertal.
Tel. 0202/24322-0. Fax 0202/2432222/
www.dieboerse-wtal.de
e-mail dieboerse@wtal.de

Forum Maximum im Rex
Kipdorf 29. 42105 Wuppertal.
Tel. 0202/441159. Fax 0202/4265541
www.rex-theater.de
e-mail info@rex-theater.de

Fuhlrott-Museum
Auer Schulstraße 20. 42103 Wuppertal.
di-do 10-18 Uhr, fr-so 11-16 Uhr.
Tel. 0202/563 2845. Fax 0202/563 8026
www.fuhlrott-museum.de
e-mail: fuhlrott-museum@t-online.de

hdj Haus der Jugend Barmen
Geschwister-Scholl-Platz. 42269 Wuppertal.
Tel. 0202/563-5662/6444.
Fax 0202/563 8040.
www.wuppertal.de/hdj
e-mail hdj.barmen@t-online.de

Historische Stadthalle am Johannisberg
Betriebs- und Veranstaltungsgesellschaft mbH
Johannisberg 40. 42103 Wuppertal.
Tel. 0202/563 6610/ 0202/245890.
Fax 0202/455198.
www.stadthalle-wuppertal.de
e-mail: info@stadthalle.de

Historisches Zentrum/ Museum für Frühindustrialisierung
Engelsstraße 10. 42283 Wuppertal.
di-so 10-13, 15-17 Uhr.
Tel. 0202/563 6498/5298.
www.wuppertal.de

Historisches Zentrum/Stadtarchiv
Friedrich-Engels-Allee 89/91.
42285 Wuppertal.
mo,mi,do 10-16 Uhr, di 10-18 Uhr,
fr 10-13 Uhr.
Tel. 0202/563 6623/4123.
e-mail: stadtarchiv@stadt.wuppertal.de

Stadtbibliothek Wuppertal
Kolpingstraße 8. 42103 Wuppertal.
Tel. 0202/563 2109. Fax 0202/306594.
www.wuppertal.de/stadtbib/welcome.html
e-mail: stadtbibliothek.info@2.wuppertal.de

Tanztheater Wuppertal Pina Bausch GmbH
Spinnstraße 4.42283 Wuppertal.
Tel. 0202/563 4253.
Fax 0202/563 8171
Reservierungs-Tel. TopTicket 0202/569 4444
www.pina-bausch.de

TiC Theater in Cronenberg
Borner Straße 1. 42349 Wuppertal.
Tel. 0202/472211. Fax 0202/470868.
www.tic.wuppertal-one.de
e-mail tic.dramaturgie@wtal.de

Uhrenmuseum Abeler
Poststraße 11. 42103 Wuppertal.
mo-fr 16-18 Uhr, sa 10-13 Uhr.
Tel. 0202/493990. Fax 0202/4939959.

Volkshochschule Wuppertal
Stadtbetrieb Weiterbildung/Haus der Erwachsenenbildung
Auer Schulstraße 20. 42103 Wuppertal.
Tel. 0202/563 2217. Fax 0202/563 8420
www.wuppertal.de/vhs

Von der Heydt-Museum
Turmhof 8. 42103 Wuppertal.
di-so 11-18 Uhr, do 11-20 Uhr, montags geschlossen.
Tel. 0202/563 6231. Fax 0202/563 8091
www.wuppertal.de/von-der-heydt-museum
e-mail: von-der-heydt-museum@stadt.wuppertal.de

**Kunsthalle
im Haus der Jugend Barmen**
Geschwister-Scholl-Platz 4-6.
42275 Wuppertal
di-so 11-18 Uhr, montags geschlossen.
Tel. 0202/563 6571

Wuppertaler Bühnen GmbH
Opernhaus Spinnstraße 4.
42283 Wuppertal.
Fax 0202/569 3567
mo-fr 12-18 Uhr.
Reservierungs-Tel. 0202/569 4444
Schauspielhaus Bundesallee 260.
42103 Wuppertal.
Abendkassen öffnen eine Stunde vor Veranstaltungsbeginn.
www.wuppertaler-bühnen.de

**Wuppertal GmbH
Wirtschaftsförderung**
Lise-Meitner-Straße 13. 42119 Wuppertal.
Tel. 0202/24807-0. Fax 0202/442154.
www.wuppertal-gmbh.de
e-mail info@wuppertal-gmbh.de

Wuppertaler Stadtwerke AG
Bromberger Straße 39-41.
42281 Wuppertal.
Tel. 0202/569-0. Fax 0202/569.4590.
www.wsv-online.de

Zoologischer Garten
Hubertusallee 30. 42117 Wuppertal.
Täglich 8.30-18 Uhr (Winter bis 17 Uhr),
Sonn- u. Feiertage 8.30-18.30 Uhr.
Tel. 0202/2747-0.
Fax 0202/741888/5638005.
www.zoo-wuppertal.de
e-mail kontakt@zoo-wuppertal.de

Quellen und weiterführende Literatur

Abeler, Jürgen, Das Wuppertaler Uhrenmuseum, Verlag Schnell & Steiner München/Zürich 1983

Abeler, Jürgen, Die Longitudo zur See, Wuppertal 1983

Arensmeier, August, Hüser on Hüsker, Schönes altbergisches Fachwerk, Born Verlag Wuppertal 1987

Aust, Dr. Günter u.a., Das Wuppertal im 19. Jahrhundert, Wuppertal 1977

Aust, Dr. Günter u.a., Der westdeutsche Impuls 1900-1914, Von der Heydt-Museum Wuppertal 1984

Avenarius, Wilhelm, Brinken, Bernd, Düsseldorf und Bergisches Land. Glock und Lutz Heroldsberg 1982

Battenfeld, Beate, Kultstaubsauger Kobold, der mit der Trockenhaube, Trescher Verlag Berlin 1998

Becker, Siegfried, Geschichten vam Oelberg, 1998

Becker, Siegfried, Theater in Wuppertal, 1999

Beckmann, Joachim u.a., Dann werden die Steine schreien. 50 Jahre Theologische Erklärung Barmen. Verlag Kirche und Mann Bielefeld 1983

Beeck, Karl-Hermann (Hg.), Gründerzeit. Versuch einer Grenzbestimmung im Wuppertal. Rheinland Verlag Köln, 1984

Belz, Karl-Wilhelm, Eisenbahnen in der Industriellen Revolution: ein frühes Wuppertaler Projekt, Born Verlag Wuppertal 1979

Böger, Helmut, Berühmte & berüchtigte Wuppertaler, Graphium press, 1988.

Born-Verlag, Wuppertaler Lesebuch 1988

Bramsiepe, Rita (Hg.), Bergische Sagen und Märchen. Ein Hausbuch, Jugenddienst Verlag Wuppertal 1978

Buslau, Oliver, Die Tote vom Johannisberg. Der Bergische Krimi. Emons Verlag Köln 2000

Busmann, Johannes, Architektur in Wupper, Verlag Müller+Busmann Wuppertal 1993

Damaschke, Sabine, Zwischen Anpassung und Auflehnung, Born Verlag Wuppertal 1992

De Bruyn-Ouboutei, Hans Joachim (Hg.), Barmer Südstadt, Verlag Müller+ Busmann Wuppertal 1996

Dinnebier, Antonia, Lüntenbeck Haus-Hof-Gut, k.A.

Dirx, Ruth, Von Engels bis Böll, Respektlose Stimmen aus dem Wuppertal. Graphium press Oberhausen 1988

Dorfmüller, Joachim, Wuppertaler Komponisten, Born Verlag Wuppertal 1986

Dorfmüller, Joachim, Wuppertaler Musikgeschichte, Born Verlag Wuppertal 1995

Drewitz, Ingeborg, Wuppertal. Porträt der Stadt. Peter Hammer Verlag Wuppertal

Eckardt, Uwe, Cronenberg – Menschen, Daten und Fakten, Geiger Verlag, Horb am Neckar 2000

Eckardt, Uwe, Wuppertal-Luftbilder von gestern und heute, Wartberg Verlag Gudensberg-Gleichen 1998

Enters, Hermann, Die kleine, mühselige Welt des jungen Hermann Enters, Born Verlag Wuppertal 1970

Eschmann, Jürgen (WSW)(Hg.), Die Wuppertaler Schwebebahn, 1990

Fehlemann, Dr.Sabine (Hg.), Skulpturensammlung Von der Heydt-Museum Wuppertal 2000

Frielingsdorf, Joachim, Hartwig, Jost (Hg.), Die Stadthalle, Verlag Müller+Busmann Wuppertal 1995

Flasdieck, Hermann M., Goethe in Elberfeld, Stadtbibliothek Wuppertal 1999

Geschichtsverein, Bergischer (Hg.), Geschichte in Wuppertal 1998-2000

Gibiec, Christiane, Eine Kugel für Mata Hari. Der Bergische Krimi. Emons Verlag Köln 1997

Gibiec, Christiane, Türkisch rot. Bergischer Krimi Classic. Emons Verlag Köln 1999

Goebel, Klaus (Hg.), Historische Schauplätze in Wuppertal, Solingen und Remscheid, Born Verlag Wuppertal 1992

Goebel, Klaus (Hg.), Unter Hakenkreuz und Bombenhagel, Born Verlag Wuppertal 1989

Goebel, Klaus (Hg.), Über allem die Partei. Schule-Kunst-Musik in Wuppertal 1933-1945, Graphium press Oberhausen 1967

Goebel, Klaus (Hg.), Wuppertal in der Zeit des Nationalsozialismus, Peter Hammer Verlag Wuppertal 1984

Goebel, Klaus, Knieriem, Michael, Schnöring, Kurt, Wittmütz, Volkmar, Geschichte der Stadt Wuppertal, Peter Hammer Verlag Wuppertal 1977

Günter, Roland, Besichtigung unseres Zeitalters. Industrie-Kultur in Nordrhein-Westfalen, Klartext Verlag Essen 2001

Halbach, Josua, Konrad, Günter, Peters, Friedhelm, Rühl, Marga u.a., Unser Ronsdorf, 1995

Hammermann, Günter, Oertel, Marie Luise, Wandern und mehr. Unterwegs im Bergischen. Droste Verlag Düsseldorf 2001

Herberts, Hermann, Alles ist Kirche und Handel ..., Verlag Ph.C.W.Schmidt Neustadt/Aisch 1980

Herberts, Hermann, Zur Geschichte der SPD in Wuppertal, Verlag Freie Presse Wuppertal 1963

Heuter, Christoph u.a., Mit Feuer und Wasser, Stationen der Industriekultur zwischen Wupper und Sieg, Klartext Verlag Essen 2000

Heuter, Christoph, StadtSchöpfung, Siedlungen der 1920er Jahre in Wuppertal-Barmen, Verlag Müller+Busmann Wuppertal 1995

Hoth, Wolfgang, Die Industrialisierung einer rheinischen Gewerbestadt – dargestellt am Beispiel Wuppertal, Rhein-Westf. Wirtschaftsarchiv Köln 1975

Huttel, Klaus Peter, Wuppertaler Bilddokumente, Born Verlag Wuppertal 1985

Hybel, Hans Joachim (Hg.), Geopfad, Geologie und Menschheitsgeschichte am Wege, Wuppertal 2001

Ibach, Karl, Kemna. Wuppertaler Konzentrationslager 1933-34, Peter Hammer Verlag 1981

Keller, Peter, Wuppertals Olympiageschichte, Born Verlag Wuppertal 1996

Kießling, Hermann, Höfe und Höfeverbände in Wuppertal, Wuppertal 1977

Kirschbaum (Hg.), Festschrift zur Tausendjahrfeier des Bergischen Landes in Elberfeld, Born Verlag Wuppertal 1925

Knieriem, Michael u.a., Adelssitze, Burgen, Feste Häuser in Wuppertal, Born Verlag Wuppertal 1975

Knieriem, Michael, Das Tal der Wupper, Brunnen am Rathausplatz, Wuppertal 1981

Knieriem, Michael (Hg.), Michels Erwachen – Emanzipation durch Aufstand?, Historisches Zentrum Wuppertal 1999

Koep, Philipp, Thalia- ein Hauch von Großstadt, Verlag Müller+Busmann Wuppertal 1993

Kolbe, Wolfgang, Wuppertaler Naturführer, Born Verlag Wuppertal 1992

Kolbe, Wolfgang, Wuppertal. Natur und Landschaft. Peter Hammer Verlag, Wuppertal 1979

Kolbe, Wolfgang, Der Bergische Wald. Lebensraum für Pflanze, Tiere und Menschen

Kowald, Peter, Almanach der „365 Tage am Ort". Luisenstraße Wuppertal. Verlag der Buchhandlung Walther König Köln 1998

Magner, Michael, Wuppertal-Elberfeld, Alan Sutton Erfurt 2000

Magner, Michael, Wuppertal-Barmen, Alan Sutton Erfurt 2001

Metschies, Michael u.a., Wuppertal wiederentdeckt, Wuppertal 1975

Metschies, Michael (Hg.), Wuppertal wiederentdeckt – zehn Jahre danach, Bergischer Geschichtsverein Wuppertal 1986

Meyer-Kahrweg, Ruth, Wuppertaler Denkmäler Spiegel ihrer Zeit, Verlag Frohn Wuppertal 1980

Museumsamt, Rheinisches (Hg.), Die Wupper – Veränderung einer Landschaft, Rheinland Verlag Köln 1986

Noske, Edgar, Der Bastard von Berg. Ein Krimi aus dem Mittelalter, Emons Verlag Köln 1998

Nußbaum, Hella, Jugendstilspuren in Wuppertal-Vohwinkel, Verlag Müller+Busmann Wuppertal 1997

Reich, Josef, Wuppertal Beyenburg, Born Verlag Wuppertal

Reising, Paul, Neues vom Eulenkopfweg, Born Verlag Wuppertal 1994

Reulekke, Jürgen, Dietz, Burkhard, ... und reges Leben ist überall sichtbar! Reisen im Bergischen Land um 1800, Verlag Ph. C. W. Schmidt Neustadt /Aisch1978

Reulecke, Jürgen, Dietz, Burkhard, Mit Kutsche, Dampfroß, Schwebebahn. Reisen im Bergischen Land II (1750-1910), Verlag Ph. C. W. Schmidt Neustadt/Aisch 1984

Rhefus, Reiner, Spurensicherung 1920, Klartext Verlag Essen, 2000

Schleich, H.Hermann, Johann Carl Fuhlrott – Lehrer und Forscher in Elberfeld, Fuhlrott Museum Wuppertal 1999

Schloßbauverein Burg an der Wupper, Romerike Berge, Zeitschrift für das Bergische Land

Schmidt-de Bruyn, Das Bergische Patrizierhaus bis 1800, Rheinland Verlag Bonn 1983

Schmitz, Heinrich-Karl, Winkelsen, Wolfgang, Originale aus dem Wupper-Tal, Born Verlag Wuppertal 1993

Schnöring, Kurt, Wuppertal. Ein Stadtführer, Graphium press Wuppertal 1989

Schnöring, Kurt, Ausschwitz begann in Wuppertal, Peter Hammer Verlag Wuppertal 1981

Schreiner, Claudia, 100 Years Aspirin, Bayer AG 1997

Schulze, Wolfgang, Die schönsten Sagen des Wuppertals, Verlag Pomp & Sobkowiak, Essen, 1983

Solbach, Friedhelm J. (Hg.), Das Haus des Geheimen Kommerzienrates, Born Verlag Wuppertal 1999

Stieglitz, Wolf, Flora von Wuppertal, Naturwissensch.Verein Wuppertal 1987

Theobalt, Gerold (Hg.), Theater Zeit in Wuppertal, Peter Hammer Verlag Wuppertal 2001

Viebahn, Egon, Hämmer und Schleifkotten im Gelpetal, Born Verlag Wuppertal 1983

Voigt, Günther, Damals in Wuppertal, Stadtsparkasse Wuppertal 1988

Voigt, Günther, Langerfeld, Bürgerverein Langerfeld

Voigt, Günther, Alte Ansichen aus dem Ort, Bürgerverein Langerfeld, 1985

Walden, Ulrike, Oelsner, Wolfgang, Erlebnis Bergisches Land, J. P. Bachem Verlag Köln 1999

Weigel, Andreas (Hg.), 950 Jahre Cronenberg, Cronenberger Bürgervereine 2000

Wolff, Heinz (Hg.), 50 Jahre Wuppertal, Born Verlag Wuppertal 1979

Wolff, Heinz, Als wenn'ste schwebst, Born Verlag Wuppertal 1976

Wolff, Heinz, Wuppertaler Bürgergesellschaften, 1978

Ziegler, Ernst Andreas, Liebeserklärung an Wuppertal, Born Verlag Wuppertal 1991

Zinn, Ernst, Die Baukunst in Elberfeld, Verlag L. Schwann Düsseldorf 1968

Autorenverzeichnis

Prof. Will Baltzer, Architekt BDA, Dipl. Ing., lehrte an der Universität Münster, verantwortlich für Renovierung und Umbau der Historischen Stadthalle am Johannisberg Wuppertal (Büro Baltzer + Partner).

Dr. Uwe Eckardt, Direktor des Stadtarchivs Wuppertal (im Stadtbetrieb Historisches Zentrum), Geschäftsführer des Bergischen Geschichtsvereins.

Dr. Sabine Fehlemann, Kunsthistorikerin, Direktor des Von der Heydt-Museums Wuppertal.

Christoph Heuter M.A., Kunsthistoriker, Mitarbeiter für Denkmalschutz und Denkmalpflege der Stadt Wuppertal.

Karl Ibach, 1915-1990 , war als Funktionär der Arbeiterjugend mit 18 Jahren jüngster KZ-Häftling in Kemna und schrieb darüber 1948 einen Erlebnisbericht (Peter Hammer-Verlag Wuppertal, Nachdruck 1981).

Heinz Theodor Jüchter, Dipl. Soz., Beigeordneter für Kultur, Bildung und Sport der Stadt Wuppertal 1980-2000, vorher Direktor der Volkshochschule.

Dr. Michael Knieriem, Historiker, Direktor des Historischen Zentrums Wuppertal (Engelshaus, Museum für Frühindustrialisierung).

Günter Konrad, gab gemeinsam mit Josua Halbach, Friedhelm Peters, Marga Rühl u.a., im Jahre 1995 ein Stadtgeschichtsbuch „Unser Ronsdorf" heraus.

Dr. Hans Kremendahl, Oberbürgermeister der Stadt Wuppertal.

Michael Malicke, Dipl. Ök., Leiter der Pressestelle der Wuppertaler Stadtwerke.

Dr. Hella Nußbaum, schrieb im Rahmen ihres Hochschulexamens eine Arbeit über Jugendstilspuren in Vohwinkel (Verlag Müller+Bußmann, Wuppertal).

Dr. h.c. Johannes Rau, Bundespräsident, 1969/70 Oberbürgermeister Wuppertal, 1978-1998 NRW-Ministerpräsident.

Paul Reising entwickelte und beschrieb im Rahmen seiner Mitarbeit im Naturwissenschaftlichen Verein und im Auftrag des Fuhlrott-Museums den „Eulenkopfweg" (Born-Verlag Wuppertal).

Reiner Rhefus, Sozialpädagoge, Mitarbeiter des Kulturreferates des Geschäftsbereiches Kultur, Bildung und Sport der Stadt Wuppertal.

Otto Schell, 1858-1931, Elberfelder Rektor und Leiter der Bibliothek des Bergischen Geschichtsvereins, schrieb u.a. 1904 ein Buch über „Denkmäler der Stadt Elberfeld" (im Stadtarchiv).

Prof. Dr. Hermann Schleich, Direktor des Fuhlrott-Museums Wuppertal (Naturkundemuseum für das Rheinland).

Dr. Ulrich Schürer, Direktor des Zoologischen Gartens Wuppertal.

Dank

Für dieses Buch will ich vielen Dankeschön sagen. Viele Menschen haben geholfen, Wuppertal zu entdecken. Die Liste der Bücher, Artikel und Äußerungen über diese Stadt ist lang. Manchmal waren es nur kurze Äußerungen (auch von lange nicht mehr lebenden Autoren), ein Hinweis oder Tip im Gespräch, die Beantwortung einer Frage. Oft haben erst dicke oder dünnere Bücher den Zugang zu einem Stadtthema oder zu einem Stadtteil geöffnet. Ich habe die vielen Texte mit wachsender Neugierde gelesen, auch mit Freude, sie mit meinen „Entdeckungen" verglichen, mich auch belehren lassen. Ich nenne die Menschen, denen ich gerne danken will, in alphabetischer Reihenfolge, das ist keine Rangordnung:

Jürgen Abeler, Dr. Heinz Bahnmüller, Prof. Will Baltzer, Beate Battenfeld, Ulf Baumeister, Pina Bausch, Heinrich Böll (†), Johannes Busmann, Dr. Joachim Cornelius, Dr. Hans Joachim de Bruyn-Oubouter, Degen/Katasteramt, Antonia Dinnebier, Ingeborg Drewitz, Dr. Uwe Eckardt, Friedrich Engels (†), Jürgen Eschmann, Dr. Sabine Fehlemann, Reinhard Grätz, Prof. Roland Günter, Holk Freytag, Prof. Dr. Klaus Goebel, Hermann Herberts, Christoph Heuter M.A., Günther Hoppe, Klaus Peter Huttel, Hans-Joachim Hybel, Karl Ibach (†), Peter Keller, Dr. Michael Knieriem, Philipp Koep, Dr. Wolfgang Kolbe (†), Ursula Kraus, Dr. Hans Kremendahl, Bernd von Kürten, Else Lasker-Schüler (†), Michael Malicke, Dr. Michael Metschies (†), Karl Otto Mühl, Hella Nußbaum, Dr. Herbert Pogt, Dr. h.c. Johannes Rau, Paul Reising, Rainer Rhefus, Ute Scharmann, Hans-Hermann Schauerte, Prof. Dr. Hermann Schleich, Kurt Schnöring, Dr. Ulrich Schürer, Martina Steimer, Gerolt Theobald, Tom Tykwer, Egon Viebahn, Günter Voigt, Andreas Weigel, Dr. Heinz Wolff, Andreas Zinn.

Danken möchte ich den Wuppertaler Stadtwerken, der Stadtsparkasse Wuppertal, den Firmen Barmenia, Bayer AG und Vorwerk & Co. für die freundliche Unterstützung des Buches durch Anzeigen, Informationen u.a., der Stadt Wuppertal für Kartenmaterial und die Hilfe ihrer Stadtbetriebe.

Danken möchte ich dem Klartext-Verlag, vor allem Dr. Ludger Claßen und Achim Nöllenheidt. Die Zusammenarbeit hat Spaß gemacht.